著○［美］本·伯南克（Ben S. Bernanke） 译○ 陈剑

伯南克论大萧条
经济的衰退与复苏

ESSAYS
ON
THE
GREAT
DEPRESSION

中信出版集团｜北京

图书在版编目（CIP）数据

伯南克论大萧条：经济的衰退与复苏 /（美）本·伯南克著；陈剑译 . -- 北京：中信出版社，2022.6（2024.1 重印）

书名原文：Essays on the Great Depression

ISBN 978-7-5217-4225-1

Ⅰ. ①伯… Ⅱ. ①本… ②陈… Ⅲ. ①经济危机－研究－美国 Ⅳ. ① F171.244

中国版本图书馆 CIP 数据核字（2022）第 070776 号

Essays on the Great Depression by Ben S. Bernanke
Copyright © 2000 Princeton University Press.
All rights reserved.
No part of this book may be reproduced or transmitted in any form or by any means, electronic or mechanical, including photocopying, recording or by any information storage and retrieval system, without permission in writing from the Publisher.
Simplified Chinese translation copyright © 2022 by CITIC Press Corporation.
ALL RIGHTS RESERVED
本书仅限中国大陆地区发行销售

伯南克论大萧条——经济的衰退与复苏

著者：[美] 本·伯南克
译者：陈剑
出版发行：中信出版集团股份有限公司
（北京市朝阳区东三环北路 27 号嘉铭中心　邮编　100020）
承印者：河北鹏润印刷有限公司

开本：880mm×1230mm　1/32	印张：13.5	字数：354 千字
版次：2022 年 6 月第 1 版	印次：2024 年 1 月第 8 次印刷	
京权图字：01-2021-3624	书号：ISBN 978-7-5217-4225-1	
	定价：88.00 元	

版权所有·侵权必究
如有印刷、装订问题，本公司负责调换。
服务热线：400-600-8099
投稿邮箱：author@citicpub.com

目录
contents

推荐序 1　**穿越历史的启发**　巴曙松 / III

推荐序 2　**不浪费一场危机**　黄益平 / IX

推荐序 3　**行动的勇气**　香帅 / XV

译者序 / XIX

前　言 / XXV

第一部分

综　述

第一章　大萧条时期的宏观经济学：比较分析方法 / 003

第二部分

货币与金融市场

第二章　大萧条传播过程中金融危机的非货币效应 / 047

第三章　关于大萧条时期金本位制、通货紧缩与金融危机的国际比较 / 085

第四章　大萧条时期的通货紧缩与货币供给紧缩：简单比率分析 / 133

第三部分

劳动力市场

第五章　劳动力市场的周期性行为：二战前和二战后的比较 / 197

第六章　大萧条时期的就业、每周工作时长和收入：
　　　　对 8 个制造行业的分析 / 253

第七章　美国大萧条时期失业、通货膨胀和工资情况以及对欧洲的启示 / 307

第八章　顺周期劳动生产率和相关经济周期理论：
　　　　来自两次世界大战之间美国制造行业的一些证据 / 317

第九章　大萧条时期的名义工资黏性与总供给 / 345

参考文献 / 379

推荐序 1

穿越历史的启发

巴曙松　教授
北京大学汇丰金融研究院执行院长
中国宏观经济学会副会长

全球经济正在进入一个非常动荡的发展阶段，新冠肺炎疫情客观上加速了这种增长范式的转变进程。经济在动荡中转换增长模式，无疑会让已经习惯原来的增长模式的市场主体产生迷惘。而新的增长模式的特征在一开始也并不明朗，许多时候还摇摆不定，例如，当前的高通胀水平，究竟只是一个短期现象，还是会成为新的增长模式下的长期特征？去全球化主要是在高科技领域，还是会逐步延伸到金融、贸易等各个领域，从而倒逼供应链在全球范围内以更高的成本重新布局？

无论是为了更好地理解经济金融现实，还是促进金融理论思考，阅读金融经典都是必然环节。经典作品往往具有穿越时空的独特价值，在不同的市场环境下都能启发我们的思考，即使时境变迁，或许其特定的某个结论并不一定再适用，但其所揭示的问题、所采用的研究方法往往能够常读常新，具备启发性。

为什么大萧条会成为宏观经济学研究的"圣杯"

来自国际金融市场一线的动荡，往往会引发金融理论界的纷争。20世纪20~30年代的美国大萧条，是现代社会持续时间最长的经济萧条之一，当时不仅导致了美国和西方社会长期的大规模失业（根据1932年的数据，当时美国的失业人数高达1370万，德国560万，英国280万），经济状况迅速恶化也改变了社会关系，影响了整个世界局势，最终导致第二次世界大战的爆发。

在经济学界，对大萧条的研究成果动摇了古典经济学在当时西方政府决策中的主导地位，各国纷纷加强了政府对经济的干预，凯恩斯主义大行其道，现代宏观经济学也从此成为一门独立的学科。

现实世界的显著的动荡与纷争，会促使人们从理论上进行反思。正是在这个意义上，一些经典著作、代表性的学者，在大变革时期或者发生类似状况时，就会被人频繁地提及。在危机研究领域，20世纪20~30年代的美国大萧条，可能是经济学界研究最多、结论最众说纷纭的一个。时至今日，经济学界对于大萧条仍然没有达成共识。货币主义学派的代表弗里德曼在其著作《美国货币史：1867—1960》中提出，是美联储的货币紧缩政策引发了当时的大萧条灾难，相应的对策自然而然应该是扩大货币供应量。奥地利学派学者罗斯巴德则认为，大萧条是政府过多地干预经济所致。他认为中央银行违背金本位原则，对金融货币领域加以干预的做法，对经济的长期发展是非常不利的。日本野村综合研究所则结合1990年的日本经济衰退，从资产负债表衰退角度解释了美国大萧条。

关于这场危机的分析，同样值得关注的，还有伯南克的《伯南克论大萧条：经济的衰退与复苏》。

从"大萧条迷"到应对次贷危机的政策实施者

伯南克为国际金融界所熟知,重要原因之一是他接替格林斯潘,成为美联储主席,并在任内成为应对美国次贷危机的直接决策者和政策实施者。伯南克出生于 1953 年。1975 年,他以经济学系最优等成绩从哈佛大学毕业,进入麻省理工学院深造,并于 1979 年获得博士学位。之后伯南克投身教职,在斯坦福大学任教 6 年(1979—1985 年),又于 1985—2002 年在普林斯顿大学担任经济和政治事务教授,还曾担任该校经济系主任。

从 1987 年开始,伯南克就以不同的形式参与美联储的相关工作。首先是成为美联储的访问学者,并且于 1987 年至 1996 年期间,先后在费城联邦储备银行、波士顿联邦储备银行、纽约联邦储备银行任职。2002 年,他离开普林斯顿大学,成为美联储理事。2005 年,伯南克担任总统经济顾问委员会主席;2006 年 2 月,接任格林斯潘出任美联储主席,一直到 2014 年。在任美联储主席期间,参与应对了 2008 年的金融危机,并因此当选美国《时代》周刊 2009 年的年度人物。2014 年卸任后,他进入布鲁金斯学会,重点研究经济复苏政策。

从伯南克的经历可以看出,他经历了从学者到政策实践者再回归学术这样一个过程。这跟他的研究领域和兴趣有着密切的关系。伯南克在读博士期间,最感兴趣的研究项目就是 20 世纪 20~30 年代的美国大萧条。他对大萧条的成因和影响非常着迷,认为自己是个"大萧条迷"。而且在他于斯坦福大学任教期间,美国又经历了一次严重的经济衰退,可以说是大萧条以后相当严重的一次。当时的美联储主席保罗·沃尔克用了严厉的货币政策,才使美国经济避免被通胀吞噬。这也进一步促使伯南克持续研究大萧条和货币政策。

20 世纪 20~30 年代的美国大萧条对于伯南克的影响不可谓不深。伯南克曾在一次演讲结尾时强调：他认为20~30年代美联储做错了，他将尽力避免重蹈覆辙，不再重复当年的错误。2008年美国发生金融危机后，他果断采取了一系列强有力的措施以力挽狂澜。通常的市场看法是，正是因为伯南克接受了大萧条的教训，采取了较为得力的政策措施，才使2008年的美国金融危机没有陷入更大的麻烦。

注重逻辑、历史和数据相结合的研究方法

伯南克对大萧条的研究吸收了弗里德曼的一部分研究成果，比如他对央行定位的认知、货币收缩是导致大萧条的判断，从理论逻辑上可以说部分来自弗里德曼。从伯南克的研究中可以看出，弗里德曼的《美国货币史：1867—1960》对伯南克有着很深的影响。但伯南克对金本位制在大萧条中的影响做了新的论述，他认为，金本位制限制了货币政策的发挥，允许金本位制的存在，会使货币政策名存实亡。他指出，金本位制是导致美国大萧条如此严重、演变至全球性危机的主要原因。20世纪30年代初美国和法国的货币紧缩，正是通过国际金本位制传导到全世界，导致了全球性通货紧缩，从而导致借款人的金融头寸缩水，发生债务型通货紧缩，导致借款人遭受巨大损失甚至破产清算，最终造成萧条。他不仅在自己的论文中多次论述这一观点，在他于2012年给乔治·华盛顿大学的学生做的一系列有关央行作用的演讲中也对金本位制多有批判。

伯南克写了一系列关于大萧条的文章，后来结集成书，就是这本《伯南克论大萧条：经济的衰退与复苏》。这些论文围绕大萧条发生的原因和传导机制进行分析，伯南克注重各国之间的对比，尤其是对比了不同国家坚持金本位制和放弃金本位制的政策。他在书中用了多个国家的大量数据、资料，包括经济数据、工资、就业情况等，从总供给、总需求、名义工资等不同角度，指出美国大萧条是一次由多重因素导致的全

球性的大萧条，理解整个事件，需要考虑整个国际体系。美国及其他国家所犯的政策性错误，是此次大萧条产生或深化的关键性因素。特别是美联储，在应对首次危机的挑战时，没能积极运用货币政策来防止通货紧缩和经济衰退，因此没能履行好维持经济稳定的职能。同样，美联储也没有很好地行使最后贷款人职能，导致许多美国的银行倒闭并引发信贷及货币供给的萎缩。伯南克指出，大萧条的这些研究，对于后来者都是很重要的经验与教训。所以在他后来作为美联储主席应对2008年的次贷危机的时候，可以说是记住了这些美国历史上的政策教训，并且总体上避免了同样的错误，强化了美联储制定的一系列政策的可信度。

这本书的结构，伯南克在自己撰写的前言里面已经进行了详细的介绍，此处就不再赘述。我想借这个机会，谈一谈为什么今天我们还要再看伯南克的这本书，或者说，为什么我们要再去看一本研究1929年美国大萧条的书。

带来穿越历史的启发，在当前动荡的国际环境下历久弥新

伯南克在本书的前言里面说：有人认为，20世纪30年代的经济大萧条早已成为历史，这段尘封的历史与21世纪信息时代的经济之间没有什么关联。持有这些看法的人，可以去看看现在的经济头条新闻：高失业率、银行倒闭、金融市场动荡、货币危机、通货膨胀居高不下、战争冲突……，凡此种种，都可能由经济大萧条引发。应该说，时至今日，美国大萧条时期的种种教训对当今世界仍然具有很强的警示意义。

这正是我们应该读一读这本书的其中一个重要原因。如何在经济政策领域避免相同的错误？从类似的历史事件中寻找启迪，是可行的方案之一。就像伯南克在2008年美国金融危机中采用的一系列政策举措，有不少就是吸取了大萧条的教训。

历史不会重现，但总是惊人地相似。今天重新回顾大萧条时期的世界经济与格局，具有强烈的现实意义。1929—1933年的股市泡沫破灭和一系列银行恐慌，与2008年爆发的全球金融海啸有着相同的特性；而在当下经济规模更大、产品更复杂、交易更便捷、各国联系更紧密的情况下，技术的滥用、国际格局的重新洗牌、监管的缺失、国际政策协调的严重不足等问题也会更加凸显。研究大萧条时期各个经济体中的各类经济机构的关联和应对措施，也有助于我们了解在整个庞大的世界经济体系中，交易成本、市场机会、资源分配等背后的逻辑，以便在当前全球经济的低迷期找到更好的应对手段。

本书译者陈剑是金融学专业的博士，同时也积累了丰富的金融监管工作经验。多年来，陈剑博士积极参与我组织和主持的多项翻译工作，如《21世纪资本论》《大而不倒》《资本之王》《证券分析》《金融的本质：伯南克四讲美联储》《炼金术士：三大央行行长如何拯救危机中的世界》《查理·芒格的投资思想》《格林斯潘传》等，与我共同进行翻译协调和统稿校订工作。在这个过程中，我欣慰地看到，陈剑博士勤奋努力，在专业上不断地成长，这本新的译著就是她取得的一份新的成果，值得一读。

是为序。

推荐序 2

不浪费一场危机

黄益平

北京大学国家发展研究院金光讲席教授

丘吉尔有一个非常重要的论断："不要浪费一场好的危机。"只有认真地分析危机的起因、传播及后果，并在此基础上调整规则、改变行为，才有可能避免危机重演。黑格尔也说过一句非常尖锐的话："中国人没有历史，只有不断地轮回。"他指的当然是我国历史上朝代的更迭，这里不评价这句话准确与否，但其所表达的中心思想与丘吉尔的话是一致的，只有不停地反思，才有可能持续进步，不然只能永远在原地打转。

曾经担任普林斯顿大学经济学教授和美联储主席的伯南克是这种反思理念的践行者。他的学术生涯主要专注于对大萧条的研究，清晰、严谨地论证了大萧条发生、持续的主要原因。他曾经说："我喜欢研究美国大萧条，因为它是现代历史中的一个重大事件。从专业研究的角度而言，我从对美国大萧条的研究中体会到很多经济运作的规律和本质。"后来他又把从研究中获得的心得运用到政策实践中，真正做到了从实践中来、到实践中去。

相传伯南克刚开始在麻省理工学院经济系攻读博士学位的时候，去跟后来担任过以色列央行行长和美联储副主席的导师费希尔讨论博士论文题目，费希尔建议他先去读弗里德曼和施瓦茨的著作《美国货币史：1867—1960》，看他对这本书的反应再确定选题。后来伯南克回忆道："读过弗里德曼和施瓦茨的《美国货币史：1867—1960》后，我对大萧条的问题着迷了，就好像那些研究南北战争的爱好者一样，我不仅找到所有关于那段时间经济的书和资料来读，还看政治、社会、历史方面的。但核心的问题——我管它叫宏观经济学的'圣杯'，还是它为什么会发生，为什么如此严重。"

后来伯南克的博士论文及之后的很多研究都是围绕两个学术问题展开的，一是什么因素导致了大萧条，二是为什么衰退持续了这么久。他的学术发现可以简单地总结如下：货币因素是导致大萧条的主要原因，名义工资调整困难妨碍了经济复苏。这两个结论听起来平淡无奇，但实际上具有十分重要的理论与政策意义。过去学术界一直认为货币是中性的，价格高低只是一个数字而已。但确认货币因素导致了经济衰退，实际是否定了货币中性的认知。货币供应不足容易导致通货紧缩，而这又可能引发金融危机，从而把经济推入衰退的境地。而名义工资调整慢于价格水平，可能会使劳动需求减少，这样就会拖延经济复苏的步伐。也正因为如此，伯南克十分赞同弗里德曼和施瓦茨在《美国货币史：1867—1960》中对美联储在大萧条期间没有奋力增加货币供应而提出的严厉批评。

美国学术界确实没有"浪费"大萧条。几十年来，一代又一代的学者在研究大萧条问题。伯南克是其中的一位杰出代表，加州大学伯克利分校的经济学教授艾肯格林是另一位领军人物。关于大萧条的经济学研究形成了非常多的学术成果，总体来看，这个领域特别符合好的研究的几个基本特征：问题很重要、研究有意思、结论有影响。

大萧条是自工业革命以来第一场最严重的全球性经济危机,研究大萧条等于抓住了一个十分重大的经济学问题,而且这个问题来自现实世界。伯南克一再声称他是一个宏观经济学家,而不是历史学家。他研究大萧条,关注的并不是具体的历史事件,而是重要的宏观经济关系。搞清楚这样一些可能影响大局的经济关系,比弄清楚一些细枝末节的历史事实更有意义,也比验证一些已经被验证过无数次的经济关系更重要。事实上,无论是宏观经济学,还是宏观经济政策体系,都是在大萧条之后逐步形成的。

这个研究确实也非常有意思。大萧条期间究竟是货币收缩导致经济衰退,还是经济衰退使得货币收缩,在学术界一直有争议。早先的研究一直局限在美国本身的数据,上述因果关系不太好识别,更不要说有不少学者认定货币是中性的。这项研究的突破来自国际比较研究的引入,就一个国家的数据研究大萧条,说不清楚谁引发了谁。但有了跨国数据,就可以按照大萧条发生之后推出金本位制的先后,来考察对经济活动的影响。结论是退出金本位制较早的国家,经济复苏也比较快。原因是在金本位制下,货币供应量是由黄金储备决定的。一旦退出金本位制,货币供应就可以灵活调整。

这些研究结论后来产生了重大的政策影响,促进了货币政策框架的形成和金融监管框架的完善。1944年建立布雷顿森林体系的时候,在确定美元盯住黄金、其他货币盯住美元的基础上,允许各国不定期地根据需要调整汇率,实际就是吸取了金本位制下货币供应不够灵活的缺点。可惜的是,后来这个设计没有发挥作用。因此,到1971年美国就放弃了美元盯住黄金的安排,走向了浮动汇率制。大萧条研究对政策最直接的作用,反映在伯南克执掌美联储期间所采取的非常规的货币政策扩张。换句话说,他的政策是有多年学术研究支撑的。

伯南克本人是一个十分优秀的学者，他后来有机会进入中央银行参与决策，特别是在次贷危机期间执掌美联储，也算得上是传奇的人生经历。在离任之后出版的《行动的勇气：金融危机及其余波回忆录》一书中，伯南克对其在次贷危机期间所经历的惊涛骇浪般的风险和左右为难的政策选择有详细的记载，从中还能看到他作为学者出身的央行行长在做决策时所展示出的学者风格。当然，由学者而央行行长，这样的事情是可遇不可求的。但在学术研究的基础上形成一些政策意见或者建议，应该是大多数经济学者都有机会做到的。

对于希望超越回忆录进一步了解一些政策的学理基础的读者，《伯南克论大萧条》值得一读。这本书是一本论文集，收集了过去几十年来伯南克所作的关于大萧条问题的经济学研究论文。与回忆录相比，论文集的技术性稍强一些。好处是可以仔细地了解这些问题的提出、数据的收集、分析的过程以及最后结论的得出，其实还可以学习如何做学术研究。而对话题特别感兴趣的读者，则可以更多地关注话题的重要性、分析的逻辑及其政策含义。伯南克专门为本书撰写了第一章"大萧条时期的宏观经济学：比较分析方法"，这是一个写得非常好的综述，系统地阐述了问题的提出、分析的思路，以及一些主要的结论，对分析细节不感兴趣的读者，直接阅读这一章即可。

推荐大家阅读这本书，最主要的原因并非让大家更好地理解大萧条发生、持续的机制，而是因为在大萧条发生将近80年之后，世界经济在2008年再次遭遇一场全球性的危机，12年之后，又发生了一场世界性的新冠肺炎疫情。在这两次大危机期间，各国政府与央行都采取了"不计一切代价的政策"稳金融、稳经济。顺便说明一下，提出"不计一切代价的政策"这个说法的是十年前时任欧洲央行行长、现任意大利总理，同时也是伯南克在麻省理工学院的师兄德拉吉。这些超常规的政策对于经济复苏发挥了巨大的作用，而这些措施的制定与实施，在很大程度上就是得益于对大萧条时期经历的分析与总结。

不过现在世界经济甚至世界货币体系又碰到了新的问题。正因为意识到金本位制已经无法适应现代经济的发展对货币体系的要求，各国从20世纪70年代初开始逐步走向浮动汇率制。而为了在保持货币政策灵活度的同时维持币值稳定，许多央行采取了通胀目标制。应该说，在很长一段时期内，这个货币政策规则是有效的，帮助维护了货币体系与宏观经济的稳定。但最近20年的经历则表明，货币政策与通胀水平之间出现了脱钩的倾向。在伯南克的前任格林斯潘担任美联储主席期间，货币政策宽松，通胀水平稳定，但金融风险大量积累。因此，继续盯住通胀水平，是否还能保持货币与金融体系的稳定？如果不能，应该如何改革货币政策的规则？

更重要的是，无论是次贷危机，还是新冠疫情，都可以称得上是史无前例的。在这些危机中是否出现新的值得深入研究的宏观经济机制？这些新机制对经济政策与制度安排提出了什么样的新要求？次贷危机是一场典型的全球性的系统性金融危机，什么导致金融风险同时发生甚至形成顺周期机制？货币政策要不要管金融风险？过去十几年，关于次贷危机的研究已经有不少，政策改革的尝试也很多，但像大萧条之后出现的革命性的学术与政策进展并不多。最近发生的这些大危机会不会最终被"浪费"掉，这是当代经济学者必须要面对的一个严峻挑战。而这也恰恰是推荐大家阅读《伯南克论大萧条》的最重要的原因。

推荐序 3

行动的勇气

香帅

著名金融学者

香帅数字经济工作室创始人

曾任北京大学金融学教授、博士生导师

我大概是在2015年6月读过伯南克的《行动的勇气》。当时正处于A股市场最惨烈的流动性危机中：市场静默得像丧尸电影，3000多只股票停牌，任何股票开盘几分钟就会被牢牢锁死在跌停板上，"恶意做空"、公安部门入市的段子和消息此起彼伏。当时监管机构为救市与否也纠结得厉害，众多市场原教旨主义学者坚定地认为，救市等于干涉市场。那时候政策讨论的氛围还很宽松，声音也五花八门，虽然纷乱，但回头看，允许各种声音讨论本身也是最终科学决策的土壤。

我当时和几个北大博士生领了个任务，紧急做一个流动性危机的课题研究，对当时的市场后果做一个比较全面的量化分析，作为政策制定的参考。就这样，一个毛毛虫样的年轻教授带着几个更幼虫的博士生，几个人怀着一腔爱国热情，连着两三个通宵跑数据、盯夜盘、翻文献，晚上就在光华楼四楼西头的会议室里东倒西歪地和衣而卧。分析结果出来后还是很让人震惊的,发现市场正在陷入一个急速下行的流动性螺旋:市场下行,投资者抓紧先卖出流动性欠佳的资产,导致其价格更快下跌,引发预期进一步恶化,资产价格加速下跌,更卖不出去……市场流动性快速枯竭,陷入流动性危机的泥沼里。

把分析结果给市场里的朋友看,大家都是声嘶力竭地反馈:"是这样的,是这样的,我们都快撑不住了!"几只大小毛毛虫就这么写了结论:必须以最快速度给市场注入流动性,阻断螺旋,否则市场将面临崩塌风险,甚至可能影响到银行体系的稳定(因为当时银行资金通过伞形信托、场外融资等各种渠道大量流入了资本市场)。接下来就是很多股民记忆犹新的"证金王"救市的故事了。再之后,证金公司入场注入流动性,稳定市场,慢慢也成了惯例。

日子久了,这些事也就被渐渐淡忘了。那些年,中国央行和美联储是全球表现最可圈可点的政府决策机构,很多决策都果敢智慧,让人感觉"行动的勇气"是大国央行的必要条件。

2020年新冠肺炎疫情暴发,美联储几乎没有犹豫就开启了超级放水模式,直升机撒钱(发国债发钱)强力保消费,然后由美联储大量购入国债——这其实就是"货币财政化",理论上是违反美联储的"独立"原则的,也被主流经济学界所严重诟病。但回头看,对储蓄率极低、财富水平分化极高的美国来说,在供给几乎停滞的时候,这场水,避免了需求雪崩,也避免了美国底层彻底返贫可能造成的社会动荡。美联储几乎可以说是以一己之力,将美国从彻底的衰退和潜在的混乱中拉了出来,一场专注于摧毁线下接触的世纪疫情,居然没有对世界第一消费强国、最大的服务业经济体造成毁灭性打击,也没有对货币稳定造成冲击!

你不得不佩服美联储在"纸面理论"和"现实行动"中快速应对的智慧、果断决策的勇气。要知道,对抗"传统""理论""经典""历史"

从来是政策制定者面临的最大挑战，他们无法躲在传统的羽翼下，而要独立担责。所以这是很高的要求，一方面要求政策制定者有勇气，另一方面，有勇气也是由于看得深远、看得准，这是智慧。

2020年中国疫情防控得法，中国央行拿到了一手好棋，两三个月的宽松后，迅速回归稳健姿态，一直稳健到了凄风冷雨的2021年、举步维艰的2022年。到2021年下半年，中美两国经济周期已经进入逆向而行的方向：过旺的需求、断续的供给让美国通胀居高不下，美联储开始小心翼翼地引导预期，一步步让市场对"缩表加息"做出反应，一直到2022年3月，顺利开启了波澜不惊的第一次加息，虽然艰难，但毕竟在路上。与之相反，在各种外因内力的叠加下，中国经济从2021年下半年开始快速下行，进入2022年后，俄乌冲突、疫情防控、全球通胀、美国加息等各种压力接踵而来，政策空间一点点被逼到了增长、通胀、汇率的几个舆论三角区中，显得左支右绌。

是左支右绌吗？这个时候看《伯南克论大萧条》，就觉得极其精妙了。伯南克开宗明义地说："总需求冲击（对大萧条）发挥了重要作用。毫无疑问，在不同时期，影响不同国家总需求的因素多种多样，但我始终强调，货币冲击是其中极为关键的一个因素。"

伯南克接着论述，当年对金本位制的迷恋（迷信）是如何束缚了货币政策的手脚，导致政策无法影响社会信用的扩张收缩。他自己的一篇论文，就集中讨论了所有国家大萧条的根源——货币紧缩是非常显著的特征。1931—1932年，那些脱离金本位制、可以更自由地实施扩张性货币政策的国家，萧条造成的伤痕明显要好很多。

另外，伯南克还谈到了"债务型通货收缩"。比如，企业陷入财务困境，无法再持续经营，也无法再融资，同样一个家庭收入减少，消费大概率会降低，企业和个人都陷入需求下降的通道，而需求减少会进一步刺激供给不力，导致通缩的局面。换句话说，金本位原教旨主义相当于货币政策的自宫，以为是"欲练神功，必先自宫"，其实后半句是"若要成功，不必自宫"。

我半躺在沙发里看这本书，读到这里，一瞬间有点儿恍惚，不知道读的是历史，还是现实。《伯南克论大萧条》分析的虽然是什么导致了大萧条，为什么大萧条会蔓延至全球，并且持续了那么久，但实际上更是对一场危机如何帮助避免下一场危机的研究。想起 2015 年时读的伯南克那本畅销书《行动的勇气》，7 年以后我才明白，为什么那么多年后伯南克会心有余悸，又充满骄傲，毕竟，突破自己思维的桎梏，是一个人、一个机构乃至一个国家最大的勇气。

2022 年 4 月 29 日　星期五

北京海淀

译者序

陈剑　副研究员

十年前,我在博士生导师巴曙松的带领下,应中信出版社邀请翻译了伯南克的《金融的本质:伯南克四讲美联储》。鉴于中译文篇幅不长,我们建议中信出版社在书后附录英文原稿,供读者学习参考,中信出版社欣然接受了建议,出版了中英文双语版,受到读者的欢迎。当时与我联系的中信出版社编辑是黄维益女士,十年后,黄维益女士再次与我联系,表示中信出版社非常推崇伯南克,已经获得伯南克诸多专著在中国的版权,并将伯南克的学术型专著英文版的 Essays on the Great Depression 发给我。读罢英文书稿,我被伯南克严谨的治学态度深深折服,愿意把这本书翻译成中文,与国内的读者,尤其是经济金融从业者、经济金融专业研究者分享。

本·伯南克1953年出生于美国的佐治亚州,从小就智力超群,学业优秀。他高中毕业时斩获全美高中毕业生最高荣誉"美国优秀学生奖学金"(National Merit Scholarship),并以接近满分的大学入学考试成绩进入哈佛大学攻读经济学专业,后在美国麻省理工学院获得经济学博士学位。完成学业后,他长期在普林斯顿大学任教,曾任该校经济学系主任。2006年,他接替艾伦·格林斯潘成为美联储主席,直至2014年交棒给珍妮特·耶伦。正是在他任职美联储主席期间,2008年美国爆发了震撼世界的金融危机——次贷危机。

伯南克自述其在麻省理工学院攻读博士学位时对两件事情最感兴趣:

20世纪20~30年代的美国经济大萧条和波士顿红袜棒球队。从那时起，他就花费了大量时间潜心研究美国20世纪的经济大萧条。究其一生，他都认为自己是大萧条迷，对大萧条的研究贯穿了其整个学术生涯。正是对大萧条的深入研究为他后来担任美联储主席时应对美国次贷危机奠定了坚实的理论基础。

《伯南克论大萧条：经济的衰退与复苏》收录了伯南克与多位研究者共同撰写的9篇关于大萧条时期宏观经济学的研究论文。尽管这些论文是在长达20年的时间里陆续撰写的，但它们对大萧条的产生原因、传播蔓延路径等基本观点始终一致。总的来说，伯南克认为总需求下降是大萧条爆发的决定因素，而总需求下降由货币和金融两方面因素导致：货币因素是指当时存在缺陷和管理不善的金本位制所带来的全球性的货币供给紧缩；金融因素则是指银行业恐慌和银行倒闭潮堵塞了正常的信贷流动渠道，从而加剧了经济崩溃。

从《金融的本质：伯南克四讲美联储》到《伯南克论大萧条：经济的衰退与复苏》，翻译伯南克的著作，给了我一个跟随这位著名经济学家深度学习的好机会。1894年，恩格斯在《资本论》第三卷序言中写道："一个人如果想研究科学问题，首先要学会按照作者写作的原样去阅读自己要加以利用的著作，并且首先不要读出原著中没有的东西。"在翻译的过程中，我紧紧跟随着伯南克的研究思路，学习、体会他是如何发现问题、思考问题和解决问题的。

在译稿付梓之际，回顾我在翻译过程中的体会和感受，主要有以下几点：

1. 20世纪30年代的大萧条是值得持续深入研究的人类历史上的重大事件

大萧条是人类经济生活中最为凝重悲怆的画卷之一，从伯南克书中一个个冷冰冰、硬邦邦的数字和模型里,折射出一幕幕危如累卵、千钧一发的黑暗时刻:经济萧条与衰退此起彼伏,政府和金融监管机构竭尽所能地力挽狂澜,社会文化也随之不断经历新的冲刷和洗礼。我们能够感受到美国乃至世界多数国家人民的生活从富足跌落到贫穷,仿佛看到了在垃圾堆中争抢食物的妇女和为了温饱而打工的童工。正如伯南克在本书中所指出的:地震学家从一次大地震中学到的东西远远胜过从许多小地震中学到的东西。同理,20 世纪 20~30 年代的大萧条为我们研究经济周期对货币金融市场、劳动力市场影响问题提供了一个绝好机会。因为除了大萧条时期,其他任何时期的各种经济变量都没有在很短时间里发生过如此剧烈的变动。伯南克通过准确、翔实的数据和较为合理的计量经济学模型,对这段特殊的历史时期进行了经济学反思和阐释,探讨为什么会发生经济危机,并推导出显而易见的、较为明确的原因。正是通过作者反刍式的思考和对经济学史料的细致爬梳,使得本书具有了较高的历史价值和学术价值。

伯南克围绕 20 世纪 30 年代的大萧条开展了诸多研究工作,但正如他在本书中所述,关于大萧条仍有很多值得未来关注并持续深入研究的课题,比如在未来的研究中,需要更加关注黏性工资假说在时间序列维度上的表现;还可以收集美国以外的其他多个国家更多行业领域的工资和产出数据,并对整个行业层面的工资和产出数据进行深入研究。伯南克还建议对本书中所使用的样本国家在两次世界大战之间的工资制度及管理情况进行比较研究。

列宁曾说过"历史不是简单的重复,但有惊人的相似",类似的事情往往在岁月的河流中不断轮回。伯南克在本书中表示,研究当代欧洲失业问题的专家们曾经多次将 20 世纪 80 年代欧洲出现的严重失业问题与 20 世纪 20~30 年代美国的失业问题进行比较,发现其背后有着极为相似的原因。2008年美国爆发次贷危机后，有经济学家犀利地指出，2008年美国爆发次贷危机的根源和20世纪20~30年代大萧条没有什么大的区别，都是美联储放松管制，实行持续的低利率政策和信贷扩张，扭曲了市场信号。难怪德国哲学家黑格尔曾经痛彻心扉地表示：人类从历史中学到的唯一教训，就是人类无法从历史中学到任何教训。尽管20世纪20~30年代的大萧条距今已近百年，但大萧条不能被尘封在历史的记忆中逐渐被忘却。"执古之道，以御今之有"，只有透彻地研究、很好地总结大萧条的经验和教训，才能更好地开辟未来。

2. 伯南克的研究态度踏实细致，研究方法规范严谨，值得学习和借鉴

一是长期关注并持续跟踪研究。伯南克在其学术生涯中，花费了大量时间潜心研究美国20世纪30年代的大萧条。本书汇集了他研究大萧条时期宏观经济学的9篇经典论文，这些论文是在长达20年的时间里陆续撰写，对大萧条的产生原因、蔓延路径等诸多领域进行了细致研究。可以说，本书是伯南克穷其学术生涯钻研20世纪30年代大萧条的精华学术成果。

二是熟练运用计量经济学原理和模型。伯南克在本书的研究中最显著的一个特点是娴熟地应用数学方法，用经济中的数量关系来反映经济学现象，用数学公式来表述经济学理论。通过把经济理论、数学方法和统计学有机结合建立起来的计量经济学，分析和解决实际问题，通过经济学分析研究的数学化推动经济学研究的精细化和其研究成果的实用化。伯南克在研究中采用系统的分析框架，从基本的假设出发，运用严密的逻辑，推导出清晰的结论。伯南克在研究中还运用了极值的方法，并将极值方法从静态发展到动态，从单个经济要素的最大化发展到同时考虑多个经济要素的最大化，从确定条件下的极值发展到不确定条件下的极值。所以这是一本学术性极强的经济学专著，可以作为经济金融专业的参考阅读书目。

三是注重运用国际比较分析方法。伯南克认为，美国大萧条催生了宏观经济学，使其成为一个独立的研究领域。过去很多经济学家片面地强调，美国大萧条只是美国的历史事件，但现在很多经济学家转变了思想理念，深刻地认识到，美国国内经济受到严重冲击是美国经济出现大萧条的主要原因，也是引发世界性经济大萧条的主要原因。20 世纪 20~30 年代大萧条这一事件是全球性的，通货紧缩在世界范围内传播。如果不能充分认识到这些情况，那么对大萧条的解释都将是片面的、不完整的。因此，伯南克及其他一些经济学家较早地运用比较研究分析方法，同时研究同一时期其他许多国家的经验和教训，观测和研究的数据从美国扩展到更多的国家，从严谨的计量经济学视角，大幅提升了准确识别造成全球经济大萧条因素的能力。

四是重视数据来源以确保数据质量。数据真实准确是确保研究质量的基础，伯南克在研究中非常注意数据质量，力求数据来源确凿准确。伯南克在本书的研究中收集和使用的数据均注明了出处，主要选择国际联盟、国际劳工组织、美联储等发布的统计数据。伯南克表示，在本书的研究中，是否将相关国家列入研究样本的重要依据是关键变量数据的可获得性。

需要强调的是，我们应注意学习借鉴伯南克的研究方法，但千万不能生搬硬套伯南克的研究结论。经济学是一门社会科学，许多经济学基本原理的应用都会受到不同的社会、政治、经济、文化等因素的影响。此外，经济学理论是建立在一定的假设条件基础上的，假设条件不同，相关结论就不一定成立。因此，正确地理解掌握经济学分析的方法而不是生搬硬套某些条件下推导出的具体结论，才是我们学习当代经济学的正确方法。

3. 以更加开放的思维学习和借鉴西方国家经济学研究成果

中国已经开启全面建成社会主义现代化强国的第二个百年奋斗目标新征程，正朝着实现中华民族伟大复兴的宏伟目标奋勇前进。要完成这一历史使命绝非易事，我们不仅需要从自己的实践中总结经验，也需要从别人的实践中获取教训。伯南克在本书的研究中对大萧条期间世界各国普遍实施的金本位制予以激烈的抨击，认为第一次世界大战后重建的国际货币体系即金本位制度本身存在重大缺陷，日常运行中存在诸多掣肘因素，发生危机时各国的政策措施不力。伯南克通过研究发现，较早放弃金本位制的国家可以更快地从大萧条中复苏，而坚守金本位制的国家会长时间地深陷经济衰退的泥潭。那时的中国仍在实施银本位制，还是一个很弱小的经济体，所以在关于大萧条的各国比较分析研究中，伯南克没有把中国列入研究样本。斗转星移，沧海桑田，现在中国已经成为世界第二大经济体，经济学家们在考虑全球经济问题时，都必须要考虑中国的情况。当今中国也必须以更加开放的思维学习和借鉴西方国家的相关经济学研究成果，继续加强与全球经济的深度融合，落实"一带一路"国家级顶层合作倡议，开拓国内国际双循环相互促进的新发展格局，多元化地参与国际经济合作。

最后，我要向本书的编辑表示深深的感谢。本书很多计量经济学的函数、公式、符号等，难以顺畅地输入 Word 文档中，于是我把英文原稿中相关函数、公式、符号等采用截图方法，用图片形式复制到 Word 文档。原书中的表格我也没有重新制作，只是将其中的英文文字内容进行了翻译，后期编辑同志根据原稿进行了相应的处理。

当然，翻译专业经济金融类著作不是一项容易的工作，因为水平所限，本书难免舛错之处，祈请读者朋友们指正。

前 言

我的研究专长是宏观经济学，不是经济史。尽管如此，在我的学术生涯中，我还是花费大量时间潜心研究美国 20 世纪 30 年代的经济衰退，即现在大家所熟知的大萧条。我是美国大萧条研究爱好者，就像有些人是美国内战研究爱好者一样。我觉得应该有更多的人参与到美国大萧条研究中来，也希望有更多的人像我一样热衷于研究美国大萧条。

20 世纪 30 年代美国大萧条时期发生了许多令人难以置信的戏剧性事件，例如股市崩盘、为买面包排长队、银行挤兑、货币投机盛行……战争的乌云笼罩着这一切。美国的政策制定者面对这百年不遇的突发经济状况，虽绞尽脑汁、费尽心力，但仍手足无措、无所适从，老百姓顽强地应对着经济大崩溃所带来的各种严重后果和恶劣影响。这一时期出现了很多令人震撼的人物和事件，虽然其中绝大多数是悲剧，但是我认为，这是一段值得后人研究的特殊历史时期。

我喜欢研究美国大萧条，因为它是现代历史中的一个重大事件。从专业研究角度而言，我从对美国经济大萧条的研究中体会到很多经济运作的规律和本质。

有人认为，20 世纪 30 年代的经济大萧条早已成为历史，这段尘封的历史与 21 世纪信息时代的经济之间没有什么关联。我建议持有这种看法的人去看看现在的经济头条新闻：高失业率、银行倒闭、金融市场动荡、货币危机、通货紧缩……应该说，大萧条时期的种种问题和教训对当今世界仍然具有很强的警示意义。

研究20世纪30年代的美国大萧条对我们掌握经济规律意义重大。它是一个重大历史事件，影响了世界上绝大多数国家，其规模之大，程度之深，影响之远，已经不言而喻。事实上，两次世界大战之间经济剧烈波动，一些过去公认的对经济周期现象的解释不再合理或遭到质疑，例如过去通常认为，经济衰退是技术进步放缓的结果，但是大萧条的发生挑战和颠覆了这种认知。

当时几乎世界上所有国家都受到大萧条的影响，但所遭受的冲击程度不尽相同。因此，这一时期也为研究不同的经济制度和政策措施对相关经济体的影响提供了绝佳机会。巴里·艾肯格林（Barry Eichengreen）和杰弗里·萨克斯（Jeffrey Sachs）等人强调，通过国际分析比较可以明显看出，较早放弃金本位制的国家可以更快地从大萧条中复苏。正如我在本书中所述，这一强有力的实证发现是我们准确理解大萧条的关键所在，也是深入理解货币政策和汇率制度的重要基础。

本书汇集了我与多位合著者共同撰写的9篇关于大萧条时期宏观经济学的论文。尽管这些论文是在长达20年的时间里陆续撰写的，但它们对大萧条的产生原因、蔓延路径等基本观点始终一致。

本书主要结构和脉络如下：

第一章为第一部分，是简介和概述。大萧条的特点是产出迅猛下滑，价格急剧下降，因此，总需求减少是导致大萧条的主要原因，这是全书的研究前提。这一研究前提引出了两个问题：一是什么原因导致了20世纪20年代末和30年代初全球总需求急遽减少？即"总需求之谜"的原因；二是为什么大萧条会持续如此长的时间？根据需求变化调整工资和价格等诸多常规的稳定经济的调控机制和措施为什么没能遏制总需求下降对经济的影响？即"总供给之谜"的原因。我在本书中阐明了对这些问题的见解。

第二部分（第二章至第四章）的三篇论文实证研究了大萧条早期阶段货币工具和金融工具导致总需求崩溃的情况。我在书中明确提出，已有充分证据显示，全球性货币供给收缩是抑制总需求的主要原因。货币机制之所以崩溃，是因为第一次世界大战后重建的国际货币体系即金本位制度既管理不善，技术上也存在缺陷。这其实是巴里·艾肯格林提出的，我完全同意他的观点，我的实证研究为这些论点提供了一些计量经济学研究论据。此外，非货币金融因素也在这一过程中发挥了重要作用，例如银行恐慌和企业倒闭中断了正常的信贷资金流动，从而加剧了全球经济崩溃进程。

第二章是我 1983 年发表的论文，这应该算是全世界最早探索研究金融危机对宏观经济影响的论文之一。如今，金融危机对宏观经济的影响问题已得到广泛关注，人们不仅深入研究美国大萧条时期发生的各类经济危机事件，还认真研究东亚及其他地区发生的金融危机。

第三部分（第五章至第九章）重点讨论大萧条时期的总供给问题，特别强调劳动力市场的功能。这部分的核心观点是，20 世纪 30 年代世界各国为应对总需求下降调整了名义工资，但总体而言，名义工资调整速度极为缓慢，也没有调整彻底。雇主们只调整了工人每周工作时长和劳动强度，没有削减工人工资。很多国家的立法机构出台了旨在限制竞争的法律法规，不允许削减工资（和价格）。另一方面，正如第七章所述，工资调整极为缓慢导致大萧条时期失业问题长期存在。这一时期，世界经济体的总需求不断遭受重大冲击，导致失业率高企。这些负面冲击规模大，持续时间长，许多国家虽然试图通过调整工资和价格来稳定经济，但这些尝试均以失败告终。后来，很多国家采取了汇率贬值或放弃金本位制等措施，总需求巨大下行压力才得以减轻，产出和就业随即迅速复苏。

在此，我要特别感谢本书中相关论文的合著者，如我的学生凯文·凯里（Kevin Carey）、伊利安·米霍夫（Ilian Mihov）和马丁·帕金森（Martin Parkinson），以及我的同事哈罗德·詹姆斯（Harold James）和詹姆斯·鲍威尔（James Powell）。

特别感谢普林斯顿大学出版社的编辑彼得·多尔蒂（Peter Dougherty）给予的大力帮助。我还要向首次发表本书中这些论文的期刊致以诚挚的感谢，感谢这些期刊允许我把这些论文汇集成书出版发行。

我还要把本书献给我的妻子安娜，感谢她给予我坚定不移的支持。

第一部分

综 述

第一章

大萧条时期的宏观经济学：比较分析方法

如何准确理解并清晰阐释1929—1933年美国大萧条时期的经济运行情况一直是宏观经济学的难点。美国大萧条催生了宏观经济学，使其成为一个独立的研究领域。20世纪30年代大萧条这段特殊的历史也持续地影响着宏观经济学家的研究项目选择、政策意见建议乃至思想理念更新。时至今日，为20世纪30年代的全球经济大崩溃寻求一个合理的理论解释，仍然是一项极具挑战性的任务。

直到今天，我们仍然不能宣称已经完全理解美国大萧条的发生发展及内在逻辑，不过在过去的15年里，我们在研究美国大萧条方面取得了重大的实质性进展。这主要是因为我们适时改进了理论研究框架，并进行了大量艰苦的历史实证研究和分析。此外，近期在研究美国大萧条方面最重要的变化是研究重点和方向发生转变，过去我们片面强调这只是美国的历史事件，但现在很多经济学家转变了思想理念，开始运用比较研究分析方法，同时研究同一时期其他许多国家的经验和教训。

扩大研究范围相当重要，其中有两个重要原因：首先，克里斯蒂娜·罗默（Christina Romer）1993年提出，美国国内经济受到严重冲击是美国经济出现大萧条的主要原因，也是引发世界性经济大萧条的主要原因。20世纪30年代大萧条这一事件是全球性的，通货紧缩在世界范围内传播。如果不能充分认识到这些情况，那么对20世纪30年代大萧条的解释都将是片面的、不完整的。我们同意罗默的观点。其次，观测和研究的数据从美国扩展到20个国家、30个国家甚至更多国家，通过比较分析方法，从严谨的计量经济学视角，我们准确识别造成全球经济大萧条因素的能力得到大幅提升。通过比较分析方法，经济学界对大萧条产生的原因形成了较为一致的看法，有助于对当代宏观经济学的核心问题形成共识。因此，我认为，通过比较分析提高认知能力非常重要。

我在本书中提供了一系列关于大萧条的主流认知和理解阐释，并运用比较研究的方法，通过实证研究得出自己的见解。囿于篇幅，同时也因为我是一名宏观经济学家而不是历史学家，因此我将重点放在经济问题上，而不是历史细节上。对于希望深入研究大萧条时期发生的历史事件相关细节的读者，建议参阅艾肯格林1992年的著作，他对两次世界大战之间货币经济史的论述较为权威。在撰写本书的过程中，特别是论述第一部分相关内容时，我大量参考了艾肯格林著作里的观点以及他其他一些论文的研究成果。

为了更好地回顾并阐释关于美国大萧条时期的情况，我们对影响总需求的因素和影响总供给的因素进行了区分。我在本文第一节中指出，现在我们已经能够很好地理解20世纪30年代抑制全球总需求的因素。已有明确证据显示，在20世纪30年代世界性经济大收缩中，货币冲击是最重要的原因之一，货币冲击通过金本位制传遍世界各国。

在宏观经济学中，关于货币冲击是造成大萧条的关键原因这一观点引发了一个重要问题，即名义货币冲击为什么会产生实际影响？本书的第二部分详细讨论了货币供给减少和价格水平下滑对两次世界大战之间的经济造成的影响。我认为主要有两个影响途径：一是通货紧缩引发的金融危机；二是名义工资不能及时地根据价格变化进行彻底调整，导致实际工资增长超过市场出清价格即市场均衡水平。很多国家的实证经验已经充分证明了这两种影响途径。然而，在这两种途径里，在大规模失业的情况下，名义工资缓慢调整的现实情况并不符合经济理性①的假设。可是，如果不能理解与经济理性假设自相矛盾的工资调整行为，就不可能真正理解美国大萧条。在本文最后，我将就如何运用比较分析方法研究这一重要问题提出相关意见和建议。

第一节　总需求：金本位制度与世界货币供给

在大萧条年代，几乎每个国家的产出变化和价格变化都表现出很强的正相关性，这表明总需求冲击发挥了重要作用。毫无疑问，在不同时期，影响不同国家总需求的因素多种多样，但我始终强调，货币冲击是其中极为关键的一个因素。

多年来，货币因素是否为导致美国大萧条的重要原因，一直是经济学界争论不休的焦点。在经济收缩时期，货币供给、产出和价格都急剧下降，而在经济复苏时期，它们又都迅速增长，但问题是，这些经济变量之间的因果关系难以确定。1963年，米尔顿·弗里德曼（Milton Friedman）和安娜·雅各布森·施瓦茨（Anna J. Schwartz）在他们对美国货币史的经典研究中，对这些现象进行了货币主义解释。他们认为，这些经济变量之间的因果关系的逻辑主线是，从货币紧缩到政策不力，导致银行系统持续危机，最后出现价格和产出下降。与弗里德曼和施瓦茨

---

① 经济理性（economic rationality）是近代经济学鼻祖、英国人亚当·斯密于1776年在《国富论》一书中最早提出的。——译者注

的观点相反，彼得·特明（Peter Temin）在其 1976 年的文章中认为，大部分货币紧缩实际上是货币对产出的被动反应，大萧条的主要根源在于实体经济方面，例如 1930 年消费显著地、自动地下滑。

这两种观点的拥护者一直各执一词，货币主义者强调货币因素在大萧条后期（1930 年末或 1931 年初到 1933 年）发挥重要作用，而反货币主义者则强调非货币因素在经济衰退的早期阶段发挥重要作用。现在许多经济学家采取折中立场，认为货币因素和非货币因素在大萧条的不同阶段都起了重要作用，有关情况可参阅罗伯特·J.戈登（Robert J. Gordon）和詹姆斯·威尔科克斯（James Wilcox）1981 年的论文。然而，由于研究者们主要关注美国的情况，分析使用的是美国的数据，大萧条时期货币因素的重要性并未得到充分重视。[1]

自 20 世纪 80 年代初以来，一大批新的关于大萧条的研究成果不断涌现，重点是两次世界大战之间国际金本位制的运作情况，如伊赫桑·乔杜里（Ehsan Choudhri）和莱维斯·科钦（Levis Kochin）1980 年合著的论文、艾肯格林 1984 年的论文、艾肯格林和萨克斯 1985 年合著的论文、詹姆斯·汉密尔顿（James Hamilton）1988 年的论文、特明 1989 年的论文、伯南克和詹姆斯 1991 年合著的论文、艾肯格林 1992 年的论文。

从方法论上来说，由于更加关注国际因素，上述经济学家在研究美国大萧条时都运用了国际比较分析的方法。正如我在前言中所述，运用比较分析方法是这一研究领域的重大进展，其影响远远超出运用这种方法来研究国际金本位制本身。

坦率地说，直至 20 世纪 70 年代末，我们仍然没有办法准确揭示造

---

[1] 货币主义者和非货币主义者并非只考虑美国的情况，比如，弗里德曼和施瓦茨 1963 年的论文以及特明 1976 年的论文都对加拿大的情况进行了分析。然而，总的来说，除美国外，研究者们并没有对其他国家的经济萧条情况进行系统的思考和研究。

成大萧条的原因。但现在，我们通过对国际金本位制度进行比较分析研究，明确提出，货币因素导致全球价格和产出下降；与此同时，在价格和产出复苏过程中货币因素也发挥着极其重要的作用。关于货币因素的重要作用，很多论文已经进行了详细论证，主要涉及以下两点[①]：

第一，对两次世界大战之间金本位制运行情况分析表明，20世纪30年代初全球货币紧缩在很大程度上不是对产出下降的被动反应，而是因为金本位制度本身存在重大缺陷，世界各国政策短视、措施不力，政治条件掣肘、经济环境糟糕，这些事先未预料到的不利因素错综交织。因此，几乎所有国家都观察到，货币紧缩和价格下降与产出下降之间存在极强的相关性，对于这一现象最为合理的解释是，这实际上反映出货币对实体经济的影响，而不是实体经济对货币的影响。

第二，出于历史、政治和哲学原因，而不是单纯的经济原因，一些国家迅速放弃了金本位制以应对20世纪30年代初的经济危机，而另一些国家则无视糟糕局面，不惜一切代价继续坚持金本位制。放弃金本位制的国家增加了货币供给并逐步恢复了价格水平，而维持金本位制的国家则被迫陷入更加严重的通货紧缩。事实证明，放弃金本位制的国家比固守金本位制的国家更快地摆脱了大萧条，更迅速地实现了经济复苏。事实上，没有一个固守金本位制的国家出现明显的经济复苏。世界各国的经济复苏情况高度依赖其所选择的汇率机制，这进一步证明了货币因素的重要性。

接下来，我们将简要讨论这两个结论。

---

① 艾肯格林和萨克斯1985年的论文、特明1989年的论文、伯南克和詹姆斯1991年的论文，以及艾肯格林1992年的论文，都对这些观点进行了详细论证。拉格纳·纳克斯（Ragnar Nurkse）也曾于1944年发表相关论文，他是这个研究领域极为重要的早期研究者。

货币紧缩的根源：多重货币均衡

尽管货币主义者早期关注的重点是20世纪30年代初美国的货币紧缩，但货币紧缩并不是美国独有的现象，大多数以市场为导向的工业化国家和许多发展中国家也发生了同样的情况。正如近期研究成果所强调的，大多数经历货币紧缩的国家都有一个共同点，即坚持国际金本位制。

金本位制在第一次世界大战爆发后中止，第一次世界大战结束后通过艰苦重建得以恢复。1925年，英国恢复金本位制；1928年，法国回归金本位制；1929年，几乎所有市场经济国家都实行了金本位制。只有极少数国家没有采用金本位制，例如西班牙因为政治动荡没有恢复金本位制，还有一些拉丁美洲和亚洲国家实行的是银本位制。重建金本位制当时被广泛赞誉为一项重大外交成就，也被认为是恢复货币和金融稳定的重要一步，有助于将20世纪20年代货币和金融动荡不安时期，重新恢复到1870—1913年实行金本位制货币和金融相对稳定时期。然而，不幸的是，金本位制的重新实行并没有实现预期的好处，货币和金融不但没有进入稳定状态，反而在1931年出现金融恐慌和汇率危机，大多数国家当年就被迫放弃了金本位制。1936年，法国及仅存的极少数金本位制国家最终要么放松金本位制，要么放弃金本位制，金本位制彻底分崩离析。

正如上文所述，两次世界大战之间短暂实施的金本位制有一个突出特点：坚持金本位制的国家国内货币存量急剧下降。为了理解下降的原因，让我们来看下面一个金本位制国家国内货币存量（称为M1）与其货币性黄金储备的简单恒等式：

$$M1 = (M1/BASE) \times (BASE/RES) \times (RES/GOLD) \times PGOLD \times QGOLD$$

方程（1）

其中：

M1 = M1货币供给（流通中的货币和票据加商业银行存款），

BASE= 货币基础（流通中的货币和票据加商业银行准备金），

RES= 以本币计算的中央银行的国际储备（国外资产加黄金储备），

GOLD= 以本币计算的中央银行的黄金储备 =PGOLD × QGOLD，

PGOLD= 以官方本币价格计量的黄金，

QGOLD= 黄金储备的物理数量（如以吨计量）。

方程（1）指出了我们所熟知的一点，即实行金本位制时，一个国家的货币供给既受黄金储备的物理数量（QGOLD）影响，也受中央银行买卖黄金价格（PGOLD）影响。在其他条件不变的前提下，黄金流入（即QGOLD 增加）或本币贬值（即 PGOLD 增加），都会增加货币供给。方程（1）还指出了在实行金本位制时关于国内货币供给的三个决定性因素。

一是货币乘数，即 M1/BASE。在实施部分准备金制度的银行体系中，货币总供给（包括银行存款）大于货币基础。正如经典经济学教科书中所言，所谓的货币乘数，是社会公众选择的现金 / 存款比率和商业银行选择的储备 / 存款比率的递减函数。20 世纪 30 年代初，银行业不太发达的国家以及倾向使用货币交易的国家，货币乘数相对较低，仅略高于 1。相比之下，金融业发达的美国 1929 年货币乘数接近 4。

二是黄金支持率的倒数，即 BASE/RES。由于中央银行通常既可持有国内资产也可持有国际储备，因此 BASE/RES 大于 1。BASE/RES 也称为覆盖比率。世界各国通常对最低黄金支持率有法定要求，例如美联储要求 40% 的最低黄金支持率，也就是说，BASE/RES 有法定最大值，例如美国的 BASE/RES 最大值为 2.5。但是，各国通常不会规定 BASE/RES 的法定最小值，美国对流入该国的黄金实施冲销的技术处理[①]更是拉低了

---

① 此处的黄金冲销技术处理，指 20 世纪 30 年代美国财政部采取出售国债以收购黄金、将黄金入库等冲销举措以维持黄金价格。——译者注

BASE/RES 的平均值。

三是国际储备与黄金储备的比率，即 RES/GOLD。根据在两次世界大战之间实施的金汇兑本位制[1]，可兑换成黄金的外汇按照与黄金 1∶1 的比率计入国际储备。因此，除少数储备货币国家[2]外，RES/GOLD 通常大于 1。

由于国内货币与货币基础的比率、货币基础与货币储备的比率，以及货币储备与货币性黄金的比率通常都大于 1，因此金本位制国家的货币供给通常都数倍于黄金储备的价值。有人认为，在金本位制度下，货币供给与货币性黄金值相等。这是一种天真的看法。整个 20 世纪 30 年代，货币性黄金的存量一直持续增长，因此，国内货币供给急剧下降完全归因于货币/黄金比率不断下降。

为什么全球货币/黄金比率会下降？在大萧条早期，即 1931 年以前，世界主要国家的中央银行实施的政策起了重要作用。关于这一点，可以参阅汉密尔顿 1987 年的论文。现在人们普遍认为，1928 年美联储为抑制股市投机，政策转向紧缩。根据方程（1）中相关变量的定义，美国的 RES/GOLD 比值从 1928 年 6 月的 1.871 下降到 1929 年 6 月的 1.759，1930 年 6 月进一步降至 1.626，反映出美国货币当局美联储当时有意识地紧缩货币，并对流入美国的黄金进行了技术处理。[3] 正是由于 RES/GOLD

---

[1] 金汇兑本位制（gold-exchange standard）由 1922 年热那亚会议的参会者提出，目的是防止出现货币性黄金短缺。虽然热那亚会议的这项建议并没有被正式采纳，但随着金本位制的恢复和重建，各国对外汇储备的依赖程度较第一次世界大战前显著提高。

[2] 储备货币国家：一个国家的货币被其他国家用作国际储备，发行这种货币的国家即称储备货币国家。例如美元被广泛当作储备货币，美国即为储备货币国家。——译者注

[3] 此处的美国货币数据来源于弗里德曼和施瓦茨 1963 年的论文。斯科特·萨姆纳（Scott Sumner）1991 年的论文建议在金本位制下使用覆盖率作为货币政策指标。

比值下降，所以 1928 年 6 月至 1930 年 6 月，尽管美国黄金储备增加了 10% 以上，但是美国的货币基础仍然下降了约 6%。正如法国普恩加来稳定①之后黄金大量流入法国耗尽了其他金本位制国家的黄金储备②一样，黄金大量流入美国也消耗了其他金本位制国家的黄金储备，迫使这些国家采取紧缩货币的政策。

然而，1931 年之后，世界各国货币/黄金比率大幅下降并不是各国中央银行政策选择的问题，其直接原因是 1931 年 5 月奥地利最大的银行奥地利信贷银行（the Kreditanstalt）倒闭引发了银行恐慌和汇率危机。这些危机极大地影响了货币/黄金比率，主要体现在以下三个方面：一是银行恐慌导致货币/存款总额及银行储备/存款比率大幅上升，M1/BASE 急剧下降，关于这些情况可以参阅弗里德曼和施瓦茨 1963 年合著的论文以及伯南克和詹姆斯 1991 年合著的论文；二是汇率危机及其引发的贬值担忧导致各国央行普遍用黄金取代外汇储备，RES/GOLD 的比率随之降低；三是危机之后，各国中央银行纷纷增加黄金储备，提高黄金覆盖比率，以防范未来可能出现的对本国货币的冲击和风险。许多国家大量增加黄金储备，导致 BASE/RES 的比率持续下降③。

在这个过程中，对银行稳健性的担忧和对汇率贬值的预期往往交织在一起，成为特别不利于稳定的重要因素，相关情况可以参阅伯南克和

---

① 普恩加来稳定：1926—1929 年，时任法国总理雷蒙·普恩加来采取了一系列稳定经济的措施，主要是裁减国家机构的工作人员、增加税收、为大资本家提供优惠政策等。1928 年，他还大胆地将法郎贬值，使法郎成为一种稳定的货币，法国经济状况逐渐好转，金融也较为稳定。——译者注
② 根据 1928 年法国颁布的一项法律，法兰西银行将外汇储备大量地兑换成黄金，加剧了黄金流入法国。有关情况可参阅纳克斯 1944 年的论文。
③ BASE/RES 比值下降也反映了担心发生通货膨胀的黄金盈余国家对流入的黄金所采取的冲销技术处理措施。较为有利的情况是，货币贬值后黄金储备升值。

詹姆斯1991年合著的论文以及特明1993年的论文。银行危机和汇率危机这两类危机的共同之处是存在所谓的热钱,即外国人在银行持有的短期存款。其主要风险是,一方面,贬值预期导致热钱存款外逃和国内储户减少存款,从而有可能引发大规模的银行挤兑;另一方面,随着大银行倒闭,对国内银行系统的信心丧失导致短期资本外逃,从而消耗本国国际储备并严重影响本国货币的可兑换性。中央银行同时应对银行危机和汇率危机,除了完全放弃货币平价这一措施,几乎别无他法,因为应对银行危机需要采取宽松的货币政策,而应对汇率危机又需要采取紧缩的货币政策。

  从理论上来说,20世纪30年代初货币/黄金比率的急剧下降,意味着在这一时期实行金本位制的前提下,货币供给似乎存在多种潜在的均衡值。[①]从广义上来说,当金融投资者和其他社会公众乐观地认为银行体系会保持稳定,黄金平价也能维系,货币/黄金比率以及货币存量就会处于高位。更确切地说,对银行体系充满信心会使国内货币与货币基础的比率保持在高位,而对汇率充满信心会使各国央行愿意持有外汇储备,并保持较低覆盖率。与此相反,当投资者和其他社会公众较为悲观,预期会发生银行挤兑和货币贬值时,这些悲观的预期在某种程度上是自我实现的,导致货币/黄金比率和货币存量处于低位。由于极易受到自我实现的预期的影响,金本位制与没有存款保险的部分准备金银行体系高度相似。道格拉斯·戴蒙德(Douglas W. Diamond)和菲利普·迪布维格(Philip H. Dybvig)1983年的论文指出,在这种体系中可能存在两个纳什均衡,一个是存款人有信心,银行不会发生挤兑;另一个是担心银行挤兑以及由此导致银行清算,这种担心常常是自我实现的。

---

① 我正在与伊利安·米霍夫合作,深入研究这一课题。

有观点认为，两次世界大战之间的货币崩溃是从一个预期均衡迅速转向另一个预期均衡，这一观点与艾肯格林1992年对传统金本位时期和两次世界大战之间实施的金本位制进行分析比较得出的结论完全一致，艾肯格林后来专门发表论文深入讨论了这一问题。根据艾肯格林的研究，在传统金本位时期，中央银行较高的声誉和良好的国际合作产生了稳定预期，投机者的投机活动会消除货币价值和官方汇率的偏差，而不是加剧两者的偏差。

艾肯格林认为，与传统金本位时期相反，在两次世界大战之间，从国际层面看，国家之间的新仇旧恨挥之不去，同时由于缺乏强有力的国际组织的指导和协调，国际合作不力；从国内层面看，第一次世界大战后世界各国国内各种政治力量均衡发生变化，特别是劳工运动力量日益增长，使得之前惯用的以高失业率为代价来维持汇率的做法不再可行。这些动荡的因素大大削弱了各国中央银行的信誉。与此同时，各国银行体系也发生了显著变化，战争爆发、战后重建以及20世纪20年代金融业和经济存在的诸多问题使许多国家的银行业更加脆弱，银行危机一触即发。正是出于这些原因，在两次世界大战之间弥漫着不稳定的预期并由此引发货币供给低位运行。

表1-1用6个代表性国家的数据来阐释方程（1）。表中前3个国家一直忠诚地实行金本位制，直到大萧条后才放弃金本位制，其中法国和波兰于1936年放弃，比利时1935年放弃。表中其他3个国家较早地放弃了金本位制：英国和瑞典1931年放弃，美国1933年放弃。关于放弃金本位制的认定标准，伯南克和詹姆斯在1991年合著的论文中明确，任何重大偏离金本位制的政策措施，如实施本币贬值或外汇管制等，都意味着放弃金本位制，本书遵循了这一认定方法。放弃金本位制的国家重新拥有了管理国内货币政策的自主权，但由于这些国家继续持有黄金储

备并且设定了官方黄金价格，因此对这些国家来说，仍可根据方程（1）计算出相关经济指标。

表1-1　1929—1936年6个国家货币供给决定因素

法国（1936年10月货币贬值）						
年份	M1	M1/BASE	BASE/RES	RES/GOLD	PGOLD	QGOLD
1929	101562	1.354	1.109	1.623	16.96	2456.3
1930	111720	1.325	1.106	1.489	16.96	3158.4
1931	122748	1.239	1.101	1.307	16.96	4059.4
1932	121519	1.263	1.010	1.054	16.96	4893.9
1933	114386	1.264	1.156	1.015	16.96	4544.9
1934	113451	1.244	1.098	1.012	16.96	4841.2
1935	108009	1.230	1.298	1.020	16.96	3908.1
1936	117297	1.218	1.557	1.024	22.68	2661.8

波兰（1936年4月实施外汇管制，1936年10月货币贬值）						
年份	M1	M1/BASE	BASE/RES	RES/GOLD	PGOLD	QGOLD
1929	2284	1.339	1.390	1.750	5.92	118.3
1930	2212	1.328	1.709	1.735	5.92	94.9
1931	1945	1.267	1.888	1.355	5.92	101.3
1932	1773	1.275	2.177	1.273	5.92	84.7
1933	1802	1.280	2.496	1.185	5.92	80.3
1934	1861	1.301	2.693	1.056	5.92	84.9
1935	1897	1.277	3.155	1.061	5.92	74.9
1936	2059	1.340	3.634	1.076	5.92	66.3

比利时（1935年3月货币贬值）						
年份	M1	M1/BASE	BASE/RES	RES/GOLD	PGOLD	QGOLD
1929	42788	2.504	1.949	1.492	23.90	245.9
1930	46420	2.336	1.697	1.707	23.90	287.1
1931	44863	2.047	1.266	1.358	23.90	533.4

（续表）

年份	M1	M1/BASE	BASE/RES	RES/GOLD	PGOLD	QGOLD
1932	41349	1.805	1.395	1.265	23.90	543.1
1933	40382	1.754	1.314	1.282	23.90	571.9
1934	NA	NA	1.113	1.266	23.90	524.0
1935	39956	1.579	1.063	1.378	33.19	520.8
1936	43314	1.617	1.098	1.293	33.19	561.6

英国（1931年9月脱离金本位制）

年份	M1	M1/BASE	BASE/RES	RES/GOLD	PGOLD	QGOLD
1929	1328	1.560	5.825	1.0	0.1366	1069.8
1930	1361	1.618	5.699	1.0	0.1366	1080.8
1931	1229	1.579	6.452	1.0	0.1366	883.8
1932	1362	1.667	6.823	1.0	0.1366	877.2
1933	1408	1.680	4.395	1.0	0.1366	1396.4
1934	1449	1.642	4.590	1.0	0.1366	1408.1
1935	1565	1.694	4.615	1.0	0.1366	1465.2
1936	1755	1.700	3.291	1.0	0.1366	2297.0

瑞典（1931年9月脱离金本位制）

年份	M1	M1/BASE	BASE/RES	RES/GOLD	PGOLD	QGOLD
1929	988	1.498	1.280	2 092	2.48	98.8
1930	1030	1.508	1.082	2.618	2.48	97.2
1931	1021	1.522	2.631	1.238	2.48	83.1
1932	1004	1.373	1.740	2.039	2.48	83.1
1933	1085	1.106	1.202	2.205	2.48	149.2
1934	1205	1.211	1.101	2.575	2.48	141.5
1935	1353	1.268	1.029	2.542	2.48	164.5
1936	1557	1.211	1.032	2.355	2.48	213.3

（续表）

	美国（1933年3月脱离金本位制）					
年份	M1	M1/BASE	BASE/RES	RES/GOLD	PGOLD	QGOLD
1929	26434	3.788	1.746	1.0	0.6646	6014.0
1930	24922	3.498	1.655	1.0	0.6646	6478.9
1931	21894	2.831	1.854	1.0	0.6646	6278.8
1932	20341	2.534	1.900	1.0	0.6646	6358.6
1933	19759	2.380	2.057	1.0	0.6646	6072.7
1934	22774	2.396	1.154	1.0	1.1253	7320.9
1935	27032	2.335	1.144	1.0	1.1253	8997.8
1936	30852	2.327	1.178	1.0	1.1253	10004.7

注：该表用6个国家的数据阐释了方程（1），并尽可能地选用了年末数据，数据来源详见本文附录。

其中：

M1 = 以该国本币计值的流通中的货币和票据加上商业银行存款，单位：百万美元；

BASE = 以该国本币计值的流通中的货币和纸币加上商业银行准备金；

RES = 以该国本币计值的国际储备（黄金加国外资产）；

GOLD = 以该国本币按官方黄金价格计值的黄金储备 = PGOLD × QGOLD；

PGOLD = 官方黄金价格（每克的本币价格），对于不实行金本位制的国家，这只是一种法律上的虚拟价格，而不是市场价格；

QGOLD = 黄金储备的实物量，单位：吨。

观察表1-1可以得出以下结论：第一，是否金本位制国家与M1货币供给是否下降之间存在着很强的相关性，不过波兰是个例外，该国1932—1936年名义M1货币供给小幅增长；第二，M1/BASE大幅下降反映了银行危机，RES/GOLD急遽下降反映了汇率危机，1931年银行危机和汇率危机都最严重；第三，QGOLD增加的国家BASE/RES会降低，反映了黄金盈余国家对黄金采取冲销技术措施。

表中比利时的情况值得关注。大萧条初期黄金大量流入比利时，比利时因此受益颇多，但随后 M1/BASE、RES/GOLD、BASE/RES 等一系列比值大幅下滑导致比利时货币存量急剧减少。其中，M1/BASE 比值下降反映了银行恐慌，RES/GOLD 比值下降反映了外汇储备清偿能力下降，而 BASE/RES 比值下降，早期是比利时有意识地对流入的黄金进行冲销操作的结果，后期则是比利时试图保持汇率稳定、抵御投机性攻击的结果。与此类似，由于 M1/BASE 和 RES/GOLD 比值下滑，尽管法国的黄金储备增加了 50% 以上，但从 1930 年至 1934 年，法国的 M1 几乎没有任何增长。表中另一个金本位制国家波兰则因为黄金储备外流而发生了货币紧缩。

从表 1-1 还可以看出黄金流动方向，黄金从金本位制国家大量流出，主要流向实施货币贬值或放弃金本位制的国家。从 1933 年开始，英国、瑞典和美国都经历了大量黄金流入时期。这一看似反常的情况反映出，相对于金本位制国家明显高估的货币，投机者对已经贬值的货币更有信心。黄金从金本位制国家流失成为压垮金本位制的最后一根稻草。

汇率制度选择对宏观经济的影响

20 世纪 20 年代末 30 年代初，坚持金本位制的国家都出现了国内货币存量意外大幅降低的情况。特别是 1931 年以后，金本位制国家货币存量急剧减少，这自然有宏观经济状况恶化的影响，但实际上，这些国家货币存量下降并不是对产出变化的反应，更主要的是为了应对金融危机和汇率危机所引发的非连续性变动。而金融危机和汇率危机的根源，主要是 20 世纪 20 年代动荡的政治经济状况，以及第一次世界大战后重建的金本位制制度体系存在重大缺陷。因此，货币冲击因素是影响产出的重要外生变量，这表明货币冲击是引发世界性大萧条的重要原因。

通过对坚持金本位制国家与放弃金本位制国家的情况进行分析对比，

可以有力地证明货币因素在大萧条中所发挥的作用。虽然20世纪20年代末很多国家陆续恢复了金本位制,但到20世纪30年代,这些国家对金本位制的态度又发生了变化。1931年危机之后,英镑集团成员国(即英国及其贸易伙伴国)很快放弃了金本位制;还有一些国家硬撑了几年,随后也放弃了金本位制,如1933年美国放弃金本位制,1934年意大利放弃金本位制;而以法国为首的少数几个顽固的金本位制国家,直到1936年下半年才最终放弃金本位制。我们在实证研究中发现,放弃金本位制的国家摆脱了货币升值的外部约束,从而比仍实行金本位制的国家更早、更快、更强劲地实现了经济复苏。

乔杜里和科钦1980年合著的论文具有开创性、里程碑意义,首次提出实行金本位制的国家与放弃金本位制的国家之间存在明显巨大差别。在这篇极富创新思想的论文中,两位作者分析比较了3种类型国家的情况,即从未加入金本位制集团的西班牙、1931年9月英镑危机后退出金本位制集团的3个斯堪的纳维亚半岛国家(挪威、瑞典和芬兰)以及4个坚守金本位制的国家(荷兰、比利时、意大利和波兰)的经济状况。乔杜里和科钦研究发现,与西班牙和3个斯堪的纳维亚半岛国家相比,实行金本位制的国家产出大幅减少,价格大幅下降。1985年,艾肯格林和萨克斯发表了一篇重要论文,分析研究了1929—1933年10个主要国家的宏观经济数据和指标情况。他们在研究中发现,截至1935年,较早放弃金本位制的国家经济已经基本从大萧条中复苏,而固守金本位制的国家产出和就业仍处于较低水平。伯南克和詹姆斯1991年的论文分析研究了24个国家的情况,其中绝大多数为工业化国家。1990年,坎帕对拉丁美洲国家的情况进行了分析研究。这些研究都印证了乔杜里和科钦的结论。

如果各国汇率制度是随机选择的,那么上述各项研究都充分说明,在大萧条时期，名义因素在决定实际产出方面具有重要作用。当然，在实践中，一个国家是否放弃金本位制一定程度上是由其内生因素决定的，因此上述论文的研究结论也未必正确。也就是说，可能还有一些潜在因素影响了各国汇率制度选择，从而使各国经济表现迥异。但我们通过研究认为，上述论文的研究结论均成立，主要有以下两方面的理由。

首先，艾肯格林（1992）等人已详细论证，大多数国家之所以做出保留或放弃金本位制的决定，主要是受其国内外政治因素和当时主流经济思想及哲学观点的影响。例如，法国之所以决定坚持金本位制，主要是因为法国希望不惜一切代价维护普恩加来稳定政策所带来的利益，同时竭力维护法国国内各利益群体之间的利益分配。当时法国主流的经济学观点认为，货币稳定、财政紧缩是解决大萧条问题最好的长效药，甚至法国共产党也认同这种观点。此外，法国坚守金本位制也是出于维护其民族自豪感的需要。① 事实上，正如伯南克和詹姆斯1991年的研究所述，1931年无论是选择放弃金本位制的国家还是决定坚守金本位制的国家，其1929—1930年的经济形势都非常相似。因此，不应将汇率制度选择简单地归结为宏观经济不同部门的差异性表现。

其次，如果一个国家是否放弃金本位制是由其内生因素决定的，那么可以推导出这样的结论：经济较弱的国家或遭受大萧条影响最严重的国家，会率先对本国货币实施贬值或放弃金本位制。而大萧条的事实表

---

① 在1933年的伦敦经济会议上，各派观点和意见纷争不断，金本位制国家参会代表谴责货币不稳是万恶之源，而英镑集团成员国参会代表则强调通货膨胀和经济扩张的必要性，有关情况可参阅艾肯格林和马克·乌赞（Marc Uzan）1993年的论文。在随后的几十年里，这些纷争依然存在，例如法国在欧洲货币体系（EMS）中遇到麻烦时，仍然选择坚守"法郎堡垒"，而英国则一如它在1931年9月的做法，为实现英国国内宏观经济目标再一次放弃固定汇率。

明，放弃金本位制的国家会比坚守金本位制的国家更快速、更有力地恢复经济。这个反证法极具说服力，因此，影响汇率制度选择的绝不仅仅是内生因素。而一个国家经济复苏情况与其是否尽早放弃金本位制的确存在着密切的关系。

表 1-2 和表 1-3 基于伯南克和詹姆斯 1991 年的研究，阐释了汇率制度与宏观经济表现之间的关系，表中的样本数据集与伯南克和詹姆斯运用的样本数据集基本一致。这两个表使用了 26 个国家 13 个宏观经济变量的年度数据，附录中列明了国家、数据来源和数据有效性。表 1-2 显示了样本国家相关宏观经济变量对数变化的年平均值，其中名义利率和实际利率以百分点计量，区分为采用金本位制和不实行金本位制两类国家子集进行研究。[①] 表中报告了 1930—1936 年全部样本的平均值。由于 1930 年几乎所有国家都采用金本位制，1936 年几乎所有国家都放弃了金本位制，因此只统计了 1931—1935 年两类国家子集的平均值。

表 1-3 分析了金本位制国家和非金本位制国家统计学数据的显著差异。表中带"a"的一行是表 1-2 中所列的各项宏观经济变量对常数项、年度时间虚拟变量和实行金本位制时间虚拟变量 ONGOLD 进行面板数据（panel-data）回归的结果。从国家和年份两个维度进行观测，变量 ONGOLD 表示该国一年中采用金本位制时间的比例，即实行金本位制的月数除以 12。计量回归分析使用的是 1931—1935 年的样本数据，但即使

[①] 如上文所述，如果一个国家严重偏离金本位制规则，例如实行全面管制或货币贬值，甚至正式宣布放弃金本位制，我们都将其视为脱离金本位制。伯南克和詹姆斯在研究中明确给出了 24 个国家金本位制政策的变化时间，本书第二章进行了引用。此外，阿根廷和瑞士分别于 1929 年 12 月和 1936 年 10 月正式宣布本币贬值，我们据此认定这两国脱离金本位制的时间。报告值是样本数据的组内简单平均值，但如果按照各国持有的黄金储备，或根据 1945 年国际联盟提供的相对于 1929 年生产水平的黄金储备量，对上述结果进行加权，也不会对结果产生实质影响。

加上1930年或1936年的数据，或减掉1931年的数据，结果并不会发生明显变化。在每个系数估计值下面都给出了 t 值的绝对值，用以衡量不同组别的样本数据之间差异的统计显著性。

表 1-2　1930—1936 年金本位制国家与非金本位制国家部分宏观经济变量变动情况

年份	1930	1931	1932	1933	1934	1935	1936
1. 制造业产值（对数变动值）							
平均值	−0.066	−0.116	−0.090	0.076	0.100	0.074	0.072
金本位制国家		−0.117	−0.173	0.068	0.025	−0.001	
非金本位制国家		−0.113	−0.057	0.078	0.120	0.008	
2. 批发价格（对数变动值）							
平均值	−0.116	−0.122	−0.045	−0.017	0.018	0.024	0.048
金本位制国家		−0.140	−0.133	−0.065	−0.037	−0.038	
非金本位制国家		−0.084	−0.011	−0.002	0.033	0.036	
3. M1 货币供给（对数变动值）							
平均值	0.016	−0.088	−0.068	−0.006	0.019	0.027	0.074
金本位制国家		−0.094	−0.088	−0.045	−0.013	−0.067	
非金本位制国家		−0.076	−0.060	0.007	0.028	0.046	
4. M1/现金比率（对数变动值）							
平均值	0.030	−0.129	−0.006	−0.024	−0.002	−0.011	−0.011
金本位制国家		−0.142	−0.052	−0.009	−0.016	−0.037	
非金本位制国家		−0.102	0.014	−0.030	0.002	−0.006	
5. 名义工资（对数变动值）							
平均值	0.004	−0.030	−0.053	−0.030	−0.002	−0.001	0.031
金本位制国家		−0.027	−0.070	−0.033	−0.031	−0.022	
非金本位制国家		−0.039	−0.045	−0.029	0.007	0.004	

（续表）

年份	1930	1931	1932	1933	1934	1935	1936
6. 实际工资（对数变动值）							
平均值	0.122	0.094	0.007	−0.009	−0.023	−0.022	−0.018
金本位制国家		0.110	0.064	0.032	0.005	0.016	
非金本位制国家		0.059	−0.020	−0.025	−0.032	−0.031	
7. 就业率（对数变动值）							
平均值	−0.066	−0.117	−0.074	0.050	0.096	0.064	0.068
金本位制国家		−0.113	−0.137	0.006	0.028	−0.016	
非金本位制国家		−0.127	−0.047	0.065	0.113	0.083	
8. 名义利率（百分点）							
平均值	5.31	5.43	5.29	4.37	3.97	3.89	3.79
金本位制国家		5.22	4.20	3.69	3.26	4.05	
非金本位制国家		5.90	5.68	4.56	4.13	3.86	
9. 事后实际利率（百分点）							
平均值	16.89	9.39	6.51	2.78	1.11	−1.19	−8.93
金本位制国家		10.38	9.41	6.94	3.35	−4.92	
非金本位制国家		7.16	5.47	1.64	0.61	−0.62	
10. 出口相对价格（对数变动值）							
平均值	−0.033	−0.011	−0.047	0.076	0.084	−0.067	0.039
金本位制国家		0.003	−0.019	0.134	0.140	−0.112	
非金本位制国家		−0.040	−0.058	0.058	0.070	−0.058	
11. 实际出口量（对数变动值）							
平均值	−0.073	−0.179	−0.222	0.014	0.056	0.021	0.072
金本位制国家		−0.193	−0.292	−0.008	0.015	−0.024	
非金本位制国家		−0.146	−0.192	0.021	0.067	0.030	

年份	1930	1931	1932	1933	1934	1935	1936
	\multicolumn{7}{c}{12. 实际进口量（对数变动值）}
平均值	−0.071	−0.211	−0.264	0.004	0.038	−0.020	0.049
金本位制国家		−0.159	−0.250	−0.006	−0.067	−0.012	
非金本位制国家		−0.315	−0.271	0.008	0.070	0.027	
	\multicolumn{7}{c}{13. 实际股价（对数变动值）}
平均值	−0.107	−0.186	−0.214	0.133	0.060	0.091	0.115
金本位制国家		−0.181	−0.219	0.139	−0.028	0.062	
非金本位制国家		−0.198	−0.211	0.130	0.092	0.098	

注：对于每个变量在每一年的具体情况，表中都列出了相关变量的总平均值，以及该年度金本位制国家和非金本位制国家的平均值。有关情况可参阅伯南克和詹姆斯1991年的论文。由于大多数国家1930年均实行金本位制，1936年均放弃金本位制，因此表中没有提供1930年和1936年这两个年度金本位制国家子样本和非金本位制国家子样本的分类数据，只给出了全部样本数据的平均值。考虑到数据可得性和有效性，表中选取了26个国家的年度数据，具体国家名称详见本文附录。实际工资、实际股价和事后实际利率均使用批发价格指数（WPI）计算。如果一个国家在特定年份并非全年都实行金本位制，其实行金本位制时间占全年的比例为 f，则该国当年以 f 的权重计入金本位制国家，以 $1-f$ 的权重计入非金本位制国家。实行金本位制国家的月数占总月数之比具体为：0.676（1931年）、0.282（1932年）、0.237（1933年）、0.205（1934年）和0.160（1935年）。

表1-3 1931—1935年宏观经济变量对实行金本位制时间虚拟变量 ONGOLD 和银行恐慌虚拟变量 PANIC 的回归值

因变量		ONGOLD	PANIC	调整后的 R^2
制造业产值	（1a）	−0.0704		0.601
		(4.04)		
	（1b）	−0.0496	−0.0926	0.634
		(2.80)	(3.50)	

（续表）

因变量		ONGOLD	PANIC	调整后的 R^2
批发价格	（2a）	−0.0914		0.622
		（8.20）		
	（2b）	−0.0885	−0.0129	0.620
		（7.47）	（0.73）	
货币供给（M1）	（3a）	−0.0534		0.297
		（3.26）		
	（3b）	−0.0344	−0.0846	0.352
		（2.06）	（3.40）	
M1/现金比率	（4a）	−0.0329		0.263
		（1.91）		
	（4b）	−0.0176	−0.0680	0.294
		（0.99）	（2.55）	
名义工资	（5a）	−0.0204		0.196
		（2.62）		
	（5b）	−0.0145	−0.0262	0.219
		（1.78）	（2.16）	
实际工资	（6a）	0.0605		0.466
		（5.84）		
	（6b）	0.0656	−0.0230	0.470
		（5.99）	（1.41）	
就业率	（7a）	−0.0610		0.557
		（4.38）		
	（7b）	−0.0507	−0.0458	0.569
		（3.48）	（2.10）	
名义利率	（8a）	−1.22		0.109
		（2.83）		
	（8b）	−1.00	−0.97	0.116
		（2.20）	（1.43）	
事后实际利率	（9a）	2.70		0.264
		（2.07）		
	（9b）	2.16	2.39	0.266
		（1.56）	（1.16）	

（续表）

因变量		ONGOLD	PANIC	调整后的 R^2
出口相对价格	（10a）	0.0464		0.198
		（1.70）		
	（10b）	0.0288	.0783	0.213
		（1.00）	（1.83）	
实际出口量	（11a）	−0.0745		0.323
		（2.08）		
	（11b）	−0.0523	−0.0990	0.334
		（1.39）	（1.76）	
实际进口量	（12a）	−0.0000		0.416
		（0.00）		
	（12b）	0.0232	−0.1036	0.435
		（0.75）	（2.25）	
实际股价	（13a）	−0.0299		0.354
		（1.12）		
	（13b）	−0.0206	−0.413	0.354
		（0.72）	（0.97）	

注：表中列出了因变量对实行金本位制时间虚拟变量 ONGOLD 和银行恐慌虚拟变量 PANIC 进行计量回归得出的系数估计值。括号中是 t 值的绝对值。除了名义利率和事后实际利率以百分点表示，其他因变量均以对数变化值表示。相关数据为 1931—1935 年的年度数据，根据数据可获得性和有效性确定了 26 个样本国家，样本国家具体情况详见本文附录。每个计量回归分析都运用了一组实行金本位制时间虚拟变量 ONGOLD 和银行恐慌虚拟变量 PANIC，其中 ONGOLD 是某一个国家一年中实行金本位制的月数除以 12，PANIC 是某一个国家一年中经历银行业恐慌的月数除以 12。

表 1-2 和表 1-3 都反映出：所有国家发生大萧条的主要根源都是出现了货币紧缩；1931—1932 年之后，坚守金本位制的国家和脱离金本位制的国家之间存在显著差别，因为脱离金本位制的国家可以更自由地实施扩张性货币政策。

首先考察货币供给情况，从表 1-2 第 3 项可以看出，1931 年和 1932

年所有国家的国内货币存量都急剧收缩。从算术意义上看，这种收缩很大程度上归因于表 1-2 第 4 项 M1/现金比率大幅下降，而 M1/现金比率下降主要是受银行危机影响，银行危机影响突出体现在 1931 年。[①] 不过，根据表 1-2，1933—1935 年金本位制国家的货币供给继续收缩，而非金本位制国家的货币供给则有所扩张。表 1-3 第 3a 行表明，1931—1935 年，金本位制国家 M1 增长率平均每年比非金本位制国家低约 5 个百分点，t 值的绝对值为 3.26。

价格水平变动与货币存量变动情况类似。表 1-2 第 2 项表明，尽管 1931 年所有国家都发生了剧烈的通货紧缩，但 1932—1933 年，脱离金本位制国家的批发价格保持稳定，并于 1934 年开始有所回升上涨。[②] 1932—1935 年，金本位制国家经历了持续的通货紧缩，导致 1932—1935 年坚守金本位制国家与脱离金本位制国家的价格水平累积差异达 0.329。表 1-3 第 2a 行表明，1931—1935 年，金本位制国家批发价格每年上涨幅度比非金本位制国家批发价格上涨幅度大约要低 9 个百分点，t 值的绝对值为 8.20。

产出下降、就业减少与货币供给减少、价格下跌密切相关，例如 1930—1931 年，所有样本国家的制造业产值（表 1-2 第 1 项）和就业率（表 1-2 第 7 项）都有所下降，但随后坚守金本位制国家与脱离金本位制国家这两组数据开始出现分化。1932—1935 年，这两组样本数据产出水

---

① 考察货币供给情况，首选的衡量指标是 M1/BASE，但由于多数样本国家缺乏商业银行准备金数据，因此本文研究中没有使用 M1/BASE 这个指标。从表 1-3 第 4a 行可以看出，金本位制国家的 M1/现金比率比非金本位制国家这一指标下降幅度更大，且在 5% 的置信水平上具有统计显著性，这与我们之前的观察一致，即金本位制国家银行体系出现的问题更为严重。

② 因此，一般来说，脱离金本位制的国家价格先恢复稳定，然后实现货币稳定。对于这种现象的一种较为合理的解释是，货币贬值加大了对未来出现通货膨胀的预期，降低了货币需求，提高了当前价格。

平的对数累积差异为0.310，就业水平的对数累积差异为0.301，脱离金本位制国家的产出和就业数据更高，说明脱离金本位制国家的经济表现更胜一筹。表1-3第1a行和第7a行使用了1931—1935年的数据，其中制造业产值的t值绝对值为4.04，就业率的t值绝对值为4.38，无论从经济学意义还是从统计学角度看，这些差异都非常显著。

表1-2和表1-3中其他宏观变量的变化与货币存量变动情况大体一致。1986年，艾肯格林和萨克斯运用标准的蒙代尔-弗莱明（Mundell-Fleming）模型对实行金本位制的小型经济体进行分析，结果表明，国外出现货币紧缩情况将提高这个实行金本位制的小型经济体的国内实际利率水平，从而抑制国内总需求。相对于脱离金本位制的国家，这个实行金本位制的小型经济体的本币实际汇率将上升，出口价格将上涨，实际出口将下降。表1-2第9项表明，1930年，样本国家事后实际利率普遍较高，随后无论金本位制国家还是非金本位制国家的利率都逐年降低，但脱离金本位制国家的利率一直要比坚守金本位制国家的利率更低。[①] 表1-3第

---

① 当然，金本位制国家的事后实际利率更高并不能说明这些国家事前估计的实际利率就更高。事实上，事前实际利率取决于人们当时是否预见到通货紧缩。以美国为例，1992年，斯蒂芬·切凯蒂（Stephen Cecchetti）研究认为，当时美国人预期价格水平下降；而詹姆斯·汉密尔顿则认为，当时美国人没有预期价格水平下降。据我所知，除美国外，其他国家都没有对这一问题进行过任何研究。这场辩论关注的重点是冲击传播的特定渠道，而不是引发冲击的因素是不是货币。如果预期会发生通货紧缩，使得事前实际利率很高，那么货币政策传导渠道是通过常规的IS曲线发生作用。切凯蒂和汉密尔顿都指出，如果通货紧缩是意料之外的，那么就必须更多地依赖债务型通货紧缩机制（详见第二节）。大多数国家的名义利率仍远高于零，从表1-2第8项可以看出，金本位制国家的名义利率并不比非金本位制国家低多少，在我看来，至少在中期范围内，大部分通货紧缩都是意料之中的。1993年，马丁·埃文斯（Martin Evans）和保罗·瓦赫特尔（Paul Wachtel）对美国名义利率问题进行研究后得出了类似结论。

9a 行说明，平均而言，金本位制国家的事后实际利率比非金本位制国家的事后实际利率高 2.7 个百分点（t=2.07）。表 1-3 第 10a 行表明，金本位制国家货币兑换美元的实际汇率比非金本位制国家货币兑换美元的实际汇率平均每年增长近 5 个百分点，但 t 值仅为 1.70。与此相对应，表 1-3 第 11a 行表明，金本位制国家的实际出口较脱离金本位制国家的实际出口平均每年多下降 7~8 个百分点，t 值的绝对值为 2.08。表 1-3 第 12a 行表明，金本位制国家和非金本位制国家之间的进口增长率没有差异，这可能是因为金本位制集团国家国内收入降低，同时贸易条件有所改善，这两个因素产生了互相抵消的效果。

在本文的研究中，实际股价为名义股价指数减去批发价格指数。研究发现，金本位制国家的实际股价较非金本位制国家的实际股价多下跌约 3 个百分点，t 值的绝对值为 1.12。金本位制国家和非金本位制国家的名义工资和实际工资也存在显著差异，但由于这些经济变量与总供给问题联系更为紧密，因此我们将在下一节中再进行详细讨论。

第二节　总供给：名义调节失败

长期以来，人们普遍认为，货币冲击是造成大萧条的原因之一。从第一节可以看出，采用比较分析方法进行的实证研究结果充分论证了货币因素是发生大萧条的主要推动力。此外，货币紧缩对实际经济变量的影响不仅巨大而且持久。根据现行的货币非中性理论，如基于菜单成本理论[①]或认为消费者会混淆相对价格和绝对价格水平的理论，人们通常预测货币冲

---

① 调整价格的成本被称为菜单成本（menu costs），是凯恩斯经济学派的基础概念。餐厅的菜单得花钱印刷，一旦印好就不会天天更换。菜单成本的存在阻碍了生产企业及时调整价格。——译者注

击的实际影响较为短暂。因此，对当代宏观经济学家来说，如何解释货币紧缩对实际经济变量的持续影响问题，是一项极具挑战性的任务。

在总供给方面，我们仍然有一个疑惑：在两次世界大战之间，为什么对名义冲击的调整需要花费如此漫长的时间？本节第一部分将讨论导致货币冲击具有长期影响的两个重要因素：金融危机和名义工资黏性。

通货紧缩与金融系统

如果让你说出经济生活中的一些重要合约，这些合约以名义价值约定、没有隐含的保险或指数化产品来对冲无法预见的价格变动，那么你可能立刻会想到金融合约，比如债务工具等。我在1983年的论文中提出，正是金融合约的非指数化，导致货币存量下降、股票和价格下跌等事件对20世纪30年代美国的经济产生了重大影响，其中有两个具体传导渠道，一是过度负债和通货紧缩两个因素相互交织并相互增强，即债务型通货紧缩，二是通过银行资本和银行的稳定性发挥作用。

1933年，欧文·费雪（Irving Fisher）首先提出债务型通货紧缩的概念。他设想了一个动态场景：资产和大宗商品的价格不断下跌，给债务人造成巨大压力，迫使他们低价出售资产，从而导致价格进一步下跌，财务状况更加糟糕。① 正是基于这种判断，欧文·费雪力劝罗斯福总统在汇率问题上一定要考虑通货再膨胀的情况，罗斯福总统最终接受了他的建议。不过，费雪的观点并未被经济学界广泛认可，有经济学家认为，债务型通货紧缩不过是债务人和债权人两个集团的利益再分配。由于各利益集团之间的边际消费倾向并没有较大差异，因此单纯的利益再分配

---

① 1993年，清泷信宏（Nobuhiro Kiyotaki）和约翰·H.摩尔（John H. Moore）分析论证了费雪的思想和观点。

不会对宏观经济产生重大影响。

近年来，债务型通货紧缩的思想再度兴起，大量有关资本市场不完全信息和代理成本的文献材料正是这种思潮的集中体现。[1] 在现代公司金融理论中，代理理论已占据主流地位。根据这一理论，资产负债表是规范借款人（代理人）和贷款人（委托人）动机的重要工具。资产负债表的关键是借款人的净资产，即借款人的自有资金和用非流动资产作为抵押品的价值。很多简单的委托代理模型表明，借款人净资产减少会增加贷款的代理成本，也会增加借款人相关投资的财务成本。这一点很容易理解，因为如果借款人项目本身盈利较少，主要依赖外部融资，借款人就有动机去实施一些不符合贷款人利益的行动，其结果是出现无谓损失，比如借款人从事高风险低效率的活动或者偷懒等，贷款人也有必要花费更多成本去收集信息、监测信贷情况。如果借款人的资产净值低于临界值，就无法再获得任何资金支持。

从代理角度看，债务型通货紧缩是在无法事先预见的情况下把财富从借款人向债权人转移，这不是宏观经济的中性事件，因为潜在借款人原本拥有利用较低成本获得特定投资项目或进行消费的机会，但借款人净值损失使这些机会化为乌有。比如，陷入财务困境的企业无法获得扩大再生产所需的营运资金，也无法为项目投资获得资金。同样，如果一个家庭的名义收入相对于其债务有所减少的话，这个家庭就无法通过贷款购买新房，但如果从长期收入的角度看，这个家庭原本可以负担购买新房。债务型通货紧缩导致借款企业和借款家庭出现财务困难，对经济

---

[1] 1978年，弗雷德里克·米什金（Frederic Mishkin）运用债务型通货紧缩理论研究分析了大萧条时期的消费支出。1990年，伯南克和马克·格特勒（Mark Gertler）对债务型通货紧缩进行了理论分析。1993年，查尔斯·卡洛米里什（Charles Calomiris）对大萧条中的金融因素进行了综述。

产生了实质影响。

如果债务型通货紧缩非常严重，就会影响银行和其他金融中介机构的安全。一般来说，银行既有名义资产，也有名义负债，因此在一定范围内可以对冲通货紧缩的风险。然而，随着银行借款人财务状况恶化，银行的债权只能通过没收借款人抵押的实物资产的方式来保障。从这一点来看，通货紧缩的压力会传导至银行系统。① 债务型通货紧缩会使贷款出现实际损失或潜在损失，侵蚀银行资本，损害银行的经济效率。一是存款人会挤兑银行，使银行的信贷资金在短时间内大量流失。在没有存款保险制度的银行体系中，这种情况更为突出。银行贷款是高度专业化的特殊商业活动，需要掌握大量信息，因此，银行信贷难以被非银行信贷所取代。二是为应对挤兑风险，银行被迫强化资产的流动性和安全性，从而进一步压缩正常的贷款业务。根据赌博策略，资本流失最严重的银行极有动机从事风险极高的贷款业务。三是银行及其分支机构倒闭会损失资本，减少金融服务供给。

在两次世界大战之间，金融到底在多大程度上影响了宏观经济？1983年，我对美国的情况进行了计量研究，计量方程中包含了货币价格和商品价格的滞后项。研究结果表明，对破产商业企业的负债和倒闭银行的存款进行研究，有助于预测月度工业产值的变化。不过，这些研究仍有待推敲。正如苏珊·格林（Susan Green）和查尔斯·怀特曼（Gharles Whiteman）1992年所指出的，1931—1932年企业大量破产、银行大量倒闭，这些可以作为虚拟变量来刻画美国大萧条的情况，分析导致美国经济急剧下滑的金融因素及其他因素。关于对货币因素作用的争论，存在

---

① 全能型银行体系（universal banking systems）银行，比如中欧的银行，通常既持有实际资产，也持有名义资产，即同时持有股权和债权。因此，发生通货紧缩时，全能型银行会更早地感受到压力。

的一个最主要的问题是,只对美国一个国家的数据进行了分析和研究。

1991年,伯南克和詹姆斯运用金本位制研究中较为新颖的比较分析方法,对24个国家的面板数据集进行了计量分析,研究金融危机对宏观经济的影响。随着研究样本的扩大,数据收集面临一些困难,因此我们使用的是年度数据而不是月度数据。此外,由于缺乏有关债务和金融危机的数据,我们只能重点分析银行恐慌对经济的影响。关于银行业的不稳定性并没有一个统一的量化衡量标准,所以我们依据对历史资料的解读,选择使用虚拟变量来表明银行业危机。样本扩大后,我们把美国的情况与遭受严重银行危机的国家以及在经济大萧条时期银行业仍保持稳定的国家进行了深入比较。通过研究,我们认为,各国银行在危机时期的脆弱性存在显著差异,其主要原因不在于各国不同的宏观经济条件,而主要是各国的制度和政策存在明显差异。这也说明银行恐慌对宏观经济的影响具有独立性,而过去普遍认为银行恐慌是对经济衰退的被动反应。[1]

为了量化衡量银行业的不稳定性,我们构建了虚拟变量"银行恐慌"(PANIC),将其定义为每年样本国家遭遇银行业危机的月度数。[2] 我们在

---

[1] 伯南克和詹姆斯认为,导致银行恐慌的因素有:银行结构,如全能型银行系统和拥有众多小银行的系统相对更加脆弱;依赖短期外债;20世纪20年代各国的金融经济状况和银行政策。理查德·格罗斯曼(Richard Grossman)1993年的文章对两次世界大战之间银行业恐慌的原因进行了深入分析和研究。

[2] 根据对第一手和第二手资料的解读,我们把第一次出现严重的银行问题的时间认定为危机开始时间,把1933年3月美国银行业假期视作危机结束时间。如果不明确危机结束的时间,有可能会武断认为,在银行业危机达到顶峰后的一年时间,危机仍未结束,其影响仍在持续。PANIC值不为零的国家有奥地利、比利时、爱沙尼亚、法国、德国、匈牙利、意大利、拉脱维亚、波兰、罗马尼亚和美国。样本国家包含了阿根廷和瑞士,这与我们编制的银行业危机年表一致。我们认为1931年7月—1933年11月的瑞士是银行危机国家。1993年,格罗斯曼将上述国家均列为银行危机国家,不过他把挪威也列入了银行危机国家。

回归分析中控制了价格变动率、工资、货币存量、出口增长率及贴现率政策等各种因素,结果发现,无论从经济学意义还是从统计学角度看,银行恐慌对工业生产都影响巨大。

表 1-3 中标有"b"的行列简要总结了虚拟变量 PANIC 对相关宏观经济变量的影响。表 1-3 详细说明了相关宏观经济变量对 PANIC,以及表示金本位制的虚拟变量 ONGOLD 进行计量回归所得到的系数估计值。我们把 PANIC 除以 12,所得的系数估计值理解为年度效应。

研究结果表明,银行恐慌对宏观经济产生了重要影响,这种影响与金本位制效应无关,与我们的理论预测相一致:对实体经济来说,PANIC 对制造业生产值(第 1b 行)和就业(第 7b 行)都产生了巨大影响,这种影响无论从经济学意义还是统计学角度来说都极为显著。特别是,控制了是否为金本位制国家的 ONGOLD 后,PANIC 在一年时间里对制造业生产的对数变化的影响为 –0.0926,t 值绝对值为 3.50;对就业率的对数变化的影响为 –0.0456,t 值绝对值为 2.10。研究还发现,尽管回归估计系数值有时在统计上并不显著,但从表 1-3 可以看出,PANIC 会降低实际工资和名义工资(第 6b 行和第 5b 行),损害竞争力和出口数量(第 10b 行和 11b 行),提高事后实际利率(第 9b 行),降低实际股价(第 13b 行)。

从名义因素考虑,表 1-3 第 4b 行 M1/现金比率反映出,银行恐慌显著降低了货币乘数,这与我们之前的预期一致。从第 3b 行可以看出,银行恐慌会显著降低货币存量 M1,这和运用简单蒙代尔-弗莱明模型分析实行金本位制的小型开放经济体所得出的结论不一致。在蒙代尔-弗莱明模型中,通过控制时间虚拟变量使世界经济条件保持不变,此时这个小型经济体的货币存量由国内货币需求决定,因此内源性的黄金储备流入会抵消货币乘数下降。对模型实证结果进行修正的结果是,银行恐慌降低了国内 M1 货币需求或提高汇率贬值的概率,这两种情况都会导致储备外流。上述研究结果表明，银行恐慌会提高实际利率，与汇率贬值概率上升相一致。和蒙代尔-弗莱明模型一致的是，一旦控制"是否金本位制国家"这个变量，从第 2b 行可以看出，银行恐慌对批发价格没有影响。这个结论相当重要，因为它表明，恐慌对产出和其他宏观经济变量的影响主要是通过非货币渠道（比如中断信贷支持）来实现的。

正如早期对货币冲击作用的大讨论一样，从单纯关注美国的案例发展到运用比较分析的国际视角对多个国家的情况进行研究，为证实银行危机在大萧条中的巨大作用提供了有力证据。我们其实应该将这些证据用于分析说明更多的债务型通货紧缩案例，一个可能性极大的假设是，债务型通货紧缩的效应远远大于银行危机的效应，因为银行危机无论空间还是时间都更具有局部性。不过可惜的是，由于内部债务的种类和数量以及金融危机的各类指标等数据很难获得，因此无法对这一结论进行计量研究和验证。①

通货紧缩和名义工资

一个较为新颖的解释大萧条总供给之谜的方法是运用诱发金融危机理论。正如宏观经济学对 20 世纪 30 年代货币非中性的传统解释，在面对货币冲击时，名义工资和（或）价格调整缓慢。事实上，关于批发价格指数和消费者价格指数（CPI）等一些较为常见的价格指数，其名义因素在这一时期会迅速调整，很少出现黏性，如名义批发价格指数黏性不强。不过对于很多单一价格，比如工业品价格等，这一结论并不成立。当代宏观经济学经常强调，价格比工资更具刚性，更不易调整，而对两次世

---

① 1994 年，艾肯格林和格罗斯曼试图通过一个间接指标，即中央银行贴现率和商业票据利率之间的利差来计量债务型通货紧缩。正如他们自己也承认的，这一指标并不完全令人满意。

界大战之间的研究说明，名义工资缓慢调整，名义工资黏性才是货币非中性的根源。基于这一观点，我在本节中着重分析比较了大萧条时期的工资黏性问题。考虑到大萧条时期劳动力市场状况极为极端，我将在之后的章节中详细分析这一时期工资为什么不能及时调整。

名义工资调整与总供给息息相关：如果名义工资不能及时、充分地进行调整，那么当物价水平不断下降时，实际工资就会上涨，雇主们就会裁员。[1] 同样，在货币升值的国家，实际工资会下降，就业会增加。尽管经济学界对于二战后实际工资的周期性问题一直争论不休，但正如表1-2 和表1-3 所示，两次世界大战之间的相关数据明确证明了工资黏性假说的基本含义。

首先，在 1930 年和 1931 年全球通货紧缩期间，从表 1-2 第 2 项批发价格、第 5 项名义工资、第 6 项实际工资可以看出，世界范围内名义工资的下降速度远远低于批发价格的下降速度，导致名义工资与价格的比率显著上升。从表 1-2 第 7 项就业率和第 1 项制造业产值可以看出，实际工资大幅增长导致就业和产出下降。[2]

其次，从表 1-2 第 6 项实际工资可以看出，大约从 1932 年开始，实

---

[1] 在标准分析中，实际工资的增长导致就业下降，因为雇主沿着新古典劳动力需求曲线向西北方向移动。另一种可能的原因是，更高的工资支付消耗了企业的流动性，从而导致产出和投资减少。马克·格特勒和布鲁斯·格林沃尔德（Bruce Greenwald）分别向我提出上述见解和观点，我向他们表示感谢。后一种原因可以通过以下方法来检验：观察规模较小或流动性较差的企业，看它们与财务状况相对更稳健的大型企业相比，是否会更多地裁员以应对实际工资增长的问题。

[2] 用批发价格指数作为名义工资的平减指数并不理想。为了找到与劳动力需求决定相关的产品工资，应该通过产出价格指数进行平减。关于产品工资的数据非常有限，不足以支持黏性工资假说。进一步的分析研究，可以参阅艾肯格林和哈顿 1988 年的研究论文，也可以参阅伯南克和詹姆斯 1991 年的研究论文。

行金本位制国家和脱离金本位制国家实际工资变动情况出现明显差异：脱离金本位制国家，价格上涨的速度快于名义工资，准确地说，名义工资持续下降了一段时间，因此实际工资下降，与此同时，就业率大幅上升。而在金本位制国家，实际工资基本保持稳定，有的还略有增加，但就业却停滞不前。表 1-3 第 6a 行表明，采用金本位制国家和脱离金本位制国家，实际工资增长每年相差约 6 个百分点，t 值的绝对值为 5.84。

1985 年，艾肯格林和萨克斯首次提出，金本位制国家和脱离金本位制国家实际工资变动差异很大。他们使用 10 个欧洲国家 1935 年的数据进行了计量研究，所有变量都是相对于 1929 年的情况进行测算，结果表明，金本位制国家的实际工资普遍较高，工业产出水平较低，而脱离金本位制国家的实际工资则低得多，生产水平却高得多。

1994 年，伯南克和凯里拓展和延伸了艾肯格林和萨克斯的研究：一是将样本从 10 个国家扩大到 22 个国家，使用 1931—1936 年的年度数据，而不是仅使用 1935 年的数据；二是为了避免把通过非工资渠道发生作用的价格变动错误地归因于实际工资的变动[①]，在回归中，把实际工资区分为名义工资和价格水平两个部分；三是控制了除工资之外所有影响总供给的因素，并使用工具变量技术来校正产出和工资决定同时出现偏差。[②] 经过这样的修正和完善后，伯南克和凯里确定的描述产出供给的首选方程是：

---

① 假设通货紧缩通过非工资渠道影响产出，比如诱发金融危机，但名义工资数据相对并不准确，比如它们反映的是官方工资率，而不是实际支付的工资率。因此，尽管工资并不是传导机制的一部分，我们也会观察到实际工资与产出之间存在反比关系。

② 方程中使用的研究指标包括，金本位制集团国家的贸易加权进口价格指数和贴现率；脱离金本位制国家的货币存量 M1，这些是总需求转移指标。此外，预先设定了银行恐慌和工人罢工这两个虚拟变量，也预先设定了名义工资和产出的滞后值。

$$q = -0.600w + 0.673p + 0.540q_{-1} - 0.144\ PANIC - 0.69\text{-}05\ STRIKE$$
$$(3.84)\quad (5.10)\quad (7.66)\quad\ (5.79)\quad\quad\ (3.60)\quad\quad\quad\quad (2)$$

其中：

q, q_{-1} = 制造业产值的当前值和滞后值（取对数），

w = 名义工资指数（取对数），

p = 批发价格指数（取对数），

$PANIC$ = 一年中发生银行恐慌的月度数除以 12，

$STRIKE$ = 由于工人罢工损失的工作天数（每 1000 名工人）。

括号中显示了 t 统计量的绝对值。计量回归使用了 1931—1936 年包括时间虚拟变量和固定国家效应变量的横切面数据。通过应用非线性最小二乘法（NLLS），获得了国内一阶序列相关性估计值为 –0.066。

该方程表明，无论从经济学意义还是从统计学意义上看，银行恐慌（$PANIC$）和工人罢工（$STRIKE$）这两个虚拟变量都对产出有巨大影响。[①] 产出的一阶滞后项系数表明，在任何给定的年份，产出都只能调整到其目标水平的一半左右。此外，最重要的是，正如黏性工资假说所述，名义工资系数在数值上大致等于价格水平系数，两者符号相反。[②] 方程（2）表明，如果名义工资根据价格水平调整变动的步幅相对缓慢迟滞，这样的国家制造业产值通常会剧烈下降。

图 1-1 以简明直观的方式显示了 1935 年比利时、法国、荷兰、波兰和瑞士这 5 个金本位制国家的产出和名义工资情况。1935 年这些国家都实行金本位制，因此这些国家的批发价格水平相似，但名义工资存在明

---

① $PANIC$ 系数表明，一年时间的银行危机使产出大约减少 14%。在工人罢工造成的产出损失与损失的工作时间成比例的情况下，虚拟变量 $STRIKE$ 系数表示罢工损失情况，详细情况可参阅伯南克和凯里 1994 年的论文。

② 在标准显著水平（P=0.573）时，工资系数和价格系数相等，符号相反。

显差异。如图 1-1 所示，法国和瑞士的名义工资比其他 3 个国家高很多，事实上，这两个国家自 1929 年以来就没有调整过名义工资，产出水平也明显较低。如果仅仅根据这 5 个数据点，把产出的对数常数项和名义工资的对数常数项进行计量回归，可以得出名义工资的系数为 –0.628，t 值为 –1.49。

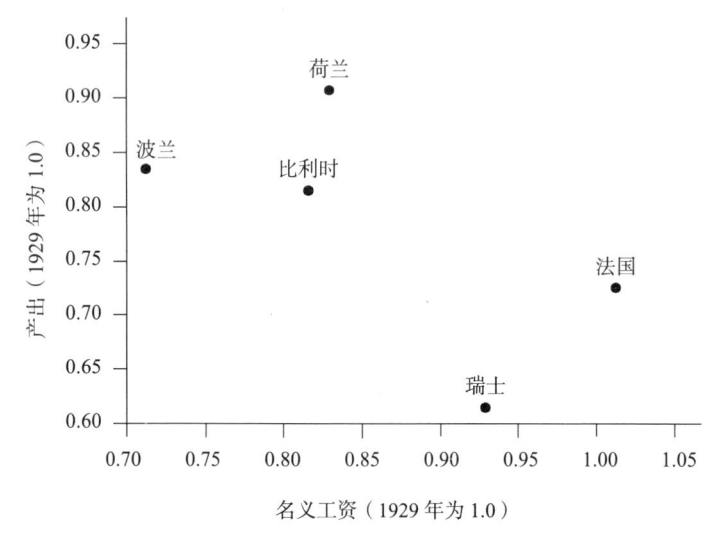

图 1-1　1935 年金本位制国家的产出与工资

尽管 1994 年伯南克和凯里发现了支持黏性工资假说的横切面证据，但同时需要注意的是，相关研究中时间序列证据不够充分。我们在相关计量回归中设置了年度时间虚拟变量，研究结论完全基于跨国横向比较。用黏性工资来解释大萧条中产出随着时间变动情况主要存在以下问题：尽管在 1929—1931 年经济衰退期间，世界各国的实际工资大幅上升，但在大萧条的复苏阶段，大多数国家的实际工资并没有显著下降。事实上，包括美国在内的很多国家尽管实际工资上涨，但经济复苏势头强劲。伯南克和凯里在报告中称，1936年22个样本国家的实际工资比1929年高出近20%，尽管如此，这些国家1936年的平均产出仍比1929年的产出水平高出近10%。[①]一个既可以解释横切面情况也可以解释时间序列结果的可能原因是：随着大萧条逐渐缓解，实际支付的工资要低于报告支付的工资或官方规定的工资。我们发现，这些样本国家实际支付工资与报告支付工资两者的比值较为接近。

大萧条时期名义调整为什么失败？

世界各国经济体之所以未能利用两次世界大战之间这段宝贵的时间迅速对20世纪30年代初大规模的名义冲击进行调整，主要有两个原因：一是非指数化债务合约，这种合约造成的通货紧缩引发了再分配和金融危机；二是名义工资及成本结构等其他因素调整缓慢。理论经济学家认为，这两点是非中性的来源，它们之间的区别主要是，发生不可预见的通货紧缩后，各方都有强烈动机重新对名义工资协议或名义价格协议进行谈判，但一般不会重新修订名义债务合同。如果相对于劳动力市场均衡来说，名义工资太高，雇主和工人都应该愿意接受较低的工资，否则工人就会失业，市场会通过其他方式来实现有效率的就业水平，有关这一观点可以参阅罗伯特·巴罗（Robert Barro）1977年的研究报告。

与此相反，没有人认为，不可预见的通货紧缩对债务合同产生的财富再分配效应可以被某种隐含的指数或事后重新谈判修订条约所抵消，因为大量的净债权人从通货紧缩中获益，他们没有放弃这些收益的动

[①] 理论上，这一结果可以解释为，在给定实际工资水平时，生产能力长期增长。不过，伯南克和凯里估计，平均每年产能增长5.6%，才能协调产出和实际工资的变动行为。

机。[1]因此，名义工资以及名义价格调整失败不符合经济理性的假设，而如果从一开始就存在非指数化的金融合约，通货紧缩引发金融危机则符合经济合理的假设。[2]

关于调和工资及价格黏性与经济理性关系，有观点认为，在某种程度上，非指数化金融合同及相关的债务型通货紧缩是工资和价格调整缓慢的根源。这种情况极有可能是政治原因造成的，因为随着通货紧缩持续发展，金融危机日益加深，债务人的不满情绪与日俱增，从而促使政府不得不采取干预经济的措施，限制工资和价格调整。从图 1-1 可以看出，法国各项指标调整都特别缓慢。一位历史学家这样叙述当时法国的情况：

> 随着价格崩盘、收入下降，农民、店主、商人和工业家都面临破产，政府根据过去的经验采取了一系列复杂但并不完善的干预措施来控制市场的自由运作，以实现稳定市场环境的目的。[有关情况可参阅汤姆·肯普（Tom Kemp）1972 年论著的第 101 页。]

当时法国的农民是一个政治势力非常强大的债务人集团，为了保护农民的名义收入，法国政府采取了一系列干预措施，比如严格限制农产品进口，制定最低谷物价格；为提高价格、增加利润，政府支持企业建

---

[1] 研究文献里的模型，如 1990 年伯南克-格特勒模型表明，债务型通货紧缩会降低总产出和投资，但在给定信息约束时，不会导致帕累托无效的情况。因此，债权人和债务人并没有重新谈判的动力。如果在伯南克-格特勒模型中假设生产或总需求存在外部性，那么债务型通货紧缩可能意味着帕累托无效率，这种帕累托无效率并不是通过债权人和债务人重新谈判就能轻易解决。

[2] 金融合同非指数化是一种尽量减少事前交易成本的理性尝试。在恢复金本位制时期，通常会假设货币当局保持通胀稳定。如果预期货币当局保持通胀稳定，金融合同非指数化就是一种合理的策略。

立联盟，实施进口保护；为阻止工资和价格继续下滑，法国政府竭力减少劳动力供给，采取了遣返外国工人、缩短每周工作时间等一系列与美国罗斯福新政时期类似的措施。[①]

债务型通货紧缩对工资及价格变动的影响也会通过其他经济传导渠道体现出来，例如，20 世纪 20 年代法国的钢铁等重工业大肆扩张，背负了沉重的债务负担。为了应对通货紧缩带来的金融危机，这些企业竭力自救、联合行动，试图通过限制产量的方式来提高价格，维持边际利润，相关情况可以参阅肯普 1972 年论著的第 89 页。现代产业组织理论也预测和证实了这种行为，具体情况可以参阅朱迪丝·谢瓦利埃（Judith Chevalier）和戴维·沙尔夫斯泰因（David Scharfstein）1994 年的论文。

还有许多其他因素也会导致名义调整不及时，比如有的国家工资和价格由政府直接确定，如果想调整工资和价格就必须启动行政或立法程序，因此工资和价格变动常常滞后；有的国家工资和价格高度政治化。通过立法规定税费、关税等也是名义工资和价格刚性的重要原因，这一点可以参阅马里奥·克鲁奇尼（Mario Crucini）1994 年关于关税的论文。复杂的非中央集权的经济体也面临着严重的协调问题，无论是在经济体内部还是与其他经济体之间都要进行大量的协调工作，这些问题是近期理论研究的热点，有关情况可参阅拉塞尔·库珀（Russell Cooper）1990 年的论文。

与分析大萧条中其他因素一样，通过国际视角运用比较分析方法最能够帮助我们理解为什么名义调整会失败。当然，比较分析中还需要考虑政治和制度情况，比如加入工会的工人比例，立法机构中工人、农民、

[①] 当然，最有效的干预措施应该是直接贬值或强制减记所有名义债权，以阻止通货紧缩。然而，在法国，人们普遍认为，贬值会导致混乱。而要减记债务和其他债权，行政程序相当复杂，法国人认为签订的合同具有神圣性，因此减记债权之举在政治上不可接受。

实业家等群体代表的比例，政府雇用的劳动力比例等。只有从定性的角度、历史的角度进行案例比较分析研究，考察不同国家的政府对通货紧缩的政治反应，才能准确理解和解释价格下跌在不同国家造成的不同经济影响。

第三节 结论

从方法论的角度而言，近期关于大萧条研究最突出的贡献是把样本从美国扩大到美国以外的许多国家。通过对大量的国家进行比较分析研究，我们可以更好地确定导致20世纪30年代世界经济陷入大萧条的根本原因。关于货币紧缩是造成大萧条的重要原因、货币升值是复苏的主要因素等观点，都通过比较分析研究得到了论证。

在经济的总供给方面，我们已经从两次世界大战之间这段时间学到很多东西，我们还将继续从中取得新的发现和收获。一个关键的结论是，如果财富再分配会引发系统性金融危机，那么它们可能具有累积效应。已有证据表明，名义工资调整不彻底是导致货币非中性的一个重要因素。若想更加深入透彻地理解这一点，需要具备更为广泛的思维视角，既要考虑经济因素，也要考虑政治因素。

附录：数据来源

制造业生产数据来自 1945 年国际联盟发布的数据。

工资和就业数据来自国际劳工组织发布的各期《劳工统计年鉴》。

用于构建衡量货币基础指标的商业银行准备金数据来自国际联盟发布的经济和金融系列之《货币和银行》。

美国货币数据来自弗里德曼和施瓦茨 1963 年的论文以及美联储理事会 1943 年发布的公告。

其他数据来自国际联盟发布的各期《统计年鉴》和《统计月报》。

所有数据均为年度数据，共 26 个国家：澳大利亚、阿根廷、奥地利、比利时、加拿大、捷克斯洛伐克、丹麦、爱沙尼亚、芬兰、法国、德国、希腊、匈牙利、意大利、日本、拉脱维亚、荷兰、挪威、新西兰、波兰、罗马尼亚、瑞典、西班牙、瑞士、英国和美国。

将相关国家列入样本的重要依据是关键变量数据的可获得性，特别是产出和价格数据的可获得性。

相关国家各经济变量数据的可获得性

制造业产值：所有国家，西班牙 1936 年的数据除外。阿根廷的工业产值数据来自罗斯玛丽·索普（Rosemary Thorp）1984 年的论文。

批发价格：所有国家。

流通中的货币和纸币：所有国家。

商业银行存款：所有国家，希腊和西班牙 1936 年的数据除外。名义工资：所有国家，芬兰、希腊、罗马尼亚和西班牙的数据除外。

就业：所有国家，奥地利、比利时、捷克斯洛伐克、希腊、西班牙和丹麦 1930 年的数据除外。

贴现率：所有国家，阿根廷和瑞士的数据除外。

汇率（兑法国法郎）：所有国家。

出口：所有国家，阿根廷和西班牙 1936 年的数据除外。

进口：所有国家，爱沙尼亚、芬兰、希腊和西班牙 1936 年的数据除外。

股价指数：奥地利、比利时、加拿大、捷克、丹麦、法国、德国、匈牙利、意大利、荷兰、挪威、瑞典、西班牙、瑞士、英国和美国。

第二部分

货币与金融市场

第二章

大萧条传播过程中金融危机的非货币效应[1]

1930—1933年，美国金融体系出现了历史上最困难、最混乱的情况。1933年3月，银行体系和其他许多金融中介市场已经瘫痪，银行倒闭浪潮席卷全美，经济已经崩溃。企业违约率和破产率越来越高，除了美国联邦政府，其他借款人都深受其苦。

此次金融危机的一个显著特点是，银行倒闭与宏观经济不景气同步发生。[2] 值得注意的是，1929—1930年衰退发生后[3]，美国经济曾一度有复苏迹象，但1930年11—12月第一次银行危机爆发后，经济复苏戛然而止，1931年年中时又爆发了银行大恐慌，从而再一次引发了经济衰退。1933年3月，许多银行宣布"放假"、停止营业，此时美国经济已经触底，

---

[1] 本文原载于《美国经济评论》1983年6月第73期，经许可收录于本书。文章刊出后，我收到了很多经济学家有益的评论，无法在此一一列明，对他们深表感激。美国国家科学基金会对部分研究提供了支持。
[2] 本文第一节第三部分和第四节对此进行了更详细的说明。
[3] 本文并未探讨1929—1930年经济低迷的原因。米尔顿·弗里德曼和安娜·施瓦茨在1963年的研究中强调，美联储"反投机"紧缩性货币政策是导致1929—1930年经济低迷的重要原因。其他经济学家，如彼得·特明在其1976年的文章中则认为，1929—1930年经济低迷是消费自发性支出所产生的效应。

金融体系全线崩溃。此后，一直到1933—1935年，美国通过实施罗斯福新政才逐步恢复和重建了金融体系，经济也终于缓慢地从大萧条中复苏。

　　为什么银行倒闭与宏观经济不景气同步发生？对此一种可能的解释是，银行倒闭是金融系统对总产出下降的反应。但事实是，金融体系出现问题导致产出下降。还有很多因素与美国产出下滑毫无关系，却也导致了金融恐慌，很多经济学家都详尽地论述了这些情况，详见本文第四节。

　　关于金融体系出现问题导致产出下降，在所有相关研究中，弗里德曼和施瓦茨的解释最有说服力。他们重点研究了银行出现困境的情况，明确指出银行出现困境会从两个方面加剧经济紧缩：一是减少银行股东的财富，二是导致货币供给量迅速下降，这一点尤为重要，它有力地支持了货币主义观点。然而，这还不能完全解释20世纪30年代金融部门与总产出之间的关系，比如，尚无一个可以解释长期非中性、说明货币对实体经济影响的理论。此外，这一时期货币供给减少的数量不足以对随后发生的产出下降产生重大影响（详见本文第四节）。

　　本文以弗里德曼和施瓦茨的研究为基础，深入研究了金融危机影响产出的其他可能途径。这里的金融危机包括债务人破产、银行倒闭、其他债权人破产等情况。研究的前提是，由于金融债权市场不完善，需要通过金融中介提供做市和重要信息收集等金融服务来联系借款人和贷款人。1930—1933年金融危机造成的混乱状况极大地降低了金融部门提供中介服务的效率。中介服务的实际成本大大增加，家庭、农民和小企业等借款人发现贷款难、贷款贵。信贷紧缩对总需求造成了巨大影响，最终把1929—1930年这场虽然较为严重但并非史无前例的经济衰退演变成了一场旷日持久的经济大萧条。

　　首先应该说明的是，我的大萧条理论并不全面，比如没有涉及1929—1930年的情况，当然我的理论与现行的有关大萧条理论解释中有一部分看法一致。① 我的大萧条理论具有以下优势：首先，它可以解释大萧条为什么会持续如此长时间，为什么会影响这么广泛，而其他现行的相关理论无法解释这些问题。其次，它无须假设经济体中私营部门存在明显的不理性行为。宏观经济学通常假设经济体中的个体行为是理性的，而大萧条时期经济明显无效率，两者之间存在矛盾，这是宏观经济学里一个悬而未决的主要难题，我的理论则巧妙地避开了这一难题。

在正式的经济学文献中都没有收录本文所论述的理论。② 莱斯特·钱德勒（Lester Chandler）1970 年及 1971 年的论文是目前关于金融危机的历史讨论中最为深入的，但他没能揭示金融危机与宏观经济表现之间的深层联系。1933 年欧文·费雪、1938 年 A. G. 哈特（A. G. Hart）均就宏观经济对内部债务的影响问题进行了研究。1978 年，弗雷德里克·米什金发表了一篇很有意义的论文，研究家庭资产负债表和流动性问题。1981 年，本杰明·弗里德曼研究了信贷与经济总体活动的关系。1977 年海曼·明斯基（Hyman Minsky）、1978 年查尔斯·金德尔·伯杰（Charles Kindle Berger）曾多次论证金融体系内在的不稳定性，但他们在论证过程中都不得不违背理性经济行为的假设。③ 以上作者都没有强调金融危机对信贷市场实际成本的影响，而这正是本文研究的重点。

本文结构如下：第一节介绍 1930—1933 年金融危机的背景、根源及其与总产出变动的对应关系；第二节对主要论点进行详细论证，阐释银

---

① 参见卡尔·布伦纳（Karl Brunner）1981 年对当代大萧条理论的综述。另可参阅罗伯特·卢卡斯（Robert Lucas）1981 年的文集中罗伯特·卢卡斯和伦纳德·拉平（Leonard Rapping）合著的论文。
② 近期的研究更是如此，这些研究忽视金融危机的非货币性影响。早期经济学家经常把金融危机的破坏作用视为理所当然。
③ 我并不否认非理性在经济生活中的重要性，不过，对于研究来说，还是应该尽量运用理性假设。

行挤兑和大量违约为什么会降低金融机构履行中介功能的效率,并列举一些示例;第三节讨论金融效率降低影响产出的几种渠道;第四节给出简要的计量估计结果,表明我的理论强化了货币分析方法,可以更有效地解释短期内金融业与产出之间的关系;第五节分析金融危机影响的持久性;第六节简要分析不同国家金融部门与总产出之间的关系;第七节对本文内容进行总结。

第一节 金融危机的背景

关于1930年10月至1933年3月美国金融体系面临的问题,尽管已经有很多经济学家进行过详尽的描述[①],但我认为仍有必要简要重述这些重要事实,以便使读者更好地理解本文的核心观点。

金融危机有两个主要特征:一是公众对金融机构特别是对商业银行丧失信心,二是债务人普遍破产。我将逐一分析这两个特征,并讨论它们究竟是怎样影响总产出的。

金融机构倒闭

20世纪30年代,美国绝大多数金融机构都面临着巨大压力,甚至连联合股份土地银行这样的准公共机构也不例外。一些保险公司和互助储蓄银行竭力维持正常运营,而住房信贷银行虽然采取了限制存款人取款的措施,却仍然大量倒闭。[②] 问题最大的是商业银行,因为商业银行在美

---

① 参见钱德勒1970年和1971年的论文以及弗里德曼和施瓦茨的论文。
② 哈特论述了住房信贷银行存在的问题。此外,邮政储蓄银行也给住房信贷银行造成了压力,相关情况可参阅莫琳·奥哈拉(Maureen O'Hara)和大卫·伊斯利(David Easley)1979年合著的论文。

国银行体系中规模巨大，在金融体系中发挥着核心作用。[1] 研究大萧条的经济学家都深知，当时的银行危机极其严重。1930—1933 年，美国每年倒闭的银行数量分别占银行总数量的 5.6%、10.5%、7.8% 和 12.9%。由于银行倒闭或兼并，1933 年年底银行数量仅为 1929 年银行数量的一半[2]，勉强存活下来的银行都遭受了严重损失，举步维艰。

只有充分了解历史背景，才能准确理解美国银行业危机的根源。在大萧条时期，银行倒闭屡见不鲜。这是因为，美国的金融体系主要由众多独立的小银行组成，所以从一开始就特别脆弱。而英国、法国和加拿大等国家的金融体系只有少数几家大银行，因此从未出现过像美国这样大规模的银行危机。在美国，小银行占据统治地位主要是由监管环境造成的，美国普遍反感和担忧大银行和托拉斯垄断，比如，无论联邦或州的层面都有多如牛毛的法律法规严格限制银行开设分支机构，联邦银行系统和各州银行系统争夺成员单位的激烈竞争实质上降低了从事银行业的准入门槛。[3] 在这种环境下，出现大量银行倒闭的情况并不令人意外。自然原因导致的银行倒闭也很常见，比如 20 世纪 20 年代初美国发生农业萧条，许多小型农村银行纷纷倒闭。[4]

---

[1] 根据雷蒙德·戈德史密斯（Raymond Glodsmith）1958 年的研究论文，1929 年，按广义口径统计，商业银行持有所有金融中介机构资产的 39.6%，此数据详见雷蒙德·戈德史密斯上述论文的表 11。

[2] 根据西里尔·厄珀姆（Cyril Upham）和埃德温·拉姆克（Edwin Lamke）1934 年的论著第 247 页所述，因为小银行倒闭可能性更大，因此停业的小银行所吸收的存款比例并不高，存款人最终回收了约 75% 的存款，具体可参阅弗里德曼和施瓦茨的论著第 438 页。

[3] 1974 年，本杰明·克列巴纳（Benjamin Klebaner）对美国商业银行的历史做了很好的综述。

[4] 厄珀姆和拉姆克合著的论著第 247 页指出，20 世纪 20 年代，每年有 2%～3% 的银行倒闭。

除了小银行缺乏生存能力这个原因，美国金融体系还遭受了金融恐慌，这更会导致银行倒闭。这种情况与美国的银行资产与负债不匹配有关，美国的银行负债主要是固定价格、可随时赎回的债务，如活期存款等，而资产却极度缺乏流动性，从而极易产生反向的预期均衡，导致银行挤兑。发生银行挤兑时，储户担心银行可能倒闭，因此急于提取存款，银行在压力下被迫清算资产。短时间内匆忙清算资产或在市场上大量急切地抛售资产，特别是在其他很多银行也急于清算的市场环境中，银行就极有可能损失惨重，从而被迫破产。因此，通过银行挤兑机制，银行破产的预期就自我实现了。[1]

问题是，其他可供选择的替代工具明明可以减少甚至有效防范挤兑风险，为什么银行还要依赖固定价格的活期存款？[2] 弗里德曼和施瓦茨给出了答案：1913年美联储成立之前，美国通常通过暂停将银行存款兑换成货币的办法来抑制银行恐慌。暂停将银行存款兑换成货币是通过美国票据交易所来实施的，美国的票据交易所是一种松散的城市银行组织。通过票据交易所使银行不再急于非常仓促地清算，从而缓释了银行挤兑的危险。在这种机制下，银行使用活期存款造成的不稳定性相对较低。[3]

然而，根据弗里德曼和施瓦茨的观点，美联储的成立破坏了这种基本稳定的制度安排。尽管美联储并没有对暂停可兑换性提出明确意见，但票据清算所认为，防范银行挤兑的风险显然应该是美联储的职责，不

---

[1] 1981年道格拉斯·戴蒙德和菲利普·迪布维格正式提出关于银行破产预期自我实现问题。同年，罗伯特·弗勒德（Robert Flood）和彼得·加伯（Peter Garber）也对挤兑现象进行了研究。

[2] 一些权益类工具，如现代货币市场中的共同基金原本也是可以用作交易媒介的，具体可参阅肯尼思·科恩（Kenneth Cone）1982年的论文。

[3] 戴蒙德和迪布维格演绎了这个结论，还提出了一些警示性的意见和建议。

过后来的事实证明，美联储没有或者不愿承担这个责任。

从第一次世界大战到 1930 年都没有发生过严重的银行挤兑事件。但 1930—1932 年，世界各国金融领域的各种坏消息纷至沓来，如同星星之火闪烁在火药桶边，危机一触即发，显然这一时期银行业面临的最大危机就是挤兑。当时的一些新闻报道生动地记录了突然爆发的银行挤兑事件。值得注意的是，银行倒闭事件往往在短时期内突然爆发，而不是以渐进的方式逐渐发展，表 2-1 第 2 列倒闭银行月度存款数据可以反映这个趋势。1932 年年底 1933 年年初，美国政府开始采取强力干预措施，银行挤兑问题才逐步得以遏制。

实际上，无论从规模来看还是从实际危害来看，20 世纪 30 年代初的银行危机都远远大于之前发生的类似事件。20 世纪 30 年代初的银行危机不仅影响出现挤兑事件的小银行本身，而且严重威胁了美国整个金融系统。银行家们对银行挤兑的深深恐惧对美国宏观经济产生了重大影响。

违约和破产

金融危机的第二个主要表现是债务人普遍破产，这一点常常被历史学家们忽视。债务合同按照名义条款签订[①]，价格和货币收入持续下跌大大增加了债务负担。根据埃文斯·克拉克（Evans Clark）1933 年的研究，债务偿还占国民收入的比例从 1929 年的 9% 飙升到 1932—1933 年的 19.8%，由此造成的高违约率使借款人和贷款人都陷入了困境。

债务危机影响了所有的经济部门。例如，大萧条开始时，大约一半的住房都被抵押。根据《城市住房金融调查》，截至 1934 年 1 月 1 日：

---

① 无论是 20 世纪 30 年代的通货紧缩时期，还是 20 世纪 70 年代的通货膨胀时期，指数化债务都极为少见，这其中的原因仍有待研究。

在所调查的22个城市中，弗吉尼亚州首府里士满自有房屋抵押贷款违约比例均高于21%。超过一半的被调查城市自有房屋抵押贷款违约比例超过38%。印第安纳州的首府印第安纳波利斯市和亚拉巴马州的伯明翰市违约比例高达50%~60%，俄亥俄州的克利夫兰市违约比例高达62%。租赁房屋的违约比例更高。

由于食品价格长期低迷，农民比房主的日子更不好过。1933年年初，45%的美国农场主拖欠付款，这些农场主共持有52%的农场抵押贷款，相关数据来源于哈特论著的第138页。很多州政府和地方政府都试图为失业者提供救济，可现在连这些政府也都还不起债务了。根据哈特论著的第225页，截至1934年3月，在美国310个人口超过3万的城市中，37个城市的政府和3个州的政府拖欠债务。

在商业部门，财务危机的发生较不均衡。钱德勒1971年论文的第102页显示，总体来看，1931年和1932年美国企业利润总额为负数，1930—1933年每年的税后留存收益都为负数。不过，这一时期资产超过5000万美元的企业的利润都是正数，说明主要是中小企业承受了危机的冲击。所罗门·法布里坎特（Solomon Fabricant）1935年的研究表明，1932年，资产为5万美元及以下的企业，其损失占所有企业资本总额的33%；资产在5万美元至10万美元的企业，这一比率仅为14%，说明这一时期众多小型企业的破产率居高不下。

20世纪30年代的通货紧缩持续了相当长的时间。其实1921—1922年也曾出现类似情况，但当时并未导致大规模破产。而30年代的大萧条之所以如此严重，不仅由于通货紧缩，还与20世纪20年代内部债务的大规模肆虐扩张息息相关。1930年，查尔斯·珀森斯（Charles Persons）调查了大萧条前10年的信贷扩张情况。他在论文中表示，未偿付的公司债券和票据从 1920 年的 261 亿美元增加到 1928 年的 471 亿美元，同期非联邦公共证券从 118 亿美元增加到 336 亿美元，而 1929 年的国民收入仅为 868 亿美元。此外，20 世纪 20 年代，家庭和非法人企业等小额借款人的债务也大幅增加，城市房地产抵押贷款金额从 1920 年的 110 亿美元增加到 1929 年的 270 亿美元，而消费者分期付款债务的增长主要反映了耐用消费品开始进入大众市场。

与银行危机一样，20 世纪 30 年代的这场债务危机并不是什么新生事物，但这场危机影响范围之广、影响程度之深，与过去相比是截然不同的。

金融危机与宏观经济活动之间的联系

弗里德曼和施瓦茨等人指出，金融危机的各个阶段都与实际产出的变化密切相关，银行倒闭与实际产出的变化关联更大。表 2-1 中的月度数据有助于我们理解金融危机与宏观经济活动之间的关系。第 1 列 *IP* 是指工业实际生产指数，第 2 列 *Banks* 是指破产银行的名义负债，第 3 列 *Fails* 是指非银行商业企业的名义负债。

表中工业产值数据表明，美国从 1929 年开始经济逐渐衰退。到 1930 年下半年，经济衰退虽然严重，但在规模上仍与 1920—1922 年的经济衰退差不多。衰退速度逐渐放缓，人们都期待着经济能像 1922 年那样强劲复苏。

然而，随着第一次银行业危机的爆发，出现了弗里德曼和施瓦茨所说的"紧缩的特点发生了变化"的情况。经济先是略显平稳，但从 1931 年 6 月开始，银行业再次掀起倒闭狂潮，新一轮的经济混乱又开始了。经济和金融进入了漫长的下行期。1932 年年初，银行业倒闭风潮略有停息，非银行机构倒闭事件又风起云涌。1932 年 8 月，经济试图复苏，但仅持续数月就宣告失败。[①]1933年3月,经济和金融都已经触底,哀鸿遍野。银行通过实施强制休假政策,终于结束了银行挤兑,银行的债务负担随之大大减轻。与此同时,总产出开始复苏,并一直持续到1937年。

弗里德曼和施瓦茨对金融部门与总经济之间的相关性进行了认真研究并详尽地论述,强调银行业危机对货币供给的影响。我认同货币因素是引发1930—1933年危机的重要原因,但我同时认为,仅用货币因素还不能非常清晰地解释金融部门与总产出之间的联系。于是我开始对非货币危机传导渠道进行研究,试图探明货币以外的其他因素对金融危机的影响。

表2-1 1929年7月—1933年3月部分宏观经济指标数据

月份	IP	Banks	Fails	$\Delta L/PI$	L/DEP	DIF
1929年7月	114	60.8	32.4	0.163	0.851	2.31
8月	114	6.7	33.7	0.007	0.855	2.33
9月	112	9.7	34.1	0.079	0.860	2.33
10月	110	12.5	31.3	0.177	0.865	2.50
11月	105	22.3	52.0	0.121	0.854	2.68
12月	100	15.5	62.5	−0.214	0.851	2.59
1930年1月	100	26.5	61.2	−0.228	0.837	2.49
2月	100	32.4	51.3	−0.102	0.834	2.48
3月	98	23.2	56.8	0.076	0.835	2.44
4月	98	31.9	49.1	0.058	0.826	2.33
5月	96	19.4	55.5	−0.028	0.820	2.41

---

① 从表2-1来看,这次复苏的努力以失败告终,这似乎与金融部门的危机无关。然而,当时的资料显示,1932年年末1933年年初,银行危机非常严重,直到银行宣布休假才逐渐结束,具体可参阅苏珊·肯尼迪(Susan Kennedy)1973年的论文。这一时期史料记载的银行破产率并不高,这可能是由于政府采取了延期支付、限制提款等一系列干预措施造成的假象。

（续表）

月份	IP	Banks	Fails	$\Delta L/PI$	L/DEP	DIF
6月	93	57.9	63.1	0.085	0.818	2.53
7月	89	29.8	29.8	−0.055	0.802	2.52
8月	86	22.8	49.2	−0.027	0.800	2.47
9月	85	21.6	46.7	0.008	0.799	2.41
10月	83	19.7	56.3	−0.010	0.791	2.73
11月	81	179.9	55.3	−0.067	0.777	3.06
12月	79	372.1	83.7	−0.144	0.775	3.49
1931年1月	78	75.7	94.6	−0.187	0.763	3.21
2月	79	34.2	59.6	−0.144	0.747	3.08
3月	80	34.3	60.4	−0.043	0.738	3.17
4月	80	41.7	50.9	−0.104	0.722	3.45
5月	80	43.2	53.4	−0.133	0.706	3.99
6月	77	190.5	51.7	−0.120	0.707	4.23
7月	76	40.7	61.0	−0.013	0.704	3.93
8月	73	180.0	53.0	−0.103	0.706	4.29
9月	70	233.5	47.3	−0.050	0.713	4.82
10月	68	471.4	70.7	−0.310	0.716	5.41
11月	67	67.9	60.7	−0.101	0.726	5.30
12月	66	277.1	73.2	−0.120	0.732	6.49
1932年1月	64	218.9	96.9	−0.117	0.745	4.87
2月	63	51.7	84.9	−0.138	0.757	4.76
3月	62	10.9	93.8	−0.183	0.744	4.91
4月	58	31.6	101.1	−0.225	0.718	6.78
5月	56	34.4	83.8	−0.154	0.696	7.87
6月	54	132.7	76.9	−0.170	0.689	7.93
7月	53	48.7	87.2	−0.219	0.677	7.21
8月	54	29.5	77.0	−0.130	0.662	4.77
9月	58	13.5	56.1	−0.091	0.641	4.19
10月	60	20.1	52.9	−0.095	0.623	4.44
11月	59	43.3	53.6	−0.133	0.602	4.79

（续表）

月份	IP	Banks	Fails	$\Delta L/PI$	L/DEP	DIF
12 月	58	70.9	64.2	−0.039	0.596	5.07
1933 年 1 月	58	133.1	79.1	−0.139	0.576	4.79
2 月	57	62.2	65.6	−0.059	0.583	4.09
3 月	54	3276.3[a]	48.5	−0.767[a]	0.607[a]	4.03

注：IP= 经季节调整的工业产值指数，1935—1939 年该指数 =100。数据来源：《联邦储备公报》

Banks= 破产银行的存款余额，单位：百万美元。数据来源：《联邦储备公报》

Fails= 失败商业企业的负债余额，单位：百万美元。数据来源：《当代商业调查》

$\Delta L/PI$= 商业银行贷款净增量 / 个人月收入。数据来源：《银行和货币统计》《国民收入》

L/DEP= 未偿还贷款 /（活期存款与定期存款之和）。数据来源：《银行和货币统计》，相关银行每周报告数据

DIF=Baa 级公司债券收益率与美国政府债券长期收益率之差，单位：百分点。数据来源：《银行和货币统计》

a. 1933 年 3 月，美国宣布全国的银行都强制休假。

第二节　金融危机对信用中介成本的影响

本文假设，1930—1933 年的金融危机除了对货币供给产生影响，还冲击了金融行业的服务质量，特别是通过降低信用中介的服务质量，破坏了宏观经济的稳健运行。具体论证分两步进行：首先，必须证明银行危机和债务危机对金融部门造成了破坏，提高了实际中介成本和费用，增加了贷款人和部分借款人的负担；其次，必须证明中介成本上升与总产出下降之间存在明确的关联关系。接下来，我们将进行详细论证。

为了讨论金融部门所提供服务的质量，有必要先介绍一下金融部门提供的相关服务。经济模式决定金融服务的具体内容。1980 年，尤金·法

马（Eugene Fama）曾描述了完全市场。在完全市场中，信息成本和交易成本都可以忽略不计，银行和其他金融中介机构都只能被动地持有投资组合。银行对投资组合的选择、银行的规模大小等等都不会对金融市场有任何影响，因为存款人可以通过调整个人投资组合来对冲银行所采取的任何行动。① 我们对这种乌托邦式的金融市场不感兴趣。

让我们考虑一个与法马所描述的完全市场截然不同的市场。假设储蓄者可以通过多种选择将资产在现在与未来之间进行转换，如持有实物资产，或购买政府债券或公司债券等，此外，储蓄者还可选择借给银行。银行也有多种不同的资产组合可供选择。不过，假设银行的发展战略是专门向特定的小额借款人发放贷款，而这些借款人的债务数量很少，在一个不完全市场无法进行公开交易。

为简单起见，我们把银行贷款小额借款人极端地区分为好的和坏的两种类型。好的借款人希望获得贷款，投资特定的项目。这些项目所产生的收益是随机分布的，其收益平均值总是超过社会投资的机会成本。如果这种风险是非系统性的，那么贷款给好的借款者，从社会角度来说是合意的。坏的借款者竭力伪装，试图让自己看起来像是好的借款者，但实际上他们没有项目。坏的借款者会挥霍掉所有贷款，然后违约。向坏的借款人提供贷款从社会角度来说是不合意的。

在本文所使用的计量模型中，银行系统提供的服务将区分好的借款者和坏的借款者。② 在竞争性银行系统中，信贷中介成本是指将资金从储蓄者或出借方手中引导到好的借款者手中所花费的成本。信贷中介成本包括筛选、监控和会计成本，并评估坏的借款人造成的预期损失。银行

---

① 应当指出，弗里德曼和施瓦茨一直强调，银行体系收缩会减少交易中介数量并影响实际产出，这种情况在一个完全市场里是不可能发生的。

② 此处主要介绍信贷中介，因此我忽略了银行提供的交易和其他服务。

会选择信贷中介成本最低的操作流程,如依靠资深专家的专业知识对潜在借款人进行评估,与客户建立并维护长期稳定合作关系,精心设计激励潜在借款人自我选择有利于银行的贷款条件。[1]

根据这一简单模型,我将分别讨论金融危机中银行危机及银行破产对信贷资源配置过程效率(即信贷中介成本)的影响。

银行危机对信贷中介成本的影响

1930—1933 年银行危机毫无征兆地、极大地改变了信贷流动渠道,扰乱了信贷配置过程。社会公众担心出现挤兑风潮,于是大量地涌向银行提前取款。银行为应对可能发生的挤兑事件,只能采取提高存款准备金率、增加高流动性资产或可再贴现资产等措施。当时已有大量银行倒闭,侥幸存活下来的银行又不得不采取这些预防性措施,导致银行系统在信贷中介中的作用急剧收缩。[2] 尽管随后一些替代性的信贷渠道发挥了一些作用,但银行系统长期以来积累了大量专业知识、信息和客户关系,银行系统中介服务迅速地大幅减少无疑会损害金融效率并大大提高信贷中介成本。[3]

如果能够直接计量信贷中介成本将十分有助于我们的研究,不过,我们无法找到可以有效地反映中介信贷成本的历史数据,比如商业贷款比率反映的是实际发放的贷款金额,不能反映银行资金对具有代表性的

---

[1] 关于银行激励借款人自我选择有利于银行的贷款条件问题,可参阅德怀特·贾菲(Dwight Jaffee)和托马斯·拉塞尔(Thomas Russell)1976 年的论文,以及约瑟夫·施蒂格利茨(Joseph Stiglitz)和安德鲁·韦斯(Andrew Weiss)1981 年的论文。

[2] 1931 年 10 月 15 日,尤金·H. 伯里斯(Eugene H. Burris)在《美国银行家》(*American Banker*)上发表的文章,生动记述了这一历史过程。

[3] 只要赋予足够的时间,中介资本迟早会被从深陷困境的银行系统中剔除出去,因此我论证的基础是基于中介成本的调整。

潜在借款人的影子成本。由于当时正处于信贷紧缩时期，银行通常只会发放最安全、最高质量的贷款，所以商业贷款比率与信贷中介成本呈反向运动。我在研究过程中选用 Baa 级公司债券收益率与美国政府债券收益率之差这个指标来衡量信贷中介成本，得出了一些有意义的结论。当然，选用这个指标也存在一个问题，即我在本文研究之初曾明确假设，在一个不完全市场，银行借款人债务因数量很少而无法进行公开交易，但现在又选用 Baa 级公司债券的收益率指标，两者之间存在一定的矛盾。

虽然我们无法直接观察银行危机对信贷中介成本的影响，但我们可以观察银行危机对银行信贷扩张的影响。表 2-1 列出了一些数据，第 4 列 $\Delta L/PI$ 说明了银行未清偿贷款的月度变化情况，其中对个人月收入进行了标准化处理，这一指标可以衡量银行信贷流动情况。[①]

人们通常认为，贷款变动幅度与收入之比这个指标主要受贷款需求影响，因此也受生产率影响。然而，观察表 2-1 前两列指标可以看出，银行危机与产出水平都是影响贷款变动幅度与收入之比这个指标的重要因素。例如，在 1930 年 10 月之前，除了股票市场崩溃后很短暂地清算投机性贷款那一段时间，信贷余额几乎没有下降，但与此同时，当时的工业产值下降了 25%。然而，1930 年 11 月第一次银行危机爆发却引发了长期信贷紧缩。信贷紧缩与银行危机时间也基本一致，比如 1931 年 10 月，也就是实施银行业休假政策前银行倒闭最严重的一个月，净信贷余额下

---

① 在构建银行贷款序列数据时，有些观测指标可获得数据的频度不够，于是我们穿插使用了需每周报告情况的银行提供的数据，这类银行发放的贷款余额占全部银行发放贷款余额的 40% 左右。需要注意的是，根据我们的研究目的，考察贷款余额的变动情况比考察未偿还的实际贷款存量更有意义。在名义债务收缩和突然发生严重的、不可预见的通货紧缩的环境中，实际债务存量保持稳定并不意味着借款人处境良好。

降幅度高达个人收入的31%,创造了新的历史纪录。①

1930年11月后,银行贷款下降并不是资产负债表上存款下降这么简单的事。表2-1第5列说明了每月未清偿银行贷款与活期存款和定期存款之和的比率。随着银行退出贷款业务并转向其他流动性更强的投资业务,这一比率更是大幅下降。

当时人们都认为,银行业危机和对流动性的剧烈争夺对银行信贷产生了通货紧缩效应。1932年,全国工业会议委员会(National Industrial Conference Board,NICB)在信贷状况调查报告中称,"1930年,商业贷款减少只能说明出现经济衰退"。1931年和1932年上半年,商业贷款减少的情况毫无疑问也反映出银行承受客户贷款违约的压力,以及银行拒绝发放新贷款的现实情况。关于这些情况,在其他很多现代研究资料中都可以找到相关记录,如钱德勒1971年的论著第233-239页。

关于银行信贷收缩,还有以下两点结论:一是受信贷紧缩影响最大的借款人主要是家庭、农民、非法人企业和小企业,因为这些借款人直接或间接地高度依赖银行信贷;二是美国银行信贷紧缩规模是其他主要国家信贷紧缩规模的两倍。有些国家产出下降幅度与美国差不多,但银行信贷紧缩程度远没有美国那么严重。

银行信贷紧缩后,其他信贷方式相对有所扩张,因此一定程度上抵消了银行贷款余额下降的份额。与银行及主要由银行支持的分期付款金融公司减少贷款相反,在消费金融领域,零售商信贷、非融资债权人信贷、非银行信贷等机构的地位有所提升,有关情况可参阅罗尔夫·纽金特

---

① 统计信贷紧缩情况时包含了那些暂停营业的银行所发放的还没有转移给其他银行的贷款,因此银行破产对未清偿信贷资金的影响有所夸大。不过我分析,根据这种会计方法,1930年10月至1933年2月,被夸大的信贷紧缩幅度不到信贷紧缩总额的八分之一。

（Rolf Nugent）1939年的论著第114-116页。

美国小企业长期以来一直高度依赖银行信贷，但在这一时期，这些小企业显著减少了银行信贷，纷纷转向贸易信贷。关于这一情况可参阅查尔斯·默温（Charles Merwin）1942年的论文第5页和第75页。但是，正如上文所述，在一个需要甄别良莠不齐的借款人、存在交易成本的经济体中，脱离信贷中介显然会降低信贷资源配置的效率，从而提高了潜在借款人的信贷成本。

银行破产对信贷中介成本的影响

下面简要讨论这一时期信贷违约和银行破产大量增加对信贷中介成本造成的影响。

破产并不是一个简单的自然现象，破产程序提出了一个深层次的经济理论问题，即债权人和违约债务人为什么宁愿向第三方如律师、管理人等支付走破产程序所需费用，也不愿意通过协商方式来对权责进行分割？在一个完全市场中永远不会发生破产，因为在信息完全透明、方便易得的情况下，贷款协议将全面、细致、明确地规定相关方在所有可能情况下的各种责任和义务，因此根本没有必要通过第三方仲裁。在一个不完全市场中常常会出现银行破产情况，但债权人和债务人都发现，在不完全市场环境中，与其费心费力地签订一个全面、细致、准确地规定各方在所有可能情况下应承担的责任和义务的合同，不如事前只做简单的贷款安排，如果遇到银行破产，直接诉诸事后裁决。两相比较，后一种方法更为现实，花费的精力和成本也更小。

让我们用"好的借款者-坏的借款者"模型来进行阐释。在与潜在借款人签订贷款合同时，银行有两种截然不同的选择。第一种选择非常复杂，即力图在协议条款中明确规范和约束借款人的各种行为，贷款合同尽可能全面、细致、明确地规定双方在所有可能情况下的全部责任和义务，并允许借款人根据项目产出收益动态地还款。这种贷款合同如果制定合理、执行得力，将最大限度地约束双方履行各自职责和义务，但这种选择存在的明显缺点是对贷款的监控成本非常高。第二种选择比较简单，设计的贷款协议非常简单，比如合同中只明确了在规定日期支付偿还明确金额的贷款，基本没有其他附加条件。不过在这种情况下，银行会对借款人进行慎重选择，即银行经过严格评估审查，认为借款人具有偿还能力时才会发放这种贷款。考虑到银行需要花费的人力、财力等成本，特别是面对小额借款人时，银行更倾向于第二种做法。

对于上述第二种做法，如果借款人有抵质押财产，这种方法的成本优势会更加凸显。借款人把财产抵质押给银行，对银行来说，会一定程度地缓释借款人违约风险。而对借款人而言，由于担心失去抵质押物，也会激励借款人更加审慎地使用贷款资金，将贷款投向有利可图的项目。由此可见，简单贷款合同加上抵质押物担保有助于降低中介信贷成本。

要想准确地理解1930—1933年的债务危机，就应该充分考虑相对于借款人的债务负担，借款人的抵质押品价值不断消失殆尽的现实。如果借款人资不抵债，银行及其他贷款人将面临两难境地：签订简单贷款合同的客户违约风险日益增长，但这时要若重新签订包含更多限制性条款的复杂合同则会增加许多其他成本。因此，无论如何，债务人破产都必然会增加银行信贷中介成本。

面对日益增长的信贷中介成本，银行的应对举措是提高贷款利率，向借款人收取更多贷款利息。当然，这一做法可能会适得其反，因为更高的利息费用反而会增加贷款客户的违约风险。因此，银行并不倾向于提高贷款利率这种做法，而更多地选择拒绝部分贷款客户的做法。在市场环境较好时，银行通常会向这些客户发放贷款。这正是20世纪30年代所发生的事情。据报道，住房抵押贷款违约率高企，迫使银行和人寿保险公司停止发放新的住房抵押贷款，仅发放续贷。这使得许多借款人即使有好的项目，也无法获得信贷资金。贷款人也急于抢夺高等级的资产。正如当时的经济学家 D.M. 弗雷德里克森（D. M. Frederiksen）所述：

> 我们发现资金大量积聚，很难找到安全的投资项目。利率比以往任何时候都低。对明显安全的项目而言，资金极为充裕。但很多在正常时期看来非常安全、现在实际上也很安全的项目，却根本得不到贷款，因为银行的态度是高度怀疑、极其谨慎。

这段话表明，如果你认为这一时期国债或蓝筹股公司债券收益率低就标志着货币宽松、资金易得，那就大错特错了。对持有安全项目的借款人来说，货币确实宽松，很容易获得贷款，但对绝大多数借款人来说，情况绝非如此。

可以反映贷款人对信贷资产安全性和流动性偏好的一个指标是 Baa 级公司债券收益率与国债收益率之差，见表 2-1 第 6 列 *DIF* 指标。贷款人对信贷资产安全性和流动性的偏好可以反映借款者获得资金的难易程度。由于这个指标没有考虑对企业重新进行分类、调整到风险更高类别的情况，因此可能会低估高风险资产和安全资产之间真实的收益率差别。不过，从这个指标仍可以看出一些明显的变化，1929—1930 年为 2.5%，1932 年年中时就飙升至 8%，而即便在 1920—1922 年的急剧衰退中，这一指标也从未超过 3.5%。收益率差异反映了人们对违约风险认识的变化，正如弗里德曼和施瓦茨首先指出的，要注意这种收益率差异与银行危机的密切关系。在银行危机中，为防范挤兑风险，银行大量持有可以作为准备金或可以再贴现的资产，因此压低了低质量投资项目的价格。在尤金·法马所描述的完全市场中，银行资产组合的选择并不能对资产价格产生影响。

最后，有必要考察发生债务危机但没有同时发生银行危机的国家的情况。在大萧条初期，加拿大持有大量外债，其中大部分需要以外币来支付和偿还。加拿大发生通货紧缩和加元贬值后，出现了大量违约事件。当时，与美国一样，加拿大的农业市场和抵押贷款市场都出现了严重的债务问题，很多行业特别是纸浆和造纸业都破产了。尽管加拿大的银行没有出现严重的挤兑风潮，但贷款依然大幅削减，银行纷纷寻求安全性更高的资产。加拿大银行资产当时在安全性和流动性方面出现的问题其实远没有美国那么糟糕，但仍然遭到加拿大社会各界的广泛批评。1932年12月6日，《美国银行家》刊发了一位加拿大非民粹主义政治家的评论：

> 关于加拿大的信贷制度，我们过去一直批判的是在经济繁荣时期信贷无限度地扩张。……可是，经济稍有一点儿下滑的趋势，银行就突然地、急剧地减少信贷供给。……现在，银行只有在反复确认安全的前提下才会发放贷款，同时，银行还在竭尽全力地回收贷款。所有的银行都在想尽一切办法来增加资产的流动性。

不只是银行，加拿大的其他贷款机构也在拼命地紧缩信贷。1932年5月14日，《金融邮报》(Financial Post) 报道：房地产价值下跌、租金下降，贷款利息和本金违约事件不断增加、财产税负担日益加重，部分法律条款损害债权人利益，这些因素错综复杂地交织在一起，导致保险公司、信托公司和贷款公司都越来越不愿意发放贷款。

全面研究加拿大在大萧条时期发生的情况十分有用。从加拿大的情况可以看出，出现大量信贷违约时，即便是资质优良的借款人也难以获得信贷,社会公众获得信贷的成本极其昂贵。除银行危机外,债务危机也是破坏信贷系统的一个重要根源。

第三节　信贷市场与宏观经济表现

假设大萧条期间的金融危机确实干扰了正常的信贷流动,接下来仍有必要说明金融危机究竟是如何影响宏观经济的。

信贷市场出现的问题会以多种方式影响宏观经济,有些是对总供给产生影响,比如信贷流动受阻,潜在借款人无法获得资金来进行有价值的商业活动或投资。与此同时,储蓄者不得不将手中资金用于效率低下的投资。信贷市场运行不良还会导致其他问题,如风险分担机制的可行性和有效性大大降低,大型的、无法分割的项目获取资金的难度显著增加,这些都极大地限制了经济体的生产能力。

在发展经济学领域,1955 年约翰·格利(John Gurley)与 E. S. 肖(E. S. Shaw),1973 年罗纳德·麦金农(Ronald McKinnon)等都提出过这样的观点:受到抑制的、不成熟的金融部门会使欠发达的经济体出现割裂而呈碎片化,从而大大地降低了社会生产能力。

20 世纪 30 年代的金融危机是否把美国变成了罗伯特·霍尔(Robert Hall)所描述的一个"暂时不发达的经济体"?这个问题很有意思,但答案却是否定的。虽然许多企业确实经历了营运资本流失、投资资金匮乏的艰难历程,但绝大多数规模较大的企业都储备了足够的现金和流动性,可以满足日常运营和业务扩张所需的资金需求。[1] 只要人们相信大企业的产成品和小企业的产成品并不是替代品关系,总供给就不会受到很大

---

[1] 参见弗里德里克·卢茨(Friedrich Lutz)1945 年的论文。

影响。

在大萧条时期,即使是现金充裕的企业也不愿扩大生产,这一事实表明,从总需求的角度来考虑信贷市场对产出的影响可能更加有效。从总需求角度来看,对家庭、小型企业等借款人而言,银行提出更高的、对银行来说相对"更安全"的利率,让这些借款人承受了更高的信贷成本。实际上,即便提高信贷成本,这类借款人也根本借不到钱。如果一方面,家庭、小型企业等借款人在借款时要承受更高利率,但另一方面,储蓄存款所获得的利率却并没有相应地有所提高,依旧获得较低的无风险安全利率,那么更高的借贷成本无疑会减少这类借款人对当期商品和服务的需求。根据经典的两期储蓄模型,也可以很容易地推导出这种显著的、未来消费对现在消费的替代效应。[1]

假设不受信贷市场问题影响的借款人的行为不变,那么,根据上一段的分析可以明确:对于给定的"安全"利率,信贷中介成本增加会使当前对商品和服务的需求总量减少,也就是说,以安全利率为函数绘制的总需求曲线,因金融危机而向下移动。在任何宏观经济模型中,这都意味着更低的产出和更低的利率。而1930—1933年的主要特点正是低产出、低利率。

下面一些经济学证据可以说明金融市场对总产出的影响程度。

第四节 金融危机对宏观经济的短期冲击效应

本节重点研究金融危机的短期冲击效应,使用了相关经济变量的月

---

[1] 在经典的两期储蓄模型中,可以增加流动性约束、破产成本或风险规避等因素,具体可参阅我1981年发表的相关论文。

度数据，并将1929—1933年的事件适当地往前追溯、向后延伸，将样本时间扩大到1919年1月至1941年12月。

上一节已经说明金融危机与宏观经济活动之间的联系，金融部门出现问题会对整个经济产生重大影响。关于这一论点，需要区分两种观点，一种是金融危机通过非货币渠道影响产出，另一种是弗里德曼和施瓦茨提出的金融危机通过货币渠道影响产出。我在产出方程中加入了货币变量，这些反映金融危机情况的变量指标可以更好地解释产出方程。经济学家特明建议对引发大萧条的金融因素和非金融因素进行全面比较分析，这个问题留待未来研究。

为了分析货币因素对经济的影响，我们需要对货币和收入的关系进行解释。1972年，罗伯特·卢卡斯提出了一个规范的模型，说明货币冲击引起价格混乱，从而影响人们的生产决策。基于这个计量模型，近期大多数关于货币作用的实证研究都运用国民收入这个指标，以衡量货币或价格不可预见的变化。[①]

1978年，罗伯特·巴罗提出了两步回归法，这是构造经济变量中不可预见部分的一个最常用的方法。这个方法是把货币等变量在第一次回归中得到的残差作为第二次回归中的自变量。我在研究中运用了巴罗的模型，也尝试了其他一些方法[②]，研究结果都很一致，因此本文只报告运用巴罗模型所得出的结果。

根据卢卡斯-巴罗模型的分析原理，我研究了货币冲击和价格冲击对

---

① 米什金是个例外，他在1982年发表的论文中的研究思路有所不同。
② 我运用的其他主要方法：一是分别使用预期数和不可预期数作为自变量，二是运用安德鲁·埃布尔（Andrew Abel）和米什金1981年提出的更有效但计算更复杂的方法重新评估了一些方程。

产出的影响。将货币存量 M1 增长率对工业产值增长率四阶滞后项[①]、批发价格增长率四阶滞后项和货币存量 M1 本身增长率的四阶滞后项进行回归，把计量回归的残差定义为货币冲击（$M - M^e$）。相应地可以得出价格冲击（$P - P^e$）的定义。[②] 我通过使用普通最小二乘法来评估货币冲击和价格冲击对工业生产增长率的影响。

两次世界大战之间的样本数据计量回归结果如表 2-2 中的方程（1）和方程（2）所示。这两个方程很有意义，独立于本文的其他结果。方程（2）与"卢卡斯供给曲线"大体一致，这个方程表明，无论从统计学意义还是从经济学意义来说，价格冲击对产出的影响都是显著的。1976年，托马斯·萨金特（Thomas Sargent）研究发现，二战后的情况与之类似。方程（1）反映了产出和货币冲击的关系，这两者的联系相对较弱。我们运用月度数据研究货币冲击对产出的影响，所得结果要小于 1981 年保罗·埃文斯（Paul Evans）的结果，主要原因是我们在方程的右边增加了产出的滞后值，无论从统计学意义还是经济学意义来看，加上产出滞后值比较合理，因为调整生产成本肯定会对产出造成一系列的影响。和埃文斯一样，我也没有发现货币或价格因素滞后三个月或更长时间后的效应。

---

① 滞后项（lags）指滞后的经济量。在时间序列模型中，当期的数据会受到前期数据的影响，比如今年的货币政策要到明年才会显现作用并产生效应。——译者注
② 第一阶段回归结果正常，囿于篇幅，不再赘述。

表 2-2　计量估计产出方程

（1）$Y_t = 0.623\, Y_{t-1} - 0.144\, Y_{t-2} + 0.407\,(M - M^e)_t + 0.141\,(M - M^e)_{t-1}$
　　　(10.21)　　(−2.37)　　(3.42)　　　　(1.16)
　　　$+ 0.051\,(M - M^e)_{t-2} + 0.144\,(M - M^e)_{t-3}$
　　　(0.42)　　　　　(1.19)
　　　　　$s.e. = 0.0272$　　$D.W. = 2.02$　　Sample: 1/19–12/41

（2）$Y_t = 0.582\, Y_{t-1} - 0.118\, Y_{t-2} + 0.533\,(P - P^e)_t + 0.350\,(P - P^e)_{t-1}$
　　　(9.50)　　(−1.76)　　(5.33)　　　　(3.33)
　　　$+ 0.036\,(P - P^e)_{t-2} + 0.069\,(P - P^e)_{t-3}$
　　　(0.34)　　　　　(0.66)
　　　　　$s.e. = 0.0260$　　$D.W. = 2.01$　　Sample: 1/19–12/41

（3）$Y_t = 0.613\, Y_{t-1} - 0.159\, Y_{t-2} + 0.332\,(M - M^e)_t + 0.113\,(M - M^e)_{t-1} + 0.110\,(M - M^e)_{t-2}$
　　　(9.86)　　(−2.63)　　(2.92)　　　　(0.99)　　　　(0.96)
　　　$+ 1.56\,(M - M^e)_{t-3} - 0.869E - 04\, DBANKS_t - 0.406E - 04\, DBANKS_{t-1}$
　　　(1.38)　　　　(−4.24)　　　　　(−1.93)
　　　$- 0.258E - 03\, DFAILS_t - 0.325E - 03\, DFAILS_{t-1}$
　　　(−1.95)　　　　(−2.47)
　　　　　$s.e. = 0.0249$　　$D.W. = 1.99$　　Sample: 1/21–12/41

（4）$Y_t = 0.615\, Y_{t-1} - 0.131\, Y_{t-2} + 0.455\,(P - P^e)_t + 0.231\,(P - P^e)_{t-1} - 0.004\,(P - P^e)_{t-2}$
　　　(9.76)　　(−2.13)　　(3.99)　　　　(1.97)　　　　(−0.03)
　　　$+ 0.024\,(P - P^e)_{t-3} - 0.799E - 04\, DBANKS_t - 0.337E - 04\, DBANKS_{t-1}$
　　　(0.22)　　　　(−4.03)　　　　　(−1.66)
　　　$- 0.202\,E - 03\, DFAILS_t - 0.242\,E - 03\, DFAILS_{t-1}$
　　　(−1.52)　　　　(−1.83)
　　　　　$s.e. = 0.0246$　　$D.W. = 1.98$　　Sample: 1/21–2/41

注：
Y_t = 工业产值增长率，数据来源于《联邦储备公报》，相对于指数趋势；
$(M - M^e)_t$ = 经季节调整的 M1 名义增长率减去预测增长率；
$(P - P^e)_t$ = 根据《联邦储备公报》发布的批发价格指数增长率减去预测增长率；
$DBANKS_t$ = 破产银行存款余额的一阶差分（除以批发价格指数）；
$DFAILS_t$ = 破产企业负债余额的一阶差分（除以批发价格指数）；
以上均为月度数据，括号内是 t 统计量。

虽然这些计量回归结果在统计上是显著的，系数符号也符合预期，但结果仍不尽如人意，这主要是因为，用方程（1）和方程（2）对 1930 年年中至 1933 年 3 月银行实施休假政策之间的产出情况进行动态模拟时，推导出的结果约为这一时期产出真实下降水平的一半，不能准确地反映产出下降情况。所以我在前文提到，货币减少"在数量上不足以"解释 1930—1933 年产出的变化。

在明确了回归方程（1）和方程（2）后，我们将研究非货币性金融冲击相关变量对产出的影响。如前所述，最显著的非货币性金融冲击变量指标莫过于破产银行的存款余额和破产企业的负债余额。

关于银行存款问题，首先要搞清楚 1933 年 3 月银行实施休假政策时，破产银行的存款余额究竟有多少。从表 2-1 可以看出，银行破产情况较为严重的 1931 年 10 月，暂停营业的银行存款余额为 4.714 亿美元，而银行破产情况最为严重的 1933 年 3 月，暂停营业的银行存款余额为 32.763 亿美元，猛增了近 6 倍。现在的问题是，在进行计量回归分析之前，是否应对这一数据进行适当的调整？

我们认为，将 1933 年 3 月强制银行实施休假政策时的数据从样本中剔除是错误的。根据当时的报道，强制银行实施休假政策是应对当时极度恐慌和混乱的金融状况的一种紧急的、被迫的无奈之举，而不是一项事先经过周密计划、有序稳步实施的政策。1933 年 3 月暂停营业的银行存款数额巨大，不过这只反映了 1933 年 6 月 30 日前未获准重新开业的银行情况。在所有暂停营业银行中，绝大多数银行最终都被清算或被接管，截至 1936 年 12 月 31 日，获准重新开业的银行不到 25%。[1] 1933 年 3 月强制银行实施休假事件与之前的危机性质类似，因此有必要保留相关数据，以利于全面评估这一特殊事件及其相关解决方案对经济的影响。

另一方面，如果没有政府出面强力干预，势必会引发更多的混乱和恐

---

[1] 数据来源于《联邦储备公报》，1937 年，第 866—867 页。

慌，加大危机预期。政府出手强力干预，果断清理和整顿银行，有效地减少了公众恐慌和市场混乱。我做了一个保守的测算，如果当时政府不出手干预，那么即使银行倒闭涉及的存款金额仅为1933年3月实际冻结存款金额的15%，其对经济的冲击影响也已经与1933年3月事件的影响体量相当。在政府采取强力干预措施的情况下，1933年3月事件的冲击影响已缩减到与1931年10月的银行危机影响大体相当。在计量回归分析过程中，如果加大1933年3月危机的严重程度，就会显著增加金融危机对产出的影响。因而，即使赋予1933年3月危机较小的权重，在所得到的计量回归结果中，银行倒闭这个经济变量的系数也具有很高的统计显著性。

现在分析把破产银行的实际存款余额和破产企业的负债余额这两个变量加入产出方程的结果，详见表2-2中的方程（3）和方程（4）。由于无法获得1921年之前每月银行倒闭数据，所以样本数据从1921年开始。在这两个回归方程中，破产银行存款余额和破产企业负债余额这两个变量的当前值和滞后值的一阶差分作为工业产值增长率的自变量，从计量回归结果看，计量回归符号符合预期，具有很强的统计显著性。货币冲击和价格冲击的系数大小和统计显著性没有发生太大变化，这说明在决定短期产出方面，金融危机的非货币性影响增强了货币的影响和作用。

我在计量研究中还尝试运用了其他一些替代金融危机非货币因素的变量指标。囿于篇幅，下面仅简要地概述相关研究情况。

1. 为了考察银行信贷收缩对经济的直接影响，我把银行贷款增长率对暂停营业银行的存款余额和破产企业的负债余额这两个变量的和滞后值进行回归，结果表明，金融危机对银行贷款有极大的负面影响。将这一计量回归的拟合序列（fitted series）[①] 作为衡量金融危机引发信贷收缩

[①] 如果模型是基于给定样本的值建立的，在这些给定样本上做预测就是拟合值（fitted）。——译者注

情况的变量指标。在存在货币冲击或价格冲击的情况下，这个变量指标下降对产出的影响在前两个月为负，第三个月和第四个月为正，第五个月和第六个月又显著为负。在1921年到1933年实施强制银行休假政策的这段时间，如果把货币变量包含在内，信贷紧缩对产出总的影响很大，符号为负，在95%的置信水平时显著。信贷紧缩对产出的影响基本上就是货币对产出的影响，其大小用多项分布的滞后式（polynomial distributed lag）中各滞后项系数之和来衡量。然而，对两次世界大战之间的样本来说，这一变量的统计显著性大大降低，这主要是因为1933—1941年的经济复苏主要由非银行机构的资金提供支持，银行贷款水平一直在低位徘徊。

2. 我还尝试了反映金融危机的另一个变量指标，即Baa级公司债券收益率与美国债券收益率之差。如第一节所述，这一变量对银行危机和债务人问题极为敏感，反应非常强烈，可谓是一个反映金融市场状况的敏感指标。研究结果表明，无论从总体上看还是单独从每个子样本来看，Baa级公司债券收益率与美国债券收益率之差这个变量都可以强有力地说明当前和未来产出的增长情况。这个指标之所以有极强的预测能力，很大程度是基于金融市场对未来产出下降的预期，因此我将Baa级公司债券收益率与美国债券收益率之差这个变量对倒闭银行的负债和破产企业的负债进行了第一阶段回归。假设倒闭银行的负债和破产企业的负债这些变量不是由对未来产出下降的预期决定的，使用这一计量回归的拟合序列就可以有效地清除Baa级公司债券收益率与美国债券收益率之差这个变量的纯预期部分。与原始序列相比，拟合序列对产出方程的解释力稍弱，但系数符号正确，在95%的置信水平时统计学意义显著。

通过上述讨论可以发现，几乎在所有情况下，通过加入反映金融危机的代理变量，货币因素都可以解释经济体短期月度产出的变动情况。

这一结论经受了实证检验，例如，在这些计量回归实验中，除 1933—1941 年信贷这个变量外，回归系数在所有子样本中都基本保持稳定。实验结果表明，1930—1933 年，产出和金融危机这两个变量变动很大。为了验证这个结果，我们又做了尝试，在上述计量回归中，从 1931 年第一季度到 1932 年第四季度，每个季度都增加了自由虚拟变量[①]。结果发现，加入自由虚拟变量后，银行倒闭和企业破产这两个变量的系数增大，统计学意义显著。

在充分考虑结果的统计学意义之外，为检验结果的经济学意义，我们通过几种不同的估计方程（estimated equations）对 1930 年年中至 1933 年 3 月的月度工业产值水平（相对于趋势）进行了动态模拟，以验证计量结果的经济学意义。与前述单纯的货币冲击和价格冲击动态模拟相比较，包含反映金融危机情况的其他变量指标的方程拟合程度更好。与方程（1）和方程（2）相比，方程（3）的模拟均方误差[②]减少了约 50%。其他方程我虽未一一列出，但表现更优，比如使用 Baa 级公司债券收益率与美国债券收益率之差的方程，其模拟均方误差降低了 90%~95%。

这些结果令人振奋，然而必须要指出的是，这些实验的结论支持本文所述理论有一个必要的前提条件，即银行破产和企业倒闭不是未来产出会发生变化这一预期造成的。如果市场上传出下个月工业产值会下降的利空消息后引发了银行挤兑，那么，银行倒闭导致生产下降的事实就

[①] 自由虚拟变量（free dummy variables）：与自由变量（free variable）对应的术语是约束变量（bound variable），约束变量在某个状态之前是自由的，在某个状态之后会被绑定至一个或一组具体的值。——译者注

[②] 均方误差（mean-square error, MSE）：为了防止求均值时正、负误差相互抵消，通常先将其平方后再求均值，称为均方误差，是反映估计量与被估计量之间差异程度的一种度量指标。——译者注

不能证明银行出现问题会造成经济衰退。[①]

有些人固执地认为，银行倒闭和企业破产是市场预期造成的。虽然要想说服这些人彻底地改变观念并非易事，但我觉得通过下面的例证可以有力地驳斥这些人的观点。例如，虽然糟糕的销售预期可能会导致企业宣布破产，但企业之所以被迫宣布破产，多数情况是因为资不抵债，而资不抵债是由过去的不当经营所致，而不是对未来的预期所致。对银行来说，银行倒闭不仅与对未来产出的预期无关，与当前产出无关，也与过去产出无关。因为在此之前，银行危机从来都不是产出下降的必然结果。[②] 此外，弗里德曼、施瓦茨及其他许多经济学家都曾明确指出引发1930—1933年一系列银行挤兑事件的具体原因，比如美国银行丑闻曝光。美国银行是一家私人银行，1930年12月倒闭，是当时倒闭的最大一家银行。又比如奥地利信贷银行的倒闭引发了中欧金融恐慌，还有英国放弃金本位制以及美国和欧洲的巨大金字塔骗局被曝光等等，这些银行挤兑的导火索事件均与美国工业产出变动没有直接的关联。

如果人们认同银行停业和企业破产并不是由于"产出下降的预期"这个因素导致的，那么，金融危机的非货币影响，即金融危机通过货币以外的渠道产生影响，这肯定也是大萧条传播机制的一个重要组成部分。如果人们还认同金融危机包含大量外生因素，比如从银行业恐慌情况看的确有很多外生因素掺杂其中，就会感受到本文所提理论观点之间具有因果关系。

[①] 相关研究的前提条件是，银行倒闭和企业破产不是未来产出会发生变化的预期造成的，这个前提条件也适用于巴罗的研究以及我对货币和价格进行的计量回归研究。
[②] 菲利普·卡根（Philip Cagan）1965年的论著也持相同观点，具体见其论著第216页和第227—228页。例如，卡根指出，1920—1922年的经济衰退并没有导致任何银行问题。

第五节　金融危机持续时间

我在前言中曾说，与其他理论不同的是，我的理论可以解释大萧条的持续时间为什么如此之长，影响程度为什么如此之深。在上一节中，通过对计量回归方程进行估计模拟表明，金融危机的货币效应和非货币效应两者结合，导致产出严重下降。接下来，我们将分析大萧条持续时间为什么会如此之长。

从理论上讲，本文第二节讨论的金融危机对信贷效应的持续影响时间取决于两个因素：一是发生重大信贷危机后，建立新的信贷资金渠道或恢复原有信贷资金渠道的能力；二是破产债务人恢复经营的能力。这些能力重建过程极为艰难，进展十分缓慢，因此金融危机的非货币效应自然会持续较长时间。金融危机的货币效应则与此不同，其持续时间较长主要是因为缓慢传播的信息因素，以及无法用理论解释的工资和价格黏性因素。

关于美国金融复苏速度，美国金融系统 1931 年和 1932 年出现严重问题，1933 年 3 月跌入低谷，罗斯福总统当选后很快宣布实施银行休假法，关闭了大多数金融中介机构和金融市场。1933 年 3 月是一个极其重要的时间点，它不仅标志着美国经济和金融开始复苏，更标志着美国政府真正意义上广泛地参与了金融体系的各个方面。[1] 有人认为，美国联邦政府主导的金融复兴计划通过采取强有力的措施，既注重解决债权人问题，也注重解决债务人问题，这是罗斯福新政计划中唯一真正成功地促

---

[1] 参见钱德勒 1970 年论著的第 15 章，以及弗里德曼和施瓦茨论著的第 8 章。

进经济复苏的因素。①从支持政府采取大规模干预措施这一点就可以看出，当时美国社会民众已经对金融系统自我纠错、自我修复的能力完全失去了信心。

政府的干预行动终于使金融体系回到了复苏的道路，但这个复苏既不迅速也不彻底：强制休假结束后，很多银行没能重新开张营业，而那些幸运地重新开业的银行，绝大多数业务扩张能力严重受限，资产负债勉强维持偿付能力。银行存款方面，直到1934年存款才大量回流到银行，美国政府甚至不得不通过复兴金融公司以及其他机构向银行和其他金融中介机构注入大量资金。在缓慢的复苏过程中，最关键的是贷款人的态度发生了明显变化，他们经历了1930—1933年残酷的经济危机的洗礼，普遍变得更加谨慎并趋于保守。弗里德曼和施瓦茨在其论著第449—462页详细记述了这一时期银行不再发放贷款，转而追求高安全性及高流动性资产的情况。正如弗里德曼和施瓦茨所指出的那样，这一时期银行流动性不断增长，给人一种货币宽松的错觉。实际上，1933年之后的好几年里，贷款人不愿放贷，债务人持续破产，这些情况干扰了信贷流动。

银行强制休假政策结束后，信贷系统仍然存在很多问题，相关事例比比皆是。例如，正如我之前所述，小企业在经济收缩期间遭受了巨大损失。到了经济复苏期，小企业仍面临很多信贷困难。1932年，全国工业会议委员会对1932年信贷可获得性开展了专项调查。基于这项调查，1939年，刘易斯·基梅尔（Lewis Kimmel）对1933—1938年信贷可获得性开展了广泛调查。可能由于这项工作是由美国银行家协会委托，刘易斯的调查结论总体来说较为乐观。

---

① 1956年，E.卡里·布朗（E. Cary Brown）指出，罗斯福新政的财政政策并没有发挥建设性作用。1981年，迈克尔·温斯坦（Michael Weinstein）指出，罗斯福新政的一些措施阻碍了生产力发展。

刘易斯调查报告第65页显示，在资金高度依赖银行贷款的制造业企业中，对于资本金少于5万美元的小微企业，30.2%表示银行拒绝或限制对其放贷；对于资本金为50001～50万美元的小企业，遭遇银行拒贷或惜贷的比例为14.3%；对于资本金为500001～100万美元的中型企业，这一比例为10.3%；对于资本金超过100万美元的大型企业，这一比例仅为3.2%。这些数据比1932年全国工业会议委员会所做调查结果略有好转，1932年的这一调查结果分别为41.3%、22.2%、12.5%和9.7%。

1934—1935年，著名经济学家查尔斯·哈迪（Charles Hardy）和雅各布·瓦伊纳（Jacob Viner）在第七联邦储备区[①]进行了一次信贷调查。他们通过对2600个案例开展密集调查发现，有偿付能力的借款人的信贷需求根本得不到满足，他们中有很多人其实能够合理、有效地使用营运资本，这种未得到满足的信贷需求是阻碍商业复苏的一个重要因素。他们还认为，与几年前相比，对小企业而言，获得银行信贷要比获得贸易信贷难多了。

美国商务部小企业审查委员会对1933—1938年的情况实施了一项信用调查，重点调查了6000家拥有21～150名员工的企业。他们从中选出获得正规商业评级机构高评级等级的600家企业作为特殊样本，结果发现，1933—1938年，即使是这些评级较高的优质企业，也有45%的企业难以获得营运资本，75%的企业无法通过正规市场获得营运资本或长期贷款。

读者可能会认为，关于这一时期的种种调查研究，美国银行家协会委托刘易斯所做的调查结果是最好的情况，美国商务部小企业审查委员

[①] 根据《美国联邦储备法》的规定，美国一共分为12个储备区，每个区设一个联邦储备银行。——译者注

会所做的调查结果是最差的情况，哈迪和瓦伊纳两位经济学家所做的调查结果居中。其实不管怎样，这些调查都一致地反映出小企业借款难的情况。正如钱德勒所说，即使强制银行休假政策结束，小企业信贷困难的情况仍持续了至少两年时间。[1]

住房抵押贷款也是一项重要的信贷业务。1933年之后，在住房抵押贷款领域，私人放贷者比商业信贷机构更加谨慎。这种情况不难理解，因为虽然经济已经开始逐步复苏，但直到1935年房地产违约和丧失抵押品赎回权的情况仍然十分普遍。[2] 一些传统的抵押贷款机构基本上退出了市场，如人寿保险公司1929年发放了5.25亿美元的抵押贷款，但1933年仅发放了1000万美元的抵押贷款，1934年也仅发放了1600万美元。[3] 这一时期，私人机构的抵押贷款只发放给最优质的客户。正因为如此，20世纪30年代初期发放贷款的违约率急剧下降，下降幅度之大，仅用商业环境改善的理由是解释不通的。

1933年之后，住房抵押贷款市场仍在运行，这在很大程度上得益于美国联邦政府的直接干预。美国联邦政府新设了一些重要机构，如联邦储蓄存款保险公司（FSLIC）、联邦特许储蓄和贷款系统等；对存量债务进行了重组；投资储蓄机构的股份；对于私人机构拒不发放的贷款，美国政府直接发放。1934年，71%的住房抵押贷款由政府出资设立的房主贷款公司（Home Owners' Loan Corporation）发放。[4]

农业信贷和其他市场的情况与小企业贷款和住房抵押贷款情况基本一样，囿于篇幅，不再一一展开赘述。总结这一时期经济学家和其他研

---

[1] 参见钱德勒1970年论著第150—151页。
[2] 参见美国商务部，1975年，N301卷。
[3] 参见美国商务部，1975年，N282卷。
[4] 参见美国商务部，1975年，N278卷和N283卷。

究者的研究文献综述，可以明确的是，1933年3月后，私人金融体系开始复苏并回归正轨，复苏速度并不迅速，但在这一过程中，如果没有政府的强力干预和扶持，金融复苏将更加艰难。据保守估计，从1931年年初到1935年年末，美国金融体系负重前行5年多时间，在此之前发生了1929—1930年经济衰退，在此之后发生了1937—1938年经济衰退，这些现实情况符合金融危机的影响可以解释经济萧条持续时间的论断。

第六节　国际影响

大萧条是一个世界性现象，不过银行危机在世界范围内并不普遍。20世纪30年代初，很多国家虽然经历了实际收入严重下滑的困难，但没有发生严重的银行危机，只有美国和极少数几个大国发生了银行危机。那么，金融危机对美国经济发生的作用和产生的影响，也适用于其他国家吗？如果要全面地回答这个问题，需要我专门写一篇论文才能解释清楚。这里，我简要地列出一些结论。

一是每个国家都有各自不同的国情，世界各国发生萧条的具体原因千差万别。以英国为例，由于英镑估值过高，英国失业率在20世纪20年代的10年时间一直居高不下，1931年英国放弃金本位制后，经济迅速复苏，成为世界上首批实现经济复苏的国家之一。而食品和原材料出口国的最大问题是价格下跌、海外市场枯竭。因此，不能在任何情况下都把世界各国国内金融体系出现的问题视为引发世界性大萧条的主要原因。

二是发生银行危机的国家也是受大萧条打击最严重的国家，如美国、德国、奥地利、匈牙利等，这些国家在世界贸易和产出中均占有很大份额。1925—1929年，仅美国一个国家的工业产出就占世界工业产出的一半左右；1927—1928年，美国的基本原材料和食品进口占其商品贸易总额的40%左右。[①] 这些大国经济疲软、进口减少，给这些国家的贸易伙伴国带来了巨大的经济下行压力。

三是各国国内金融体系与国际金融体系关系紧密、相互影响。20世纪20年代，在美国倡导下建立了国际金汇兑本位制，这是美联储一直津津乐道、引以为傲的一项成就。但金汇兑本位制与部分准备金制度一样，都具有不稳定性。一个国家的国际储备中不仅包括黄金，还包括外币，特别是美元和英镑。除美国和英国外，其他国家的外汇资产一般占其外汇储备总额的35%。

1931年，国际金融体系即将崩溃的预期自我应验了。危机之时，世界各国都急切地想把货币兑换成黄金，巨大的兑换压力迫使很多国家相继脱离了金汇兑本位制，并严格限制资本和黄金流动。到1932年，只剩下美国和极少数几个国家仍在勉强维持金汇兑本位制。

国际金本位制崩溃与世界各国国内银行危机几乎同时发生，交错重叠。很多国家国内资不抵债、无力偿付。从国际层面看，情况也很糟糕。由于实施固定汇率，世界各国的物价都大幅下跌，持有大量名义债务的国家特别是加拿大等农业出口国无力清偿债务。美国持有的外国债券价值也急剧贬值。这些问题严重扰乱了全球信贷机制，导致国际资本流动大幅减少，这对许多国家来说都是一个严重的问题。

总而言之，虽然部分没有发生银行危机的国家也遭受了大萧条的严重冲击和影响，但美国发生的银行危机和债务危机非常严重，并因此引发了旷日持久的经济危机。这一时期，世界上有些国家虽然银行系统非常稳健，但也不可避免地出现了债务人资不抵债的危机情况。对这一时

[①] 参见美国商务部，1947年，第29—31页。

期美国国内金融体系的深入研究将有助于分析当时国际金融领域所面临的困境。

第七节 结论

20世纪30年代初发生的金融危机，除了通过货币渠道冲击宏观经济，是否还通过其他渠道对宏观经济产生了实质影响？现有证据说明这种可能性是存在的。正如本书前言中所说，如何在研究中将这一时期明显的次优性与经济理性、市场约束等经济学假设结合起来，是我们在研究中一直努力的方向。关键要充分地认识到，经济体中的各类经济机构不是笼罩在经济体上的一层薄纱，它们实实在在地影响着交易成本，进而影响市场机会和资源分配。在正常时期各类经济机构运营良好、健康发展，促使经济总体上运行平稳，但一旦面临外部冲击或政策错误，这些经济机构的运营就会混乱不堪，从而驱使经济发展偏离正常轨道。20世纪30年代早期金融机构失灵并对经济造成巨大冲击和危害就是明证。

第三章

关于大萧条时期金本位制、通货紧缩与金融危机的国际比较[①]

与哈罗德·詹姆斯合著

第一节 引言

近期关于大萧条原因的相关研究，大多将触发这场灾难的原因归咎为国际金本位制。1989 年，特明在他的新书中认为，国际金本位制存在制度性缺陷，国际金本位制的"游戏规则"导致各国产生不利的政策反应，因此国际货币紧缩和通货紧缩在两次世界大战之间爆发几乎不可避免。1985 年，艾肯格林和萨克斯通过研究认为，与仍坚持金本位制的国家相比，放弃金本位制、取消紧缩性货币政策的国家从大萧条中实现经济复苏的速度往往更为迅速。汉密尔顿在 1987 年和 1988 年分别发表的

---

① 原文刊发于芝加哥大学出版社 1991 年出版的《金融市场和金融危机》(Financial Markets and Financial Crises)，版权属于美国国家经济研究局所有。
本文研究获得美国国家经济研究局和美国国家科学基金会支持。感谢大卫·费尔南德斯（David Fernandez）、马克·格里菲思（Mark Griffiths）、霍尔格·沃尔夫（Holger Wolf）在研究中给予的大力支持。

论文中均认为，法国和美国的紧缩性货币政策引发了经济大滑坡，这两个国家为捍卫金本位制而坚守黄金标准平价的政策措施加剧了通货紧缩的压力。[1]

如果运用国际金本位制来解释大萧条，很多事情都可以解释得通。我们将在第二节详细阐述如何用金本位制来解释大萧条。20世纪20年代末和30年代初的通货紧缩持续时间之长、影响范围之广，充分证明货币因素是引发大萧条的根源。从时间和地域两个维度来看，发生通货紧缩与坚守金本位制两者之间存在着密切的关系，说明金本位制具有迅速传导紧缩性货币冲击的强大能力。正如相关经济学家所述，以价格下跌为特征的通货紧缩和以产出下降为特征的萧条，两者数据表现出高度相关性，我们稍后还会对这一观点进行深入论证和分析。

如果说用金本位制来解释大萧条的理论还存在什么不足之处的话，我们认为，这个理论还不能清晰、全面地解释金本位制失灵导致的通货紧缩究竟如何最终触发了大萧条，也就是说，这一理论没能解释清楚大规模货币非中性（monetary non-neutrality）的根源问题。[2] 因此，回答通货紧缩究竟是如何引发了20世纪30年代大萧条这个问题，正是本文的研究初衷和目的。对于相关经济学家在他们的早期研究中提出的几种传导渠道，特别是实际工资和利率等传导渠道，我们都进行了认真研究。在本文的研究中，我们重点关注通货紧缩对金融体系的破坏性作用，我们认为近期很多关于金本位制的研究文献都没有关注这一点。

---

[1] 1963年，弗里德曼和施瓦茨首先提出，大萧条是由货币因素引发。近期对大萧条成因的研究较多侧重于对大萧条问题的国际比较方面，但基本上都是以弗里德曼和施瓦茨的研究为基础，并延伸和补充了他们的研究成果。

[2] 1985，艾肯格林和萨克斯讨论了几种传播机制，并研究了一些跨国案例。不过他们并没有考虑到不同效应的重要性不尽相同，因此研究方法不太规范。

20世纪30年代初，许多国家都发生了银行恐慌。金本位制对世界各国中央银行政策的约束和限制导致金本位制国家普遍出现通货紧缩现象，这是产生银行恐慌的一个重要原因。1983年，伯南克对美国的情况进行了研究并在论文中明确指出，银行恐慌干扰了正常的信贷流动，并影响了实体经济。事实上，如果银行体系被严重削弱，那么即便没有发生什么大的恐慌，也一定会影响经济运行。在金融危机的各种形式里，严重的银行恐慌是最容易根据经验识别和确认的，因此我们将在本文中重点关注银行恐慌的影响。除银行恐慌外，价格下跌对金融部门还有一个潜在影响，即发生债务型通货紧缩。[①]价格下跌后，名义债务的实际价值提高，导致借款人资不抵债，通货紧缩扭曲了借款人的借款动机，迫使贷款人惜贷或拒贷，金融环境恶化。正是通过这种传导机制和途径，价格下跌对经济运行产生了实质性影响。

　　为了明确通货紧缩与经济萧条之间的关系，我们借鉴了艾肯格林和萨克斯在研究中所用的比较分析方法，通过分析比较24个国家相关指标的年度数据，量化说明金本位制国家和非金本位制国家之间的差异情况，以及经历银行恐慌的国家和没有经历银行恐慌的国家之间的差异情况。我们的研究方法存在一个不足之处，那就是难以寻找到合适的描述金融问题严重程度的客观指标，因此只能运用虚拟变量来反映经济危机的不同时期。尽管存在这样一个小问题，但总体而言瑕不掩瑜。通过这项研究，我们发现，金融危机（特别是银行恐慌）在解释价格下跌和产出下降的关系方面发挥着重要作用。出于制度或历史原因，与拥有更加稳健银行体系的国家相比，通货紧缩引发银行恐慌或其他严重银行业问题的

---

① 参见费雪1933年的论文、伯南克1983年的论文，以及伯南克和格特勒1990年合著的论文。

国家经历的经济萧条更为严重。此外，我们发现可能存在一种反馈循环，根据这一循环机制，银行恐慌（尤其是美国银行恐慌）反过来会加剧全球通货紧缩的严重程度。由于数据问题，我们无法提供债务型通货紧缩机制的直接证据，但是，我们发现，虽然通货紧缩对产出的影响显而易见，但如果只用银行危机的研究模型无法解释其中的很多现象和问题，所以债务型通货紧缩对金融危机肯定也产生了很重要的作用。

本文主要结构如下：第一节为引言；第二节简要概述在两次世界大战之间实行金本位制的种种弊端，旗帜鲜明地提出金本位制是导致通货紧缩和大萧条的根源这一观点，并给出了翔实的新论据；第三节讨论通货紧缩引发萧条的可能机制和渠道；第四节概述两次世界大战之间发生的金融危机情况；第五节阐释对20世纪30年代金融危机主要影响进行实证研究的成果；第六节对本文进行小结。

第二节　金本位制与通货紧缩

在本节中，我们将讨论并研究两次世界大战之间实施的金本位制，提出正是因为金本位制本身制度不全、管理不善，最终导致20世纪20年代末30年代初世界范围内发生通货紧缩。

金本位制一度被普遍认为是19世纪末和20世纪初世界繁荣的重要源泉，不过由于第一次世界大战爆发，金本位制被迫中止。因为战争爆发暂停金本位制的实践并不罕见。1990年，迈克尔·博尔多（Michael Bordo）和芬恩·基德兰德（Finn Kydland）指出，战时暂停金本位制、战后尽快以战前的黄金平价重返金本位制，都是金本位制国家常规的操作手段。博尔多和基德兰德认为，战争结束后，尽快将黄金价格恢复到战前平价水平，从而使价格恢复到与战前差不多的水平，政府就更容易出售名义债券，并可增加铸币税。因此，承诺坚守金本位制，有利于政府以较低成本进行融资，以支付战时开支。

除了政府融资成本等方面的原因，还有一个重要原因是，20世纪20年代初世界各国重新回归金本位制的意愿非常强烈、呼声高涨。这主要是因为世界各国民众对第一次世界大战后混乱不堪的货币和金融状况极度不满，中欧地区出现了恶性通货膨胀，其他一些国家或地区相对较为温和的通货膨胀也严重影响了老百姓的生活。更令人担忧的是，当时人们普遍认为没有足够黄金来满足世界货币需求。正是在这一背景下，1922年在意大利西北部城市热那亚召开了世界经济和货币大会，大会建议实施金汇兑本位制，即不再单纯依靠黄金，而是使用黄金和可兑换的外汇储备共同支持一个国家的货币供给，从而"节约"黄金，其中可兑换的外汇储备主要是美元和英镑。其实美元和英镑在第一次世界大战前已作为关键货币被广泛用于外汇储备，不过彼得·林德特（Peter Lindert）1969年的论文和艾肯格林1987年的论文均认为，1922年热那亚决议使得美元和英镑作为外汇储备的做法受到官方认可，因此这一做法得以更广泛地实施。

最终，20世纪20年代绝大多数主要国家成功地恢复了金本位制。从表3-1的第1列可以看出我们研究的样本国家重返金本位制的情况。1925年，英国回到了战前平价水平，不过凯恩斯认为，按照战前平价，英镑会被高估。根据国际联盟1926年发布的数据，截至1925年年底，在48个国家的货币中，有28个国家的货币与黄金挂钩。在法国的普恩加来总理实施了一系列措施、经济实现稳定后，法国也逐步重新恢复了金本位制，不过人们普遍认为，根据新的平价，法郎被低估了。截至1928年年底，除中国和一些小国实行银本位制外，只有西班牙、葡萄牙、罗马尼亚和日本没有恢复金本位制。1929年，罗马尼亚恢复了金本位制，葡萄牙也宣布将重归金本位制并于1931年正式恢复金本位制。1930年12月，日本恢复金本位制。1930年12月，国际清算银行拟向西班牙提供一笔用于稳定经济和政局的贷款，不过，1931年4月西班牙共和党人发动了革命，强烈反对外国贷款，这一贷款无果而终，因此西班牙最后没能重返金本位制，不然的话，整个欧洲几乎全部重新恢复了金本位制。

表 3-1 金本位制变动时间

国家	重新实行金本位制时间	放弃金本位制时间	外汇管制时间	贬值时间
澳大利亚	1925年4月	1929年12月	—	1930年3月
奥地利	1925年4月	1933年4月	1931年10月	1931年9月
比利时	1926年10月	—	—	1935年3月
加拿大	1926年7月	1931年10月	—	1931年9月
捷克斯洛伐克	1926年4月	—	1931年9月	1934年2月
丹麦	1927年1月	1931年9月	1931年11月	1931年9月
爱沙尼亚	1928年1月	1933年6月	1931年11月	1933年6月
芬兰	1926年1月	1931年10月	—	1931年10月
法国	1926年8月—1928年6月	—	—	1936年10月
德国	1924年9月	—	1931年7月	—
希腊	1928年5月	1932年4月	1931年9月	1932年4月
匈牙利	1925年4月	—	1931年7月	—
意大利	1927年12月	—	1934年5月	1936年10月
日本	1930年12月	1931年12月	1932年7月	1931年12月
拉脱维亚	1922年8月	—	1931年10月	—
荷兰	1925年4月	—	—	1936年10月
挪威	1928年5月	1931年9月	—	1931年9月
新西兰	1925年4月	1931年9月	—	1930年4月
波兰	1927年10月	—	1936年4月	1936年10月
罗马尼亚	1927年3月—1929年2月	—	1932年5月	—
瑞典	1924年4月	1931年9月	—	1931年9月
西班牙	—	—	1931年5月	—
英国	1925年5月	1931年9月	—	1931年9月
美国	1919年6月	1933年3月	1933年3月	1933年4月

数据来源：主要基于国际联盟发布的各年度《统计年鉴》，同时参考了其他资料。

第一次世界大战前古典金本位制运行相当平稳，在长达30多年的时间里，从来没有发生过重大兑换危机。相比之下，在两次世界大战之间，从1925年到1928年，金本位制历经重重困难实现重建，但到1931年就已经基本崩溃，1936年世界各国全部放弃金本位制。汗牛充栋的学术文献详细分析了第一次世界大战前金本位制和两次世界大战之间金本位制的主要差异，既研究了复杂的贸易调整和货币调整问题，也研究了金本位制本身存在的问题；既关注了经济基本面问题，也关注了金本位制管理中的具体技术问题。

1989年，特明强调，1914—1918年发生的第一次世界大战对世界经济基本面产生了重大影响，战争本身是引发大萧条冲击的根本原因。战争遗留了很多问题：如何在经济失衡情况下划分新的政治边界；经济发展不平衡问题，如部分经济部门（特别是农业和重工业）产能严重过剩，而另一些经济部门则产能严重不足；战争赔款及国际战争债务也导致了严重的财政负担，使财政状况不稳定。查尔斯·金德尔·伯杰等经济学家指出，第一次世界大战前的古典金本位制实质上是一种霸权体系，英国是这个体系中无可争议的核心力量。但在两次世界大战之间，英国相对衰落；美国作为全球新兴霸权体系的核心，此时尚经验不足，也缺乏凝聚力；世界各国中央银行之间合作效率低下，龃龉不断，因此，第一次世界大战后新的世界经济金融体系群龙无首，尚无一种单独力量可以承担起整个世界体系的主导职责。

两次世界大战之间的金本位制在技术层面出现了以下三个问题：

1.黄金盈余国和黄金赤字国对黄金流动的货币反应不对称。特明认为，这是金本位制最大的结构性缺陷。从理论上来说，按照金本位制的内在游戏规则，黄金流入国的中央银行应该增加国内货币供给、加大通货膨胀来支持物价-现金流动机制，而黄金赤字国家则应该减少货币供给，实施通货紧缩。在实践中，黄金赤字国家为避免外汇储备完全流失，需要禁止本国货币与黄金可兑换性，这迫使黄金赤字国家必须遵守金本位制的运行规则；黄金盈余国家对大量流入的黄金通常会采取冲销措施，以防止通货供给量增加导致通货膨胀、物价上涨，不过对于黄金盈余国家冲销流入黄金和无限累积黄金储备的做法并没有任何制裁措施，因此，金本位制的内在运作中潜藏着通货紧缩导向。

在第一次世界大战之前，黄金盈余国和黄金赤字国对黄金流动的货币反应也不对称，而英格兰银行是国际金本位制的核心，它必须持有足够的黄金以确保可兑换性，不过作为一个营利机构，它有强烈的不持有大量无法生息的黄金的动机。与黄金相比，英格兰银行更愿意更多地持有生息资产。因此，在其他国家中央银行的支持和配合下，英国中央银行即英格兰银行管理金本位制的主要思路就是避免黄金持续流入或持续流出。在英格兰银行的努力下，英国虽持有极低的黄金储备，却依然保证了货币与黄金的可兑换性。与英国相比，美国和法国这两个在两次世界大战之间世界上最主要的黄金盈余国，却一直在努力地增加黄金储备。

第一次世界大战之后，金本位制调整了对中央银行的法定部分准备金要求，特别对新成立的中央银行提出法定部分准备金要求，放大了金本位制导致通货紧缩的内生性弱点。当时英国、挪威、芬兰和瑞典在货币发行上采取受托发行模式，即发行的部分货币是以该国国内政府证券做支持，超出的部分则必须要以100%的黄金做支持。除上述国家之外，其他大多数国家都要求持有与该国中央银行负债规模的一定比例相当的黄金支持率，如美联储要求货币发行的黄金支持率应为美联储负债规模的40%。这些规则有两个潜在的不利影响。

首先，正如现代商业银行的准备金通常不能真正被用作准备金一样，中央银行持有的很大一部分黄金被储备要求所束缚，基本无法动用，根本不能用来解决暂时性的收支失衡问题。例如，根据国际联盟数据，1929年，41个国家的黄金储备总额为93.78亿美元，其中只有21.78亿美元是盈余储备，其余的都需要作为货币的保障储备。事实上，这夸大了真正的自由储备的黄金数量，因为当黄金储备下降至最低水平的10%左右时，市场和中央银行就会非常担心。其结果是，赤字国家在被迫减少国内货币供给之前，只会允许极少量的黄金流失。但正如我们之前所提到的那样，由于对最高黄金储备限额没有任何限制，盈余国家可以接受黄金流入而不会引发通货膨胀。

其次，部分准备金制度对黄金外流和国内货币紧缩之间的关系产生影响。在部分准备金制度要求下，例如，在40%的准备金要求下，黄金外流对货币供给量的影响是外部损失的2.5倍。因此，黄金流失可能会立即导致剧烈的通货紧缩，其他可能产生通货膨胀作用的因素很难对冲通货紧缩的影响。

2. 储备呈金字塔形增长。正如我们之前所述，根据两次世界大战之间实施的金兑换本位制，非储备货币国家可以持有可兑换外汇储备以部分地或完全地取代黄金作为储备。这些可兑换外汇储备通常只有少量黄金做支持。当存款只有部分商业银行准备金做支持时，社会民众往往不愿把钱存入银行而倾向于持有现金，社会民众的这种偏好会减少国内货币总供给量。同样的道理，各国中央银行宁愿持有黄金储备，也不愿持有外汇储备，这自然会减少全球货币供给，这是两次世界大战之间金本位制导致通货紧缩的另一个内生性缺陷。从实际情况看，20世纪30年代初，外汇面临贬值的巨大威胁，持有外汇资产风险加大，各国中央银行纷纷放弃持有大量外汇储备。根据艾肯格林1987年的研究，中央银行抛售外汇储备后直接降低储备比率，从短期来看对货币供给没有直接影响，但从长期来看，此后若再有任何储备外流，都会加大货币供给的敏感性；如果中央银行抛售外汇储备后转持黄金储备，就会造成通货紧缩。

3. 中央银行权力不足。对大多数欧洲大陆国家来说，当时这些国家的中央银行不允许进行公开市场操作。只有极少数欧洲国家可以进行极少量的公开市场操作，而且在公开市场操作过程中受到严格限制，这是两次世界大战之间金本位制的一个重要制度特征。中央银行的权力之所以极大地受到限制，主要是因为20世纪20年代早期及中期实施的稳定计划。为了防范未来出现通货膨胀的风险，稳定计划禁止中央银行大量持有政府证券，更不能交易政府证券，以防止赤字货币化。因此，中央银行只能使用贴现政策来控制国内货币供给，即对商业银行再贷款提出明确条件。但是，大多数国家的商业银行基本上都不会向中央银行借款，也就是说，除非发生危机，一般情况下中央银行对该国国内货币供给并没有什么控制力度。

20世纪30年代，很多国家的国内货币供给与该国中央银行储备之间的对应关系逐步松动，这在一定程度上缓和了储备外流的货币效应，发挥了一定的积极作用。然而，从法国的情况来看，中央银行不能进行公开市场操作极大地损害了货币市场的稳定性。1986年，艾肯格林在研究中指出，1932年之前，法国一直是大量黄金流入国，但法国的中央银行即法兰西银行被列入禁止进行公开市场交易的中央银行名单，因此法兰西银行无法将流入法国的黄金转化为货币扩张。而根据金本位制的本质要求，货币发行原本应该与黄金储备挂钩，因此法国作为黄金流入国原本可能导致通货膨胀，但由于法兰西银行被剥夺了进行公开市场交易操作的权力，因此不仅没有出现通货膨胀现象，反而因为持续不断地吸收黄金储备，使其他国家出现通货紧缩。①

　　因为当时国际经济基本面存在较大问题，加之金本位制本身有结构性缺陷，因此即便是非常微小的通货紧缩冲击，也可能会对经济产生重大影响。1987年，汉密尔顿指出，1928—1929年，法国和美国这两个当时最主要的黄金盈余国家发生了通货紧缩。当时这两个国家总共持有全世界近60%的货币性黄金。

　　正如我们之前已经提到的，黄金大量流入法国，尽管法国已经采取了冲销政策，但仍造成通货紧缩，形成了对经济的冲击力量。黄金之所以会大量流入法国，有以下一些主要原因：法国实施的稳定经济计划较为成功，随之带来了高实际利率；法郎被低估；取消外汇管制；此外，当时法国被视为资本的安全港。出于上述种种原因，从1928年年初开始，黄金大量涌入该国，并一直持续到1932年。根据美联储1943年的数据，在我们收集的24个国家的数据中，1928年，法国持有的货币性黄金总量占这24个国家货币性黄金的15%，与法国经济的重要性相比，这一比例已经很高并一直在持续增长：1929年为18%，1930年为22%，1931年为28%，1932年则增加到32%。美国在这24个国家的货币性黄金总量中所占的份额一直稳定在40%左右。因此，货币性黄金大量流入法国，就意味着德国、日本和英国等国的黄金大幅减少。

　　黄金大量流入法国，原本可能会使法国发生通货膨胀，但由于法国的中央银行不能进行公开市场操作，加之法国采取了其他一些抑制通货

---

① 需要说明的一点是，流入法国的黄金没有直接增加法国的货币基础，但在法国银行公开市场操作手段缺失的情况下，持续流入的黄金使得法国黄金储备与货币基础的比例不断攀升。由于法国货币乘数非常小，因此虽然黄金储备比值不断上升，但黄金流入法国所引发的法国货币扩张效应，远远小于黄金从其他国家流出所引发的其他国家货币收缩效应。

膨胀的措施，因此黄金流入法国对法国价格的影响微乎其微。黄金储备大量流入法国确实增加了法国的货币基础，不过随着法国经济增长，对法郎需求增大，1929年1月至1930年1月法国反而出现了通货紧缩，批发价格大约下跌了11%。

1987年，汉密尔顿在其论文中描述了1928年美国的货币紧缩情况。美国之所以出现货币紧缩，是因为美国不希望黄金持续外流至法国，当然，更重要的原因是美联储决心抑制股市投机。1929年，美国物价水平下跌了约4%，随后，1929年8月，美国经济空前繁荣，但很快，1929年10月，美国股票市场崩溃。

美国和法国市场出现紧缩基本是其自身原因造成的，比如1929年美国发生的通货紧缩并不是外在因素迫使的，法国政府原本也可以授权法国中央银行实施扩张性的公开市场操作。不过，特明在其1989年的文章中认为，中央银行既然做出了维持金本位制的承诺，那么一旦采取破坏稳定的政策措施，通货紧缩和萧条就不可避免。一旦开启通货紧缩的进程，世界各国中央银行就会陷入竞争性的通货紧缩，到处抢夺黄金以提高黄金储备比率，竭力保护本国货币免遭投机性攻击。

任何一个国家的中央银行若尝试通货再膨胀，就会面临黄金外流，这迫使中央银行提高贴现率并再次进行通货紧缩。特明认为，即便是拥有大量黄金储备的美国也面临这一窘境。弗里德曼和施瓦茨在1963年的论文中认为，美联储之所以未能有效地管理美国的货币供给，主要是因为美联储误判了形势，同时缺乏应有的领导力。对弗里德曼和施瓦茨的这一观点，特明并不赞同。特明认为，由于中央银行对金本位制所做的承诺，加之各国中央银行合作不力，美联储当时别无选择、无能为力，只能放任银行倒闭、货币供给下降。

根据我们的研究目的，我们在研究中重点关注中央银行当时的实际操作。至于中央银行当时究竟应该选择什么样的措施,我们根本没有关注。关于究竟是什么导致了大萧条,我们只需注意,货币紧缩是从美国和法国开始的,并通过国际金本位制扩散到全世界。①

如果金本位制引发的货币紧缩是引发全球性通货紧缩和世界性大萧条的根本原因,那么放弃金本位制的国家或从未实行金本位制的国家就应该免遭通货紧缩之苦。现实情况正是如此。1980年,乔杜里和科钦撰写了一篇极有分量的论文,其中指出,第一次世界大战后西班牙再未恢复金本位制,其汇率自由浮动,幸运地避免了其他欧洲国家普遍出现的价格下跌、产出下降的厄运。乔杜里和科钦还指出,1931年,斯堪的纳维亚半岛国家挪威和瑞典与英国一起放弃金本位制。与其他一些长期实行金本位制的欧洲小国相比,这些国家从大萧条中复苏的速度要迅速得多。早在1976年,戈特弗里德·哈勃勒(Gottfried Haberler)就撰写了一篇极富洞察力的论文,比乔杜里和科钦提前4年提出这些观点。

1985年,艾肯格林和萨克斯也关注了货币贬值问题,探索放弃金本位制或实施货币贬值会产生何种有益的影响。他们对10个欧洲国家的样本数据进行了研究,结果表明,与那些没有出现贬值情况的国家相比,发生贬值情况的国家出口增长速度更快,工业生产增幅也更大。发生贬值情况的国家实际工资更低、盈利更多,这有助于增加产出。艾肯格林和萨克斯认为,在这种情况下,贬值不应被视为"以邻为壑"的政策。贬值减少了对世界货币供给增长的压力,给国内外市场都带来了好处。不过各国贬值先后发生,较为混乱,如果当时这些国家就各自贬值情况

---

① 特明1989年提出,德国的货币政策促进了货币紧缩。

进行充分协商、协同进行，贬值可能会发挥更加有利的作用。①

表3-2～表3-4显示了继续坚持金本位制或退出金本位制所产生的不同影响，这些结论符合艾肯格林和萨克斯的观点，但表3-2和表3-4所使用的数据更加丰富，来源于更多的样本国家。通过这些数据，可以反映出坚持金本位制对一些关键的宏观经济变量所产生的影响，如表3-2中的批发价格通货膨胀情况、表3-3中的货币政策指标，以及表3-4中的工业产值增长情况。在设计表格时，我们把24个样本国家②区分为4种类型：一是根本不采用金本位制的国家，比如西班牙，而澳大利亚和新西兰早在1931年前就放弃了金本位制，也被归为此类国家；二是1931年部分放弃金本位制度的14个国家；三是1932—1935年放弃金本位制的国家，即1932年放弃金本位制的罗马尼亚、1933年放弃金本位制的美国、1934年放弃金本位制的意大利和1935年放弃金本位制的比利时；四

---

① 还有一个问题是，各国脱离金本位制的时间差异是否可以被视为外生因素。1985年，艾肯格林和萨克斯认为，每个国家的发展道路不同、制度不同，此外还有很多偶然性因素，这些都在一个国家做出放弃金本位制决定时发挥重要作用，因此，各国脱离金本位制的时间差异具有外生性是一种较为合理的假设。金本位制集团国家和英镑集团国家对金本位制的态度迥异，这也会在一个国家选择政策时发挥重要作用。

② 样本国家详见表3-1。对于国际联盟较完整地收录了工业生产、价格水平和货币供给等指标数据的国家，且这些数据较为合理的话，我们均囊括进表3-1。数据来源于国际联盟发布的各类《统计月报》和《统计年鉴》以及国际联盟1945年发布的《工业和对外贸易统计》。坎帕指出，与欧美国家非常相似，通过金本位制，通货紧缩和萧条也传播到拉丁美洲国家。我们认为，对拉丁美洲国家而言，商品价格等因素更为关键，此外，这些国家的数据并不可靠，因此我们的研究样本中没有包含拉丁美洲国家。

是1936年仍实行金本位制的国家,即法国、荷兰和波兰。[①] 表3-2和表3-4给出了每个国家的详细数据、1931年放弃金本位制国家的平均值、1936年仍然坚持金本位制国家的平均值,以及1932—1935年所有金本位制国家和非金本位制国家的平均值。1932—1935年金本位制国家和非金本位制国家数量都比较多。为了节省篇幅,表3-3中给出了1931年放弃金本位制国家平均值、1936年仍坚持金本位制国家平均值、坚持金本位制国家总平均值、放弃金本位制国家总平均值四类数据。[②]

[①] 我们认为,从一个国家实行外汇管制、贬值或暂停黄金支付的第一天开始,即为该国放弃金本位制的时间,这实质上是一种对放弃金本位制的广义定义。样本国家放弃金本位制的具体时间信息详见表3-1。有人反对我们这种广义定义,认为有些国家,如加拿大、德国等,即使根据我们的标准属于放弃金本位制国家,但它们仍试图将外汇汇率保持在金本位时的水平。我们没有采纳这些意见,因为根据汇率、货币增长或价格等变量的变化情况可以反映出这些国家是否在本质上坚守金本位制。

[②] 在计量金本位制国家总平均值和非金本位制国家总平均值时,如果一个国家在某一年的某一个时点放弃了金本位制,那么,在这一年中,该国将既被统计进金本位制国家,也被统计进非金本位制国家,依据在一年中实行金本位制及放弃金本位制时间长短的不同,赋予金本位制国家和非金本位制国家两个集团不同的权重数。我们在表格中使用简单平均数而不是加权平均数,在下文所列回归结果中也赋予所有国家相同的权重。之所以这样做,是因为我们认为,为了验证对一些经济现象的假想,比如验证一个国家通货紧缩和萧条之间的关系,考虑到每个国家独特的货币、法律制度、金融制度等,应该将每个国家都作为一个独立的基本单位来进行观察,并赋予所有国家相同的权重。但如果是要衡量一个国家政策对整体经济的影响,对不同国家运用加权平均数将更为合理。

表 3-2　批发价格指数的对数差分

年份	1930	1931	1932	1933	1934	1935	1936
1. 不实行金本位制的国家或 1931 年前放弃金本位制的国家							
西班牙	−0.00	0.01	−0.01	−0.05	0.03	0.01	0.02
澳大利亚（1929 年）	−0.12	−0.11	−0.01	−0.00	0.04	−0.00	0.05
新西兰（1930 年）	−0.03	−0.07	−0.03	0.03	0.01	0.03	0.01
2. 1931 年彻底放弃金本位制的国家							
奥地利	−0.11	−0.07	0.03	−0.04	0.02	−0.00	−0.01
加拿大	−0.10	−0.18	−0.08	0.01	0.06	0.01	0.03
捷克斯洛伐克	−0.12	−0.10	−0.08	−0.03	0.02	0.04	0.00
丹麦	−0.15	−0.13	0.02	0.07	0.09	0.02	0.05
爱沙尼亚	−0.14	−0.11	−0.09	0.02	0.00	−0.01	0.08
芬兰	−0.09	−0.07	0.07	−0.01	0.01	0.00	0.02
德国	−0.10	−0.12	−0.14	−0.03	0.05	0.03	0.02
希腊	−0.10	−0.11	0.18	0.12	−0.01	0.02	0.02
匈牙利	−0.14	−0.05	−0.01	−0.14	0.00	0.08	0.03
日本	−0.19	−0.17	0.05	0.11	−0.01	0.04	0.06
拉脱维亚	−0.16	−0.18	0.00	−0.02	−0.01	0.05	0.04
挪威	−0.08	−0.12	0.00	−0.00	0.02	0.03	0.05
瑞典	−0.14	−0.09	−0.02	−0.02	0.06	0.02	0.03
英国	−0.17	−0.18	−0.04	0.01	0.04	0.04	0.06
平均	−0.13	−0.12	−0.01	0.00	0.02	0.03	0.04
3. 1932—1935 年放弃金本位制的国家							
罗马尼亚（1932 年）	−0.24	−0.26	−0.11	−0.03	0.00	0.14	0.13
美国（1933 年）	−0.10	−0.17	−0.12	0.02	0.13	0.07	0.01
意大利（1934 年）	−0.11	−0.14	−0.07	−0.09	−0.02	0.10	0.11
比利时（1935 年）	−0.13	−0.17	−0.16	−0.06	−0.06	0.13	0.09
4. 1936 年仍完全执行金本位制的国家							
法国	−0.12	−0.10	−0.16	−0.07	−0.06	−0.11	0.19
荷兰	−0.11	−0.16	−0.17	−0.03	0.00	−0.02	0.04
波兰	−0.12	−0.14	−0.13	−0.10	−0.06	−0.05	0.02
平均	−0.12	−0.13	−0.15	−0.07	−0.04	−0.06	0.08

(续表)

年份	1930	1931	1932	1933	1934	1935	1936
5. 总平均							
金本位制国家			−0.13	−0.07	−0.04	−0.05	
非金本位制国家			−0.01	0.00	0.03	0.04	

注：批发价格数据来自国际联盟发布的《统计月报》和《统计年鉴》。表中括号内所标注时间为各国放弃金本位制的具体年份。放弃金本位制的定义包括实施外汇管制或贬值以及宣布暂停金本位制等，参见表3-1。

表3-3 货币政策指标

年份	1930	1931	1932	1933	1934	1935	1936
1. 1931年彻底放弃金本位制的国家							
M0 增长率	−0.04	−0.02	−0.07	0.06	0.05	0.05	0.08
M1 增长率	0.01	−0.11	−0.07	0.02	0.05	0.04	0.08
M2 增长率	0.03	−0.08	−0.04	0.03	0.05	0.05	0.06
贴现率变化情况	−0.8	0.4	−0.2	−1.2	−0.4	−0.1	−0.1
2. 1936年仍完全执行金本位制的国家							
M0 增长率	0.03	0.07	−0.06	−0.02	0.01	−0.03	0.03
M1 增长率	0.05	−0.06	−0.07	−0.05	0.01	−0.06	0.08
M2 增长率	0.08	−0.00	−0.02	−0.02	0.02	−0.03	0.05
贴现率变化情况	−1.4	−0.4	0.1	−0.4	−0.4	0.8	−0.3
3. 总平均：金本位制国家							
M0 增长率			−0.04	−0.03	0.01	−0.02	
M1 增长率			−0.09	−0.04	−0.01	−0.06	
M2 增长率			−0.05	−0.01	0.01	−0.02	
贴现率变化情况			0.2	−0.5	−0.4	0.7	
4. 总平均：非金本位制国家							
M0 增长率			−0.07	0.05	0.03	0.06	
M1 增长率			−0.06	0.01	0.04	0.05	
M2 增长率			−0.03	0.02	0.05		
贴现率变化情况			−0.3	−1.0	−0.4	−0.2	

注：M0是流通中的货币和纸币，M1是基础货币加上商业银行存款，M2是M1加储蓄存款，货币总量的增长率按对数差分计算，贴现率的变化以百分点为单位。数据来自国际联盟发布的各期《统计月报》和《统计年鉴》。

表 3-4 工业产值指数的对数差分

年份	1930	1931	1932	1933	1934	1935	1936
1. 不实行金本位制的国家或 1931 年前放弃金本位制的国家							
西班牙	−0.01	−0.06	−0.05	−0.05	0.01	0.02	NA
澳大利亚（1929 年）	−0.11	−0.07	0.07	0.10	0.09	0.09	0.07
新西兰（1930 年）	−0.25	−0.14	0.05	0.02	0.13	0.09	0.14
2. 1931 年彻底放弃金本位制的国家							
奥地利	−0.16	−0.19	−0.14	0.03	0.11	0.13	0.07
加拿大	−0.16	−0.18	−0.20	0.04	0.20	0.10	0.10
捷克斯洛伐克	−0.11	−0.10	−0.24	−0.05	0.10	0.05	0.14
丹麦	0.08	−0.08	−0.09	0.14	0.11	0.07	0.04
爱沙尼亚	−0.02	−0.09	−0.17	0.05	0.17	0.10	0.10
芬兰	−0.10	−0.13	0.19	0.02	0.03	0.10	0.09
德国	−0.15	−0.24	−0.24	0.13	0.27	0.16	0.12
希腊	0.01	0.02	−0.08	0.10	0.12	0.12	−0.03
匈牙利	−0.06	−0.08	−0.06	0.07	0.12	0.07	0.10
日本	−0.05	−0.03	0.07	0.15	0.13	0.10	0.06
拉脱维亚	0.08	−0.20	−0.08	0.31	0.15	0.05	0.04
挪威	0.01	−0.25	0.17	0.01	0.04	0.10	0.09
瑞典	0.03	−0.07	−0.08	0.02	0.19	0.11	0.09
英国	−0.08	−0.10	−0.00	0.05	0.11	0.07	0.09
平均	−0.05	−0.12	−0.07	0.08	0.13	0.10	0.08
3. 1932—1935 年放弃金本位制的国家							
罗马尼亚（1932 年）	−0.03	0.05	−0.14	0.15	0.19	−0.01	0.06
美国（1933 年）	−0.21	−0.17	−0.24	0.17	0.04	0.13	0.15
意大利（1934 年）	−0.08	−0.17	−0.15	0.10	0.08	0.16	−0.07
比利时（1935 年）	−0.12	−0.09	−0.16	0.04	0.01	0.12	0.05
4. 1936 年仍完全执行金本位制的国家							
法国	−0.01	−0.14	−0.19	0.12	−0.07	−0.04	0.07
荷兰	0.02	−0.06	−0.13	0.07	0.02	−0.03	0.01
波兰	−0.13	−0.14	−0.20	0.09	0.12	0.07	0.10
平均	−0.04	−0.11	−0.17	0.10	0.02	0.00	0.06

(续表)

年份	1930	1931	1932	1933	1934	1935	1936
			5.总平均				
金本位制国家			−0.18	0.09	0.03	0.01	
非金本位制国家			−0.06	0.08	0.12	0.09	

注：数据来自国际联盟发布的各期《统计月报》和《统计年鉴》，以及国际联盟发布的《1945年工业化和对外贸易报告》。

如表3-2所示，通货紧缩和坚持金本位制之间的关系非常明显。1980年，乔杜里和科钦指出，尽管欧洲国家普遍深受通货紧缩之苦，但西班牙放弃金本位制使该国免受了通货紧缩影响。新西兰和澳大利亚虽然很早就不再严格执行金本位制，但它们仍与英镑挂钩，因此也经历了通货紧缩。据统计，1930—1931年，仍然实行金本位制的国家都出现了13%左右的通货紧缩。不过1931年之后，金本位制国家和非金本位制国家之间出现了明显差异。1933年，除了极少数国家，大多数非金本位制国家的物价水平已经稳定下来，1934—1936年，非金本位制国家只经历了较为温和的通货膨胀。相比之下，金本位制国家始终在通货紧缩，尽管后期通货紧缩速度有所放缓，但通货紧缩现象一直持续到1936年金本位制彻底瓦解才有所缓解。

金本位制国家与非金本位制国家的价格变动表现如此迥异，人们自然会好奇金本位制国家与非金本位制国家的货币政策是否也存在明显差异。表3-3比较了M0、M1和M2这三种货币总量的增长率以及中央银行贴现率的变化情况。M0对应于流通中的货币和纸币，M1是M0和商业银行存款的总和，M2是M1和储蓄银行存款的总和。[1] 从数据中可以

---

[1] 此处对M1和M2这两个术语不应望文生义，因为M1和M2这两个类别所包括的资产，在不同国家之间资产交易特征差别很大。关键区别点在于，大量发放商业贷款的商业银行更容易受到银行恐慌的影响。与此相反，储蓄银行主要持有政府证券，因此在银行恐慌时期经常会获得存款。

看出金本位制国家和非金本位制国家货币政策确实存在差异，但并没有我们预期的那么明显。例如，尽管 1932 年金本位制国家和非金本位制国家之间的通货紧缩率相差 12 个百分点，但同年，这两类国家的平均货币增长率差异很小。可能是非金本位制国家的高通货膨胀预期减少了货币需求，并最终自我实现了这种预期。然而，从 1933 年到 1935 年，世界各国各种货币指标都更加符合艾肯格林和萨克斯 1985 年所强调的观点，即放弃金本位制的国家获得了更多的自主权来扩大其货币供给，从而避免了通货紧缩。

根据金本位制对大萧条所做的基本判断和理论解释是：由于金本位制具有较强的紧缩性效应，极易发生通货紧缩，从而对坚持金本位制国家的生产活动产生了非常不利的影响。表 3-4 显示了各个样本国家的工业产值增长率，明确地证明了这一观点。根据表 3-4，1931 年放弃金本位制的国家，仅在放弃金本位制前一年即 1930 年和放弃金本位制的当年即 1931 年，工业生产表现略逊于金本位制国家。一旦放弃金本位制，这些国家的表现迅速好转，1932—1935 年，非金本位制国家的工业产值增长率每年约比金本位制国家高出 7 个百分点，效果显著。

总之，根据我们对 24 个国家样本数据的研究，证明了坚持金本位制会导致通货紧缩和严重萧条，金本位制和通货紧缩及经济萧条之间存在着很强的关联。此前我们曾猜测，20 世纪 30 年代初退出金本位制的国家拥有货币扩张的自主权，因此经济表现会更好一些。研究数据虽不能提供清晰的证据链，但很大程度上也验证了这一假想。

第三节 通货紧缩和萧条之间的联系

鉴于我们之前的研究和讨论，我们有理由确定：20 世纪 30 年代初的全球性通货紧缩是通过国际金本位制传导的货币紧缩的产物。但这就提出了一个更加复杂的问题：将通货紧缩（物价下跌）和萧条（产出下降）紧密联系的具体渠道究竟是什么？本节旨在对相关传导机制进行研究，首先探讨在近期研究中广为关注和重点强调的两个传导渠道，然后分析讨论这两个主要渠道之外的一种可能的传导途径。

实际工资

如果工资一定程度上具有名义刚性，那么产出价格下降将提高实际工资，也会减少劳动力需求。工资及其他投入成本的向下黏滞性[1]也会降低盈利能力，从而减少潜在投资。1986年，艾肯格林和萨克斯在论文中特别强调通过实际工资这一渠道，通货紧缩（物价下跌）和萧条（产出下降）紧密联系。1988年，安德鲁·纽厄尔（Andrew Newell）和J. S. V. 西蒙斯（J. S. V. Symons）在论文中也重申和强调了这一传导渠道。

表3-5列出了萧条时期样本国家实际工资的相关数据。请注意，表3-5使用了批发价格指数作为工资平减指数，批发价格指数是使用得最为广泛的价格指数。表3-5显示，1930年和1931年，大多数国家实际工资增长幅度较大。1931年后，放弃金本位制国家的实际工资略有下降，而金本位制国家的实际工资则略有上升。这与艾肯格林和萨克斯1985年的研究结果一致。

---

① 工资具有向下黏滞性（downward stickiness），是指工资一般有向上增长的趋势，让工资下降有很大的难度，也就是黏滞性。——译者注

表 3-5 实际工资的对数差分

年份	1930	1931	1932	1933	1934	1935	1936
\multicolumn{8}{c}{1. 不实行金本位制的国家或 1931 年前放弃金本位制的国家}
西班牙			未获得数据				
澳大利亚（1929年）	0.10	0.01	−0.05	−0.04	−0.03	0.01	−0.03
新西兰（1930年）	0.03	0.00	−0.00	−0.05	−0.01	−0.01	0.10
\multicolumn{8}{c}{2. 1931 年彻底放弃金本位制的国家}
奥地利	0.14	0.05	−0.04	−0.00	−0.05	−0.03	0.06
加拿大	0.11	0.15	0.00	−0.06	−0.05	0.02	−0.01
捷克斯洛伐克	0.14	0.11	0.08	0.02	−0.04	−0.05	−0.00
丹麦	0.17	0.11	−0.03	−0.07	−0.09	−0.01	−0.04
爱沙尼亚	0.16	0.07	0.02	−0.06	−0.01	0.06	−0.03
芬兰			未获得数据				
德国	0.12	0.06	−0.03	−0.00	−0.07	−0.03	−0.02
希腊			未获得数据				
匈牙利	0.14	−0.00	−0.07	0.09	−0.06	−0.11	−0.00
日本	0.05	0.21	−0.04	−0.12	0.02	−0.05	−0.05
拉脱维亚	0.20	0.18	−0.15	−0.05	0.01	−0.05	−0.02
挪威	0.08	0.08	0.02	−0.02	−0.01	−0.03	−0.02
瑞典	0.17	0.09	0.01	−0.02	−0.06	−0.01	−0.02
英国	0.17	0.16	0.02	−0.02	−0.03	−0.03	−0.03
平均	0.14	0.11	−0.02	−0.03	−0.04	−0.03	−0.02
\multicolumn{8}{c}{3. 1932—1935 年放弃金本位制的国家}
罗马尼亚（1932年）	0.20	0.14	−0.10	−0.05	−0.02	−0.15	−0.12
美国（1933年）	0.10	0.13	−0.01	−0.03	0.04	−0.03	0.02
意大利（1934年）	0.10	0.07	0.05	0.07	−0.01	−0.11	−0.06
比利时（1935年）	0.19	0.10	0.07	0.04	0.01	−0.16	−0.02
\multicolumn{8}{c}{4. 1936 年仍完全执行金本位制的国家}
法国	0.21	0.09	0.12	0.07	0.06	0.09	−0.06
荷兰	0.12	0.14	0.09	−0.02	−0.04	−0.01	−0.06
波兰	0.11	0.06	0.05	0.00	0.01	0.02	−0.03

（续表）

年份	1930	1931	1932	1933	1934	1935	1936
平均	0.15	0.10	0.09	0.02	0.01	0.03	−0.05
5. 总平均							
金本位制国家			0.05	0.03	0.01	0.02	
非金本位制国家			−0.02	−0.03	−0.03	−0.04	

注：实际工资为熟练男性工人的名义小时工资除以批发价格指数。工资数据来自国际劳工局发布的各期《劳工统计年鉴》。

用名义工资黏性来解释通货紧缩的实际影响是凯恩斯主义的传统，但大萧条时期情况就不那么简单了。大萧条时期的实际情况是：失业率非常高，失业严重；一般不签长期合同，工会力量薄弱；社会民众广泛预期物价和生活费用会下降。但为什么即便是这样，名义工资也一直维持在较高水平？确实令人费解。1921—1922年发生经济衰退时，许多国家的工资水平迅速下降。美国的名义工资水平一直维持到1931年秋天，根据安东尼·奥布赖恩（Anthony O'Brien）1989年的研究，出现这种情况，很可能是美国的大企业对工资安排达成了一致意见。不过1931年秋天之后，美国的工资水平急剧下降。再看德国的情况，德国政府在大萧条早期就试图压低工资。

那为什么我们在数据中看到的却是实际工资大幅增长呢？这可能是工资计量的问题。要想准确地计量实际工资的周期性变动实非易事，因为其中涉及技术、产业结构等因素，对于这些复杂因素，即便今天也很难做到精确计量。1986年，伯南克认为，当时美国工作时间急剧减少、存在劳动窖藏[①]情况，在这种情况下运用实际工资作为衡量劳动力边际成

[①] 在经济学中，劳动窖藏指这样一种现象，即由于解雇和雇用工人的行为存在成本，企业在经济衰退期仍会留住那些本可以解雇的工人。——译者注

本的指标并非明智、恰当之举。

关于工资计量问题，1987年艾肯格林和哈顿指出，名义工资应该按照相应的产品价格进行平减，而不能按一般价格指数进行平减。根据制造业产品价格情况，艾肯格林和哈顿调整了名义工资，并据此计算出1929—1938年5个国家的产品工资指数表，即表3-6。与表3-5一样，表3-6显示20世纪30年代初实际工资不断增长，但这并不能说明实际工资增长与大萧条之间具有较强的相关性。值得注意的是，在所有主要国家中，德国的失业问题最为严重，其实际工资几乎没有任何增长。[①] 英国则于1932年开始复苏，在复苏期间实际工资呈稳定增长态势。美国在复苏初期实际工资小幅下降，随后反降为升，增长较多。从这些情况看，名义工资黏性作为传导大萧条的机制，理由似乎并不充分。

表3-6 产品工资指数

年份	英国	美国	德国	日本	瑞典
1929	100.0	100.0	100.0	100.0	100.0
1930	103.0	106.1	100.4	115.6	116.6
1931	106.4	113.0	102.2	121.6	129.1
1932	108.3	109.6	96.8	102.9	130.0
1933	109.3	107.9	99.3	101.8	127.9
1934	111.4	115.8	103.0	102.3	119.6
1935	111.3	114.3	105.3	101.6	119.2
1936	110.4	115.9	107.7	99.2	116.0
1937	107.8	121.9	106.5	87.1	101.9
1938	108.6	130.0	107.7	86.3	115.1

数据来源：艾肯格林和哈顿1987年的论文。

---

① 必须指出，用实际工资来解释德国失业率现象的研究者们认为，德国从20世纪20年代中期开始失业率就一直居高不下，而不仅仅是1929年之后的一段时期失业率较高。有关情况可参阅孔特·博哈特（Knut Borchardt）1979年的论文。

实际利率

在标准的 IS-LM 宏观模型中,货币紧缩通过向左移动 LM 曲线、提高实际利率,从而减少支出、抑制产出。然而,正如 1976 年特明对弗里德曼和施瓦茨提出批评时所指出的,影响 LM 曲线的是实际货币而非名义货币。由于价格大幅下跌,实际货币余额在收缩期间几乎没有下降,反而有所上升。

然而,即使实际货币余额保持不变,通货紧缩也可以通过以下方式来提高事前实际利率:由于对现金无须支付名义利率,因此在均衡状态下,除现金以外的其他任何资产的名义利率都会高于其相对于现金的流动性和风险溢价。因此,即便价格和工资具有充分弹性,10% 的通货紧缩预期也会使实际利率至少下降 10%。在以名义利率为纵轴绘制的 IS-LM 图中,通货紧缩预期增加相当于 IS 曲线左移。

20 世纪 30 年代初,美国的通货紧缩是否在预料之中这一问题已经引起了广泛的争论。不过,发生全球性通货紧缩的确大大出乎人们的意料,理由如下:

首先,如果名义利率机制发挥作用,那么名义利率下限应该具有约束力。但是在通货紧缩国家,名义利率下限是否真正具有约束力?虽然 20 世纪 30 年代,美国政府债务利率常常近似于零,但在其他国家情况并非如此。例如,1932 年法国国库券的收益率为 0.75%,处于低点,随后逐年上升,1933 年为 2.06%,1934 年为 2.25%,1935 年为 3.38%。实际上,1933—1935 年,法国国库券的名义收益率高于英国国库券数百个基点。[①]

其次,当时的实际情况是,无论是坚持金本位制的国家还是放弃金本位制的国家,其安全资产的名义收益率都基本相近,说明当时人们并

---

① 法国当时有巨额赤字,人们普遍担心政府有违约可能,因此法国国库券利率较高。

未预期即将发生全球性通货紧缩。因为金本位制国家预期会持续出现通货紧缩，而放弃金本位制的国家预期会出现通货膨胀，在这种情况下，金本位制国家与非金本位制国家的名义收益却很接近，意味着预期的实际收益差异巨大。当然，在均衡时通过预期的实际汇率变化也可能抵消实际收益的巨大差异，但 1932 年金本位制国家与非金本位制国家实际收益差异高达 11%～12%，因此不可能是预期的实际汇率变化的作用。①

金融危机

通货紧缩会影响金融体系运作，进而诱发经济萧条，这是通货紧缩诱发萧条的第三种机制和渠道，不过经济学界近期开展的诸多研究似乎并未过多关注这一渠道。债务工具（包括存款）通常是货币形式，这是非中性②的根源。通货紧缩会打击并恶化非金融机构和金融中介公司的财务状况。

首先研究中介机构即银行的情况。③ 银行的负债主要是公众存款，基本按名义价值确定，几乎是完全固定的。根据不同的银行体系，有的银行持有的资产主要为债务工具，有的银行持有的资产则主要为债务和股权组合工具。持有债权和股权，实质上是直接持有资本，在这种情况下，

---

① 有观点认为，对贬值的担忧增加了金本位制国家资产的风险溢价。1937 年，保罗·艾因齐格（Paul Einzig）在研究中提供了外汇远期汇率，可作为上述观点的验证。除非即将发生贬值，金本位制国家的货币远期溢价通常很小，例如 1932 年美元兑英镑的汇率，期限为 3 个月的溢价在 1932 年 6 月的第一周达到最高值，按年利率计算约为 4.5%，但当年其他大部分时间都远低于这一水平。

② 非中性（non-neutrality）：在经济学中，区分中性还是非中性，主要看对一般价格水平、实际利率以及产出水平的影响程度。如果只是影响一般价格水平，那就是中性的；如果引发实际利率和产出水平等实际经济变量的调整和改变，那就是非中性的。——译者注

③ 1981 年，弗勒德和加伯运用理论模型分析了通货紧缩对银行的影响，阐释了通货紧缩与银行挤兑的关系。

银行的负债是名义上的，而资产是真实的，因此，无法预料的通货紧缩会立即挤压银行的资本头寸。当银行的资产仅为债务工具时，从短期来看，通货紧缩对银行的影响是中性的甚至稍微有利于银行，但当借款人的股本缓冲消耗殆尽时，银行将成为其借款人实际资产的所有者，因此银行最终也会受到通货紧缩的挤压和打击。

通过上述分析可知，在通货紧缩时期，随着银行资本压力日益增大，银行最终无法正常运营，不得不提前收回贷款或拒绝发放新的贷款。最终，银行面临资本耗尽的风险并引发储户挤兑，导致银行大幅削减经营业务甚至破产倒闭。最后通常是由政府接管、处置和化解风险。大萧条期间，政府发行债券来收购濒临破产的银行机构，消费者直接或间接地持有债务，取代了已经消失的商业银行存款。通过这种操作，政府机构事实上已经成了金融中介链条的一个环节。[①]

大萧条时期通货紧缩不仅会严重冲击银行，造成银行危机，其非中性特质也会严重影响非金融机构和其他各类借款人。债务通货紧缩的过程，即价格下跌导致名义债务的实际价值上升，从而侵蚀借款人的净财富值，使其财务状况日趋恶化，进而影响借款人的行为，例如，为了保存资本实力，企业可能会裁员或削减开支。同时，由于借贷双方代理关系弱化，借款人难以获得新的信贷资金。因此，正如1990年伯南克和格特勒在论文中所述，即使企业没有破产，因债务通货紧缩引发的金融危机也会给经济体造成无谓损失[②]。

在分析这些机制对产出的具体量化影响之前，我们先讨论一下大萧条期间国际金融危机情况。

---

① 政府接管银行后，是否恢复了一些银行中介服务？抑或政府只是发挥清算代理人的作用？对这个问题，我们还没有弄清楚。
② 无谓损失（deadweight loss）指由于市场未处于最优运行状态而引起的社会成本。
　　——译者注

第四节 两次世界大战之间的银行业和金融危机

两次世界大战之间最重大的事件是发生了金融危机。本节重点分析银行部门问题，也会稍微关注一下上文提到的国内债务人问题。这一时期发生了股市崩盘、外债违约等，这些事件也很重要，但囿于篇幅，这里不做重点讨论。

表3-7列出了两次世界大战之间一些重要的银行危机事件。该编年表广泛覆盖了各类银行危机，并进行了简明扼要的描述。该表反映出，在两次世界大战之间，相当多的国家经历了极为严重的银行问题。1931年5月奥地利信贷银行发生危机、1931年4~7月德国银行危机加剧之后，从1931年春天至同年秋天，银行业危机进入高潮阶段。

表3-7 在两次世界大战之间发生的银行危机编年表
（1921—1936年）

时间	国家	危机事件
1921年6月	瑞典	1921—1922年银行存款开始收缩，最终导致银行重组。1922年政府通过信贷银行实施援助。
1921—1922年	荷兰	出现银行倒闭与兼并事件，极负盛名的马克斯银行倒闭。
1922年	丹麦	丹麦最大的银行丹斯克银行严重亏损，其他一些小银行破产清算。丹斯克银行一直勉强维持经营，1928年4月在政府担保下进行了重组。
1923年4月	挪威	挪威的主要银行 Centralbanken for Norge 倒闭
1923年5月	奥地利	奥地利的主要银行 Allgemeine Depositenbank 经营困难，同年7月被清算。
1923年9月	日本	日本东京发生地震后，坏账威胁着日本台湾银行（Bank of Taiwan）和朝鲜银行（Bank of Chosen），这两家银行在日本政府的帮助下进行了重组。
1925年9月	西班牙	西班牙 Banco de la Union Mineira 银行和 Vasca 银行倒闭。

（续表）

时间	国家	危机事件
1926年7~9月	波兰	波兰发生了银行挤兑，导致波兰3家大银行停止付款。波兰银行业的动荡和重组一直持续到1927年。
1927年	挪威，意大利	多家小银行陷入困境，但没有发生重大银行倒闭事件。
1927年4月	日本	32家银行无法支付。重组第15银行（15th Bank）及台湾银行。
1929年8月	德国	法兰克福 Allgemeine Versicherungs AG 倒闭，随后很多小银行倒闭，柏林和法兰克福的储蓄银行发生挤兑。
1929年11月	奥地利	奥地利第二大银行 Bodencreditanstalt 倒闭，与信贷银行（Creditanstalt）合并。
1930年11月	法国	亚当银行（Banque Adam）、Boulogne-sur-Mer 和 Oustric 集团倒闭。法国很多省级银行发生挤兑。
	爱沙尼亚	爱沙尼亚政府银行塔林银行（Estonia Government Bank Tallin）和 Reval Credit Bank 这两家中型银行倒闭，银行危机一直持续到1931年1月。
1930年12月	美国	美国银行（Bank of the United States）倒闭。
	意大利	意大利3家最大的银行发生挤兑。1931年4月开始出现银行恐慌，随后意大利政府重组了相关机构并接管了冻结的工业资产。
1931年4月	阿根廷	政府通过允许国民银行（Banco de Nacion）在政府全资所有的机构 Caja de Conversión 再贴现其他银行的商业票据，来应对银行恐慌。
1931年5月	奥地利	信贷银行倒闭，外国储户挤兑。
	比利时	比利时市场上流传第二大银行布鲁塞尔银行（Banque de Bruxelles）即将倒闭的消息，导致比利时所有银行都发生了挤兑。同年下半年，对货币贬值的预期导致外国存款流失。
1931年6月	波兰	波兰发生银行挤兑，华沙贴现银行（Warsaw Discount Bank）因受奥地利信贷银行危机牵连，情况更为严重，奥地利银行危机在欧洲蔓延扩散。
1931年4~7月	德国	银行挤兑使自1930年夏天以来一直困扰银行体系的问题更加恶化，1931年6月，大量存款流失，外汇压力剧增，许多银行无法支付存款，达姆斯塔银行（Darmstädter Bank）关闭，银行放假。

（续表）

时间	国家	危机事件
1931年7月	匈牙利	布达佩斯的银行机构发生挤兑，特别是通用信贷银行（General Credit Bank）挤兑情况严重。外国债权人撤资后，外国债权人签署暂停提款协议，银行放假。
	拉脱维亚	与德国有关联的银行发生挤兑。Libau银行和里加国际银行（International Bank of Riga）遭受的打击尤为严重。
	奥地利	维也纳默克银行（Vienna Mercur-Bank）倒闭。
	捷克斯洛伐克	对外国存款的挤兑引发了对捷克斯洛伐克银行存款的挤兑，但并没有发生大规模的银行恐慌。
	土耳其	受德国危机影响，德意志银行在土耳其的分支机构遭到挤兑，土耳其工商银行倒闭。
	埃及	德意志东方银行在开罗和亚历山大的分支机构遭遇挤兑。
	瑞士	日内瓦商业贴现银行接管了日内瓦联合金融公司。
	罗马尼亚	德国控制的Banca Generala a Tarii Românesti银行倒闭，罗马尼亚信贷银行（Banca de Credit Romand）和罗马尼亚银行（Banca Romaneasca）发生挤兑。
	墨西哥	墨西哥西班牙信贷银行发生挤兑后暂停支付，墨西哥国民银行发生挤兑。
1931年8月	美国	发生一系列银行恐慌，1931年10月情况最为糟糕。从1931年8月到1932年1月，1860家银行倒闭。
1931年9月	英国	资金严重外流，市场上到处流传伦敦商业银行深度卷入欧洲银行危机的传言，特别是深受匈牙利银行危机和德国银行危机的牵连。
	爱沙尼亚	英镑危机后银行普遍出现挤兑，1931年11月开始第二波挤兑风潮。
1931年10月	罗马尼亚	Marmerosch Blank & Co.银行倒闭，银行挤兑严重。
	法国	主要存款银行国民信贷银行倒闭，此前该银行重组为国民工商银行。其他一些银行也发生倒闭或挤兑。
1932年3月	瑞典	克鲁格（Krueger）工业和金融帝国崩塌拖累了瑞典的一家大银行——斯堪的纳维亚信贷银行（Skandinaviska Kreditaktiebolaget），但没有发生大规模恐慌。

（续表）

时间	国家	危机事件
1932年5月	法国	大型投资银行巴黎联合银行发生亏损，被迫与法国信贷银行合并。
1932年6月	美国	芝加哥发生一连串银行倒闭事件。
1932年10月	美国	爆发新一轮银行倒闭潮，尤其是美国中西部和远西部地区。
1933年2月	美国	爆发大规模银行恐慌，3月全国放假，美国全国所有银行均被强制要求放假。
1933年11月	瑞士	瑞士一家大银行（Banque Populaire Suisse）出现严重亏损后重组。
1934年3月	比利时	比利时劳动银行倒闭，引发了大规模的银行和外汇危机。
1934年9月	阿根廷	秋季爆发了银行危机，政府决定让4家有问题的银行合并，4家银行分别是西班牙拉普拉塔银行、阿根廷霍加银行、阿根廷-乌拉圭银行、埃内斯托-托恩奎斯特银行。
1935年10月	意大利	意大利入侵阿比西尼亚（今埃塞俄比亚）后，存款下降。
1936年1月	挪威	该国存款多年较为稳定，但对银行存款征税的立法导致了挤兑，直到当年秋天才有所好转。
1936年10月	捷克斯洛伐克	对该国货币克朗第二次贬值的预期引发了存款挤兑。

1963年，弗里德曼和施瓦茨强调，存款货币比率是银行危机的一个重要统计指标。表3-8列出了相关国家商业银行存款货币比率的数据。将表3-8与表3-7进行比较很有意义。绝大多数重大银行危机都与存款货币比率急剧下降有关。不过1931年的意大利是一个明显例外，在意大利政府接管银行之前，意大利政府对意大利银行系统出现的问题守口如瓶、严加保密，后来为了顺利接管银行，才将银行系统出现的重大问题公之于众。另一方面，银行体系重组、换汇困难等也会导致存款/货币比率显著下降，不过这些因素与银行恐慌无关。

表 3-8　商业银行存款货币比率

国家	1930 年	1931 年	1932 年	1933 年	1934 年	1935 年	1936 年
澳大利亚	−0.05	−0.12*	0.05	0.01	0.05	−0.03	−0.01
奥地利	0.17	−0.40*	−0.06	−0.20*	−0.07	−0.01	−0.02
比利时	−0.13*	−0.22*	−0.10*	0.07	−0.13*	−0.27*	−0.02
加拿大	0.07	−0.01	0.03	−0.05	0.00	0.01	−0.06
捷克斯洛伐克	−0.11	−0.08	0.07	0.02	0.07	−0.03	−0.11*
丹麦	0.08	−0.03	0.00	−0.07	0.02	0.02	−0.00
爱沙尼亚	0.16	−0.29*	−0.02	−0.05	0.10	0.05	0.13
芬兰	0.09	−0.05	0.14	−0.04	−0.06	−0.04	−0.09
法国	−0.07	−0.12*	−0.01	−0.10*	−0.07	−0.10	−0.03
德国	−0.11*	−0.40*	0.05	−0.09	−0.01	−0.08	−0.02
希腊	0.17	0.07	−0.27*	−0.03	0.06	−0.04	0.02
匈牙利	0.07	−0.07	0.10	−0.03	−0.08	−0.05	−0.03
意大利	0.04	−0.01	0.05	0.06	0.01	−0.20*	0.08
日本	0.09	0.03	−0.12*	−0.04	0.03	−0.00	0.09
拉脱维亚	0.03	−0.57*	0.11	−0.06	0.12	0.10	0.45
荷兰	0.10	−0.36*	−0.05	−0.06	−0.05	−0.08	0.24
挪威	0.04	−0.15*	−0.06	−0.09	−0.01	0.03	−0.23*
新西兰	0.04	−0.11*	0.03	0.07	0.15	−0.08	−0.32*
波兰	0.07	−0.29*	−0.02	−0.08	0.10	−0.06	0.10
罗马尼亚	0.11	−0.76*	−0.05	−0.11*	−0.28*	0.10	−0.16*
瑞典	−0.00	−0.00	−0.02	−0.06	−0.11*	−0.08	−0.07
西班牙	0.00	−0.24*	0.08	0.03	0.01	0.06	N.A.
英国	0.03	−0.07	0.10	−0.07	−0.02	0.01	−0.03
美国	0.00	−0.15*	−0.26*	−0.15*	0.14	0.05	0.02

注：表中各项为商业银行存款与货币及流通中的票据之比的对数差分。数据来自国际联盟发布的各期《统计月报》和《统计年鉴》。

* 表示下降超过 0.10。

究竟是什么引发了银行业恐慌？从某种角度来看，银行恐慌是对通货紧缩和金本位制运作机制的内在必然反应。在 1931 年全球银行危机达到顶峰之前，通货紧缩及其导致的经济萧条已经持续了近两年的时间。通过上一节的分析可知，价格下跌导致银行资产的名义价值减少，但没有降低银行负债的名义价值。此外，金本位制的游戏规则极大地限制了中央银行通过充当最后贷款人来缓解银行恐慌的能力。事实上，由于银行业恐慌往往与外汇危机同时发生，为了保证本国货币的可兑换性，中央银行在面临银行恐慌时通常会收紧货币政策。尽管很多国家在放弃金本位制时就已经采取了许多强有力的金融改革措施，但几乎所有的脱离金本位制的国家自从放弃金本位制后就再也没有出现过严重的银行业恐慌，这一显而易见的事实有力地说明，银行危机与通货紧缩及坚持金本位制是密不可分的。

然而，通货紧缩和坚持实行金本位制只是银行恐慌的必要条件，而不是充分条件，比如，有些国家在两次世界大战之间也遭受了与发生银行危机国家类似的通货紧缩冲击，但并没有发生重大银行挤兑或倒闭事件。[1]

哪些国家容易发生银行恐慌？这主要由下列因素决定。

银行结构

一个国家银行体系的组织结构决定了该国是否易受恐慌影响。首先，拥有单一制银行体系的国家极易发生极为严重的银行恐慌。单一制银行

---

[1] 在下一节中，我们将样本分为两组，一组是 11 个发生严重银行危机的国家，另一组是 13 个没有出现银行问题的国家。1930 年是银行业危机达到顶峰的前一年，没有出现银行业问题的国家通货紧缩率平均为 12%，工业产值平均下降了 6%。同年，发生严重银行危机的国家平均通货紧缩率为 13%，平均工业产值下降了 8%。说明在大萧条早期，两组国家没有很大差异。1931 年史上最严重的银行业危机爆发，一年后，没有发生银行业危机的国家平均工业产值增长率为 −2%，发生银行业危机的国家平均工业产值增长率为 −16%。

体系拥有大量规模小且相对单一的银行。美国的银行体系是典型的单一银行制结构，即商业银行只有一个独立的银行机构，不设立分支机构。众多小银行较为分散，倒闭事件频发。其他国家如法国等的情况与美国类似。与单一银行制相对的是分支银行制，即商业银行设有分支机构。加拿大的商业银行实行分支银行制，在大萧条期间，尽管很多银行关闭了部分分支机构，但没有出现银行倒闭事件。瑞典和英国也得益于分支银行制，通过银行的分支机构大幅度分散了银行风险。

其次，按照德国或比利时模式建立的"全能型"银行或"混合型"银行体系的国家，更易受到通货紧缩的影响。从理论上来说，在"盎格鲁-撒克逊"银行模式中，银行贷款是短期的，银行与企业关系密切。与此相反，全能型银行长期持有客户企业的股权，有时全能型银行甚至是大股东。在"盎格鲁-撒克逊"银行模式中，银行主要持有债务工具，而全能型银行的资产主要是股权投资。在危机时期全能型银行持有的长期证券往往缺乏流动性，而股市崩盘则会让全能型银行的股权投资受到严重冲击，这其中最典型的例子出现在奥地利。1931年，经过一系列的并购重组，声名狼藉的奥地利信贷银行已经从一家银行转型为一家大型控股公司。当奥地利信贷银行于1931年5月破产时，总共拥有64家公司，其总资本占奥地利全国名义资本的65%。

银行对短期外债的依赖程度

出现极其严重的银行危机的国家，其存款大部分为外国所有。与国内存款相比，热钱对金融风险更为敏感。外国储户挤兑不仅损害了银行系统，通常也让储备减少。正如我们之前所述，这种外部威胁影响了中央银行对银行业问题的反应能力。因此，银行危机和汇率危机交织在一起。①很多中欧国家解决银行危机的方法是签署存款冻结协议，禁止外国债权人提款，留待未来商议。

银行资产负债表的资产方与国际关联紧密，很多欧洲大陆银行深受奥地利和德国银行危机影响和牵连，苦不堪言。

20世纪20年代的金融和经济实践

20世纪20年代以相对较弱的基础条件实现崛起的国家总体来说更加脆弱，更易受到银行恐慌的影响。这一点其实并不令人感到意外。20世纪30年代，奥地利、德国、匈牙利和波兰都遭受了恶性通货膨胀冲击，经济大乱。1931年，这些国家都出现了严重的银行恐慌。囿于篇幅，我们对这些国家的情况不展开讨论。但有一点很明确，即在一定程度上，欧洲金融危机的起源是独立于美国而发生和发展的，也就是说，大萧条并不是纯粹起源于美国，也不仅仅是以美国为中心发生和发展的。

应该强调的是，20世纪20年代发生金融危机之后，政府的应对之道和相关政策策略相当重要。关于这一点，奥地利是一个负面典型案例。当时奥地利银行业反复出现各种问题，但一次次都被糊弄和掩饰过去。整个20世纪20年代，奥地利政府解决银行问题的策略是兼并重组，让仍有偿付能力的银行兼并濒临破产的银行。1927年，奥地利博登信贷银行（Austrian Bodencreditanstalt）被迫与两家濒临破产的银行合并，导致奥地利博登信贷银行的实力在强制兼并后被大大削弱。1929年，奥地利博登信贷银行又被迫与奥地利信贷银行合并。1931年5月，奥地利信贷银行的一位董事拒绝在一份"乐观的"财务报表上签字，终于使该行资

---

① 银行危机和汇率危机互为因果，双向影响。1987年，巴里·威格莫尔（Barrie Wigmore）提出，1933年美国银行业出现恐慌，一定程度上是由美元挤兑引发。

不抵债的情况公之于众，并由此拉开了欧洲银行史上最惨烈篇章的帷幕。

相比之下，对20世纪20年代早期银行业出现的问题进行彻底整顿和改革的国家，在大萧条到来时，其银行业的表现就会明显好得多。瑞典、日本和荷兰就是正面典型案例，20世纪20年代这些国家都出现了严重的银行问题，但它们都及时地进行了深层次的改革，在关停差银行的基础上，通过重组和援助的方式来改善银行状况，使银行业实现了稳健运营。正是因为这些国家在20世纪20年代就花费较大力气积极解决银行业危机问题，因此到20世纪30年代，在其他国家深陷银行业危机泥淖时，这三个国家没有出现较大的银行问题。当然其中也出现了一些险情，如在克鲁格工业和金融帝国崩塌后，瑞典一家大型银行——斯堪的纳维亚信贷银行损失惨重，而荷兰的一家中型银行——阿姆斯特尔银行（Amstelbank）因受奥地利信贷银行事件影响也关停倒闭，但总体来说，这三个国家没有出现大范围的严重银行恐慌。

对荷兰和比利时的经济和金融情况进行比较是一项有意义的工作。这两个国家国土相邻，都严重依赖对外贸易，也都一直固守金本位制。比利时银行危机从1931年一直持续到1935年，为避免银行资产流失殆尽，比利时法郎最终贬值。从表3-4可以看出，在大萧条早期，荷兰的表现胜过比利时，从中可以看出银行危机与产出之间有一定的相关性。

总体而言，银行业危机是对大萧条的一种内生性反应，但各国危机程度不同、情况各异，折射出不同的体制机制差异。因此，对发生严重银行危机的国家和没有发生严重银行危机的国家进行分析比较，研究通货紧缩对这两类国家的实际影响，是一项很有意义的研究课题。

关于债务型通货紧缩，也就是非金融借款人问题，相关研究资料比银行危机要少得多。相比之下，只有20世纪30年代美国债务问题得到了充分研究，详见1983年伯南克的论文摘要及其中所列的参考文献。美国的大企业几乎没有遇到什么严重问题，但其他很多部门如小企业、农民、抵押贷款借款人、州和地方政府等，都受到了严重影响，近一半的未偿还债务出现违约。因此，罗斯福新政改革中包含了各种债务调整和减免措施。

其他国家也有很多类似事件，但没有翔实、完整的数据。随着金融危机日益加剧，很多国家的破产程序和操作实践都发生了巨大变化，因此难以准确解读这些国家的破产和违约数据。国际联盟1932年12月发布的《统计月报》删除了破产数据表，其中第529页明确说明：如今，为了避免公开破产，各种各样的协议横空问世，破产数据表的价值已经荡然无存。1932年4月罗马尼亚发布的《债务让渡法》是改变破产规则的典型案例，它实质上剥夺了债权人强制债务人破产的权利。破产处置的一系列变化掩饰了债务违约的实际情况，使得债务违约的影响从表面上来看并不是十分严重，但强力改变破产处置规制和流程本身就说明债务违约情况已经异常严重。在获得可靠数据的前提下，按照不同国别研究通货紧缩对企业资产负债表的影响、考察金融运行情况与企业投资、生产和雇用员工等之间的关系，将是一项极具价值的研究工作。研究不同国家的外债情况也极有意义，在这方面，1986年艾肯格林和理查德·波特斯（Richard Portes）等人已经做了大量工作，为我们的后续研究奠定了坚实基础。

第五节　计量回归结果

本节主要基于面板数据集得出实证结果，重点评估通货紧缩对产出的各类传导机制的影响力大小。此外，我们还将重点关注银行业危机对通货紧缩的影响问题，研究银行危机是否加剧通货紧缩。这个问题是一个创新点，此前从未被触及。

表 3-9 给出了基本的回归结果,它包含了各国工业产值的对数差分与解释变量各种组合之间的关系。自变量的定义如下:

$\Delta \ln PW$:批发价格指数的对数差分;

$\Delta \ln EX$:名义出口的对数差分;

$\Delta \ln W$:名义工资的对数差分;

$DISC$:根据 1929 年数值测算的中央银行贴现率,其中加拿大采用政府债券利率,由于无法找到新西兰 1929 年的利率,所以包含 DISC 的计量回归中不含新西兰的情况;

$PANIC$:虚拟变量,其值为该国在一年中发生严重银行问题的月数;

$\Delta \ln MO$:流通中的货币和票据的对数差分。

表 3-9 工业产值的对数差分的决定因素(因变量:$\Delta \ln P$)

方程	$\Delta \ln PW$	$\Delta \ln EX$	$\Delta \ln W$	DISC	PANIC	$\Delta \ln M0$
(1)	0.855					
	(0.098)					
(2)	0.531				−0.0191	
	(0.095)				(0.0026)	
(3)	0.406	0.231				
	(0.121)	(0.043)				
(4)	0.300	0.148			−0.0157	
	(0.111)	(0.041)			(0.0027)	
(5)	0.364	0.231	0.272			
	(0.141)	(0.046)	(0.206)			
(6)	0.351	0.150	−0.072		−0.0156	
	(0.128)	(0.044)	(0.197)		(0.0029)	

（续表）

方程	自变量					
	$\Delta \ln PW$	$\Delta \ln EX$	$\Delta \ln W$	DISC	PANIC	$\Delta \ln M0$
(7)	0.296	0.103	−0.119	−0.0358	−0.0138	
	(0.123)	(0.044)	(0.189)	(0.0102)	(0.0028)	
(8)		0.217*	−0.015		−0.0126	0.405
		(0.048)	(0.189)		(0.0031)	(0.098)

注：样本期为1930—1936年。该小组由24个国家组成，但由于缺乏工资数据，芬兰、希腊和西班牙被排除在方程（5）~方程（8）之外。表中未报告特定国家变量的估计值。括号内为标准误差。

* 方程（8）中的出口增长是按实际价值计算的。

我们在计量回归中引入了"出口"作为自变量，以控制贸易对经济增长的影响，并充分考虑了艾肯格林和萨克斯1986年提出的竞争性贬值的相关好处。此外，我们在回归中还引入了"工资"变量，以验证通货紧缩通过实际工资渠道传导并最终发展演变成大萧条。

从理论上说，出口和工资这两个变量都应该以实际量而不是名义量代入。然而问题是，正如我们之前讨论实际工资时所述，理论上的平减指数有时在实践中并不适用。为解决这个问题，我们假设方程为：

$$\Delta \ln IP = \beta_e (\Delta \ln EX - \Delta \ln P_e) + \beta_w (\Delta \ln W - \Delta \ln P_w) + \text{error} \qquad (1)$$

其中最优平减指数 P_e 和 P_w 无法得到。假设未观测到的平减指数的对数变动与批发价格平减物价指数的对数变动的映射关系如方程（2）所示：

$$\Delta \ln P_i = \psi_i \Delta \ln PW + u_i \quad i = e, w \qquad (2)$$

其中 u_i 与 $\Delta \ln PW$ 不相关，并且推断 ψ_i 为正，于是方程（1）变为：

$$\Delta \ln IP = -(\beta_e \psi_e + \beta_w \psi_w) \Delta \ln PW + \beta_e \Delta \ln EX + \beta_w \Delta \ln W + \text{new error} \qquad (3)$$

上式表明，$\Delta \ln PW$、出口和工资的名义增长率分别被代入方程，这是我们处理问题的具体方法。① 将 $\Delta \ln PW$ 代入方程还有一个优点，即有助于我们观察其他独立变量未能捕捉到的通货紧缩的影响。

方程中包括了贴现率 $DISC$ 以体现通货紧缩的利率传导渠道，并作为货币政策的附加代理变量。由于每个方程均含 $\Delta \ln PW$，因此包含名义利率 $DISC$ 就相当于包含事后实际利率，也就是说，我们实际上假设完全预期通货紧缩，从而有力地支持实际利率假说。

为了控制财政政策变量，我们曾在第一个方程中引入了中央政府支出指标。但由于其估计系数总为负数，说明出错，且其数值较小，统计学意义不大，因此最终报告中排除了政府支出变量。

构建 $PANIC$ 需要我们判断哪些国家的银行危机最为严重，为此我们参阅了大量的第一手资料和第二手资料。我们以首次发生严重银行危机的时间作为危机的开始时点，将重大事件如1933年美国强制银行休假作为危机的结束时点。如果不明确危机的起始点和结束点，我们可能会错误地认为，银行危机达到顶峰一年后危机的影响仍在持续。包含虚拟变量的银行危机数据如下（另见表 3-7）：

1. 奥地利（1931年5月—1933年1月）：开始于奥地利信贷银行危机，结束于官方宣布清偿奥地利信贷银行的外债。
2. 比利时（1931年5月—1932年4月，1934年3月—1935年2月）：比利时第一次危机由奥地利信贷银行危机引爆，持续了一年的时间。第二次危机由比利时旅行者银行（Banque Belge de Trav）倒闭

---

① 有人提出，如果名义工资绝对刚性，那么即便实际工资是传导通货紧缩影响的一个重要渠道，也难以从中发现工资的影响。我们认为，如果名义工资完全刚性，那么通货紧缩通过实际工资渠道产生重要影响与通货紧缩以其他某种方式产生影响，这两者实质上是一回事。

引发，持续了一年。

3. 爱沙尼亚（1931年9月—1932年8月）：欧洲全面爆发金融危机后，爱沙尼亚发生金融危机，持续了一年。

4. 法国（1930年11月—1932年10月）：法国银行危机持续了一年，分别于1930年11月和1931年10月两次达到危机高峰，有关详情可参阅让·布维耶（Jean Bouvier）1984年发表的论文。

5. 德国（1931年5月—1932年12月）：开始于德国的主要银行机构发生危机，结束于德国成立国家机构专门负责清算银行坏账。

6. 匈牙利（1931年7月—1932年6月）：开始于布达佩斯出现银行挤兑事件，结束于匈牙利宣布银行强制休假，持续了一年。

7. 意大利（1931年4月—1932年12月）：开始于意大利爆发银行业恐慌事件，结束于意大利成立大型国有控股公司——产业复兴公司（Istituto por le Riconstruzione Industriale，简称IRI）全面接管银行资产。

8. 拉脱维亚（1931年7月—1932年6月）：开始于该国银行危机爆发，持续了一年。

9. 波兰（1931年6月—1932年5月）：开始于该国银行危机爆发，持续了一年。

10. 罗马尼亚（1931年7月—1932年9月）：开始于危机爆发，1931年10月达到顶峰，然后又持续了一年。

11. 美国（1930年12月—1933年3月）：开始于美国银行倒闭，结束于宣布银行强制休假。

将奥地利、比利时、爱沙尼亚、德国、匈牙利、拉脱维亚、波兰、罗马尼亚及美国列入名单不存在任何争议，因为这些国家都遭受了严重的银行恐慌。不过有人可能会对危机确切的起止日期吹毛求疵，例如，1989年特明等人提出，美国银行业危机1931年年中才开始，但我们认为，即使起止日期略有出入也不会影响研究结果。相比较而言，对法国和意大利的情况则争议更大。1984年布维耶认为，法国的银行危机并不像其他国家那样严重，因为尽管法国发生了很多银行挤兑和倒闭事件，但法国最大的银行最终得以幸存。此外，布维耶认为，与其他欧洲大陆国家的银行体系不同，法国银行业与实业界的联系并不紧密。对意大利来说，正如皮耶路易吉·乔卡（Pierluigi Ciocca）和托尼奥洛（Gianni Toniolo）1984年所述，意大利政府从危机早期就实施了大规模干预，这些政府干预措施发挥了积极作用，在一定程度上减缓了恐慌。不过，意大利很多银行仍然举步维艰，处境艰难，最后其大部分资产不得不转让给意大利国有的产业复兴公司。

为了检验研究结果的敏感性，我们重新评估了关键方程，先从 PANIC 中剔除法国危机，然后再剔除意大利危机。剔除法国危机，对结果影响很小，在标准方程中，PANIC 的系数和 t 统计值下降了约5%；剔除意大利危机则对结果没有任何影响。[1]

为进一步进行深入验证，我们分三类情况在数据运行时先后剔除了

---

[1] 我们还做了其他一些检验敏感性的尝试，将 PANIC 乘以存款货币比率的变化值，以区分不同的恐慌严重程度，但结果出现了异常值。1931年，罗马尼亚存款货币比率变化值为 –0.76，剔除罗马尼亚数据后，结果与只使用 PANIC 得到的结果相似。但是，加入罗马尼亚后削弱了银行危机对产出的影响程度，也降低了统计显著性。这主要是因为，尽管1931年罗马尼亚的存款大幅减少，但该国的工业产值增长了5%。当然，这一事实并不能否定银行恐慌影响实际产出的观点，因为根据国际联盟的资料，罗马尼亚危机的高峰是1931年9—10月，1932年该国的工业产值下降了14%。还有一个原因是，意大利的案例已经反映，存款货币比率的变化并不是一个良好的描述银行业危机严重程度的指标。

有关国家数据，以重新评估相关关键方程：一是剔除美国的数据，二是剔除德国和奥地利的数据，三是剔除所有东欧国家的数据。无论剔除何种数据，结果都没有实质性变化，这表明一个国家或一类国家并不会对我们的研究结果产生重大影响。

表 3-9 中的前 7 个方程并不是根据任何一个单一模型推导得出，它们是从多个维度将通货紧缩与大萧条联系起来，并进行了相关阐释。采用普通最小二乘法[①]估计，存在联立性偏误[②]。此外，我们坚持认为，通货紧缩是由外生的货币力量所造成，因此可以将方程右侧变量视为外生变量或先决变量。

从表 3-9 的前 7 行可以得出以下推论[③]：

1. 出口增长率变量持续稳定地进入产出增长计量回归方程，其系数合理，统计上极为显著。

2. 当工资增长仅与批发价格指数和出口增长一起进入产出方程（第 5 行）时，它的符号错误。只有当回归方程包含 PANIC 时，名义工资增长这一经济变量的符号才正确（第 6 行和第 7 行）。在包含所有通货紧缩传导渠道的方程中（第 7 行），工资增长的估计系数符号正确，数值大小合理，但统计上并不显著。

3. 贴现率代入方程（第 7 行）后，符号正确、统计上高度显著。贴现率上调 100 个基点，工业产值增速大约下降 3.6 个百分点。

[①] 普通最小二乘法（ordinary least squares，简称 OLS），在回归分析中应用最为广泛，对模型条件要求最少，也就是使散点图上的所有观测值到回归直线距离的平方和最小。——译者注

[②] 联立性偏误（simultaneity bias）：当方程组中一个方程的因变量与另一方程中的误差项相关时，称存在联立性偏误。——译者注

[③] 当把滞后的工业产值增长代入方程时，结果没有变化。滞后产值的系数通常很小，在统计上并不显著。

4. 银行恐慌对产出影响很大,根据方程(7),银行恐慌持续一年时间,会使产出增长率减少 12 × 0.0138,即约减少 16 个百分点,并且在统计上非常显著(t 统计量为 4.0 或更高)。PANIC 的值与方程中其他变量的关系不大。

5. 除上述几点外,通货紧缩对产出可能还会有一些其他影响。请注意,在表 3-9 的方程(7)中,$\Delta \ln PW$ 的系数原则上应等于 $\Delta \ln EX$、$\Delta \ln W$ 和 DISC 系数的加权之和,且符号方向相反,其中权重为 $\Delta \ln EX$、$\Delta \ln W$ 和 DISC 的缩减因子对 $\Delta \ln PW$ 的映射系数。为了便于说明,假设每个映射系数等于 1,即批发价格指数是正确的减缩因子,那么,$\Delta \ln PW$ 系数的预期值约为 0.052,实际值为 0.296,标准误差为 0.123。因此,除了上述已明确的通货紧缩传导发生经济萧条,可能还有其他一些传导渠道。有一种可能是,我们只考虑了联立性偏误的影响,即只考虑了从产出到价格的反向因果关系。其实,我们还应考虑其他一些因素,如债务型通货紧缩等。

除了将银行恐慌传导至经济体系并引发大萧条的各种渠道嵌套在一个方程中,在表 3-9 的方程(8)中,运用简单总需求-总供给模型(AD-AS 模型),我们得出了简化的计量结果。根据传统假设,在总需求-总供给模型(AD-AS 模型)中,产出增长取决于货币增长和自主支出增长,其中自主支出增长用实际出口增长[①]来表示。货币增长和自主支出增长会改变 AD 曲线,名义工资增长会改变 AS 曲线。因为银行恐慌会影响总需求和总供给,因此我们在模型中增加了银行恐慌虚拟变量 PANIC。研究结果表明,实际出口增长、货币增长和银行恐慌对产出的影响巨大,而且具有较强的统计显著性。将名义工资增长变量代入方程,其符号正确,但系数非常小,统计上不显著。

---

① 通货紧缩是由批发价格指数造成的。

到目前为止，我们主要关注的是银行恐慌和其他各种因素对产出的影响。其实还有一个值得关注的问题，即银行恐慌本身会加剧通货紧缩。对这个问题必须高度重视。银行恐慌无疑会对一个国家的货币供给构成、货币乘数和货币需求等产生重大影响。然而，正如特明1989年所强调的，在金本位制度下，小国家的价格水平由国际货币大环境决定，其国内货币供给和货币需求最终必须根据国际货币情况进行调整。因此，银行恐慌并不会加剧小国家的通货紧缩。[①] 事实上，为了获得纯粹的横切面影响情况，我们把批发价格相对于PANIC和时间变量发生变化的情况进行计量回归，结果显示PANIC和时间变量两者之间相关性很小。

然而，银行恐慌不影响价格水平的论断并不适用于大国。用计量经济学专业术语来表述，在金本位制度下，一个大国的价格水平必须与世界价格协整[②]。这意味着，一方面，大国的国内价格必须不断调整以适应国际价格的冲击；另一方面，大国国内的价格振荡也会反过来影响国际

[①] 一般而言，银行恐慌并不会加剧小国家的通货紧缩，但有一个例外情况是，公众担心该国货币将贬值或放弃金本位制。在这种情况下，贬值预期会引发资本外逃，而资本外逃会造成投资需求减少，从而引发通货紧缩，这时小国的价格水平可能会下滑至国际平均价格水平线以下，同时不会有资本注入，造成储备减少。例如，波兰作为金本位制集团成员国，其批发价格水平起初一直与法国相当，但1931年年中时，波兰出现了严重的银行危机，外国资本纷纷撤离，从而严重影响了波兰货币可兑换性。从那时起，尽管波兰和法国仍坚持金本位制，但这两个国家的货币供给和价格开始出现明显差异：从1931年6月波兰发生银行危机到1932年年底，波兰货币及纸币的流通量下降了9.1%，而法国则上升了10.5%；波兰商业银行存款下降了24.5%，法国下降4.1%；波兰的批发价格下降了35.2%，法国下降了18.3%。在通货紧缩不断加剧时，1932年波兰损失了约六分之一的黄金储备，而法国的黄金储备却有所增长。

[②] 在计量经济学中，所谓的协整关系是指两个或多个非平稳的变量序列，其某个线性组合后的序列呈平稳性，此时我们称这些变量序列间存在协整关系。——译者注

价格水平。需要注意的是，如果一个大国发生银行恐慌并引发了通货紧缩，通过金本位制度，通货紧缩会传播到世界各地，这时如果运用计量回归模型进行横切面比较，就会发现 PANIC 与价格水平之间没有关联。

关于美国和法国的情况，表 3-10 给出了实证结果。我们利用 1928—1932 年总共 5 年时间的月度数据，通过计量回归方程测算了美国和法国批发价格通货膨胀情况。由于美国和法国都是金本位制国家，根据金本位制的内在要求，这两个国家的价格水平应该具备协整关系，因此我们在两个回归方程中都增加了误差修正项，以充分体现这两个国家价格之间的关系。误差修正项是 $t-1$ 区间美国和法国批发价格的对数差。为反映短期的动态价格，计量回归方程中还包含通货膨胀率的滞后项，以及基础货币增长的当前值和滞后值。此外，因为我们只能获取美国的破产银行存款余额的相关数据，因此我们在讨论美国的情况时，运用了破产银行存款余额的当前值和滞后值。

表 3-10 美国与法国批发价格的误差修正方程

	因变量	
	$\Delta \ln USAWPI$	$\Delta \ln FRAWPI$
常数	0.044	−0.006
	($t = 3.81$)	($t = 1.57$)
Log $USAWPI$ − log $FRAWPI$（一阶滞后）	−0.166	0.071
	($t = 2.77$)	($t = 1.10$)
批发价格指数增长率的四阶滞后项	−0.530	0.320
	($F = 1.57; p = 0.202$)	($F = 2.48; p = 0.057$)
基础货币增长率的当前项及四阶滞后项	1.412	.519
	($F = 5.62; p = 0.005$)	($F = 0.78; p = 0.569$)
美国的倒闭银行机构的存款当前项及四阶滞后项，对数形式	−0.020	
	($F = 5.61; p = 0.0005$)	

(续表)

	因变量	
	$\Delta \ln USAWPI$	$\Delta \ln FRAWPI$
R^2	0.531	0.307
D-W	1.62	1.87

注：破产银行存款数据来自《联邦储备公报》。USAWPI 和 FRAWPI 分别是美国和法国的批发价格指数。使用的是 1928—1932 年的月度数据。

我们来验证美法两国价格是否存在协整关系。如果美法两国价格确实存在协整关系，那么美国价格增长率对美法两国的价格差应该是负向反应，法国价格增长率对美法两国的价格差应该是正向反应。验证结果表明，误差修正项符号正确、大小合理，且美国的误差修正项统计学意义显著，美法两国价格存在协整关系。我们可以推断，无论法国还是美国发生价格冲击，都会影响两国的价格水平。此外，美国基础货币增长和银行危机是决定美国经济的两个重要因素，法国也是一样。上述两个变量在美国价格回归方程中符号正确，边际显著性水平为 0.0005。

上述研究表明，在银行危机对价格水平的影响方面，与没有发生银行危机的国家相比，发生银行危机的国家并没有遭受更严重的通货紧缩。[1] 不过，美国银行危机是 1931—1932 年发生的全球性通货紧缩的重要原因，也是世界性大萧条的主要根源。

---

[1] 事实上，银行危机导致部分国家放弃了金本位制，由此间接地造成了价格水平最终上涨。

第六节 结论

在两次世界大战之间,货币和金融制度存在严重缺陷,这是导致实际产出下降的主要原因。银行恐慌是通货紧缩影响实际产出的一种渠道和机制,而美国发生的银行恐慌加剧并恶化了全球性通货紧缩。

在本项实证研究中,我们重点关注了银行危机的影响。通过研究,我们认为,通货紧缩对金融体系的影响并不局限于发生这些可怕的极端事件。在那些没有发生银行恐慌的国家,其银行机构由于受到全球性通货紧缩的影响,财务状况普遍受到冲击,银行业务大幅收缩。几乎所有国家都出现了债务型通货紧缩,只不过程度有轻有重,这是影响一个国家经济发展情况的重要因素。对有些国家而言,通货紧缩对其外债产生了重大影响,而我们的研究并没有涉及这个领域,建议有兴趣的研究者进行细致、深入的研究。

第四章

大萧条时期的通货紧缩与货币供给紧缩：简单比率分析[①]

与伊利安·米霍夫合著

近期研究认为，20世纪20年代末和30年代初，全球性的货币供给崩溃，导致总需求急剧收缩和价格下跌，这是导致大萧条的关键原因。近来很多经济学家都认为，20世纪20年代后期，世界上大多数国家都实行国际金本位制，而这项制度技术上存在重大缺陷，加之管理混乱、运行不畅，导致引发全球性货币紧缩。[②]

货币因素特别是金本位制度是造成大萧条的罪魁祸首，总的来说，这一论断证据充分，相当有说服力。1980年乔杜里和科钦、1985年及1986年艾肯格林和萨克斯、1991年伯南克和詹姆斯等的研究都发现，那

[①] 美国国家科学基金会对本研究提供了支持，雷费特·居尔卡伊纳克（Refet Gurkaynak）在本研究中给予了出色的研究协助，在此一并致谢。

[②] 关于详细的历史分析，参见艾肯格林1992年发表的论文。两次世界大战之间的金本位制更准确地应被称为金汇兑本位制，当时很多国家用可兑换外汇来补充黄金储备，金汇兑本位制的表述可以更好地反映这个实践。我们将在下文讨论这种做法的影响。

些较早放弃金本位制的国家，脱离金本位制后实现了国内货币供给增加、价格上涨，很快就摆脱了大萧条，经济迅速复苏。与此相反，所有重新恢复金本位制的国家几乎同时出现了货币紧缩、价格下跌、产出和就业严重下滑的现象。这些现象是全球性的，说明过去将大萧条的成因常常归咎于极个别国家的论点值得商榷。过去普遍认为，美国20世纪20年代耐用消费品导致"生产过剩"问题或住房问题等是造成全球经济崩溃的主要原因。

如今，人们普遍认同货币因素是引发大萧条的主要原因。不过，对于引发一个国家价格水平和货币存量下降的具体原因及其重要性等问题，人们仍在争论不休。特别是在对金本位制度全面评估和研究的过程中，人们已经注意到这种制度蕴含了很多导致通货紧缩的内生因素。比如，银行危机对货币乘数的影响，世界各国黄金数量不均衡，美国和法国占有很大份额的货币性黄金；赤字国家和盈余国家对黄金流动的调整政策不对称；中央银行对外汇储备进行清算；即便充分考虑到金本位制的内在限制性要求，货币政策也可谓过度紧缩；全球货币性黄金短缺。接下来我们会详细阐述这些因素。

所有这些因素都与金本位制的货币供给息息相关。货币需求的变化也被认为是大萧条时期通货紧缩的根源。例如，人们通常认为，1926—1928年法国普恩加来稳定之后，法国对实际货币的需求显著上升。1963年，弗里德曼和施瓦茨注意到，1929—1933年，美国和加拿大的货币流通速度急剧下降。在国际金本位制下，随着黄金流向货币需求增长的国家，货币需求不断增长对本国甚至国外的价格及产出都造成了下行压力。[①]

---

① 在金本位制下，货币需求增长也会影响货币存量，具体情况取决于新增需求的形式。在其他条件不变的情况下，通过降低货币乘数等方式导致货币需求增长，将会使货币存量减少。

此外，在大萧条的不同阶段，货币因素究竟发挥什么作用？关于这个问题，经济学界一直存在争议。经济学家们基本都认同，从1931年危机高潮开始，货币因素发挥着极其重要的作用。但对于1928—1931年大萧条初期货币因素的作用，经济学家们存在明显的意见分歧。例如，1973年查尔斯·金德尔·伯杰强调，商品过度供应以及因供过于求导致的价格下跌是引发大萧条的重要原因。特明1976年认为，总需求下降是非货币因素造成的，其中消费支出下降是最主要原因。与此相反，汉密尔顿1987年认为，早在1928年，紧缩性货币政策就开始严重抑制生产和就业。

本文的研究目的旨在寻找一些定量证据，以说明大萧条时期通货紧缩是影响全球经济的一个极其重要的触发因素。要想对这一问题进行全面分析，需要构建一个精准的有关20世纪30年代世界经济情况的宏观经济计量模型，搜集庞大的数据集，掌握翔实的历史情况、机构信息等。在本文中，我们采用了一种更为简单明了的研究方法，从单一国家以及多个国家的维度详细研究货币和价格因素的变动情况。这一方法秉承了弗里德曼和施瓦茨1963年的研究思路，详细考察货币/存款比率、准备金/存款比率和货币乘数的变化，以阐释这些货币存量的决定因素与经济发展之间的联系。尽管这一方法并不能完全取代全面的结构性分析，但我们认为，通过此项研究有利于洞悉大萧条时期的价格水平和货币发展情况，也有助于明确全面结构性分析应该重点解决的问题。

我们的研究结论主要有以下几点：首先，在研究两次世界大战之间通货紧缩的主要来源问题时，明确使用何种价格指数非常关键。在大萧条发生之初，批发价格比消费者价格下跌幅度更大，反映了全球国际大宗商品交易价格暴跌。在批发价格下跌背后有重要的非货币因素，这也与查尔斯·金德尔·伯杰1973年的观点一致，当然这一观点仍有待进一步的研究和论证。在大萧条初期，批发价格是预测其他宏观经济变量的良好指标。

与此相反，使用一个国家国内货币储备及实际货币需求的正常变动就可以很好地解释消费者价格的变动。美国和法国都曾发生过货币需求异常变动，但没有证据说明，货币需求的异常变动会导致重大的通货紧缩。然而，大萧条初期初始平价选择不当，随后政策调整又不均衡，这些情况都有助于解释消费者价格变动。

其次，大萧条早期即1931年银行危机和汇率危机之前，以及1931年之后名义货币存量收缩或增长缓慢是通货紧缩的重要原因。1987年，汉密尔顿也提出了相同观点。尽管在整个大萧条时期，货币因素都发挥了重要作用，但货币紧缩在不同时期有不同的原因。1930年，中央银行实施不必要的紧缩政策，如美国等黄金盈余国对流入的黄金实施冲销政策，是货币增长缓慢甚至负增长的主要原因。在此期间，主要经济体之间黄金分布不均，给世界经济带来了紧缩性影响，这一时期全球货币性黄金的供应虽有所增加，但不足以抵消黄金分布不均所带来的负面影响。

1931年危机之后，货币紧缩的原因发生了根本性变化，由此引发的严重通货紧缩一直持续到1933年。银行恐慌和黄金分配不均问题成为世界性货币供给下滑的主要原因，银行恐慌降低了货币乘数。总体而言，这个时期货币政策的自由裁量权越来越大，但仍不足以抵消银行恐慌和黄金分布不均所造成的紧缩效应。黄金替代外汇储备有时会造成紧缩，尽管这会影响个别国家（特别是法国）的价格水平，但并没有显著地影响国际价格水平。关于全球性货币紧缩，打比方来说，1931年金融危机之前是由"自残自伤的伤口"引发，1931—1933年则是"无法控制的外力"造成的。

最后，我们考察了单体国家的情况，重点研究了各国中央银行实施的政策及这些政策对世界经济产生的影响。法国在实行金本位制期间，其中央银行法兰西银行的政策较为统一，法国是当时唯一严格遵守金本位制各项"游戏规则"的国家。当时黄金大量涌入法国，黄金储备部分地替代了外汇储备。然而，黄金储备的巨额增加却几乎没有对法国货币供给产生任何重大影响，这一有悖经济学常理的反常现象，显然是造成全球性货币紧缩的重要原因。

通过对德国的研究我们发现，时任德意志魏玛共和国总理海因里希·布吕宁（Heinrich Brüning）所采取的政策有一定的可取之处。在德国银行危机爆发前一年，海因里希·布吕宁剧烈地收缩德国货币供给，此举使他遭到广泛批评。但我们研究发现，海因里希·布吕宁的政策其实也有合理的一面，有助于缓解德国黄金流失和货币乘数下降带来的问题。德国货币政策非常糟糕的时期应当是 1931 年德国银行危机爆发及随后的 18 个月，这一时期，德国中央银行帝国银行颁布的政策和措施加剧了货币存量灾难性地下滑。

关于美国的情况，基于 1963 年弗里德曼和施瓦茨所做的研究以及 1987 年汉密尔顿所做的研究，我们经过大量研究后，对美联储和美国货币政策提出强烈批评。从 1928 年年中到 1931 年春爆发金融危机，美联储不仅没有充分利用危机前的这段宝贵时间来化解风险，反而采取了不恰当的措施，拒绝货币化体现大量流入美国的黄金，结果将黄金储备的大量流入竟然转化为货币存量 M1 的负增长。可以说，1931 年之前美联储的政策就是在持续地破坏经济稳定。在我们所考察的 8 个主要工业国家中，美国的实际产出约占这 8 个国家总产出的一半。鉴于美国庞大的经济规模及其对世界经济的重要影响，可以说，1931 年之前发生的全球性通货紧缩很大程度上应归咎于美联储所做的错误决策。

本文主要结构如下：第一节概述我们所选 8 个工业国家的产出、价格和货币变动情况以及这些国家相关变量加总情况；第二节介绍研究方法，即把价格水平和货币存量的变动情况分解成一系列经济学比率；第三节主要利用相关经济学比率和8个工业国家的相关月度数据，分析各国价格水平及8个国家总体价格水平；第四节研究货币存量的决定因素；第五节总结研究方法并给出研究结论。

第一节 概述：产出、价格及货币变动情况

本文主要目的是构建一种分析国际金本位制下价格和货币存量变动情况的简明方法，并将其应用到我们的研究中。作为研究背景，我们首先给出了1928—1936年8个样本国家的产出、价格和货币存量变动情况。

图4-1显示了我们研究的8个工业国家的工业产值和价格变动情况。8个工业国家分别是加拿大、法国、德国、日本、波兰、瑞典、英国和美国。工业产值和价格变动情况指标是指消费者价格指数和批发价格指数。之所以选择这8个国家，主要是因为可以获取这些国家关键的货币变量月度数据。图4-1左半部分所示为工业产值，是衡量两次世界大战之间经济活动的最佳指标；右半部分所示为消费者价格指数和批发价格指数。为与下文8个国家相关变量加总数据图保持一致，图4-1中所有变量都是用从1928年6月以来的累积对数变化来度量。除另有说明外，在讨论图4-1时，我们使用大家更为熟悉的指数形式来表述数据，设定1928年6月的数据为100。当然，这两种方法在本质上是一样的。

从图4-1可以看出，在8个样本国家中，加拿大、美国和德国的工业产值和价格下降最快。设定1928年6月的指数为100，到1929年1月，加拿大工业产值上升到119，但1933年2月下降到51。直到1936年9月，加拿大工业产值才恢复到1928年年中的水平。加拿大批发价格也于1933年2月触底，批发价格指数为66，消费者价格于1933年4月达到低谷，

消费者价格指数为78。1933年之后，加拿大的价格指数特别是消费者价格指数一直在低位保持稳定。

美国的情况与加拿大类似。美国工业产值于1929年6月达到115，1932年6月降至55，1933年3月恢复到115。直到1936年11月，美国工业产值才恢复到1928年6月的水平。美国批发价格于1933年2月跌至谷底，批发价格指数为61，消费者价格于1933年4月跌至谷底，消费者价格指数为73。加拿大消费者价格指数也是在1933年4月跌至谷底。

1928年6月德国工业产值为100，1929年增加到110，1932年8月下降到59。美国和加拿大的批发价格触底之后不久，1933年4月德国批发价格触底，德国消费者价格指数于1933年3月跌到77，然后一直在低位保持稳定。

正如艾肯格林和萨克斯1985年和1986年以及伯南克和詹姆斯1991年所述，主要工业国家的产值和价格情况与该国汇率制度和货币政策密切相关。美国和加拿大相关指标的最低值出现在1933年3月，恰与罗斯福新政同时。1933年3月，罗斯福总统宣布美元贬值、银行强制休假，之后不久，美国和加拿大的货币供给都迅速扩张。1931年年中，德国通过实施资本管制实质上偏离了金本位制，但此后几年，德国货币供给一直试图与国际储备相挂钩，其货币供给极度混乱的状况一直持续到1933年希特勒掌握政权之后才结束。

截至1933年，加拿大、美国和德国仍一直在为维持金本位制而实施限制性政策，而早在20世纪30年代初期，以英国、瑞典和日本为代表的英镑集团国家就暂停实行金本位制，并很快调整了与金本位制密切关联的紧缩性货币政策。最典型案例当属英国，1931年9月英国放弃金本位制，随后很快就实施了适度扩张的货币政策，这一政策收到了较好的效果，英国工业产值于1929年10月达到117，1931年8月虽下降到81，

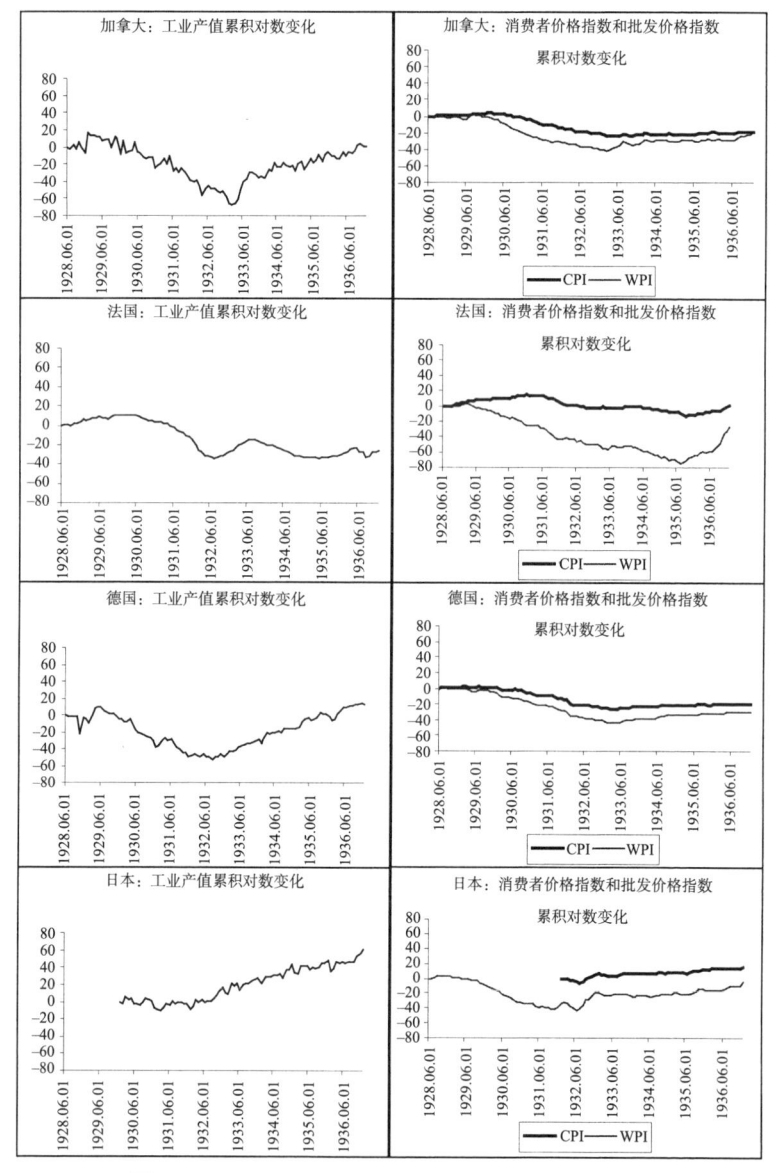

图 4-1　1928—1936 年 8 个国家的工业产值和价格

左：工业产值的累积对数差分；右：消费者价格指数和批发价格指数的累积对数差分。

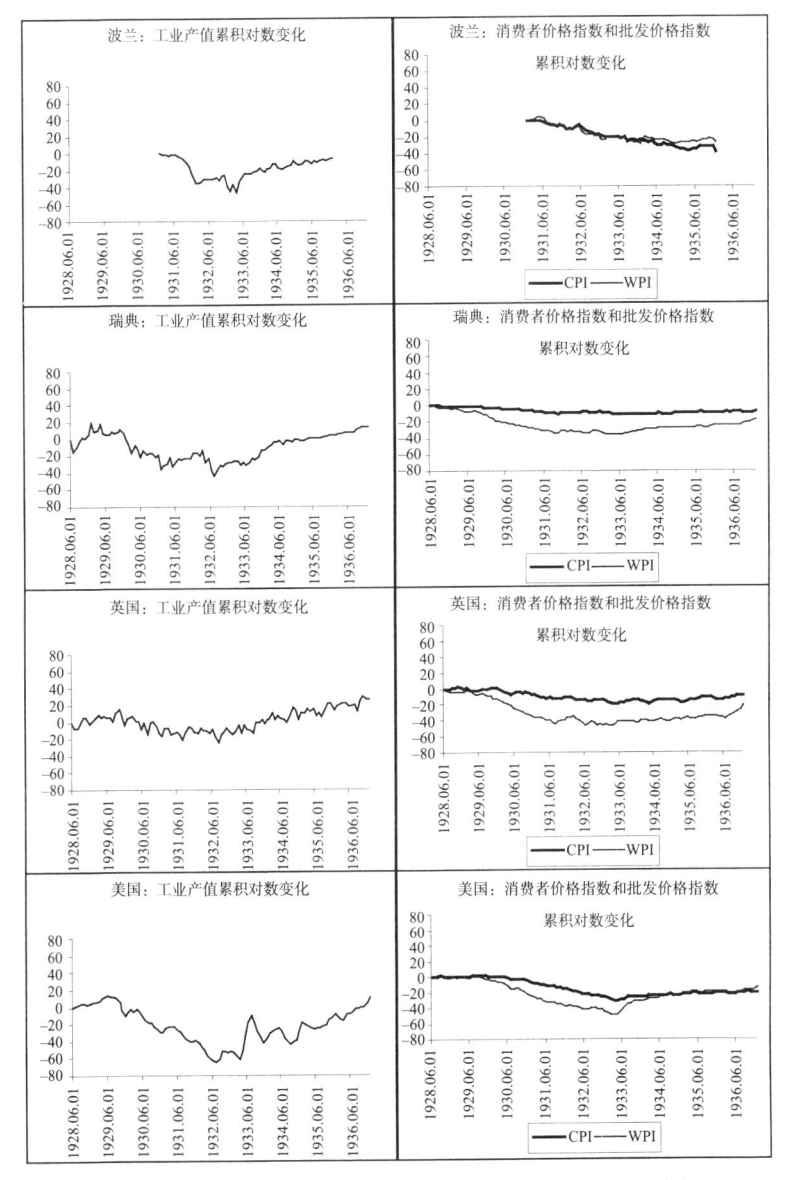

图 4-1 1928—1936 年 8 个国家的工业产值和价格（续）

但随后又开始上升。英国批发价格指数于1931年8月触底,降至65。消费者价格指数持续下降了较长一段时间,1933年3月为82。

1931年9月,瑞典与英国同时放弃金本位制,随后瑞典也开始实施货币贬值,此时瑞典已经深陷严重的经济衰退之中,工业产值指数从1929年1月的高位129一路狂跌至70。正如1979年拉尔斯·乔农(Lars Jonung)的研究报告所述,瑞典放弃金本位制以后,就开始执行著名的稳定价格政策。不过很明显,瑞典政府在稳定物价之前并没有采取通货再膨胀措施来提振价格。如图4-1所示,1931年9月瑞典批发价格指数下降到71,1933年6月仍为70。瑞典工业产值于1932年7月降到最低点,仅为64。从1933年6月开始,瑞典批发价格逐渐回升,瑞典工业产值终于在1935年4月恢复到1928年6月的水平。

日本是相对较早地放弃金本位制的国家,1931年12月日本放弃金本位制。我们没有找到1931年以前日本的工业产值数据,但从图4-1可以看出,日本放弃金本位制以后,经济增长良好,价格略有上涨。

第三组国家即所谓的金本位制集团国家,在1935年甚至1936年之前一直顽固地坚持金本位制。在我们的研究样本中,法国和波兰是金本位制集团成员国。如图4-1所示,法国并没有像其他国家那样出现工业产值严重下滑的情况,这可能是因为20世纪30年代大量黄金流入法国,不过后来法国的经济萧条明显持续时间更长。从1929年12月到1930年3月,法国工业产值一直在112左右徘徊,1932年7月下降到71,1935年5月仍只有71。相比之下,较早放弃金本位制的国家当时都已经实现了大幅度的经济复苏。1935年7月,法国批发价格指数跌至最低值48,比其他大多数国家价格指数触碰谷底的时间出现得更晚。

与日本一样,我们获取的波兰产出数据并不完整。和其他金本位制集团成员国一样,波兰经济在大萧条时期遭受重大打击。即便以1931年

1月为基月设定工业产值为100，1933年3月波兰工业产值仍降至63。设定1931年1月批发价格指数为100，1933年8—12月，波兰批发价格指数一直徘徊在76左右，1934年12月下跌至最低值75。消费者物价指数持续下跌，1935年4月跌至最低点69。之后波兰经济略有复苏，设定1931年1月数值为100，1935年12月波兰工业产值是93，批发价格指数是77。

图4-2的前两个面板显示的是样本国家加总的产出和价格变动情况，由于缺少日本和波兰的数据，故主要对加拿大、法国、德国、瑞典、英国和美国6个样本国家数据进行了加权平均，加权的权重是基于1928年各国实际GDP计算得出。[①] 加权平均数据可以近似地认为是同期的世界值。图4-2图形简明清晰，与图4-1所示的单个国家类似。从图4-2可以看出，世界工业总产值从1928年6月至1929年6月增长了10.0个对数点，1929年6月开始下降，1932年7月跌至最低点，比1928年6月低47.4个对数点。此后世界工业总产值一直停滞不前，直到1933年春天，随着美国经济复苏，世界工业总产值才逐步回升。

[①] 1982年，安格斯·麦迪逊（Angus Maddison）计算了1928年各国实际国内生产总值。图4-2的权重主要基于麦迪逊的研究成果，依据1928年各国实际国内生产总值情况设定权重，有关权重和相关数据来源详见本文数据附录。值得注意的是，美国的权重接近50%，反映了第一次世界大战后美国占据世界经济的主导地位。

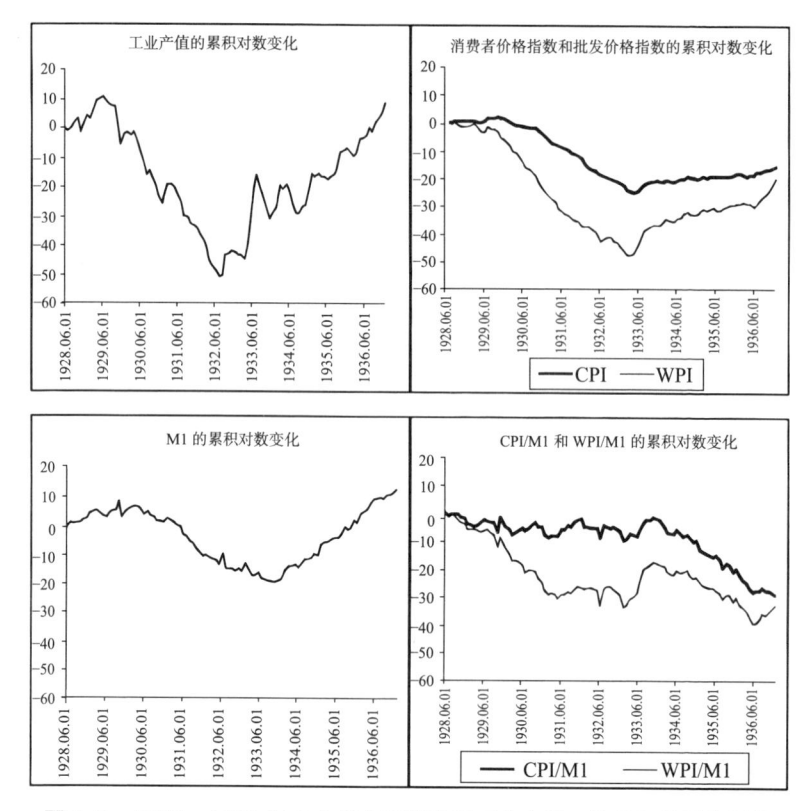

图 4-2　1928—1936 年 6 个样本国家世界工业产值、价格和货币存量的平均值

注：图中数值是 6 个样本国家工业产值加权平均数的累积对数变化、消费者价格指数和批发价格指数加权平均数累积对数变化、货币存量加权平均数的累积对数变化，以及价格/M1 比率加权平均数的累积对数变化。由于日本和波兰的数据不完整，故未包括这两个国家。加权时所使用的具体权重详见本文数据附录。

世界价格走势与世界产出情况非常相似。例如，世界批发价格比世界产出和总消费者价格更早地发生变动，1929 年夏季就开始下跌，一直到 1933 年 3 月触底，1933 年 3 月世界批发价格比 1928 年 6 月低 45.7 个对数点。总消费者价格的低谷出现在 1933 年 4 月，比 1928 年 6 月低 24.7 个对数点。从图 4-1 和图 4-2 中可以看出，价格恢复明显慢于产出恢复：虽然 1936 年 9 月，总产出已恢复至 1928 年 6 月的水平，但截至 1936 年末，世界批发价格仍比 1928 年 6 月低 18.6 个对数点，总消费者价格仍比 1928 年 6 月低 15.8 个对数点。图 4-2 左下方为世界加总的货币存量 M1，与世界工业产值和世界价格指数一样呈 U 形曲线，世界加总的货币存量 M1 的最低值出现在 1933 年 10 月，其 U 形探底时间比世界产出和世界价格探底时间要略晚一些。

为了更好地研究产出、价格和货币之间的超前-滞后关系，我们对每个国家的数据以及世界总量进行了一系列格兰杰因果检验[1]。表 4-1 显示了对全部样本 1928 年 6 月至 1936 年 12 月数据进行向量自回归[2]估计的结果。对于每个国家的数据和相关指标世界总量，我们在向量自回归模型中考虑了工业产值、批发价格指数、消费者价格指数和货币存量这些经济变量所有可能的组合情况。表中加粗的字体部分表示在 5% 显著性水平或更高水平估计出的格兰杰因果关系。

表 4-1 显示，各变量之间存在复杂且多方向的时序关系。我们从该表中发现了许多具有统计学意义的格兰杰因果关系，但并没有一种突出的通用模式，说明相关变量之间的因果关系在不同国家各不相同。例如，

---

[1] 1969 年，克莱夫·W. J. 格兰杰（Clive W. J. Granger）提出了一种基于"预测"的因果关系（格兰杰因果关系）。简单来说，它通过比较"已知上一时刻所有信息，这一时刻 X 的概率分布情况"和"已知上一时刻除 Y 以外的所有信息，这一时刻 X 的概率分布情况"，来判断 Y 对 X 是否存在因果关系。格兰杰因果检验作为一种计量方法已经被经济学家们普遍接受并广泛使用。——译者注

[2] 向量自回归模型简称 VAR 模型，是一种常用的计量经济模型，1980 年由克里斯托弗·西姆斯（Christopher Sims）提出。该模型是用模型中所有当期变量对所有变量的若干滞后变量进行回归，主要用来估计联合内生变量的动态关系。——译者注

表 4-1　格兰杰因果检验（1928 年 6 月—1936 年 12 月）

a. 因变量：工业产值

变量	模型设定	美国	英国	加拿大	法国	德国	瑞典	世界
CPI	CPI		0.000					
	CPI，M1		0.024					
	CPI，WPI	0.027		0.000			0.000	0.005
	CPI，M1，WPI	0.079		0.000		0.045	0.000	0.000
M1	M1	0.075	0.003	0.001		0.013		
	M1，CPI		0.000	0.001	0.073			
	M1，WPI	0.053	0.000	0.008		0.058		0.064
	M1，CPI，WPI		0.000	0.001			0.039	0.015
WPI	WPI	0.043	0.014	0.010	0.020		0.005	0.049
	WPI，CPI	0.002		0.000	0.073		0.000	0.001
	WPI，M1	0.031	0.009		0.034		0.003	0.008
	WPI，M1，CPI	0.003		0.001			0.000	0.000

b. 因变量：M1

变量	模型设定	美国	英国	加拿大	法国	德国	瑞典	世界
CPI	CPI	0.059			0.036	0.001		0.016
	CPI，IP	0.016			0.015	0.027		0.004
	CPI，WPI	0.000		0.045		0.095		0.000
	CPI，IP，WPI	0.000			0.003			0.002
IP	IP			0.032	0.021	0.000	0.052	0.009
	IP，CPI	0.037		0.020	0.009	0.003	0.019	0.002
	IP，WPI			0.017		0.034	0.016	0.056
	IP，CPI，WPI			0.076	0.002		0.006	
WPI	WPI				0.021	0.000		0.040
	WPI，CPI	0.000				0.005		0.000

（续表）

	WPI, IP				0.014			
	WPI, IP, CPI	0.000			0.037		0.083	0.015

c. 因变量：消费者价格指数

| 变量 | 模型设定 | 国家 |||||||
		美国	英国	加拿大	法国	德国	瑞典	世界
IP	IP	0.000	0.000	0.000	0.047	0.000	0.001	0.000
	IP, M1	0.000		0.004	0.081	0.002	0.000	0.000
	IP, WPI	0.003	0.005					0.039
	IP, M1, WPI	0.001						0.000
M1	M1			0.001	0.075			
	M1, IP	0.092						0.041
	M1, WPI							
	M1, IP, WPI							0.000
WPI	WPI	0.000	0.001	0.000	0.000	0.000	0.000	0.000
	WPI, IP	0.002	0.005	0.000	0.000	0.001	0.005	
	WPI, M1	0.000	0.004	0.000	0.000		0.000	0.000
	WPI, M1, IP	0.004	0.005	0.000	0.001	0.003	0.013	

d. 因变量：批发价格指数

| 变量 | 模型设定 | 国家 |||||||
		美国	英国	加拿大	法国	德国	瑞典	世界
CPI	CPI	0.012		0.000	0.020	0.067	0.000	0.003
	CPI, M1	0.004		0.000			0.000	0.002
	CPI, IP	0.014		0.000	0.042	0.070	0.000	0.089
	CPI, M1, IP	0.001		0.000			0.000	0.002
M1	M1		0.000	0.055	0.061	0.040	0.005	
	M1, CPI		0.000					
	M1, IP		0.038			0.011	0.058	
	M1, CPI, IP	0.033	0.030			0.077		
IP	IP	0.022				0.006	0.011	0.013

（续表）

IP，CPI	0.025	0.008	
IP，M1	0.015	0.001	0.007
IP，M1，CPI	0.003	0.004	0.002

注：表中每一部分的第1列给出了明确的经济变量，主要检验这一变量与因变量之间的格兰杰因果关系。例如，a部分从单体国家和世界总量的维度，分别检验消费者价格指数、货币存量和批发价格指数是否为工业产值变化的原因。第2列给出了在向量自回归模型中设定的变量，所有情况中均包含因变量的滞后项。之后的7列给出了所得的显著性水平。加粗的值表示在5%或更高的显著性水平拒绝零假设①，即不存在格兰杰因果关系。其他值表示，在10%的显著性水平存在格兰杰因果关系，5%的显著性水平不存在格兰杰因果关系。在至少10%的水平都不显著的值均忽略不计。回归过程中以BIC方式确定的最优滞后长度进行计算。

批发价格指数是预测美国、法国、瑞典和世界产出的最强有力的指标，但货币存量则是预测英国和加拿大产出的更加可靠的指标。此外，即使在向量自回归模型中同时设定了批发价格指数和货币存量变量，消费者价格指数变量对加拿大、瑞典和世界产出也有一定的预测能力。不过所有的变量都不能合理地预测德国的产出。

批发价格能够很好地预测消费者价格和产出，但这种影响是双向的，产出和消费者价格反过来也会对批发价格产生影响。除英国外，其他国家在向量自回归模型中只设定产出变量或价格变量，或同时设定产出和价格，都可以预测货币存量。英国的货币存量可以很好地预测英国的批发价格，德国的货币存量对德国的批发价格也具有一定的预测能力。除

---

① 零假设（null hypothesis），统计学术语，指进行统计检验时预先建立的假设。零假设成立时，有关计量统计应服从已知的某种概率分布。当统计量的计算值落入否定域时，可知发生了小概率事件，应否定原假设。之所以称为零假设，是因为它的假设一般都是组间差异为0、两个变量的相关系数为0、回归系数为0等。其一般形式是假设参数等于某个固定值。——译者注

这两个国家外，其他国家的货币存量预测批发价格的作用有限。货币存量不能预测消费者价格。

表4-1没有反映出大萧条期间经济指标曾出现过剧烈振荡的情况，这可能是因为向量自回归模型存在以下一些问题：首先，大萧条崩溃阶段和复苏阶段会呈现完全不同的经济态势，但回归研究中使用的是1928—1936年的全部样本数据，糅合了高峰和低谷的特征；其次，度量价格水平的指标同时包含批发价格指数和消费者价格指数，可能导致多重共线性[1]，从而使得价格与其他变量之间的关系失真，难以估计准确。为了解决这些问题，我们不考虑消费者价格指数，仅使用工业产值、批发价格指数和货币存量对样本前半部分数据，即1928年6月—1933年12月的样本数据进行向量自回归。由于只有三个变量，向量自回归模型设定仅限于三元或者二元形式。表4-2为使用条件更加受限的向量自回归模型进行格兰杰因果检验的结果。

表4-2回归结果最显著的特征是批发价格具有较强的预测性和解释性。对世界总量数据而言，无论是二元设定还是三元设定，批发价格指数都在小于1%的显著性水平是货币存量和工业产值的格兰杰原因[2]，即批发价格的变化是货币存量和工业产值变化的原因之一。在所有向量自回归模型设定中，批发价格指数是除德国以外其他所有国家的工业产值处于高显著性水平的格兰杰原因。从单一国家来看，批发价格指数并不是货币存量的格兰杰原因，不过，从加总数据看，批发价格指数是货币存量的格兰杰原因，这主要是因为美国数据所占比重较大。

---

[1] 多重共线性是指线性回归模型中的自变量之间由于存在精确相关关系或高度相关关系而使模型估计失真或难以估计准确。——译者注

[2] 格兰杰原因：如果一个变量A是另一个变量B的格兰杰原因，说明A的变化是B变化的原因之一。——译者注

表 4-2 格兰杰因果检验（1928 年 6 月—1933 年 12 月）

a. 三元向量自回归

预测关系	美国	英国	加拿大	法国	德国	瑞典	世界
IP → M1					0.081		
M1 → IP		0.008					
IP → WPI	0.020				0.010		
WPI → IP	0.016	0.000	0.052	0.033		0.010	0.006
WPI → M1	0.006					0.092	0.006
M1 → WPI	0.060		0.054	0.083		0.014	0.042

b. 二元向量自回归

预测关系	美国	英国	加拿大	法国	德国	瑞典	世界
IP → M1				0.081	0.000		0.055
M1 → IP			0.028		0.045		
IP → WPI	0.071				0.004		
WPI → IP	0.009	0.003	0.004	0.021		0.001	0.004
WPI → M1	0.002			0.037	0.001		0.001
M1 → WPI			0.063	0.068		0.018	

注：a 部分显示了工业产值、货币存量和批发价格指数三元向量自回归的格兰杰因果检验结果。b 部分基于二元向量自回归的结果。在表格的每一部分中，第 1 列表示被检验的格兰杰因果关系的方向，后 7 列给出了所得的显著性水平。加粗的数值说明显著性水平为 5% 或更好的情况下拒绝零假设，表示无格兰杰因果关系。其他数值显示在 10% 的显著性水平存在格兰杰因果关系，在 5% 的显著性水平不存在格兰杰因果关系。在至少 10% 的水平不显著的数值忽略不计。样本数据均截至 1933 年 12 月，所有向量自回归在计量估计时都包含两阶滞后。

从这些研究数据来看，不同国家的货币存量并不总是工业产值的格兰杰原因，即货币存量变动并不总是会引起工业产值发生变动。货币存量变动引发批发价格变动的例证也并不多见。在 1928—1933 年的数据样本中，运用三元向量自回归，工业产值变动并不总是引发货币或价格变动。如果把数据样本截止时间从 1933 年 12 月提前至 1932 年 12 月，表 4-2 中的结果变化不大。

从这些发现可以得出什么结论呢？有人认为，在大萧条的衰退阶段，批发价格变动导致其他变量发生变动，与此同时，货币存量的预测能力相对较弱，这些都符合非货币主义者对大萧条的解释。例如，1973 年，查尔斯·金德尔·伯杰提出，在大萧条早期，商品价格下跌是导致大萧条的一个重要推动力。我们的研究结果与查尔斯·金德尔·伯杰的观点基本一致。不过，对研究结果还有其他解释，例如，众所周知，商品价格具有很强的顺周期性，在各变量中属于主导变量，商品价格具有资产价格的某些特征。因此，大萧条早期商品价格下跌，在某种程度上预示着产出下降、利率上升。接下来，我们先阐释研究使用的方法，然后再对这些观点进行详细分析。

第二节 研究方法：分解价格和货币存量变动

本文主要目的是分析解读 1928—1936 年主要工业国的价格和货币行为。1963 年，弗里德曼和施瓦茨在研究中将美国货币存量变化分解为货币基础和货币乘数，我们继续秉承这一思路和方法开展研究，从经济学角度解读一些比率指标的变动。在开始我们的研究之前，关于国家 i 在时间 t 的价格水平，我们设定以下方程：

$$P_{it} = (P_{it}/M_{it})(M_{it}/BASE_{it})(BASE_{it}/RES_{it})(RES_{it}/GOLD_{it})(QGOLD_{it} * PGOLD_{it}) \tag{1}$$

其中：

P_{it} = 价格水平（批发价格指数或消费者价格指数），

M_{it} = 名义货币供给（此处指货币存量），

$BASE_{it}$ = 货币基础（流通中的纸币加银行准备金），

RES_{it} = 以本币计值的中央银行的国际储备（即中央银行的国外资产加上黄金储备），

$GOLD_{it}$ = 以本币计值的中央银行的黄金储备 = $QGOLD_{it} * PGOLD_{it}$，

$QGOLD_{it}$ = 中央银行的黄金储备（单位：盎司），

$PGOLD_{it}$ = 黄金的官方本币价格。

方程（1）可被视为将给定时间的价格水平分解为一组详尽的决定因素，如下所示。

1. 实际货币余额的倒数 P_{it}/M_{it}

我们在研究中看到，价格/货币这一比率经常发生较大变化。这一比率的变动反映了公众愿意持有的实际货币余额的变化情况。这种解释有一个前提条件，即价格具有弹性，可以迅速地调整，从而使实际货币存量等于实际货币需求。很多因素可以引起实际货币需求变化，如实际产出发生变化、预期通货膨胀发生变化（如名义利率发生变化）、支付技术发生变化等。此外，在大萧条时期，社会民众不信任银行，股票和公司债券等金融资产也存在较大风险，这些情况都促使社会民众产生窖藏货币的动机。窖藏货币数量的变化可能会影响总的货币需求。不过从理论上来说，窖藏货币数量变化对货币总需求的影响取决于社会民众窖藏货币数量与社会民众存入银行存款数量孰多孰少。

对价格/货币比率变动还有一种解释，即认为这一比率变动反映了非均衡调整过程。20世纪20年代末，世界重新回到金本位制时代，许多观察人士担心，官方平价的绝对价值和相对价值并不符合长期均衡。值得注意的是，凯恩斯认为，英镑的官方平价被高估了，而人们普遍认为，法郎的官方平价被低估了。以被高估货币调整过程为例，在币值调整过程中，黄金流失导致货币供给减少，从而使价格下跌，这一动态调整过程会一直持续到货币的实际余额和实际汇率达到长期均衡水平。如果国内价格在某种程度上存在黏性，那么价格／货币比率变动与理论上对实际余额的需求无关，并将长期变动。价格／货币比率具体变动情况主要取决于价格和黄金库存的相对调整速度。我们在研究中发现有确凿证据表明，这种非平衡调整过程在大萧条早期阶段发挥了较大作用。

如方程（1）所示，其他4个导致价格水平发生变化的因素是名义货币供给的决定因素。

2. 货币乘数 $M_{it}/BASE_{it}$

在部分准备金银行体系中，内在货币数量即货币存量是外在货币数量即货币基础的倍数。正如弗里德曼和施瓦茨1963年的论文以及之后许多教科书所述，货币乘数大小取决于社会民众偏好的货币／存款比率和银行准备金／存款比率。每个国家货币乘数互不相同，其货币乘数既取决于各国自身的金融发展水平，也与其拥有的金融机构发展情况密切相关。随着金融机构的发展变化，其货币乘数随之变化。货币乘数之所以发生急遽变化，与货币／存款及银行准备金／存款这两大比率发生巨大变动有着密切关系。在大萧条时期，这两大比率变动通常与银行恐慌有关，或者至少与银行系统出现问题有关。例如，1930年12月发生银行危机，弗里德曼和施瓦茨将其明确为"第一次银行危机"，此后，美国货币乘数急剧下降，其下降态势一直持续到1933年3月最后一次银行危机之后才逐渐稳定下来。因此，我们认为，货币乘数变化引起国内货币存量变化，这主要是由国内银行系统出现问题所致。

3. 覆盖率的倒数，即 $BASE_{it}/RES_{it}$

国际储备与货币基础之比或称为黄金支持比率，根据金本位制规则，货币基础并不一定全部由黄金或其他国际储备支持，这意味着覆盖率可以小于1，各国实践中这一比率通常也小于1。大多数国家都明确了覆盖率法定最低标准，例如，美国大萧条时期明确的覆盖率法定最低值为40%，这意味着覆盖率倒数 $BASE_{it}/RES_{it}$ 的法定最大值为2.5。尽管规定了覆盖率的下限，但并没有限制其上限，这实际上赋予了金本位制国家中央银行在制定国内货币政策时有一定的自由裁量权，相关情况可参阅斯科特·萨姆纳1991年的论文。例如，通过冲销流入的黄金，各国可以提高覆盖率，从而降低货币基础与国际储备比率。我们认为，无论中央银行主动还是被动地做出冲销黄金的决定，$BASE_{it}/RES_{it}$ 出现变化都是中央银行黄金冲销政策的风向标。

4. 国际储备与黄金储备之比，即 $BASE_{it}/GOLD_{it}$[①]

根据金汇兑本位制规则，中央银行可以用美元或英镑等"储备货币"来代替黄金储备。因此，就全球总体而言，国际储备与货币性黄金之比大于1。20世纪30年代初，由于担心储备货币贬值，许多国家中央银行将外汇储备兑换成黄金，意味着总储备与黄金比率下降，相关内容可参阅艾肯格林1990年的论著第10章。此外，一些国家甚至在外汇市场较为稳定时期就大力推行用黄金取代外汇储备的政策，其中法国最为典型，相关内容可参阅 R. G. 霍特里（R. G. Hawtrey）1939年的论著第138页。我们使用国际储备/黄金储备比率来衡量外汇储备清偿能力对某一国家及全球货币供给产生的影响。

5. 黄金数量 $QGOLD_{it}$ 和黄金"价格" $PGOLD_{it}$

就单体国家来看，在其他条件都相同的情况下，黄金流入会增加国内货币供给。在实物黄金库存量保持不变时，以本币表示的黄金价格上

[①] 此处原书中误把国际储备与黄金储备之比写成 $BASE_{it}/RES_{it}$。——译者注

涨，即本币贬值，也意味着国内货币供给增加。

总之，方程（1）创新了研究方法，探索将特定国家价格变化变量分解为以下因素：一是在货币存量一定时价格水平的变化情况，它反映了货币需求的变化情况，或金本位制下价格与货币存量非均衡调整情况；二是货币乘数的变化情况，它反映了商业银行体系情况；三是覆盖率变化情况，它反映了中央银行对流入或流出国际储备的冲销情况；四是国际储备（包括外汇储备）与黄金之比的变化情况，它反映了外汇储备的清偿情况；五是平价（黄金价格）或实物黄金库存变化情况。

无论是金本位制国家还是非金本位制国家，方程（1）均适用。对于这两组国家相关比率，我们将分别进行计算并给予解释。我们认为，非金本位制国家的覆盖率不受任何限制，这是金本位制国家和非金本位制国家的主要区别。① 方程（1）可以解释导致货币存量和价格水平发生变化的根源，这一点对放弃金本位制国家也同样适用。此外，彻底放弃或部分放弃金本位制的国家仍会继续持有黄金，因此这些国家的政策与坚持金本位制的国家的政策息息相关。

只有单体国家可直接应用方程（1）。根据方程（1）将所有国家的情况加总计算，可以比较各种不同因素对世界货币发展的相对重要性，也可以计算相关结构性影响，比如黄金储备在各国之间"分布不均"。

为了使方程（1）适用于世界各国总体情况，令 $p = \ln(P)$，$pm = \ln(P/M)$，$mb = \ln(M/BASE)$，$br = \ln(BASE/RES)$，$rg = (RES/GOLD)$，$qg = \ln(QGOLD)$，$pg = \ln(PGOLD)$，则方程（1）可以用对数形式更简洁地

---

① 虽然非金本位制国家对覆盖率没有限制，但很多非金本位制国家并没有积极地利用这一点。艾肯格林 1990 年的论著第 250 页称：大多数在大萧条后放弃金本位制的国家的黄金覆盖率数值与从前相比变化不大，这可能是该国相关法律法规的要求，也可能是因为有贬值预期所采取的预防性措施所致。

写为：

$$p_{it} = pm_{it} + mb_{it} + br_{it} + rg_t + qg_{it} + pg_{it} \qquad (2)$$

令 ω_i 为不随时间变化的加权因子，反映经济体 i 在世界经济中的相对重要性，且 $\sum_{i=1}^{n} \omega_i = 1$。在此方程中，我们基于1928年各国的相对实际GDP构造权重。然后，定义：

$$p_t = \sum_{i=1}^{n} \omega_i p_{it}, pm_t = \sum_{i=1}^{n} \omega_i pm_{it}, \cdots$$

这样，我们可以把方程（2）的"世界版"写为：

$$p_t = pm_t + mb_t + br_t + rg_t + qg_t + pg_t \qquad (3)$$

方程（3）中的各个数量，指的是各国数量的加权平均数。

如上所述，关于20世纪30年代世界货币性黄金"短缺"问题已有诸多讨论，关注焦点是黄金存量在各个国家"分布不均"，而不是货币性黄金总量短缺问题。事实上，货币性黄金在20世纪30年代的10年中大幅增长。为了把黄金的国际分布产生的货币效应与世界货币性黄金存量变化产生的货币效应区分开来，有必要将方程（3）相关变量进行进一步的分解。对于每个国家 i 在时间 t，将其以物理单位计量的黄金数量的对数值分解为两个组成部分，也就是该国在世界货币性黄金中所占份额的对数值 s_{it} 和世界货币性黄金存量的对数值 g_t，即：

$$qg_{it} = s_{it} + g_t$$

对所有国家加权求和得 $qg_t = s_t + g_t$，其中加权份额 $S_t = \sum_{i=1}^{n} \omega_i S_{it}$ 是黄金分布不均的指标。S_t 约等于国家经济权重和黄金份额对数之间的协方差，因此，如果 S_t 较小，就意味着一个国家持有的黄金数量与该国经济重要性不相称，即黄金"分布不均"。

根据定义 $qg_t = s_t + g_t$，由方程（3）可得：

$$p_t = pm_t + mb_t + br_t + rg_t + s_t + g_t + pg_t \qquad (4)$$

通过方程（4）中的 s_t 和 g_t，我们可以把黄金存量各国分布变动对世界价格水平产生的影响和货币性黄金总存量变化对世界价格水平产生的影响区分开来。

第三节 价格/货币比率变化情况

我们在把大萧条时期的相关数据代入方程（2）和方程（4）时，分别考虑了单体国家价格与货币比率的变化情况以及通过加总各个样本国家数据推导所得出的世界价格与货币比率的变化情况。我们将在第四节讨论货币存量决定因素。

图 4-2 显示了世界价格与货币比率，图 4-3 显示了每个样本国家的价格与货币比率。每个样本国家的物价水平用批发价格指数和消费者价格指数衡量，货币存量用 M1 或近似值衡量。有关构建数据序列的详细信息参见数据附录。

我们从图 4-1 的右半部和图 4-2 的右上方可以看出，从大萧条开始到 1933 年春，消费者价格和批发价格显著下降，之后逐步回升。然而，货币存量的走势与消费者价格和批发价格走势截然不同。从图 4-2 右下方的世界加总数据或图 4-3 中各个样本国家的情况可以明显看出，在大萧条早期，相对于货币存量而言，消费者价格指数一般较为温和地下降。同样道理，如果用货币存量与消费者价格指数之比衡量，实际货币余额也没有大幅上升。然而，从 1928 年末到 1931 年春，批发价格指数断崖式下跌，无论是世界加总数据还是单体样本国家，货币存量与批发价格指数之比都大幅上升。

1928 年 6 月至 1931 年 6 月是大萧条时期第一个危急阶段，其间相关

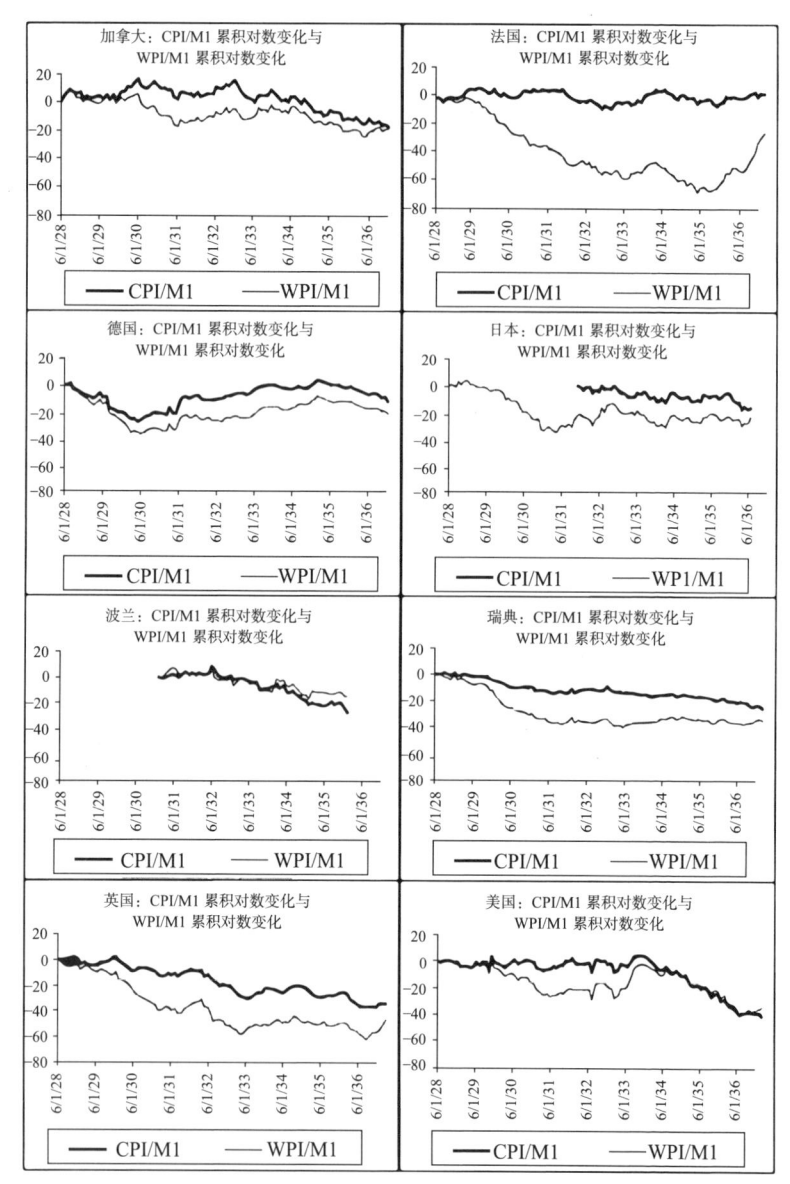

图 4-3 1928—1936 年样本国家价格水平与货币存量比率，用消费者价格指数或批发价格指数衡量的价格水平与货币存量之比的累积对数差分

具体数据及其变化情况详见表4-3。从中可以明显看出，在大萧条早期，批发价格明显大幅下跌。在这3年里，表4-3所列7个国家中有4个国家的批发价格指数/货币存量比率降幅超过35个对数点，6个国家批发价格指数/货币存量比率降幅超过25个对数点。各个样本国家批发价格指数/货币存量之比加权平均值下降了近30个对数点。而在这3年里，消费者价格指数与货币存量之比加权平均值下降不到6个对数点。实际上，1928—1931年，加拿大和法国的消费者价格指数与货币存量之比有所上升。

表4-3 价格、货币和黄金存量的对数变化情况（1928年6月—1931年6月）

国家	WPI	WPI/M1	CPI	CPI/M1	M1	QGOLD
加拿大	−28.76	−17.24	−10.51	1.36	−11.51	−18.69
法国	−29.28	−37.05	13.35	5.58	7.77	66.60
德国	−22.97	−25.41	−9.41	−11.85	2.44	−38.29
日本	−39.41	−35.42	—	—	−3.99	−24.30
瑞典	−31.68	−36.51	−9.07	−13.90	4.83	3.34
英国	−39.49	−35.99	−11.55	−11.05	−0.50	−4.05
美国	−33.24	−25.67	−12.14	−4.57	−7.57	20.75
世界	−32.38	−29.19	−8.68	−5.59	−3.19	7.68

注：表中显示了1928年6月—1931年6月，7个样本国家以及加总得出的世界总计相关变量累积对数变化情况。由于缺少波兰的数据，世界加总数据中不含波兰。相关变量具体定义已在前文列明。

大萧条初期批发价格暴跌的原因值得深入研究。我们推测，造成这次价格暴跌的原因既有宏观经济的外生因素，也有宏观经济的内生因素。正如1973年查尔斯·金德尔·伯杰强调指出的，在影响经济周期的各种外生因素中，第一次世界大战后世界商品供给扩张无疑是其中较为重要的一个因素。这一时期，国际贸易商品价格在批发价格指数中占据较大份额。从表4-3第2列可以看出，1928—1931年，样本国家国内批发价格指数的变动明显受国际贸易商品价格变动的影响，各国批发价格指数变动有很强的相关性。事实上，在经济衰退时期，大宗商品价格和原材料价格通常会大幅下跌。这些价格变动是宏观经济条件的内生因素所致。这种很强的周期敏感性反映出可储存商品的价格具有资产价格的一些特征，如会发生前瞻性、预判式变动，对利率水平非常敏感，以及就相关曲线的单位弹性而言，其商品需求弹性远大于产出弹性。尽管在研究中观察到这些现象，但我们认为，非货币因素应该也是导致1928—1931年批发价格崩溃的重要原因。

虽然研究批发价格指数变动情况是一项很有意义的工作，但消费者价格问题与本文重点关注的货币问题更为密切相关。因为货币供给大部分由家庭持有，所以消费者价格指数更适合作为衡量实际货币余额需求变化的平减指数。此外，与批发价格指数相比，消费者价格指数赋予国内非贸易货物和服务更大权重，因此消费者价格指数是一个衡量受国际黄金流动影响造成国内价格变动情况的良好指标。

当我们集中精力研究消费者价格相对于货币存量的变化情况时，正如前文所述，我们发现消费者价格变动没有批发价格变动剧烈。如果我们把消费者价格指数的变化分解为货币存量变动和消费者价格指数/货币存量比率变动，那么，如表4-3所示，相比之下，消费者价格指数/货币存量比率变动更加重要。例如，在大萧条极为严重的1928—1931年，尽管德国和瑞典的M1货币供给有所增加，但这两个国家的消费者价格都下降了超过9个对数点。1928年6月至1931年6月，英国消费者价格总体降幅超过11个对数点，说明是英国消费者物价指数/货币存量比率下降，而不是货币存量本身下降。就世界加总数据而言，消费者价格下降8.7个对数点，其中5.6个对数点是由于消费者价格指数/货币存量比率下降造成。

然而，与其说消费者价格指数比货币存量下跌得快，不如说这3年里大多数国家实际货币余额都有所增加。如此看来，相对货币存量而言，消费者价格变化并不特别明显。尽管实际经济活动减少，相关交易需求也随之减少，从而减少了实际货币需求，但是，利率和通货膨胀率下降，加之金融动荡，实际货币持有量略有增长。

有人认为，少数国家货币需求异常增长，很可能导致通货紧缩。正如弗里德曼和施瓦茨1963年所言，在大萧条早期，美国和加拿大的货币流通速度急剧放缓，造成货币存量迅速萎缩。菲尔德1984年研究指出，在大萧条爆发之前，华尔街投机活动使美国对货币的交易需求有所增加。艾肯格林1992年和其他一些经济学家指出，法国普恩加来稳定之后，货币需求增长，促使黄金流入该国。正如我们在前文所述，一些国家发生了金融危机和通货紧缩导致货币窖藏，提高了货币需求。众所周知，在封闭经济中，无论什么原因引起的货币需求增加都意味着LM曲线紧缩性地向左移动。在与金本位制关联的开放经济中，任何一个国家的货币需求异常增长都会吸引国外黄金流入，导致所有国家都面临着通货紧缩压力。正如表4-3最右边一列所示，法国和美国经历了大量黄金流入，损害了其他国家的利益。

在大萧条早期，部分国家货币需求出现异常增长，这是不是引发通货紧缩的重要原因？从表4-3中并不能得出肯定的结论。从1928年年中开始，在随后3年里，美国实际货币余额（M1/CPI）上升了不到5个对数点，而华尔街大规模投机浪潮正发生在这一时期。菲尔德曾经指出，华尔街投机活动增加了美国货币需求。这说明，美国货币需求增长对宏观经济并没有产生太大影响。从表4-3可以看出，1928—1931年，法国实际货币余额有所下降，这与"法国货币需求增加是这一时期黄金流入法国的主要原因"的观点并不一致。

最后，我们注意到，通过表4-3不能判断实际货币需求发生变化与金融危机之间存在显著的相关性。从1928年6月至1931年6月，实际货币需求增长最多的是瑞典、德国和英国。在整个大萧条时期，英国和瑞典都没有发生较为严重的银行危机。1931年夏，即表4-3所选样本时间段的末期，德国发生了非常严重的银行危机，如图4-3所示，这一时期德国的实际货币余额不但没有增加，反而显著下降。因此，没有证据表明，单体国家货币需求异常增长会产生显著的通货紧缩效应。

尽管没有理由将消费者价格指数紧缩归因于货币需求的异常增长，但确有一些证据表明，在大萧条早期，价格相对于货币存量的变化反映了一个非均衡的调整过程。由于初始平价不合理，因此确有必要进行这种调整。将英国和法国的情况进行比较很有启发意义。现代经济学家普遍认为，按照重新实行金本位制后的官方平价计算，英镑被高估，法郎被低估。根据这种观点，英国会出现黄金流失并发生通货紧缩，而法国会出现黄金流入并发生通货膨胀。事实的确如此，如表4-3最后一列所示，在这一时期法国获得了大量黄金，尽管流入法国的黄金大部分都被冲销，但法国货币供给增加了约8个对数点。1928年6月至1931年6月，英国黄金流失，其名义货币供给略有下降。英法两个国家货币增长相差约为8个对数点，明显小于两国消费者价格变动之差：法国的消费者价格上升了13个对数点，英国下降了近12个对数点，总共相差25个对数点。这正是非平衡调整的结果。在调整之初，法国的实际货币余额高于长期均衡水平，而英国的实际货币余额低于长期均衡水平。

下面我们运用方程（1）来阐释这一观点。将方程（1）改写为：

$$P_{it} = (P_{it}/M_{it})k_{it}(QGOLD_{it} * PGOLD_{it}) \tag{5}$$

其中 $k=(M/BASE)(BASE/RES)(RES/GOLD)$。

方程（5）适用于 t 时期的某个国家 i。

同理可得适用于同一时期另一个国家 j 的方程。

将适用于 i 国的方程（5）与适用于 j 国的方程进行比较，将两者相除，同时，将两国之间的名义汇率 e 定义为 $PGOLD_{jt}/PGOLD_{it}$，则：

$$\frac{eP_{it}}{P_{jt}} = \frac{(P_{it}/M_{it})}{(P_{jt}/M_{jt})} \frac{k_{it}}{k_{jt}} \frac{QGOLD_{it}}{QGOD_{ij}} \tag{6}$$

为便于讨论，假设方程（6）定义的实际汇率高于其长期均衡值，把国家 i 看作英国，把国家 j 看作法国，并且认为 k 在某种程度上是固定值，其具体数值取决于一个国家的制度政策和金融机构特色。方程（6）给出了两种使实际汇率趋向于长期均衡值的方法，一是降低英国和法国的价格/货币比率，二是使英国持有的黄金量少于法国持有的黄金量。我们发现，只有当英国的初始实际货币余额低于其均衡水平，而法国的初始实际货币余额高于其均衡水平时，第一种方法才行得通。实证研究表明，1928—1931 年，这两种方法都曾发挥作用。

综上所述，1928—1931 年，关于引发通货紧缩的重大因素，除了货币存量收缩，其他相关因素取决于计量价格水平的方式和方法。在大萧条早期，批发价格指数下跌速度远远快于货币存量收缩速度，反映了当时国际贸易商品价格急剧下跌的现实情况。但当时宏观经济的外生因素或内部因素以及预期因素究竟如何导致商品价格下跌，目前仍不明确，这是一个值得研究的重要课题。不过，毋庸置疑，导致批发价格下跌的因素中，有很大一部分是非货币因素。

消费品价格指数与批发价格指数不同，其变化主要由货币因素所致，主要表现为货币存量下降，对实际货币余额需求小幅上升。此外，由于初始官方黄金平价确定得不合理以及国际黄金分布等原因导致对价格水平进行非均衡的调整，可以解释一些因为货币存量变动而导致的价格变动行为。然而，没有证据表明，美国、法国或其他国家货币需求异常地大幅度增长造成了重大的通货紧缩冲击。

第四节 货币存量变化情况

我们在上一节研究消费者价格指数时曾明确指出，20世纪30年代初发生的通货紧缩对经济极具破坏力，但基于货币存量变动而发生价格水平下跌并不是这场灾难性通货紧缩的诱因。我们认为，一个更为合理的观点是，这次通货紧缩主要是由货币供给减少或者货币供给增长缓慢造成的。表4-3第6列阐释的是变量M1的变化情况，可以给予这一观点有力支持。1928年6月至1931年6月，在重大银行危机和汇率危机发生之前，表4-3所列7个样本国家中，有4个国家名义货币存量出现下降。事实上，1928年6月至1931年6月，尽管各国黄金存量的加权平均数增长了8个对数点[①]，但各国名义货币存量的加权平均数下跌超过3个对数点。在样本国家中，德国和瑞典名义货币存量有所增加，其中德国3年增加了2.44个对数点，瑞典3年增加了4.83个对数点，货币增长速度都较为缓慢。样本国家中只有法国的货币增长速度接近"正常"。1928年年中至1931年年中，法国的货币存量累计增长了7.77个对数点。汉密尔顿在其1987年的一篇文章中认为，从大萧条一开始，货币紧缩因素就发挥着重要作用。我们认为，上述研究数据证明了汉密尔顿的观点。当然，

---

① 尽管各国黄金存量的加权平均数增长了8个对数点，但同一时期，全球货币性黄金总存量增长了21个对数点。8个对数点与21个对数点之间的差异，反映了货币性黄金在全球"分布不均"。

我们在研究中发现，在经历了 1931 年的混乱和剧变之后，很多国家的货币存量遭遇了更大跌幅，相关情况我们将在下文中进一步讨论。

为什么货币存量变化如此无常？为了回答这个问题，我们将运用本文第二节中所述的分解变量方法来分析货币存量 M1 及相关变量。首先分析样本中的单体国家，然后再分析各国加总数据。研究目的是通过定量方法找出大萧条时期导致单体国家或世界货币供给崩溃的最主要因素。

研究结果详见图 4-4、图 4-5 以及表 4-4、表 4-5。从图 4-4 可以看出 8 个样本国家货币存量 M1 及其分解比率的变化情况，从图 4-5 可以看出世界各国（不含波兰）加总数据分解比率的变化情况，从表 4-4 可以看出法国、德国、英国和美国这 4 个最重要的经济大国在特定时点相关分解比率的变化情况，从表 4-5 可以看出在特定时点世界加总数据相关分解比率的变化情况。其中，图 4-5 和表 4-5 所列出的世界加总货币存量相关分解指标中包含"黄金分布效应"。表 4-4 以 1928 年 6 月的数据为基数，所有数据均是用对数点表示的相对于基数的累积变化量，表 4-4 最后一列给出了中央银行贴现率。表 4-4 中数据时点为每个季度的最后一个月，但如果采用该季度的平均数据，实证研究结果也大致相同。囿于篇幅，我们重点讨论表 4-4 和表 4-5。关于其他图表，读者可以运用类似方法自行分析。

法国

表 4-4（a）部分是法国货币存量及其分解变量变化情况相关数据。法国最显著的特征是，在样本研究时段，一方面黄金大量流入法国，另一方面名义货币存量增长得很少甚至有所下降，两者呈现鲜明对比。具体来说，与 1928 年年中相比，1932 年年末，法国黄金库存量增加了 105 个对数点，但货币存量 M1 只增加了 5 个对数点。

黄金大量流入法国却没有影响法国国内货币供给和价格水平，对于

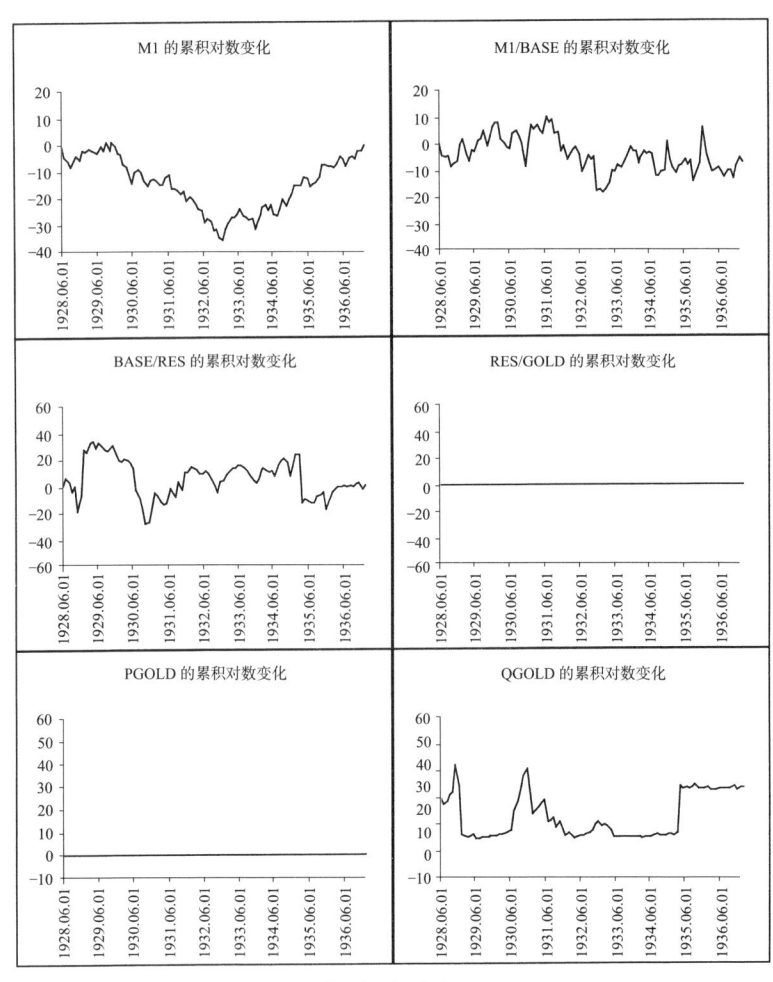

(a) 加拿大

图 4-4　1928—1936 年样本国家货币存量分解变量变化情况

注：M1 对数累积变化被分解为 M1 的累积对数变化、M1/BASE 的累积对数变化、BASE/RES 的累积对数变化、RES/GOLD 的累积对数变化、PGOLD 的累积对数变化、QGOLD 的累积对数变化。相关分解变量的具体定义详见正文。

（b）法国

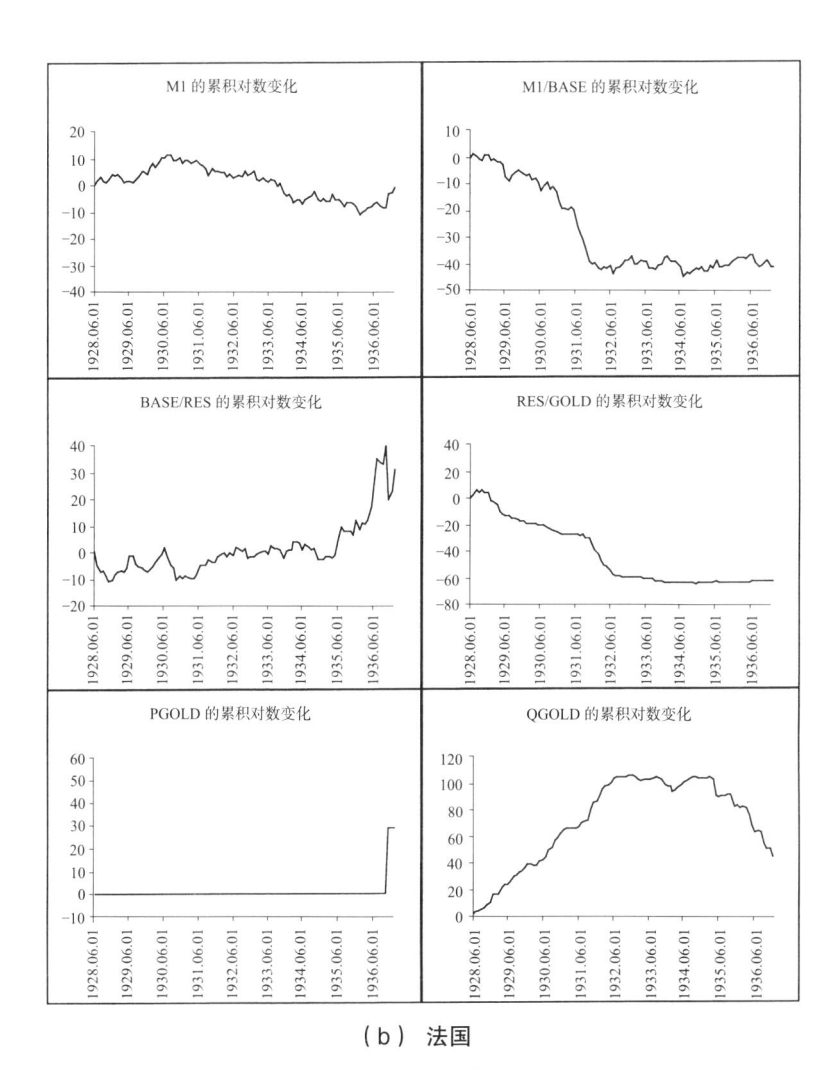

图 4-4　1928—1936 年样本国家货币存量分解变量变化情况（续）

这一反常现象，从表 4-4（a）部分可以看出，主要有两个原因：第一个原因是，根据法国为稳定货币而实施的改革所颁布的法律法规，法国中央银行法兰西银行积极地用黄金储备替代外汇储备，相关情况可参阅艾

（c）德国

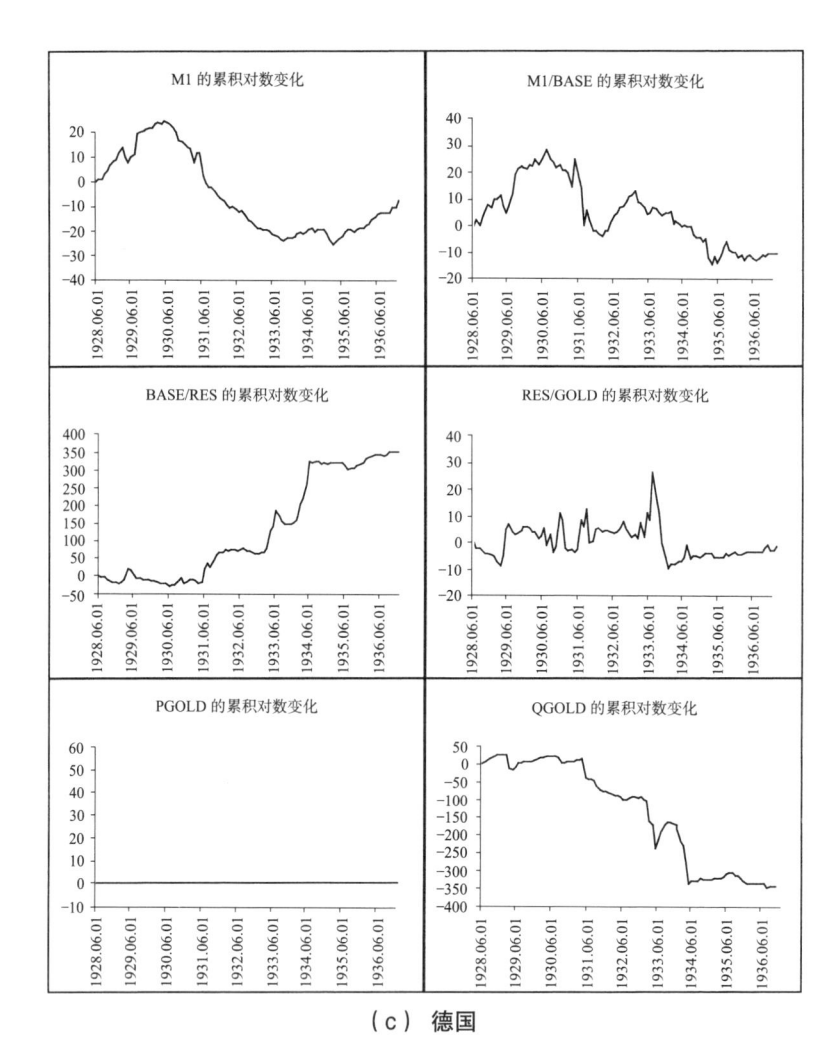

图4-4 1928—1936年样本国家货币存量分解变量变化情况（续）

肯格林1990年的论著第10章。1928年6月至1932年年末，法国国际储备与黄金持有量之比下降了62个对数点，反映出法国用黄金置换外汇资产的情况。实际上，将RES/GOLD和QGOLD这两列进行比较可以看出，

(d) 日本

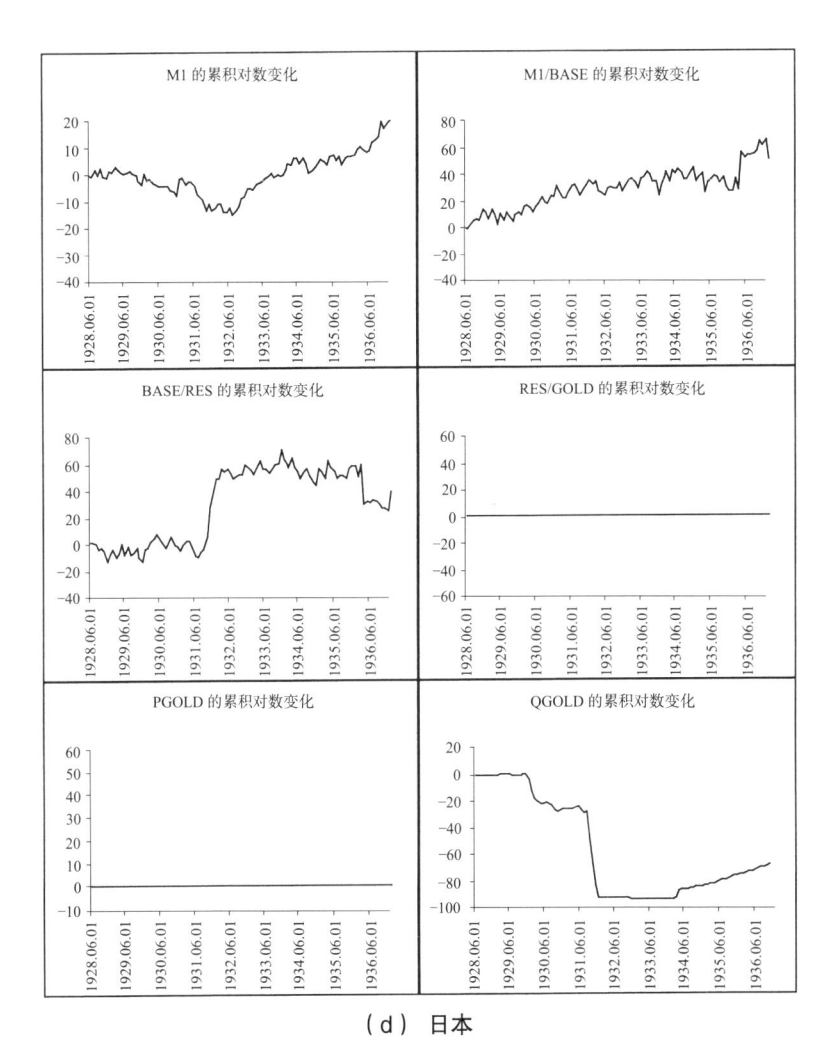

图 4-4 1928—1936 年样本国家货币存量分解变量变化情况（续）

用以取代外汇储备的黄金约占同期法兰西银行黄金增长数量的一半。正如艾肯格林和其他经济学家所强调的，用等量的黄金取代外汇储备不会增加法国国际总储备，所以黄金大量流入法国对法国国内货币供给并没

(e)波兰

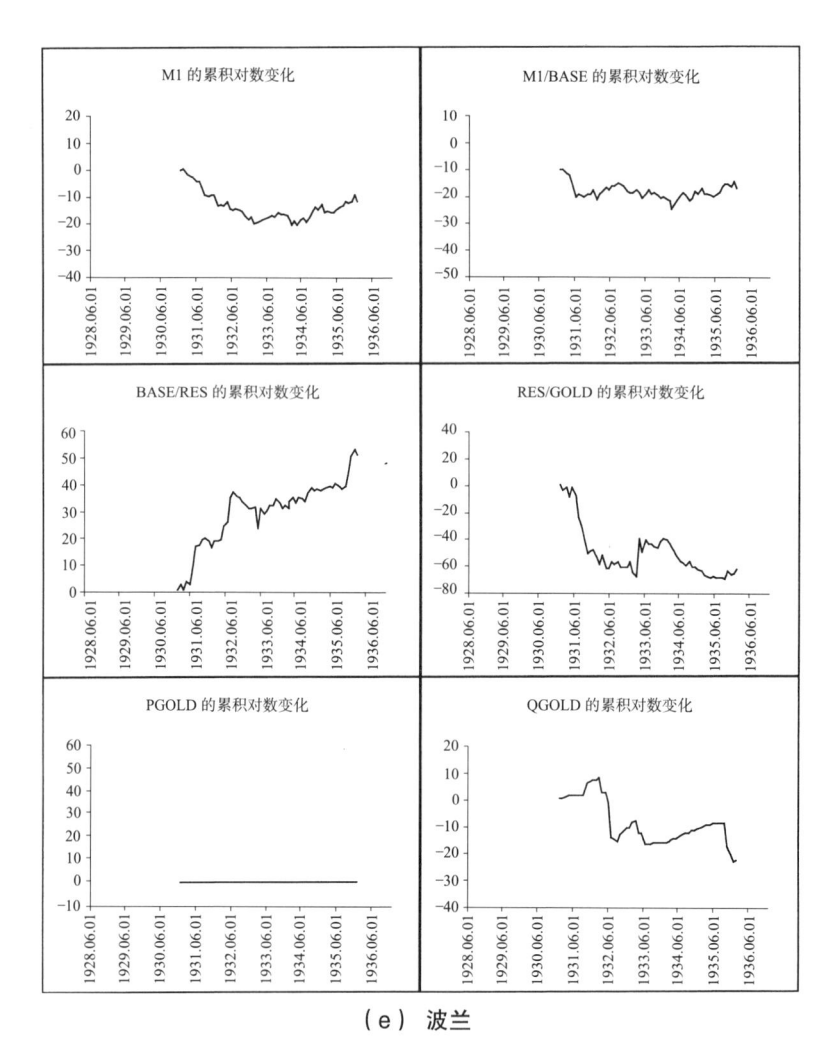

图 4-4　1928—1936 年样本国家货币存量分解变量变化情况（续）

有产生较大影响。

第二个原因是货币乘数 M1/BASE 持续下降。尽管相对而言，法国各大型银行在大萧条中没有受到太大冲击，但地区性银行和其他一些小型

（f）瑞典

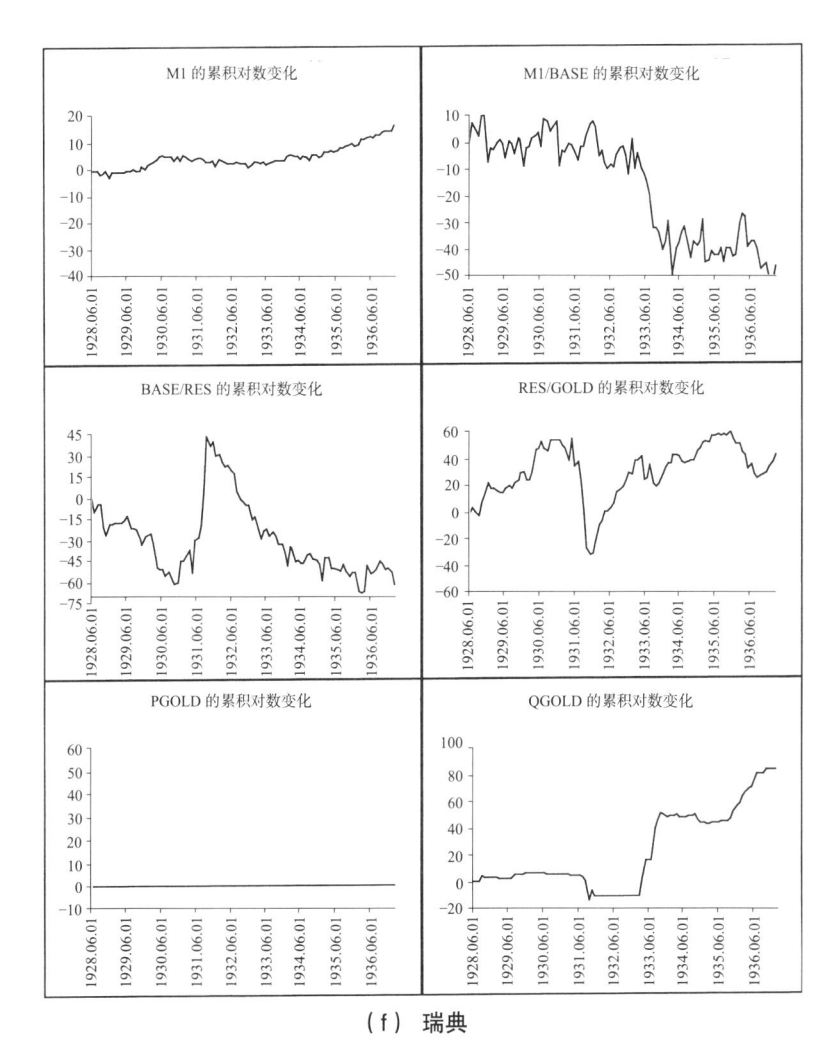

图 4-4　1928—1936 年样本国家货币存量分解变量变化情况（续）

银行经历了严重的困难时期，有关情况可参阅伯南克和詹姆斯 1991 年的论文。这可能是法国社会民众不愿往银行存款转而持有现金的主要原因，这种情况在 1931 年尤为严重。货币乘数下降，再加上法国中央银行用黄

(g) 英国

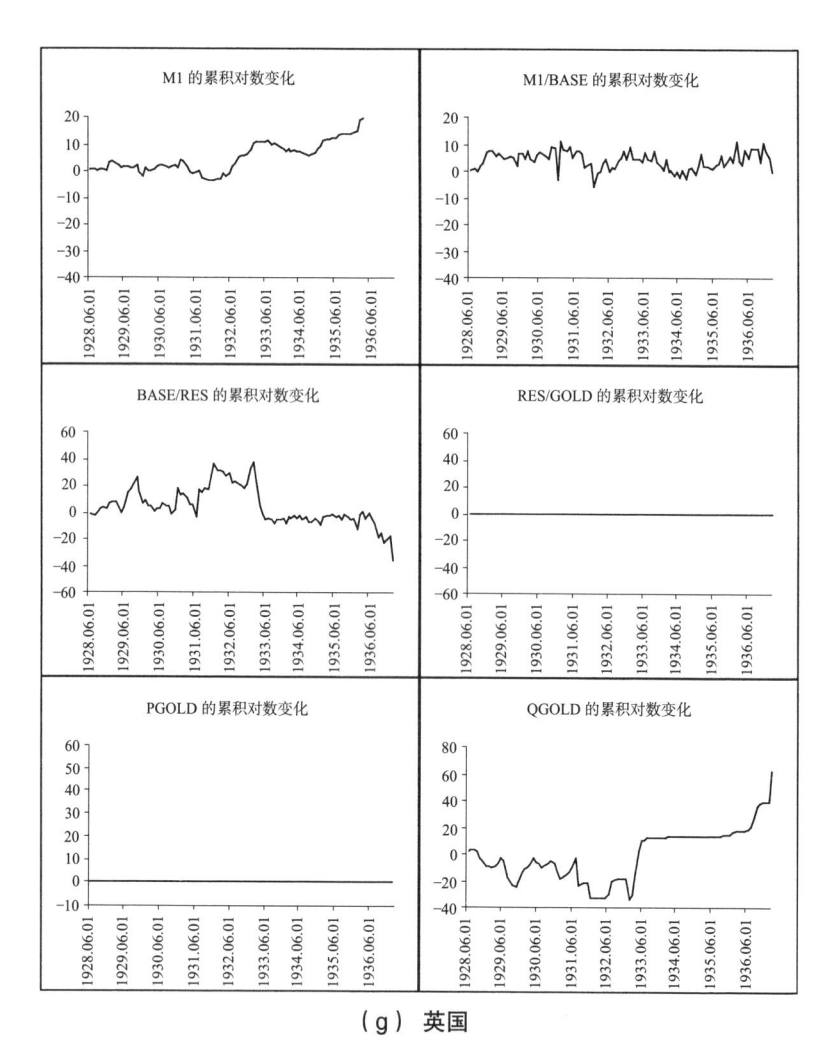

图4-4 1928—1936年样本国家货币存量分解变量变化情况（续）

金储备置换外汇储备，基本上完全抵消了黄金流入法国对法国国内货币供给所产生的影响。

法国货币政策的自由裁量权又是怎么一回事呢？当时，法兰西银行

第四章 大萧条时期的通货紧缩与货币供给紧缩：简单比率分析　173

[图表：M1 的累积对数变化、M1/BASE 的累积对数变化、BASE/RES 的累积对数变化、RES/GOLD 的累积对数变化、PGOLD 的累积对数变化、QGOLD 的累积对数变化]

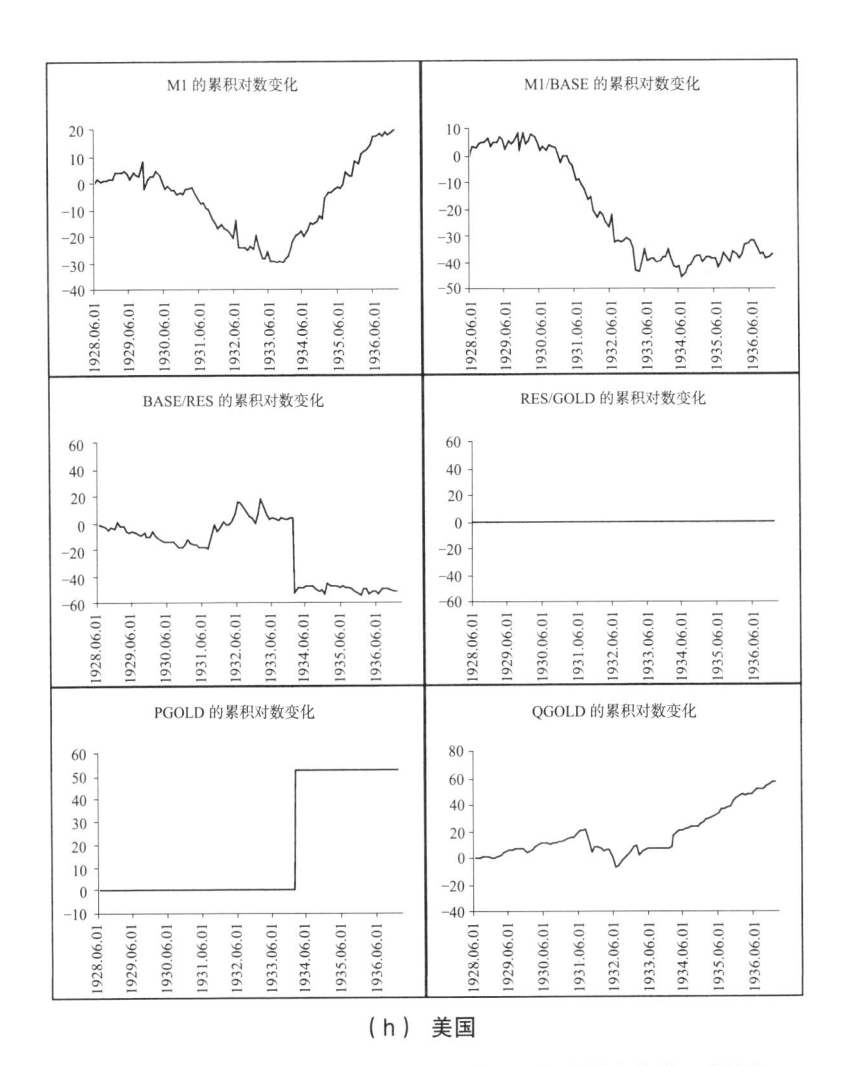

（h）美国

图 4-4　1928—1936 年样本国家货币存量分解变量变化情况（续）

因为实施通货紧缩政策，遭到英国和其他国家的严厉指责和批评。不过，从表 4-4 可以看出，当时法国坚持金本位制，且完全依赖黄金储备，法国央行的举措并不应该受到指责。首先，法国央行的政策完全符合金本

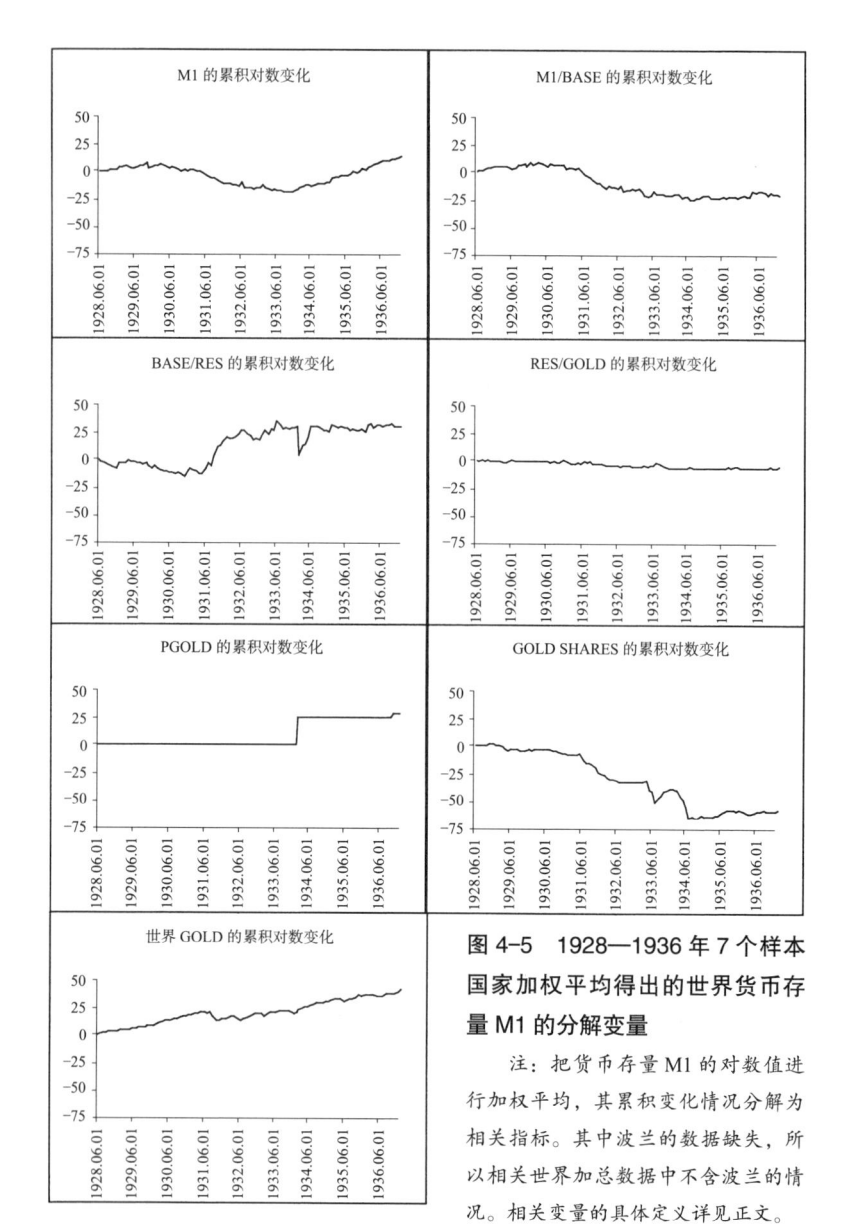

图 4-5　1928—1936 年 7 个样本国家加权平均得出的世界货币存量 M1 的分解变量

注：把货币存量 M1 的对数值进行加权平均，其累积变化情况分解为相关指标。其中波兰的数据缺失，所以相关世界加总数据中不含波兰的情况。相关变量的具体定义详见正文。

位制的"游戏规则",从BASE/RES这一列可以看出,这一指标相对稳定。比如1933年年末,法国货币基础与国际储备的比率与1928年年中时的这一比率数值相同。其次,根据金本位制的要求,有证据表明,法国央行采取了力所能及的反周期的货币政策。如果我们用BASE/RES作为政策指标,表4-4显示,1931年,法国面临着国外金融危机和国内产出下降的经济金融形势,采取了大幅宽松政策,其中央银行贴现率从1929年年末的3.5%下降到1931年秋的2.0%。

表4-4　4个国家货币存量的决定因素

（1928年第二季度至1936年第四季度）

(a) 法国

	M1	M1/BASE	BASE/RES	RES/GOLD	PGOLD	QGOLD	Disc. (%)
1928 II	0.00	0.00	0.00	0.00	0.00	0.00	3.5
III	1.74	−0.52	−7.11	3.90	0.00	5.48	3.5
IV	4.04	1.00	−10.85	4.09	0.00	9.81	3.5
1929 I	2.39	−1.70	−7.43	−4.98	0.00	16.49	3.5
II	1.52	−7.30	−1.52	−13.04	0.00	23.38	3.5
III	2.93	−6.14	−5.76	−15.88	0.00	30.71	3.5
IV	4.12	−6.37	−7.89	−17.90	0.00	36.28	3.5
1930 I	6.78	−8.42	−4.08	−19.11	0.00	38.39	3.0
II	10.37	−12.68	1.65	−20.44	0.00	41.84	2.5
III	8.98	−12.07	−6.41	−23.87	0.00	51.32	2.5
IV	8.29	−16.46	−10.15	−26.51	0.00	61.42	2.5
1931 I	8.28	−19.75	−10.16	−27.85	0.00	66.05	2.0
II	7.77	−25.68	−5.01	−28.14	0.00	66.60	2.0
III	3.75	−34.00	−3.01	−30.88	0.00	71.65	2.0
IV	5.18	−39.82	−2.00	−39.52	0.00	86.52	2.5
1932 I	3.11	−41.50	−1.82	−51.04	0.00	97.47	2.5
II	3.03	−43.80	1.55	−58.83	0.00	104.10	2.5
III	5.22	−40.12	0.95	−60.41	0.00	104.80	2.5

（续表）

IV	5.02	−37.34	−1.85	−61.00	0.00	105.21	2.5
1933 IV	−3.80	−37.13	0.29	−64.77	0.00	97.81	2.5
1934 IV	−5.23	−41.38	−2.89	−65.09	0.12	104.01	2.5
1935 IV	−11.07	−37.77	8.26	−64.28	0.12	82.60	5.0
1936 IV	−1.17	−41.51	30.82	−63.87	29.14	44.25	2.0

(b) 德国

	M1	M1/BASE	BASE/RES	RES/GOLD	PGOLD	QGOLD	Disc. (%)
1928 II	0.00	0.00	0.00	0.00	0.00	0.00	7.0
III	3.48	3.69	−10.09	−4.13	0.00	14.00	7.0
IV	8.49	7.40	−20.08	−5.81	0.00	26.97	7.0
1929 I	13.78	11.80	−13.28	−10.00	0.00	25.25	6.5
II	10.25	7.64	5.29	5.97	0.00	−8.64	7.5
III	20.18	21.33	−9.89	2.77	0.00	5.96	7.5
IV	21.48	21.68	−14.28	4.96	0.00	9.12	7.0
1930 I	24.10	25.25	−22.27	3.09	0.00	18.03	5.0
II	23.94	26.80	−30.53	4.82	0.00	22.84	4.0
III	19.74	24.18	−17.14	−4.66	0.00	17.36	4.0
IV	15.17	20.78	−19.62	7.87	0.00	6.13	5.0
1931 I	7.55	15.00	−14.77	−3.55	0.00	10.87	5.0
II	2.44	14.53	18.37	7.82	0.00	−38.29	7.0
III	−1.95	2.75	43.62	−1.18	0.00	−47.15	8.0
IV	−6.55	−2.35	66.06	4.78	0.00	−75.04	7.0
1932 I	−10.30	−1.67	74.09	3.65	0.00	−86.36	7.0
II	−12.05	5.05	71.52	3.19	0.00	−91.81	5.0
III	−15.56	9.21	67.31	4.11	0.00	−96.19	5.0
IV	−18.67	13.22	61.20	1.90	0.00	−94.99	4.0
1933 IV	−22.57	5.74	149.27	−9.03	0.00	−168.56	4.0
1934 IV	−21.09	−4.62	315.86	−5.20	0.01	−327.14	4.0
1935 IV	−18.86	−10.58	320.01	−5.45	0.01	−322.85	4.0
1936 IV	−7.90	−10.41	349.76	−2.69	0.01	−344.56	4.0

（续表）

(c) 英国

	M1	M1/BASE	BASE/RES	RES/GOLD	PGOLD	QGOLD	Disc. (%)
1928 II	0.00	0.00	0.00	0.00	0.00	0.00	4.5
III	0.17	0.15	−0.53	0.00	0.00	0.56	4.5
IV	0.12	7.18	2.74	0.00	0.00	−9.81	4.5
1929 I	2.78	5.62	7.27	0.00	0.00	−10.10	5.5
II	1.50	4.42	3.51	0.00	0.00	−6.43	5.5
III	0.79	5.25	20.66	0.00	0.00	−25.12	6.0
IV	−1.80	6.84	6.46	0.00	0.00	−15.10	5.0
1930 I	−0.18	4.53	4.22	0.00	0.00	−8.93	3.5
II	2.08	7.10	2.78	0.00	0.00	−7.81	3.0
III	1.07	4.76	4.49	0.00	0.00	−8.18	3.0
IV	1.18	−3.02	18.10	0.00	0.00	−13.90	3.0
1931 I	1.53	7.63	10.55	0.00	0.00	−16.65	3.0
II	−0.50	7.61	−4.06	0.00	0.00	−4.05	2.5
III	−2.85	1.74	18.38	0.00	0.00	−22.97	6.0
IV	−3.35	−5.42	36.06	0.00	0.00	−33.99	6.0
1932 I	−1.06	2.95	29.94	0.00	0.00	−33.94	3.5
II	1.50	1.44	22.06	0.00	0.00	−22.00	2.0
III	5.57	5.36	19.81	0.00	0.00	−19.61	2.0
IV	7.88	9.34	33.34	0.00	0.00	−34.80	2.0
1933 IV	7.13	4.54	−9.13	0.00	0.00	11.73	2.0
1934 IV	9.33	6.51	−9.71	0.00	0.01	9.33	2.0
1935 IV	14.66	11.38	−13.22	0.00	0.01	16.49	2.0
1936 IV	25.29	0.13	−36.32	0.00	0.01	61.46	2.0

(d) 美国

	M1	M1/BASE	BASE/RES	RES/GOLD	PGOLD	QGOLD	Disc. (%)
1928 II	0.00	0.00	0.00	0.00	0.00	0.00	4.49
III	1.22	4.14	−3.45	0.00	0.00	0.53	4.83
IV	1.70	6.28	−4.95	0.00	0.00	0.37	4.83
1929 I	4.24	4.83	−2.75	0.00	0.00	2.16	4.87

（续表）

II	1.65	2.32	−6.50	0.00	0.00	5.82	5.00
III	2.65	5.44	−9.92	0.00	0.00	7.13	5.08
IV	1.70	8.26	−10.97	0.00	0.00	4.41	4.80
1930 I	4.43	7.70	−11.71	0.00	0.00	8.43	4.26
II	−1.83	1.61	−14.72	0.00	0.00	11.28	3.81
III	−2.69	3.64	−17.17	0.00	0.00	10.84	3.40
IV	−4.19	0.28	−16.89	0.00	0.00	12.41	3.37
1931 I	−1.75	−0.29	−16.63	0.00	0.00	15.16	3.08
II	−7.57	−9.67	−18.65	0.00	0.00	20.75	2.81
III	−9.60	−12.62	−12.64	0.00	0.00	15.65	2.81
IV	−17.15	−20.88	−4.48	0.00	0.00	8.21	3.58
1932 I	−17.69	−22.37	−1.91	0.00	0.00	6.58	3.45
II	−13.76	−22.31	15.95	0.00	0.00	−7.40	3.45
III	−24.12	−32.32	7.77	0.00	0.00	0.43	3.36
IV	−24.51	−31.96	−0.59	0.00	0.00	8.04	3.36
1933 IV	−27.41	−38.22	3.58	0.00	0.00	7.23	2.92
1934 IV	−13.21	−37.55	−54.84	0.00	52.67	26.51	2.46
1935 IV	7.10	−36.97	−55.74	0.00	52.67	47.14	1.91
1936 IV	20.19	−37.42	−52.79	0.00	52.67	57.74	1.91

注：对于表中每个样本国家，该表列明了每个变量相对于1928年6月的累积对数变化。使用每季度最后一个月的数值计算出变化情况。每个变量的具体定义详见正文。最后一列中"Disc"指中央银行贴现率，单位是%。表中 I 表示第一季度，II 表示第二季度，III 表示第三季度，IV 表示第四季度。

表4-5 世界货币存量的决定因素（1928年第二季度至1936年第四季度）

	M1	M1/BASE	BASE/RES	RES/GOLD	PGOLD	SHARE	TOTGOLD
1928 II	0.00	0.00	0.00	0.00	0.00	0.00	0.00
III	1.08	2.84	−4.61	−0.31	0.00	0.78	2.38
IV	2.29	5.98	−7.88	−0.19	0.00	1.27	3.11
1929 I	5.03	5.75	−3.34	−1.83	0.00	−0.13	4.58
II	2.74	2.81	−1.99	−0.07	0.00	−3.70	5.69

（续表）

	M1	M1/BASE	BASE/RES	RES/GOLD	PGOLD	SHARE	TOTGOLD
III	4.94	6.87	−4.36	−0.79	0.00	−3.87	7.08
IV	4.10	8.64	−8.36	−0.51	0.00	−3.67	8.01
1930 I	6.32	8.87	−8.99	−0.94	0.00	−3.29	10.67
II	3.52	5.80	−11.61	−0.45	0.00	−3.43	13.21
III	2.26	6.56	−12.48	−2.26	0.00	−4.57	15.01
IV	0.38	3.01	−11.37	−0.55	0.00	−7.48	16.77
1931 I	0.69	3.19	−10.93	−2.71	0.00	−8.22	19.36
II	−3.19	−1.38	−8.53	−0.96	0.00	−13.33	21.01
III	−6.19	−6.86	3.26	−3.63	0.00	−16.26	17.30
IV	−10.99	−12.43	16.33	−3.44	0.00	−25.51	14.07
1932 I	−11.52	−12.98	19.53	−4.41	0.00	−30.24	16.57
II	−9.91	−12.47	26.77	−5.16	0.00	−32.51	13.46
III	−14.82	−15.50	21.09	−4.98	0.00	−32.81	17.38
IV	−14.82	−13.96	17.87	−5.25	0.00	−33.47	19.99
1933 IV	−17.13	−18.88	28.35	−7.23	0.00	−39.57	20.21
1934 IV	−9.19	−20.27	25.39	−6.43	25.72	−64.97	31.38
1935 IV	1.80	−20.43	25.48	−6.41	25.72	−60.10	37.54
1936 IV	13.64	−21.03	29.67	−6.04	28.56	−59.40	41.88

注：表中显示了世界加总数据各分解变量相对于1928年6月的累积对数变化情况。使用每季度最后一个月的数据计算出变化情况。每个变量的具体定义详见正文。其中波兰的数据缺失，所以相关世界加总数据中不含波兰的情况。

从表4-6可以看出，法国遵守了金本位制的"游戏规则"。该表列出了世界上最重要的4个经济大国，其国内货币基础的月度变动相对于该月国际储备流入和流出情况的回归结果。① 根据金本位制的"游戏规

---

① 对法国和德国来说，国际储备包括外汇储备和黄金储备。对不使用外汇储备的英国和美国而言，其国际储备仅包括黄金储备。我们研究发现，法国和德国的货币基础对其国际储备的两个组成部分反应相同。

则",货币基础的变动应与国际储备流动方向相同,也就是说,储备增加和储备减少的系数都应为正数,其变动幅度大致等于覆盖率的倒数。1991年,伯南克和詹姆斯通过研究给出了各国放弃金本位制的具体日期,表4-6据此列明了"金本位制国家"和"非金本位制国家"这两个样本子集的计量回归结果。在整个样本期间,法国一直坚持金本位制。表4-6显示了我们在计量回归中加入储备变动的滞后项和误差修正项所得结果情况。

表4-6 货币政策与金本位制"游戏规则"(因变量:货币基础变化)

金本位制国家								
	法国1928年7月—1936年8月		德国1928年7月—1931年5月		英国1928年7月—1931年7月		美国1928年7月—1933年1月	
常数	−64.32	(215.4)	8.325	(29.57)	0.008	(3.793)	22.94	(33.49)
储备增加	0.717	(0.140)	−0.260	(0.250)	−0.286	(0.906)	−0.067	(0.612)
储备减少	0.330	(0.105)	0.034	(0.122)	0.098	(0.467)	−0.035	(0.288)
非金本位制国家								
			德国1931年9月—1936年12月		英国1931年11月—1936年12月		美国1934年4月—1936年12月	
常数	—		13.97	(16.03)	1.868	(2.386)	45.09	(73.89)
储备增加	—		−1.152	(0.847)	0.268	(0.229)	0.685	(0.541)
储备减少	—		−0.124	(0.207)	0.624	(0.717)	6.741	(16.19)

注:本表是国际储备流入情况和流出情况对同一时期货币基础变化的计量回归结果。对不持有外汇储备的国家,主要考虑其黄金储备情况。"金本位制国家"和"非金本位制国家"两个样本子集的划分主要基于1991年伯南克和詹姆斯提出的相关国家放弃金本位制的具体日期,子样本中不含放弃金本位制前两个月的数据,也不含放弃金本位制后两个月的数据。此外,美国从暂停金本位制到正式实施货币贬值这段时间的数据已被剔除。括号中的数字是标准差。

表4-6显示,法国货币基础对国际储备流动的反应符号为正号,符号正确,且国际储备的流入和流出都具有统计显著性。在给出报告结果的4个国家中,法国是唯一有此结论的国家。从法国的案例来看,部分

指标的变动并不对称，似乎法兰西银行对储备流出的冲销力度要大于对储备流入的冲销力度。因此，法国采取的政策措施不仅没有放大国际储备变动对其国内货币供给的影响，反而在一定程度上减轻了国际储备变动对其国内货币供给的影响。①

综上所述，在表 4-6 所列的 4 个国家中，法国最努力、最认真地执行金本位制的"游戏规则"，不过，从执行效果来看，它远没有实现金本位制所设想的预期目标。这并不是说，法国的货币政策没有给世界造成影响。事实上，可以说，法国的货币政策给世界带来了灾难性的影响，特别是法国用黄金储备置换外汇储备，以及法国社会民众不愿往银行存款转而持有现金，这些都给其他金本位制国家造成了收紧货币政策的巨大压力。其实，万恶之源在于法国政府坚持金本位制，并相应地用黄金储备置换了外汇储备，而不在于法国中央银行采取何种方式去具体实施这一制度。

德国

表 4-4（b）显示了德国的货币发展历程，主要可以分为 4 个阶段。第一阶段，从样本时段开始时点 1928 年 6 月到 1930 年年中，德国经历了强劲的货币增长，两年时间货币存量累计增长了约 24 个对数点。货币存量之所以增长主要是因为黄金流入德国。1929 年德国实施高贴现率措施，1930 年 4 月实施杨格计划解决了德国赔款问题，货币乘数增加，这些都促使黄金流入德国。尽管当时德国中央银行德意志帝国银行采取的措施抑制了经济，但货币存量仍然实现了增长。值得注意的是，这一时

---

① 从理论上来说，金本位制的"游戏规则"要求中央银行倾向于支持黄金流动，因此储备每增加 1 法郎就应该相应地增加 1 法郎的基础货币。然而，正如艾肯格林 1990 年的论著第 10 章所述，法国 1928 年出台《银行法》，禁止法兰西银行进行公开市场操作，从而无法应对储备流动。

期，货币基础与国际储备的比率急剧下降，降幅超过30个对数点，说明德国积极冲销流入的黄金。

第二阶段从1930年第二季度至1931年第二季度，正值海因里希·布吕宁担任德国总理，1930年第二季度至1931年第二季度，德国货币存量狂跌21.5个对数点。特明在其1989年的论文第31页认为，德国货币存量之所以急剧收缩，是因为布吕宁总理持续实施通货紧缩政策。不过，分析表4-4（b）可以看出，德国货币存量下降，背后有极为复杂的原因：一是黄金持续流出，特别是1931年6月金融危机爆发后，黄金流出速度加快；二是货币乘数显著下降，甚至在金融危机开始之前，德国货币乘数已经开始下降。这两个原因似乎都不是紧缩性货币政策造成的。事实上，从表4-4（b）BASE/RES这列可以看出，1930年第二季度到1931年第二季度，德国货币当局做了极大努力以应对货币紧缩。从贴现率的变动情况看，1930年德国贴现率下降了2个百分点，随后因面临着黄金流失和金融危机的压力，贴现率又有所上升。从表4-6的回归分析结果看，1931年第二季度之前，德意志帝国银行做了很多努力，试图使德国的货币基础不受其国际储备流动影响。

第三阶段从1931年6月银行恐慌开始一直持续到1932年年底。我们认为，这是德国货币政策最无能的黑暗时期。银行危机对德国货币政策的影响是暂时的，这一点与法国和美国的情况不同。截至1932年年末，从数值上看，M1/BASE几乎已经恢复到银行恐慌发生之前的水平。1932年第一季度德国黄金流失严重，但随后一段时间，尽管贴现率下降，黄金外流速度仍大幅放缓，因此，人们普遍预计1932年德国货币形势会趋于稳定。德意志帝国银行虽然不必根据黄金储备情况来决定其货币供给，但令人费解的是，从1931年年末到1932年年末，德国黄金大量外流，德意志帝国银行放任自流，没有采取任何措施进行应对。如表4-4（b）部分所示，这一时期，因为德国黄金持有量下降了 20 个对数点，德国货币基础与其国际储备的比率下降了约 5 个对数点，造成的结果是，从 1931 年第四季度到 1932 年第四季度，尽管德国货币乘数有所回升，但货币存量仍然下跌了约 12 个对数点。从经济学角度来看，这是一个灾难性的结果。①

第四阶段从 1933 年 1 月希特勒上台到 1936 年 4 月，从表 4-4（b）第 1 列货币存量 M1 的变化情况可以看出，与 1932 年第四季度相比，1933 年第四季度德国货币存量 M1 又下跌了 4 个对数点。随后德国采取了通货再膨胀政策，1934 年和 1935 年，德国货币存量 M1 温和增长，1936 年则显著增长，其显著增长的鲜明特点是，尽管黄金和外汇持续大量外流，货币乘数显著下降，但货币存量仍然逆势增长。这反映了在希特勒的领导下，德国的货币政策只追求实现其国内目标，根本不顾国际货币体系的各种制约。从 1933 年年初开始，德国产出开始复苏，相关情况参见图 4-1。

英国

英国的情况详见表 4-4（c），从中可以看出，1928 年年中至 1930 年年底，英国名义货币增长率接近零。如表中所示，英国货币紧缩主要是由于黄金外流，而黄金之所以外流，主要是因为英镑被高估。1929 年，为稳定局势，英国政府提高了贴现率，还采取了提高货币基础/国际储备（BASE/RES）比率等方式对流出的黄金进行冲销。如果把贴现率变动情况与货币基础/国际储备（BASE/RES）比率变动情况进行比较，就可以看出，1929 年第三季度，这方面情况最为明显。

---

① 德国当时的中央银行德意志帝国银行不愿意采取措施来冲销黄金外流的影响。德国这一情况又让我们想起 1990 年艾肯格林在其论著第 250 页所言：大多数在大萧条开始后放弃金本位制的国家的黄金覆盖率数值与从前相比变化不大，这可能是该国相关法律法规的要求，也可能是因为有贬值预期所采取的预防性措施。

从表4-4（c）可以看出，虽然从1930年至1931年第一季度，英国货币增长较为平稳，但其货币政策更侧重于实现国内目标，而不是遵守金本位制的"游戏规则"。该表第4列、第7列和第8列显示，尽管当时英国的黄金存量远低于1928年的水平，但英格兰银行仍把贴现率从1929年第三季度的6.0%调低至1931年第二季度的2.5%，将表4-4（c）的BASE/RES列和QGOLD列进行比较可知，英格兰银行冲销了黄金流出对货币基础的影响。与表4-4中其他3个国家相比，英国算是个幸运儿，其银行问题相对较少，且其货币乘数在整个样本期间一直保持稳定。此外，英国不存在外汇储备问题，因为英镑是世界储备货币，英国只需持有黄金作为储备。

从表4-4（c）可以看出，从1931年年中开始，英国BASE/RES与QGOLD之和约等于零，反映出英国当时几乎完全冲销了黄金外流。从英国的情况看，BASE/RES比率作为一个反映冲销政策的指标，要比贴现率这个指标更能准确地反映出英国当时所实施的货币政策。正如我们所知，正是在此轮危机中，英国被迫于1931年9月中止了金本位制。

从表4-4（c）中1931年第四季度到1936年第四季度的数据可以看出，英国脱离金本位制以后，外部约束消失，货币增长迅速，1932年猛增了约11个对数点。不过，1933年和1934年英国货币增长放缓。分析表4-4（c）可知，这一时期，英国央行重点稳定货币基础，而不是货币存量。1935年英国BASE/RES和QGOLD之和约等于零，这意味着1935年英国的名义货币基础与1928年年中时基本持平。在货币基础稳定的情况下，英国1932年第四季度到1934年第四季度货币乘数M1/BASE发生变化，导致1935年货币存量发生变化。

1936年，欧洲大陆政治局势日益动荡，受此影响，大量黄金流入英国。不过，英格兰银行虽然仅对流入的黄金部分地进行了冲销，但货币基础仍增加了约22个对数点。因此,尽管1936年英国的货币乘数急剧下降,但英国货币存量仍强劲增长。英国在金本位制时代习惯于对货币政策进行不对称调整,尽管1936年英国黄金流动本质上与英格兰银行的货币政策无关,但从英格兰银行注重冲销黄金流出,对流入的黄金仅做部分冲销的实践来看,英格兰银行又恢复了不对称调整货币政策的老套路。[①]

美国

表4-4(d)为美国的货币数据,从数据上看,美国当时的经济表现极其糟糕,为1963年弗里德曼和施瓦茨严厉批判美联储政策提供了有力例证。根据金本位制要求,各国只能被动、机械地实施相关货币政策,但与世界其他主要国家不同,美国是唯一决定使用自主裁量权的国家,因此饱受其他国家抨击。其他国家一致认为美国此举严重破坏了金本位制的稳定基础。

表4-4(d)中货币基础与国际储备之比(BASE/RES)这一列值得关注。从1928年第二季度到1931年第二季度,美国这一比例持续下降。从1928年第四季度到1929年第四季度,美国名义货币增长率恰好为零,没有受到黄金流入和货币乘数(M1/BASE)增加的影响。不过,从1929第四季度到1930年第四季度,尽管美国黄金存量增加了8个对数点,但美国名义货币下降了近6个对数点,美国货币存量下降的直接原因是货币基础与国际储备之比(BASE/RES)持续收缩,因此放大了货币乘数。这种收缩政策显然不符合金本位制的"游戏规则",因此导致人们普遍把大萧条早期(1931年之前)世界货币总量下降归咎于美联储。从表4-6可

[①] 表4-6的回归结果表明,英国脱离金本位制以后,对黄金流入的冲销力度远远超过对黄金流出的冲销力度,不过,估计系数在统计学上并不显著。

以看出，在美国实行金本位制期间，流入和流出美国的黄金被完全冲销，对美国货币基础没有任何影响。

就货币增长情况而言，1931年和1932年是美国的灾难年，1931年美国货币存量下降了13个对数点，1932年下降超过7个对数点。当时的大背景是，1931年9月英国放弃了金本位制，美国则决定继续实行金本位制。但此时的美联储已深陷泥潭，无力挣脱巨大的压力。如表4-4（d）所示，1930年第四季度至1932年第四季度，美国货币紧缩了约150%，根据1963年弗里德曼和施瓦茨的研究，美国当时的一系列银行危机导致美国货币乘数急剧下降，货币乘数急剧下降导致货币紧缩。1931年年中，美联储改变了黄金冲销政策，从1931年第二季度到1932年第二季度，将基础货币与黄金储备的比率提高了近35个对数点。然而，同期黄金外流超过28个对数点，美联储的政策效用几乎被完全抵消。回过头来看，1931—1932年美联储是否可以做得更好？这是一个富有争议的问题，我们不便评判。美国货币政策制定者当时认为，通过公开市场操作等方式扩大货币基础是徒劳之举。如果分析表4-4（d）中相关数据以及充分考虑当时美国为金本位制国家的实际情况，就不难理解美国货币政策制定者当时的想法了。

1933年3月美国中止了金本位制，4月宣布美元贬值。不过1933年，美国货币存量总体上仍为负增长。如表4-4（d）所示，当时黄金流入美国，美国货币基础与国家储备的比率也在增加，但是由于货币乘数持续下降，因此美国货币增长仍为负数。尽管放弃金本位制后获得了货币独立权，但美国并没有立即采取激进的通货再膨胀政策，这一点与德国和英国情况一样。正如特明1989年所言，头脑简单的支持美国实行金本位制的货币主义者，无法理解1933年美国脱离金本位制后实体经济和股市都实现了强势复苏的现实，因此在评价美国中止金本位制的影响问题上，货币主义者的某些观点也无法自圆其说。

1934—1936年，美国货币存量迅速增长。如表4-4（d）所示，这3年中第4列和第7列的总和几乎为零。从数据来看，美联储在这段时间采取的政策措施，一方面是要降低货币贬值对货币基础的影响，另一方面又允许欧洲黄金流入美国并扩大美国的货币基础。这些自相矛盾的政策措施表明，1933年之后，美国的货币决策者在某种程度上仍受金本位制框架的束缚。正如1992年克里斯蒂娜·罗默所述，美国货币存量复苏性增长主要得益于黄金流入美国，而不是由于美联储采取了积极有效的货币政策。

世界总量

现在我们对单体国家的货币发展情况已经有了基本了解，但这些国家的情况是如何错综交织并对世界产生影响导致全球货币存量减少的呢？为了回答这个问题，有必要研究分析表4-5所示的世界总量情况，我们加权平均了表4-4所列的法国、德国、英国、美国这4个国家的数据以及加拿大、日本和瑞典这3个国家的数据。

从表4-5第2列可以看出世界总量名义存量的变化情况。从1928年第二季度到1929年第一季度，世界加总的货币存量有所增长，随后一年时间基本保持稳定，然后持续下滑。我们按照从这一年年末到下一年年末的样本时段进行计量，结果发现，1930年世界加总的货币存量下降了约4个对数点，1931年下降了约11个对数点，1932年下降了约3个对数点，1933年上升了约2个对数点。从1934年开始，世界加总的货币存量开始加速增长，1934年增长了约8个对数点，1935年增长了约11个对数点（终于恢复到1928年的水平），1936年增长了约12个对数点。

导致世界货币供给崩溃的原因有很多，但显然世界货币性黄金短缺并不是导致世界货币供给崩溃的原因。从表4-5最右边一列可以看出，从1928年年中到1933年年末，7个样本国家持有的货币性黄金的实际数量增加了20个对数点，到1936年年末累计增加了42个对数点。当时作为商品属性的黄金价格上涨，激发了人们勘探、开采金矿的动力，此外，黄金从"外围"领域流入，如黄金从非货币性用途转移为货币性用途等，这些因素在一定程度上导致货币性黄金数量增加。20世纪20年代初，人们曾悲观地预测，黄金将长期短缺。从事实来看，这种判断极其错误。外汇储备使用减少在某种程度上抵消了货币性黄金储备增长，不过根据表4-5中RES/GOLD这一指标，从数量上看，外汇储备使用减少对世界加总的货币存量的影响微乎其微。外汇储备外流产生的影响极小，这反映出，美国和样本中的其他几个国家都没有巨额外汇储备。

从表4-5可以看出，造成货币紧缩的原因在不同时期各有所异。[①]从样本期之初的1928年一直到1930年，世界加总的货币总量基本持平，这一时期造成通货紧缩的主要原因是货币政策的自由裁量权，从货币基础与国际储备的比率这一指标可以大致衡量出货币政策的自由裁量权。表4-5中SHARE指数用以衡量黄金分布不均情况。黄金在各个国家的物理存量并没有按照相关国家在世界经济中的重要性成比例地分布，这也产生了一些负面影响。但由于这一时期货币性黄金总量不断增长，一定程度上冲淡了黄金分布不均的负面影响。将表4-5与表4-4进行比较可以看出，1930年全球货币增长缓慢，主要原因是美国、德国和法国对流入的黄金采取冲销措施，其中法国冲销力度相对较小。

然而，从1931年春开始，货币收缩的性质发生了根本变化。从1930年年末到1931年年末，银行危机的爆发导致货币乘数M1/BASE下降超

[①] 读者们应谨记，美国在世界加总综合指数中占据约50%的权重，分量极重。

过 15 个对数点，此后持续下降。SHARE 指数大幅下降，显著反映黄金分布不均效应，1931 年 SHARE 指数下降了 18 个对数点，1932 年又下降了 8 个对数点。如表 4-4 所示，这一时期黄金大量地从德国和英国流出，主要流向法国，这是导致黄金分布不均效应的主要原因。相比之下，这一时期美国的黄金存量相对保持稳定。

外汇储备外流及黄金分布不均效应等因素抑制了世界加总的货币存量增长，不过从 BASE/RES 比率的加权平均值看，由于这一指标可以反映货币政策的自由裁量权情况，因此表 4-5 中的相关数据表明，这一时期各国货币政策的自由裁量权极度扩张，特别是德国、日本和瑞典。[①] 然而，如表 4-5 所示，尽管通过运用货币政策的自由裁量权最大限度地使国内货币条件不受国际储备数量的影响，也就是让国内货币供给与国际储备脱钩，仍无法阻止世界加总的货币存量于 1931 年和 1932 年大幅度收缩。和美国的情况一样，从样本期之初的 1928 年一直到 1931 年年初，世界货币紧缩也可以称为"自作自受，咎由自取"。而随后两年，世界货币紧缩情况更是越发严重，已经被一种"不可控力"紧紧扼住。

1933—1936 年的世界加权平均数据即世界总量数据情况，不能反映各个国家的货币发展历程，更不能体现金本位制国家和非金本位制国家之间的货币发展差异。总的来说，这一时期，黄金的货币性价格上涨造成的贬值效应，以及通过货币基础与国际储备的比率反映出的扩张性货币政策的效应，要远远大于黄金分布不均的效应，也在一定程度上战胜了货币乘数持续下滑的影响。

---

① 当然，货币基础与国际储备之比的提高可以是主动的，比如央行在公开市场进行买卖；也可以是被动的，比如黄金外流被冲销。然而，这两种情况都反映了一种将国内货币状况与国际储备数量脱钩的政策。

第五节　结论

在本文中，我们把20世纪30年代的世界通货紧缩情况分解为几个主要指标，每项指标是导致世界通货紧缩情况的主要原因，如实际货币余额变化情况；货币乘数变化情况，这项指标与银行业情况密切相关；货币基础与国际储备比率变化情况，这项指标可以反映货币政策自由裁量权运用情况，以及对流入或流出的储备实施冲销的程度；外汇储备使用变化情况；黄金在世界各国的分布变化情况；以及平价的变化情况。这种研究方法相对简单易行，也较为合理。

我们的研究结果印证了早期文献的一些结论，同时也提出了一些新问题以供未来进一步深入研究。我们最重要的一项发现是，在大萧条期间货币因素发挥了重要作用。1931年是极为关键的一年，在此之前与在此之后发生的货币紧缩，原因完全不同。1931年之前，黄金储备盈余国家对流入的黄金实施冲销政策是导致通货紧缩的主要原因，这其中最主要的是美国，其次是法国。1931年金融危机之后，局势失控，货币乘数和黄金分布问题是两大罪魁祸首。货币乘数是最能反映商业银行问题的指标，在这一时期这一指标急剧下降，黄金分布也日益不均。1931年之后，总体而言，各国货币政策的自由裁量权有所扩张，通过货币基础与国际储备的比率这一指标可以反映货币政策的自由裁量权。然而，除了极少数几个放弃金本位制后采取非常激进的通货再通胀政策的国家，改变货币政策所带来的积极推动力量，根本无法抗衡之前错误的货币政策所释放出的强大的通货紧缩力量。

数据附录

批发价格

资料来源：国际联盟，《统计月报》，以 1929 年为基准年。所有数据序列均根据 1929 年基准年情况进行校准，统计篮子里的商品也根据 1929 年基准年情况进行了适当调整。因波兰部分数据无法获取，波兰批发价格指数数据从 1931 年 1 月开始。

消费者价格

资料来源：美国的数据来源于美国国家经济研究局（NBER）发布的《宏观历史数据集》（序列号 04128）。

其他国家的数据来源于国际联盟《统计月报》，以 1929 年为基准年，所有数据序列均根据基准年情况做出适当调整。

从 1928 年 6 月至 1931 年 9 月，法国和瑞典的季度数据运用几何插值法获取。

法国的消费者价格指数使用首都巴黎的数据，波兰的消费者价格指数使用首都华沙的数据。

波兰的消费者价格指数数据从 1931 年 1 月开始，日本的消费者价格指数数据从 1932 年 1 月开始。

流通中的纸币

资料来源：美国的数据来源于弗里德曼和施瓦茨 1963 年的研究，详见弗里德曼和施瓦茨 1963 年的研究论文表 A-1 的第 1 栏"公众持有的货币"。

加拿大的数据来源于梅特卡夫（C. Metcalf）、雷迪什（A. Redish）和希勒（R. Shearer）1998 年的研究报告。

其他国家的数据来源于国际联盟的《统计月报》。

银行准备金

资料来源：美国的数据来源于弗里德曼和施瓦茨 1963 年的研究，详见弗里德曼和施瓦茨 1963 年的研究论文表 A-2 的第 3 栏 "银行准备金"。

加拿大的数据来源于梅特卡夫、雷迪什和希勒 1998 年的研究报告。

其他国家的数据来源于《联邦储备公报》中《外国中央银行情况》部分。

存款

资料来源：美国的数据来源于弗里德曼和施瓦茨 1963 年的研究，详见弗里德曼和施瓦茨 1963 年的研究论文表 A-1 的第 2 栏 "调整后的商业银行活期存款"。

加拿大的数据来源于梅特卡夫、雷迪什和希勒 1998 年的研究报告。

法国的数据来源于帕塔（J. P. Patat）和卢特法拉（M. Lutfalla）1986 年及 1990 年对法国商业银行存款总额情况的研究。

德国和日本的数据，1931 年之前的数据来源于《联邦储备公报》；1931 年之后的数据来源于国际联盟《统计月报》。两个数据序列重叠部分进行了技术处理。日本有两个存款数据序列，一个数据序列是经过校准的从 1934 年 2 月开始的数据序列，另一个时间较早的数据序列未经校准，我们对这两个数据序列进行了技术处理。德国部分月度数据缺失，主要是 12 月和 1 月的数据缺失，我们运用几何插值法进行了填充。

波兰只能找到 1931 年以后的数据，相关数据来源于国际联盟《统计月报》。

瑞典从样本期初始时期到 1931 年，相关数据为存款总额，包括存款银行的储蓄存款和通知存款，数据来源于《联邦储备公报》；1931 年之后的数据，主要指存款和支票账户，数据来源于国际联盟《统计月报》。我们对这两个数据序列重叠部分进行了技术处理。

黄金存量

资料来源：1943 年《美联储理事会报告》第 544—555 页。各国黄金实际数量的计算方法是，用以美元计量的黄金存量价值除以美国官方黄金价格，1934 年 1 月至 1934 年 1 月，美国官方黄金价格为每盎司 20.67 美元，之后为每盎司 35 美元。

外汇储备

根据国际联盟《黄金法》，日本、英国和美国不得使用外汇储备来支持其货币，相关情况可参阅艾肯格林 1990 年的论著第 248 页。因此，这三个国家所持有的国外资产没有被视为国际储备。

加拿大直到 1935 年才成立中央银行，1935 年之前，加拿大国外资产数据采用的是其商业银行持有的国外资产净头寸。这个数据序列波动剧烈、极不稳定，甚至有时为负数，将其视为国际储备实为无奈之举。

德国、法国、波兰和瑞典的数据均来源于国际联盟《统计月报》，但相关定义略有差异，德国外汇储备只指特定资产，法国外汇储备包括即期可获得的国外资金加上外国票据和其他短期国外资产，波兰和瑞典外汇储备指国外资产。

平价

资料来源：1943 年美联储理事会报告第 528—535 页。

中央银行贴现率

资料来源：国际联盟《统计月报》，月末数据。加拿大 1935 年 3 月以前的数据无法获取。

美国中央银行贴现率是指 12 家联邦储备银行票据贴现平均利率。

工业产值

资料来源：国际联盟《统计月报》。

英国的季度数据是根据邹至庄（Gregory C.Chow）和 An-loh Lin 1971 年的插值法获取的煤炭、生铁和钢材产值的月度数据。所有数据序列均根据 1929 年基准年的变化情况做了相应调整。

日本工业产值数据从 1930 年 1 月开始，波兰工业产值数据从 1931 年 1 月开始。

国家权重

构建世界总量（ω_i）的权重主要根据 1928 年各国实际 GDP 的相对值。此数据来源于安格斯·麦迪逊 1982 年的研究，详见麦迪逊 1982 年的研究报告表 A-2、表 A-3、表 A-7。

统计中包含日本时，各国具体权重如下：加拿大 0.030，法国 0.098，德国 0.158，日本 0.077，瑞典 0.015，英国 0.134，美国 0.488。

统计中不包含日本时，各国具体权重如下：加拿大 0.032，法国 0.11，德国 0.17，瑞典 0.016，英国 0.145，美国 0.528。

季节性调整

我们运用对月度虚拟变量进行回归的方法，对用对数表示的货币存量和货币基础序列数据进行了季节性调整。样本期从 1928 年 6 月至 1936 年 12 月。因波兰的部分数据无法获取，所以波兰的样本期为 1931 年 1 月至 1935 年 12 月。

第三部分

劳动力市场

第五章

劳动力市场的周期性行为：二战前和二战后的比较[①]

与詹姆斯·L. 鲍威尔合著

第一节 引言

本文对二战前（1923—1939 年）和二战后（1954—1982 年）劳动力市场的周期性行为进行了比较，采用阿瑟·伯恩斯（Arthur Burns）和韦斯利·米切尔（Wesley Mitchell）1946 年提出的经济周期分析法。本文主要在以下两个方面遵循了这一分析法：一是运用相对细分的分解数据[②]，分析两位数代码或三位数代码行业（the two- or three-digit industry）的月度数据，二是我们没有构建结构性模型来检验劳动力市场的周期性变化，而是将关注的重点放在分析相关数据的定性特征上。我们与伯恩斯和米

[①] 本文原载于罗伯特·戈登主编的《美国商业周期》（*The American Business Cycle*），芝加哥大学出版社 1986 年出版。本文版权由美国国家经济研究局所有。感谢弗兰克·布雷克林（Frank Brechling）、肯·罗戈夫（Ken Rogoff）、劳伦斯·萨默斯（Lawrence Summers）等在本文研究过程中给予的帮助。

[②] 分解数据（disaggregated data）与加总数据（aggregated data）相对。——译者注

切尔一样，都认为对数据进行描述性分析是奠定经济周期理论的必要基础。因此，尽管本文没有给出直接的结构性推理①结论，但对相关结构性模型和假说进行了详细阐释。

我们主要研究两个问题，一是在经济周期中，劳动力投入如何周期性地进行变化？我们着重考虑以下因素：用总劳动生产率衡量的劳动力使用强度、每周工作时长和雇用的工人人数，主要考查这些变量在一个经济周期内的变化时间和变动幅度。二是在经济周期中，产出和劳动力投入这两个变量与劳动报酬之间有什么关系，我们主要分析产品工资和每周实际收入以及实际工资的周期性变化。

相关研究结果与劳动力市场周期性变化的主流观点是一致的，我们对这些主流观点进行了梳理和提炼。我们在研究中发现：无论二战前还是二战后，在经济下行时期，关于裁员、缩短工作时长、实际工资周期性变动等方面的具体实践存在显著差异。此外，我们发现，在经济严重衰退时期，劳动生产率会出现异常变动。我们在研究过程中运用了几种不同的方法，使用之前从未被研究过的全新样本数据集，而且这个数据集收集的样本周期覆盖时间较长。通过实证研究，验证了相关领域的主流观点。

本文结构如下：第一节为引言，第二节概述和总结了此前关于劳动力市场周期性变化的实证研究，第三节和第四节详细阐释了本次实证研究所使用的数据集，第五节运用频域分析法对劳动力市场关键变量在经济周期中的变化情况进行分析，第六节运用时域分析法对劳动力市场关键变量在经济周期中的变化情况进行分析，第七节分析了四次极为严重

---

① 结构性推理是指在科学研究中通过现象的横断面结构探讨对象的深层构造。结构性推理模式是根据某一信息启发我们从结构方面提出问题，并寻找问题的答案。结构性推理又可分为周期性的结构性推理与非周期性的结构性推理。——译者注

的经济衰退时期劳动力市场相关变量的具体情况，第八节对本次实证研究进行了总结并给出了研究结论。

第二节 前人的研究：规律和疑惑

迄今为止，关于劳动力市场的周期性行为，已经有大量直接或间接的实证研究。虽然无法穷尽所有的文献资料，但我们在本节里尝试梳理和总结各类文献的主要实证发现和结论。对于相关经济学家解释实证研究结果的情况，我们会进行简要评述。目前经济学界对部分实证研究的相关解释存在分歧，由于本文没有进行结构性分析，只是对相关情况进行白描式的叙述，所以，我们梳理和总结出的规律无法明断经济学界的纷争。

第一节提出了两个问题，第一个问题是劳动力投入随着周期变化的方式，第二个问题是劳动力投入和劳动报酬之间的周期性关系。本节的讨论紧紧围绕这两个问题展开。我们关注的重点不是失业发生频率及持续时间，或者劳动参与率的周期性变化情况。由于二战前的相关数据较难获取[1]，因此我们没有过多关注劳动力市场供给方面的情况，而是重点关注市场需求方面的情况。

劳动力投入的周期性模式

关于劳动力投入随周期变化的实证研究，最早是由美国国家经济研究局在研究经济周期时开展的。韦斯利·米切尔和阿瑟·伯恩斯在实证研

---

[1] 这并不是说二战前没有开展关于劳动力供给周期性方面的实证研究工作，例如，1942 年，沃伊丁斯基（Woytinsky）曾发表一篇内容极佳的论著。

究中不辞辛苦地分析了数百个数据序列，其中包括很多劳动力市场变量，并得出了相关实证结论，例如米切尔在1951年发现，就业、每周工作时长与产出这三个经济变量之间具有高度相关性。

美国国家经济研究局的一项早期研究表明，在一个经济周期里，每周工作时长这一指标强有力地引领着产出和就业这两个变量随经济周期变化，有关情况可参阅杰夫里·摩尔（Geoffrey Moore）1955年的论文以及杰哈德·布里（Gerhard Bry）1959年的文章。随后，每周工作时长成为美国国家经济研究局一个著名的领先指标指数的组成部分。关于美国国家经济研究局的这个领先指标指数，1975年维克托·扎诺维茨（Victor Zarnowitz）和夏洛特·博尚（Charlotte Boschan）进行了深入研究，还对相关指数进行了更新。美国国家经济研究局认为，还有其他一些劳动力市场变量早于经济周期变动，可以确认为领先指标，如就业率、裁员率以及首次申领失业保险率等，具体情况可参阅朱利叶斯·希斯金（Julius Shiskin）1961年的论文。人们发现，就业和失业情况与经济周期同步变化。

美国国家经济研究局在这一研究领域最杰出的贡献当属托尔·胡尔特格伦（Thor Hultgren）1960年发表的论文。在这篇堪称经典的论文中，为了验证米切尔关于劳动力成本的假设，胡尔特格伦收集了23个行业的产出、总工作时长和工资等月度数据，样本时间为1932—1958年。通过研究这些数据，胡尔特格伦发现，每个工人每小时的产出具有顺周期性，也就是说，就业和工作时长随经济周期变动的幅度要小于产出随经济周期的变动幅度。

劳动生产率具有顺周期性，或者说短期劳动报酬递增（SRIRL），这一重大发现催生了大量文献。例如，1960年及1965年埃德温·库（Edwin Kuh）两次发表论文，1962年阿瑟·奥肯（Arthur Okun）发表论文、1964

年奥托·埃克斯坦（Otto Eckstein）和托马斯·威尔逊（Thomas Wilson）发表论文、1965年布雷克林发表论文等等。其中，奥肯著名的"定律"是把短期劳动报酬递增应用于总经济。经济学家们还有其他很多研究，如1966年罗伯特·J.鲍尔（Robert J. Ball）和圣西尔（St. Cyr）发表论文，1967年斯坦利·H.马斯特斯（Stanley H. Masters）发表论文，布雷克林和奥布赖恩（P. O. O'Brien）发表论文，N. J.爱尔兰（N. J. Ireland）和D. J.史密斯（D. J. Smyth）发表论文。从这些论文中可以看出，任何一个工业国，无论其总产出水平高或低，无论是产业工人还是非产业工人，短期劳动报酬递增的现象都普遍存在。

由于新古典主义关于生产要素边际收益递减的假设，短期劳动报酬递增的现象被认为是一个难解之谜。一个被普遍认同的观点是，由于存在特定的人力资本，在经济衰退时期，企业会"窖藏"劳动力，这一点从沃尔特·奥伊（Walter Y. Oi）1962年的论文、罗伯特·索洛（Robert M. Solow）1968年的论文以及雷·费尔（Ray C. Fair）1969年的论文中均可看出。当需求有所恢复时，"窖藏"的劳动力得到更充分的利用，从而产生了劳动回报递增的假象。在实证研究中，劳动力"窖藏"模型近似等同于这样一种模型：对"窖藏"的劳动力存量进行调整的边际成本不断递增，因此企业只能逐步地调整到预期的就业率水平。在布雷克林1965年的论文以及罗伯特·科恩（Robert M. Coen）和伯特·希克曼（Bert G. Hickman）1970年的论文中都可以找到这些观点。然而，这两个模型并不完全相同。还有一个对短期劳动报酬递增现象的解释是，该现象反映了未被经济学家们观测到的资本利用率的变化情况，而资本利用率的变化情况与劳动力投入变化密切相关。这一观点颇为流行，如爱尔兰和史密斯1967年的论文、罗伯特·卢卡斯1970年的论文、索洛1973年的论文、伊沙克·纳迪里（Ishaq Nadiri）和舍温·罗森1973年的论文

（Sherwin Rosen）、约翰·塔托姆（John A. Tatom）1980年的论文等均有涉及。

目前最流行的学术观点是，短期劳动报酬递增是企业动态地解决复杂问题所得到的最优结果。在这一过程中，劳动力只是投入的一项成本，还有其他一些投入成本也会发生影响，且这些投入成本都不是一成不变的，而是会一定程度地发生变动。1973年，纳迪里和罗森强调，就业变化率不仅取决于调整劳动力存量的成本，还取决于调整其他投入的成本，比如调整存货的成本及改变劳动力利用率的成本。1981年，凯瑟琳·莫里森（Catherine Morrison）和厄恩斯特·伯恩特（Ernst Berndt）指出，即使劳动本身是一个完全可变的因素，其他影响因素相互作用也可能导致短期劳动报酬递增现象。

总而言之，基于胡尔特格伦开创性的论文，后人进行了深入研究，贡献了新的发现。主要成就体现在两个方面：一是关于短期内就业对产出变化做出的调整较为迟缓，以及经济周期中就业与工时、库存和其他生产要素的关系等问题，1965年布雷克林、1973年纳迪里和罗森、1974年西姆斯等，都进行了大量研究并形成了实证材料；二是本文构建的关于企业相关投入利用率的动态优化模型，在研究过程中考虑理性预期，已被证明是相关领域最有效、使用最便捷的研究工具。1978年托马斯·萨金特、1982年罗伯特·平代克（Robert Pindyck）和朱利奥·罗特伯格（Julio Rotemberg）对本文模型进行了述评。

关于劳动力投入的周期性行为，我们可以做出如下总结：就业、每周工作时长、生产率等均具有顺周期性。在整个经济周期中，就业、工时、产出等变量都会发生变化，但就业、工时的变化幅度小于产出的变化幅度。在经济周期中，每周工作时长的变化早于产出变化；就业有时与产出同步变动，有时略落后于产出变动。

经济周期中的劳动报酬

关于经济周期中劳动力投入的变化情况，已有定性结论。但目前还没有对劳动报酬（特别是实际工资）的周期性变动情况进行精准画像，定量研究方面众说纷纭。1936年凯恩斯指出，由于边际收益递减，劳动的边际生产率是反周期的，因此实际工资应该也是反周期的。[①]凯恩斯的这一论断引发了关于实际工资的争论。1938年约翰·邓洛普（John Dunlop）、1939年洛里·塔希斯（Lorie Tarshis）分别进行了实证研究，认为凯恩斯的观点是错误的。邓洛普和塔希斯的研究促使凯恩斯1939年发表声明，声称反周期的实际工资并非其理论的核心要义。1969年罗纳德·博德金（Ronald Bodkin）对邓洛普和塔希斯的研究进行了批判。

二战后相关研究没有解决实际工资的周期性问题。在汗牛充栋的研究文献中，人们可以找到支持顺周期性的论文，如博德金1969年的论文、艾伦·斯托克曼（Alan Stockman）1983年的论文；也可以找到支持反周期的论文，如萨利赫·内夫特奇（Salih Neftci）1978年的论文、萨金特1978年的论文、大谷一郎（Ichiro Otani）1978年的论文、罗伯特·奇里科（Robert S. Chirinko）1980年的论文；还可以找到支持无周期性的论文，如帕特里克·吉尔里（Patrick Geary）和约翰·凯南（John Kennan）1982年的论文。1980年，约瑟夫·阿尔通吉（Joseph Altonji）和奥利·阿申费尔特（Orley Ashenfelter）认为，关于实际工资的最佳统计模型是随机游走。我们认为，没有必要对这些文献内容进行详细比较，因此，我们只列明了这些文献中涉及的主要方法。

首先，经济学家们发现，名义工资被相关指数平减是决定结果的重

[①] 1969年博德金指出，1925年法国经济学家雅克·吕夫（Jacques Rueff）曾提出这一结论。

要因素。这些指数包括产出价格指数（如批发价格指数）、生产价格指数、生活成本指数（如消费者价格指数）等，相关情况可以参阅理查德·拉格尔斯（Richard Ruggles）1940年的论文、博德金1969年的论文以及吉尔里和凯南1982年的论文。这其中有一定的合理因素，从概念上来说，工资除以产出价格（以下称为"产品工资"）相当于劳动力的"需求价格"，而工资减去生活费用（以下称为"实际工资"）相当于"供给价格"。不难判断这两个变量在何种条件下将发生短期变化。不过，在各种不同的研究中，这些变量并没有出现系统性的变化。

其次，对于是否可以利用实际工资与产出或就业的同期相关性来衡量实际工资的周期性还存在着争议。内夫特奇1978年的论文、萨金特1978年的论文，以及金·克拉克（Kim B. Clack）和理查德·弗里曼（Richard B. Freeman）1980年的论文均认为，由于工资与就业之间的关系一直在复杂、动态地变化，因此有必要通过一些超前项和滞后项来研究这两者之间的相关性。

最后，人们发现，关于工资短期变动行为的实证结果对加总的偏差较为敏感，斯托克曼1983年的论文指出，工资短期变动行为对个人的加总偏差敏感，奇里科1980年的论文指出，工资短期变动行为对加总行业数据产生的偏差非常敏感。

实际工资和经济周期的关系明显非常微弱，这对一些著名的关于周期性波动的理论提出了挑战，相关情况可参阅阿尔通吉和阿申费尔特1980年的论文以及阿申费尔特和卡德1982年的论文。不过，在对工资和经济周期的弱相关性与就业短期波动理论进行调和统一的过程中，出现了一些很有意义的研究成果，如索洛和施蒂格利茨1968年的论文以及巴罗和格罗斯曼1971年的论文提出了经济周期的非均衡模型，1980年罗伯特·霍尔在论文中提出利用分析合约的方法来分离短期劳动力资源配置中的工资支付因素，以及卢卡斯1970年的论文提出生产能力和工作超时理论等。

尽管大量的研究与实际工资和产品工资有关，但它们并不是经济周期中衡量劳动报酬的唯一指标。米切尔很早就提出，单位劳动力成本在经济周期中发挥着重要作用。胡尔特格伦在1960年和1965年的研究中发现，劳动力成本滞后于经济周期，与米切尔的预测较为一致。美国国家经济研究局的研究员们分析了其他一些衡量劳动报酬的指标，如1961年希斯金指出，名义劳动收入与经济周期同步变化。

关于名义工资的研究已经较为充分。1950年，美国国家经济研究局的研究员丹尼尔·克里默（Daniel Creamer）在一篇论文中对1919—1931年部分行业的月工资率以及1919—1935年的总工资率进行了研究。其最重要的结论是，名义工资率至少会滞后经济活动9个月的时间。后来的经济学家普遍认为，克里默的这一发现有力地说明了工资"黏性"问题。克里默还证明，在经济周期中，工资率指数的变动与每小时平均收入指数的变动较为相似，当缺乏工资率的数据时，这就是一个非常有用的结论。对后续研究名义工资的经济学家来说，工资"黏性"问题非常重要。1980年，萨克斯提出，第二次世界大战后工资变得更加刚性。1982年，罗伯特·戈登提出截然相反的观点，认为二战后美国的工资比英国和日本的工资更具有黏性。

总之，关于如何准确说明劳动报酬的周期性行为的问题，至今仍悬而未决。考虑到工资问题在宏观经济理论中的核心地位，这确实令人遗憾。

第三节 数据

关于二战前及二战后劳动力市场的周期性行为，上一节综述了相关定性的实证结果，重点关注二战前和二战后存在的差异。接下来，我们要从定量分析角度进行实证研究。本节重点阐释我们在实证研究中所使用的数据集，并将该数据集与其他经济学家所使用的数据集进行简单比较。我们使用月度数据，大致可以代表整个行业的水平，二战前的样本期从1923年至1939年，二战后的样本期从1954年至1982年。我们认为，如果要分析相关变量的短期变化行为及相互关系，就有必要使用高频数据。

为顺利实现研究目的，我们在研究之初就构建了总产值指数，但从运行效果看，总产值指数质量并不高。如果使用行业数据，可以减少加总偏差，也不必使用总产值指数。实际上，自从胡尔特格伦开创这项研究以来，除1969年费尔之外，很少有人在研究中使用月度行业数据。近期相关研究中也很少使用二战前的数据。即便偶有几例使用二战前数据的，往往使用的也是高度加总的年度数据。

可供我们选择的变量较多，考虑到数据的可获得性和经济相关性，我们最终决定选取以下变量：

IP——行业产出或产值；

EMP——就业（产业工人人数）；

HRS——每个产业工人每周工作时长；

$PROD$——生产率 = $IP/(EMP \times HRS)$；

WR——每小时平均收入（名义收入）除以生活成本指数，即"实际工资"；

WP——每小时平均收入除以行业批发价格，即"产品工资"；

EARN——每个产业工人每周的实际收入 = HRS×WR。

在实证研究中，我们重点关注这些变量的对数差分而不是具体数值，主要是月增长率情况。上述大写缩写字母显示的是相关变量的对数差分形式。

我们收集了部分行业相关变量的数据，其中包括二战前8个制造行业、二战后8个制造行业以及3个非制造业。相关行业具体情况详见表5-1。为了便于对二战前和二战后的相关情况进行比较，我们把二战前的8个制造行业与二战后的8个制造行业进行了大致匹配。不过二战后采矿、公用事业和建筑这3个非制造业并没有二战前的可比数据，但我们认为这3个行业代表了经济的主要部门，而且相对制造业而言，非制造业容易被研究经济周期的经济学家们忽视，因此我们把这3个行业纳入了研究序列。

我们所选择的制造行业相对较为庞杂，对此稍作一些解释。我们选择的8个行业在二战前规模最大，数据较为完整、合理。我们需要工作时长的数据，尽管美国劳工统计局每年调查的行业更多，但该局只对1932年之后的工作时长进行了统计，因此我们只能在全国工业会议委员会定期实施调查的行业里选择。全国工业会议委员会从20世纪20年代初开始就定期对部分行业进行调查，数据更加充分。此外，我们尽量选择可以直接计量实物产出情况的行业，比如有汽车生产数量相关数据的行业，避免选择那些需要通过生产资料（如每个工人生产时长等）投入情况，间接推算出生产情况的行业。当然，二战后行业门类更多，可供选择的范围更广，但为了减轻收集数据和录入数据的压力，我们优先考虑选择与二战前相关行业较为"匹配"的制造业。从就业情况及工业附加值角度看，我们所选择的行业，二战前占制造业总量的五分之一左右，二战后占制造业总量的六分之一左右。

与使用美国劳工统计局的数据相比，使用全国工业会议委员会的数据还有一个优点，那就是全国工业会议委员会提供的二战前的数据从未被系统使用过。美国国家经济研究局在早期研究中仅零星地使用了部分数据，胡尔特格伦1960年的论文则完全没有使用这些数据开展研究。

表 5-1 研究的行业

二战前行业名称	二战后行业名称（标准行业分类代码）
制造业（二战前和二战后的数据）	
1. 钢铁（STEEL）	高炉和钢铁厂（331）
2. 汽车（AUTOS）	汽车和汽车设备（371）
3. 肉类（MEAT）	肉类加工厂（201）
4. 纸和纸浆（PAPER）	纸和相关产品（26）
5. 靴子和鞋子（SHOES）	制鞋类（橡胶类除外）（314）
6. 毛纺织品（WOOL）	纺织和精轧厂，毛纺织品（223）
7. 皮革鞣制和整理（LEATH）	皮革鞣制和整理（311）
8. 木材和木制品（不包括家具）（LUMBR）	木材和木制品（24）
9. 所有制造业（ALL MFG）	所有制造业
非制造业（仅有二战后的数据）	
10. NA（COAL）	烟煤和褐煤开采（12）
11. NA（ELECT）	电气服务（491）
12. NA（CONST）	建筑（无代码）

如果我们仅仅选择那些自20世纪20年代以来一直存在的制造行业进行研究，那么可能倾向于选择那些古老的日益衰微的夕阳行业作为样本，而不能以与时俱进的理念在样本中容纳一些新兴的朝阳行业。不过，我们的研究目的是考察劳动力市场相关变量的周期性行为，而不是预测研判行业未来发展的趋势，而且我们对制造业的夕阳行业和朝阳行业以及非制造行业进行了粗略的比较分析，发现无论选择何种行业，均不会对周期性行为研究结果产生重大影响，因此，我们认为即使对样本行业的选择存在偏差，也不会影响研究结果。

为了对行业发展情况进行比较，我们对二战前和二战后相关制造业的月度数据分别进行了加总。尽管二战前及二战后的行业加总数据远比单个行业数据覆盖面更广，但我们认为这些行业加总数据存在重大缺陷，主要体现在以下几个方面：一是每个行业的周期不同，生硬地将各行业数据进行跨行业加总，相关结果必然存在周期性偏差；二是使用以投入为基础来衡量产出的方法得出的总产值指数不尽合理；三是二战前的产出、价格和劳动力投入情况在二战后出现了一些变化，相关数据的内涵在二战前后不尽一致。所有数据及其来源参见本文数据附录。

第四节 主要的统计结论

本节我们主要探讨原始对数差分数据的特点。我们在研究过程中去除了数据中的季节性周期因素，也剔除了对数差分序列的均值。表5-2和表5-3分别给出了二战前和二战后各个行业各变量的均值。将这些均值乘以100，可以理解为相关变量的月度百分比增长率。

首先观察表5-2中的劳动生产率一栏，可以看出，二战前的平均生产率增长率高于二战后的平均生产率增长率。1923—1939年，8个制造行业中有5个行业的生产率增长率高于1954—1982年，二战前所有制造业的平均生产率也高于二战后所有制造行业的平均生产率。此外，二战前汽车、纸张和纸浆以及钢铁行业的生产率增长率已经达到了相当高的水平。这些数据表明，两次世界大战之间是工业技术转型期，特别是20世纪20年代技术发展日新月异，促使生产成本大幅下降，相关情况可参阅哈里·杰罗姆（Harry Jerome）1934年的论文以及欧文·伯恩斯坦（Irving Bernstein）1960年的论文。二战后，生产率月增长率最大的制造行业当属纸张和相关产品行业，所有行业中生产率月增长率最大的则是电力服务行业。

生产率增长等于产出增长减去就业增长和工时增长之和，即生产率增长＝产出增长－（就业增长＋工时增长）。通过分析生产率增长的具体要素可以得知：二战前，产出增长最快的行业是汽车行业、纸张和纸浆行业；二战后，制造业产出增长最快的行业是造纸行业。如果包括非制造业，在所有行业中，电力服务业产出增长最快。高产出行业也是高生产率行业，战前8个行业的产出增长和生产率增长之间的等级相关系数[①]为0.945，战后11个行业的等级相关系数为0.913。

尽管二战前的20世纪30年代发生了大萧条，但我们的研究表明，二战前制造业的就业增长率仍然超过二战后制造业的就业增长率。具体而言，8个制造业样本中有7个制造行业二战前的就业增长率大于二战后的就业增长率。如果包括非制造业，所有行业二战前的就业增长率也大于二战后的就业增长率，这反映出二战后很多行业长期陷入严重衰退，比如毛纺织行业、皮革鞣制和整理行业以及靴鞋行业，这些行业二战前已经呈现出衰退趋势，二战后衰退加速。钢铁行业在二战前就业增长，但二战后就业萎缩。在所有12个样本行业中，就业增长最强劲的是二战后的2个非制造业，即电力服务业和建筑业。从表5-2的就业一栏可以看出，总体而言，制造业吸收的就业长期持续下降。

生产率增长与产出、就业和工作时长相关。就产业工人的工作时长而言，二战前和二战后的两个样本期表现迥异。二战前，所有行业的每周工作小时数都逐步下降，钢铁行业工作时长下降得更为显著。20世纪20年代初，钢铁行业工作时间超长，普遍每周工作84小时。20世纪20

[①] 等级相关系数：在回归分析中，有时掌握的原始资料没有具体的数据表现，只能用等级来描述某种现象，要分析现象之间的相关关系，就只能用等级相关系数。——译者注

表 5-2　产出、就业、每周工作时长、生产率的月增长率（%）

行业	时间段（年）	行业产出或产值	就业	每周工作时长	生产率
钢铁	1923–1939	0.18	0.07	−0.25	0.35
	1954–1982	−0.12	−0.26	−0.01	0.14
汽车	1923–1939	0.34	0.07	−0.14	0.42
	1954–1982	0.16	−0.09	0.00	0.25
肉类	1923–1939	0.04	0.05	−0.08	0.07
	1954–1982	0.18	0.02	−0.01	0.17
纸和纸浆	1923–1939	0.33	0.06	−0.12	0.39
	1954–1982	0.33	0.03	0.00	0.29
制鞋类	1923–1939	0.01	−0.07	−0.14	0.22
	1954–1982	−0.13	−0.22	−0.01	0.10
毛纺织品	1923–1939	0.04	−0.08	−0.12	0.24
	1958–1982	−0.14	−0.43	0.01	0.28
皮革鞣制和整理	1923–1939	−0.09	−0.14	−0.10	0.15
	1954–1982	−0.17	−0.29	0.00	0.12
木材和木制品（不包括家具）	1923–1939	−0.07	−0.14	−0.10	0.17
	1954–1982	0.18	−0.06	0.01	0.23
所有制造业	1923–1939	0.22	−0.01	−0.12	0.34
	1954–1982	0.27	−0.02	0.00	0.29
煤炭业	1954–1982	0.18	−0.13	0.06	0.26
电力服务业	1954–1982	0.48	0.11	0.00	0.36
建筑业	1954–1982	0.13	0.11	0.02	0.00

年代中后期，由于生产组织方式不断改进和优化，特别是社会民众强烈抗议超长时间工作，产业工人工作时长不断下降。20 世纪 30 年代大萧条时期，部分雇主发起实施"工作分享制"，有的国家则是新政立法或工会强制要求实施"工作分享制"，以有效地减少工人失业问题，因此产业工人工作时长显著下降，相关情况可参阅约瑟夫·蔡塞尔（Joseph S. Zeisel）

1958年的论文。相比之下，二战后产业工人的每周工作时长基本保持稳定状况。

我们通过表5-3来研究反映产业工人劳动报酬的相关指标。尽管从表5-2行业产出或产值这一列可以看出，二战前，8个制造行业中只有5个制造行业的生产率增幅比二战后高，但从表5-3可以看出，二战前所有样本行业的实际工资增长率均比二战后要高。二战前，除鞋类行业外，产品工资也大幅上涨。在主要样本期内，二战前8个制造行业的实际工资增长与生产率增长的等级相关系数为0.815，战后11个行业的等级相关系数为0.864。尽管这两个等级相关系数较高，但还是不如我们之前提及的生产率增长率和产出增长率的等级相关性高。表5-3最后一列每周实际收入这个指标没有充分地反映出二战前产业工人实际工资大幅增长的实际情况。不过，虽然实际工资大幅增长，但由于工作时间急剧减少，产业工人每周实际收入增长要比实际工资增长少得多。

表5-3 实际工资、产品工资和每周实际收入的月增长率（%）

行业	时间段（年）	实际工资	产品工资	每周实际收入
钢铁	1923–1939	0.31	0.29	0.06
	1954–1982	0.16	0.10	0.15
汽车	1923–1939	0.31	0.30	0.17
	1954–1982	0.11	0.16	0.11
肉类	1923–1939	0.29	0.29	0.21
	1954–1982	0.06	0.15	0.04
纸和纸浆	1923–1939	0.24	0.24	0.12
	1954–1982	0.13	0.15	0.13
制鞋类	1923–1939	0.11	−0.01	−0.03
	1954–1982	0.03	0.05	0.02
毛纺织品	1923–1939	0.21	0.20	0.08

（续表）

行业	时间段（年）	实际工资	产品工资	每周实际收入
	1958–1982	0.05	0.31[a]	0.06
皮革鞣制和整理	1923–1939	0.27	0.25	0.17
	1954–1982	0.05	0.03	0.05
木材和木制品（不包括家具）	1923–1939	0.28	0.27	0.17
	1954–1982	0.09	0.13	0.10
所有制造业	1923–1939	0.26	0.27	0.14
	1954–1982	0.09	0.10	0.09
煤炭业	1954–1982	0.12	−0.04	0.18
电力服务业	1954–1982	0.13	0.05[b]	0.13
建筑业	1954–1982	0.09	0.03	0.11

注：a 的时间段为 1958—1975 年，b 的时间段为 1958—1982 年。

表 5-4 和表 5-5 列出了原始对数差分数据的标准差，并把它们乘以 100，这样可以近似地理解为百分比。我们对这些数据本身不做任何评论，但在研究这些数据时我们发现，行业数据变动惊人，但对数据进行加总时，会在某种程度上降低观察到的行业数据变动性。为了搞清楚导致总数据变动的原因究竟有多少与经济周期相关，我们使用了频域技术来消除高频波段及低频波段的方差，消除高频波段主要是消除季节性因素，消除低频波段主要是去除趋势性因素或经济长波因素，由此得到行业产出或产值（IP）、就业（EMP）、每周工作时长（HRS）、生产率（PROD）及实际工资（WR）这 5 个关键变量的标准差，具体数值详见表 5-6。从表 5-6 可以明显看出以下情况：一是无论二战前还是二战后，数据变动与经济周期相关性不大；二是二战后的经济周期波动性大幅减弱；三是在两次世界大战之间，大多数行业每周工作时长的周期性方差明显

小于就业的周期性方差[1]。

表 5-4 产出、就业、每周工作时长和生产率的月增长率的标准差（%）

行业	时间段（年）	产出	就业	每周工作时长	生产率
钢铁	1923–1939	13.40	4.70	6.85	8.00
	1954–1982	16.09	11.53	2.25	7.06
汽车	1923–1939	30.12	10.37	8.13	22.47
	1954–1982	7.80	9.69	4.14	8.69
肉类	1923–1939	9.91	4.03	3.16	7.95
	1954–1982	2.82	1.80	1.84	3.87
纸和纸浆	1923–1939	5.71	1.83	2.47	5.15
	1954–1982	1.83	1.06	0.98	2.06
制鞋类	1923–1939	11.87	3.18	5.39	10.08
	1954–1982	4.05	2.86	2.58	5.63
毛纺织品	1923–1939	12.04	6.09	4.93	8.64
	1958–1982	9.30	2.71	2.01	10.17
皮革鞣制和整理	1923–1939	5.52	2.93	3.52	5.46
	1954–1982	3.39	2.32	1.71	4.82
木材和木制品（不包括家具）	1923–1939	6.80	5.63	4.88	6.79
	1954–1982	2.85	2.47	1.87	3.62
所有制造业	1923–1939	4.70	2.36	2.59	2.92
	1954–1982	3.28	1.36	1.17	2.58
煤炭业	1954–1982	14.00	16.05	8.18	11.74
电力服务业	1954–1982	1.45	0.91	0.91	1.94
建筑业	1954–1982	7.88	6.17	2.87	5.25

根据大多数行业每周工作时长的周期性方差明显小于就业的周期性方差的论断，说明每周工作时长的波动远远小于就业的波动，这一点可以从未经处理的表 5-4 的原始数据看出，也可以在第七节得到验证。这

---

[1] 方差越小数据波动越小，方差越大数据波动越大。——译者注

表 5-5 实际工资、产品工资和每周实际收入的月增长率的标准差（%）

行业	时间段（年）	实际工资	产品工资	每周实际收入
钢铁	1923–1939	2.14	2.24	7.02
	1954–1982	1.32	1.50	2.96
汽车	1923–1939	1.90	2.24	8.32
	1954–1982	1.69	1.87	5.21
肉类	1923–1939	2.24	4.81	3.25
	1954–1982	1.29	4.05	2.43
纸和纸浆	1923–1939	1.30	2.14	2.43
	1954–1982	0.83	3.61	1.36
鞋类	1923–1939	2.70	2.47	5.41
	1954–1982	0.95	1.80	2.60
毛纺织品	1923–1939	2.14	2.97	4.79
	1958–1982	1.06	1.48[a]	2.37
皮革鞣制和整理	1923–1939	1.47	3.03	3.37
	1954–1982	0.92	2.96	2.12
木材和木制品（不包括家具）	1923–1939	4.14	4.74	5.25
	1954–1982	1.32	1.99	2.37
所有制造业	1923–1939	1.24	1.48	2.55
	1954–1982	2.30	2.34	2.69
煤炭业	1954–1982	1.95	2.19	9.04
电力服务业	1954–1982	0.90	1.11[b]	1.44
建筑业	1954–1982	1.05	1.02	2.80

注：a 的时间段为 1958—1975 年，b 的时间段为 1958—1982 年。

个问题值得我们进一步研究。为什么在二战后的经济低迷期，雇主们更倾向于通过裁员的方式而不是缩短工作时长的方式来减少劳动力投入？这可能有两个主要原因：一是二战后工会的作用日益凸显，二是失业保险计划颁布实施。根据工会的职责目标，与其普遍地减少产业工人的工作时间，不如裁减一部分初级的非熟练工人。1979 年，詹姆斯·梅多夫

表 5-6　5 个变量的月增长率的标准差（%）：经济周期频率（12~96 个月）

行业	时间段（年）	行业产出或产值	就业	每周工作时长	生产率	实际工资
钢铁	1923–1939	3.96	1.59	1.73	1.53	0.59
	1954–1982	2.28	1.05	0.48	1.15	0.27
汽车	1923–1939	4.54	2.72	1.46	2.93	0.36
	1954–1982	1.85	1.43	0.47	0.77	0.31
肉类	1923–1939	1.66	1.05	0.49	1.01	0.49
	1954–1982	0.46	0.27	0.19	0.36	0.21
纸和纸浆	1923–1939	1.33	0.60	0.65	0.76	0.36
	1954–1982	0.56	0.30	0.16	0.27	0.14
鞋类	1923–1939	1.26	0.47	0.94	0.78	0.68
	1954–1982	0.71	0.39	0.38	0.60	0.17
毛纺织品	1923–1939	3.16	1.69	1.06	0.99	0.67
	1954–1982	1.56	1.01	0.61	1.74	0.22
皮革鞣制和整理	1923–1939	1.19	0.97	0.77	0.82	0.47
	1954–1982	0.59	0.49	0.22	0.52	0.14
木材和木制品（不包括家具）	1923–1939	1.75	1.48	0.85	1.19	0.70
	1954–1982	0.87	0.61	0.21	0.44	0.23
所有制造业	1923–1939	1.53	0.97	0.67	0.48	0.33
	1954–1982	0.60	0.39	0.15	0.21	0.20
煤炭业	1954–1982	0.92	0.71	0.61	0.84	0.25
电力服务业	1954–1982	0.22	0.16	0.10	0.28	0.13
建筑业	1954–1982	0.69	0.75	0.21	0.77	0.15

（James L. Medoff）开展了横切面研究[1]，他指出，工会更倾向于裁员，并给出了相关例证。在此项研究中，梅多夫引用了 1960 年萨姆纳·斯利克特（Sumner H. Slichter）、詹姆斯·希利（James J. Healy）、罗伯特·利弗

---

[1] 横切面研究（cross-sectional study）是对特定时点、特定范围的相关情况及有关原因进行分析和研究。——译者注

纳什（E. Robert Livernash）共同研究的成果，明确指出，有些工会早期支持工作分享制，赞同普遍减少产业工人工作时长，以便为所有希望工作的工人提供就业机会。但是二战后，这些工会的态度发生了变化，普遍转向支持裁员。实际上，比工会作用更大的是失业保险制度。以美国为例，完全失业的工人可以获得政府补偿金，但只要有工作，哪怕处于半失业状态，都拿不到政府的任何救济金。有关具体情况可参阅马丁·尼尔·贝利（Martin Neil Baily）1977 年的论文。

第五节　频域分析

现在我们对经济周期中的就业、每周工作时长、生产率、实际工资、产品工资、每周收入、产出等变量进行研究。通过对收集的样本数据进行频域分析和时域分析，分析研究经济周期的典型特征。进行频域分析时，我们主要根据克莱夫·W. J. 格兰杰和 M. 汉塔纳卡（M. Hatanaka）1964 年提出的方法。进行时域分析时，我们主要根据西姆斯 1980 年提出的方法。这两种方法关系紧密，运用这两种方法所得结果具有高度相似性。本节主要讨论频域分析结果，下一节将讨论时域分析结果。

频域分析和时域分析中使用的数据是剔除了季节性因素的基本数据序列的对数差分。我们主要运用季度性虚拟变量的方法来剔除季节性因素，按照不同的行业以及二战前和二战后两个样本期分别对每个经济变量进行计量回归研究。

根据格兰杰和汉塔纳卡 1964 年提出的在时间序列变量分析中引入频域分析的方法，我们研究的样本数据在经济周期内的频谱虽然较为明显，但很少出现明显峰值。可是根据萨金特 1979 年的论著第 254 页，应该出现明显峰值。因此，我们决定重点研究时间长于 1 年且短于 8 年的经济周期的特征，以剔除季节性因素和其他高频因素影响。根据美国国家经济研究局整理的经济周期年表，我们样本中最长的经济周期从1929年到1937年，共8年时间。对于每个样本期的每个行业，我们详细计算了1～8年频谱波段期间各个经济变量的相干性（coherences）和相位[①]关系。

从表5-7可以看出，在经济周期中，就业、每周工作时间、生产率、实际工资、产品工资和实际每周收入这6个经济变量与行业产出增长率的相干性。表中括号内的数值为相干性估计值的标准差，具体计算方法详见本文附录。相干性是用来度量一对经济变量在一组限定的频率上的关联程度的指标，0表示关联性最小，1表示关联性最大。表5-7显示，在整个经济周期中，就业和工作时长与产出的关系最为密切。生产率和收入也与大多数行业的产出密切相关。实际工资和产品工资与产出之间的关联情况各个行业不尽相同，总体而言，实际工资和产品工资这两种工资与产出之间的联系较弱，二战后更是如此。然而，需要注意的是，无论二战前还是二战后，工资和产出的相干性在统计上较为显著。

表5-7　6个经济变量的增长率与产出增长率的相干性

行业	就业	每周工作时长	生产率	实际工资	产品工资	每周实际收入
二战前数据						
钢铁	0.828	0.883	0.915	0.272	0.230	0.854
	(0.060)	(0.042)	(0.031)	(0.175)	(0.179)	(0.051)
汽车	0.854	0.583	0.692	0.252	0.271	0.568
	(0.051)	(0.125)	(0.099)	(0.177)	(0.175)	(0.128)
肉类	0.773	0.657	0.836	0.541	0.330	0.292
	(0.076)	(0.107)	(0.057)	(0.134)	(0.168)	(0.173)
纸和纸浆	0.661	0.870	0.721	0.610	0.507	0.836
	(0.106)	(0.046)	(0.091)	(0.119)	(0.140)	(0.057)

---

① 相位（phase）是指对一个波而言，特定的时刻在循环中的位置。它是一种是否在波峰、波谷或它们之间具体某点位置的标度。——译者注

（续表）

行业	就业	每周工作时长	生产率	实际工资	产品工资	每周实际收入
鞋类	0.717	0.836	0.651	0.098	0.142	0.794
	(0.092)	(0.057)	(0.109)	(0.187)	(0.185)	(0.070)
毛纺织品	0.934	0.878	0.783	0.449	0.429	0.797
	(0.024)	(0.043)	(0.073)	(0.151)	(0.154)	(0.069)
皮革鞣制和整理	0.754	0.742	0.341	0.473	0.634	0.823
	(0.082)	(0.085)	(0.167)	(0.147)	(0.113)	(0.061)
木材和木制品	0.749	0.784	0.276	0.354	0.659	0.638
（不包括家具）	(0.083)	(0.073)	(0.175)	(0.165)	(0.107)	(0.112)
所有制造业	0.935	0.916	0.567	0.567	0.607	0.902
	(0.024)	(0.031)	(0.128)	(0.128)	(0.119)	(0.035)
二战后数据						
钢铁	0.898	0.895	0.863	0.527	0.180	0.829
	(0.027)	(0.028)	(0.036)	(0.102)	(0.137)	(0.044)
汽车	0.912	0.724	0.479	0.733	0.578	0.809
	(0.024)	(0.067)	(0.109)	(0.065)	(0.094)	(0.049)
肉类	0.592	0.585	0.618	0.430	0.706	0.648
	(0.092)	(0.093)	(0.087)	(0.115)	(0.071)	(0.082)
纸和纸浆	0.911	0.771	0.856	0.360	0.735	0.672
	(0.024)	(0.057)	(0.038)	(0.123)	(0.065)	(0.078)
鞋类	0.714	0.594	0.503	0.159	0.094	0.590
	(0.069)	(0.092)	(0.106)	(0.138)	(0.140)	(0.092)
毛纺织品	0.418	0.295	0.586	0.252	0.573	0.294
	(0.127)	(0.141)	(0.101)	(0.144)	(0.123)	(0.141)
皮革鞣制和整理	0.620	0.412	0.416	0.164	0.368	0.385
	(0.087)	(0.117)	(0.117)	(0.138)	(0.122)	(0.120)
木材和木制品	0.881	0.845	0.658	0.378	0.489	0.779
（不包括家具）	(0.032)	(0.040)	(0.080)	(0.121)	(0.108)	(0.056)
所有制造业	0.941	0.839	0.684	0.378	0.314	0.693
	(0.016)	(0.042)	(0.075)	(0.121)	(0.128)	(0.073)
煤炭业	0.603	0.710	0.331	0.371	0.063	0.676
	(0.090)	(0.070)	(0.126)	(0.122)	(0.141)	(0.077)
电力服务业	0.290	0.359	0.734	0.287	0.203	0.413
	(0.129)	(0.123)	(0.065)	(0.130)	(0.148)	(0.117)
建筑业	0.568	0.344	0.384	0.274	0.507	0.397
	(0.096)	(0.125)	(0.121)	(0.131)	(0.105)	(0.119)

注：频率带宽为12～96个月，括号内的数值为标准误差。

频域分析也称谱分析，是将时间序列用正弦和余弦的线性组合进行建模的思想，通过这种分析可以较为容易地发现"隐藏"的周期性。频域分析中一个特别有用的方法是计算相位关系。对于某一给定的频率，经济变量随着时间推移沿着正弦曲线变动。变量 A 相对于变量 B "相位超前"（phase lead），就是变量 A 沿着正弦曲线路径到达给定点后，变量 B 到达相应点所需要的月数。如果一个变量相对于产出的超前相位接近于 0，我们就认为这个变量是"顺周期的"；如果一个变量相对于产出的超前相位约为整个周期的一半，我们就认为这个变量是"反周期的"。不过，关于相位超前的解释，约翰·豪斯（John C. Hause）在其 1971 年的论文中提出了一些不同意见。

从表 5-8 可以看出就业、每周工作时间、生产率、实际工资、产品工资和实际每周收入这 6 个经济变量相对于产出增长率的超前相位以及标准误差。相位超前情况以 54 个月为周期的频率进行评估，之所以设定 54 个月为一个周期，是因为这样的周期恰好处于我们所考虑的区域范围的中心位置。研究发现，就业、工作时长和收入均为顺周期的。生产率也基本是顺周期的，特别是二战后更为明显。与二战后相比，二战前生产率相对于产出的超前相位更大。工作时长的相位也超前于产出，但与生产率相对于产出的超前相位相比，工作时长的超前相位相对略小。就业相对于产出的相位则要滞后几个月。收入与产出的相位大体一致。无论在二战前还是在二战后，生产率、工作时长、产出和就业这 4 个变量之间的相互关系基本保持稳定，只不过在时序上存在一些细微差异，这与其他经济学家之前研究所得结论基本一致。结合第二节讨论的企业动态优化模型，生产率、工作时长、产出和就业这 4 个变量之间的相互关系实际上蕴含着一个简单的经济学原理：需求变化是经济周期发生变动的主导因素。1977 年，马丁·尼尔·贝利在其论文中提到这样一个例子：

根据企业动态优化模型，预期需求增加的企业会增加非劳动要素的投入，与此同时也会增加劳动，从而促进生产率提高。需求增加，工作时间也会延长。如果企业预期需求持续增长，企业还会大规模招聘员工，也会投入资金对员工进行培训。尽管我们没有进行结构性测试，然而，无论对何种行业而言，也无论是二战前还是二战后，经济周期受需求变动支配这一结论都是适用的。

表5-8　6个经济变量的增长率相对于产出增长率的超前相位（以月为单位）

行业	就业	每周工作时长	生产率	实际工资	产品工资	每周实际收入
二战前数据						
钢铁	−4.7	1.8	2.3	−5.3	−0.3	1.2
	(1.11)	(0.9)	(0.7)	(5.7)	(6.9)	(1.0)
汽车	−0.5	10.4	−2.9	−10.6	−6.0	9.8
	(1.0)	(2.3)	(1.7)	(6.2)	(5.8)	(2.4)
肉类	−6.0	2.2	4.6	−22.2	−7.6	−5.1
	(1.3)	(1.9)	(1.1)	(2.5)	(4.7)	(5.3)
纸和纸浆	−7.3	2.4	2.3	−19.3	26.5	−0.5
	(1.8)	(0.9)	(1.6)	(2.1)	(2.8)	(1.1)
鞋类	−6.3	−2.4	9.0	−11.5	9.0	−3.0
	(1.6)	(1.1)	(1.9)	(16.6)	(11.3)	(1.2)
毛纺织品	−2.6	2.1	2.7	−15.8	24.7	−0.6
	(0.6)	(0.9)	(1.3)	(3.2)	(3.4)	(1.2)
皮革鞣制和整理	−5.7	2.8	11.1	−14.6	26.5	−0.7
	(1.4)	(1.5)	(4.5)	(3.0)	(1.9)	(1.1)
木材和木制品（不包括家具）	−3.8	2.0	11.2	−19.1	27.0	−0.7
	(1.4)	(1.3)	(5.7)	(4.3)	(1.9)	(2.0)
所有制造业	−3.9	2.3	9.3	−11.6	−19.5	−0.3
	(0.6)	(0.7)	(2.4)	(2.4)	(2.1)	(0.8)
二战后数据						
钢铁	−2.8	1.1	2.2	3.1	9.3	1.6
	(0.6)	(0.6)	(0.7)	(2.0)	(6.6)	(0.8)
汽车	−2.5	4.5	5.0	3.6	3.9	4.1
	(0.5)	(1.2)	(2.2)	(1.1)	(1.7)	(0.9)

（续表）

行业	就业	每周工作时长	生产率	实际工资	产品工资	每周实际收入
肉类	−4.1	2.3	1.8	0.1	−1.6	1.3
	(1.7)	(1.7)	(1.6)	(2.6)	(1.2)	(1.4)
纸和纸浆	−4.4	2.1	3.9	7.2	10.0	3.5
	(0.6)	(1.0)	(0.7)	(3.2)	(1.1)	(1.3)
鞋类	−5.9	1.6	3.8	−7.6	11.9	0.8
	(1.2)	(1.7)	(2.1)	(7.6)	(12.9)	(1.7)
毛纺织品	−3.4	−1.0	1.5	4.9	24.3	0.5
	(2.8)	(4.1)	(1.8)	(4.9)	(2.0)	(4.1)
皮革鞣制和整理	−2.3	3.5	1.7	−5.4	12.4	1.8
	(1.5)	(2.7)	(2.7)	(7.3)	(3.1)	(2.9)
木材和木制品（不包括家具）	−3.9	2.0	6.4	−1.2	25.7	1.0
	(0.7)	(0.8)	(1.4)	(3.0)	(2.2)	(1.0)
所有制造业	−2.4	2.1	4.4	0.7	8.4	1.6
	(0.5)	(0.8)	(1.3)	(3.0)	(3.7)	(1.3)
煤炭业	−5.1	−0.1	9.1	−10.4	−21.3	−1.7
	(1.6)	(1.2)	(3.5)	(3.0)	(19.2)	(1.3)
电力服务业	−16.0	−0.3	1.9	2.8	−5.4	1.3
	(4.0)	(3.2)	(1.1)	(4.1)	(4.9)	(2.7)
建筑业	−4.2	4.2	5.0	11.6	12.3	6.7
	(1.8)	(3.3)	(2.9)	(4.3)	(2.0)	(2.8)

注：频率带宽为 12~96 个月，括号内的数值为标准误差。

从跨行业和跨样本时间段的情况看，工资和产出的关系不具有稳定性。二战前和二战后工资变动存在明显差异。我们重点考察了实际工资情况。二战前，实际工资明显滞后于产出，从频域分析的相位来看，实际工资滞后于产出的程度虽还不足以被称为是反周期的，但至少一半波幅不同步。[①] 关于这方面有一个众所周知的例子：1931—1932 年，尽管产出和就业大幅下降，但实际工资仍实现了正增长。不过二战后，实际工

---

① 这种情况不禁让人想起克里默 1950 年的论文中关于名义工资水平的相关论断。参见第二节。

资几乎一直是顺周期的，处于与经济周期同步的状态，部分行业的实际工资甚至领先于经济周期。

为什么二战前和二战后实际工资的周期性行为会发生变化？要想找到关于这个问题的一个令人满意的答案，需要构建一个明确的模型。不过我们打算另辟蹊径，通过一个相对简单却富有启发性的例子，说明二战前后实际工资周期性行为发生变化的原因与裁员密切相关。之前我们已经阐释过，二战后，通过普遍减少工作时长以使更多工人获得工作机会的工作分享制已不再受推崇，取而代之的是冷冰冰的无情裁员。

只要不可能把一个人的工作在不同的雇主中无限地进行切分，那么下面的例子就具有一定的代表性。假设由于存在固定成本，每个工人一次只能从事一份工作，那么劳动力市场不是由小时工资来出清的[①]，而是由工作中工人可用的总效用来出清的。

假设工人从实际总报酬 Y 中获得正效用，从每周工作时间 H 中获得负效用。为简单见，假设收入和闲暇的边际效用都是常数，那么 t 时刻的瞬时效用 U_t 可以表述成：

$$U_t = Y_t - \alpha H_t \tag{1}$$

其中 α 是参数。

为了留住劳动力，企业必须为工人提供 (Y_t, H_t) 组合，使工人的效用等于或大于 $\overline{U}$，这里 $\overline{U}$ 是指工人从其他地方可以获得的外生的效用水平。因为波动和 $\overline{U}$ 都是顺周期的，假设经济周期是规律的，可得下式：

$$\overline{U}_t = \overline{U}_0(1 + a\sin t) \tag{2}$$

其中，$\overline{U}_0$ 是可获得的平均效用水平，a 是衡量 $\overline{U}$ 的周期敏感性的正参数。

企业在综合考虑生产函数的性质、特定人力资本或调整商品成本等

[①] 劳动力市场出清意味着供求均衡。——译者注

情况下,通过计算最大化问题,从满足外部效用约束的组合中决定提供何种(Y_t, H_t)组合。在这个很有启发性的例子中,我们没有明确设定企业的最大化问题,而是简单地预期每周工作时长这个经济变量是顺周期的。这个假设其实非常符合实际,从而可得下式:

$$H_t = H_0(1 + b\sin t) \tag{3}$$

其中,H_0 是在整个经济周期的每周平均工作时间,b 衡量每周工作时间的周期敏感度。可以把方程(3)看作一个简化形式,其中参数 b 取决于其他参数。

假设实际收入恰好可以满足外部效用约束,根据以上三个方程,可知表示每个工人实际收入的周期性行为的方程是:

$$Y_t = (\overline{U}_0 + aH_0) + (a + ab)\sin t \tag{4}$$

平均收入 $Y_0 = \overline{U} + aH_0$。

在这个案例中,实际工资 W_t 等于 Y_t/H_t。在什么条件下,实际工资对外生的周期具有正的敏感性?也就是说,实际工资才会是顺周期性的?易证,实际工资具有顺周期性的充分必要条件是:

$$a > b \tag{5}$$

也就是说,如果保留效用[①]对经济周期的敏感性大于工作时间对经济周期的敏感性,那么工资这个经济变量就是顺周期的。

我们在研究中发现,很难判断保留效用的周期性敏感性是否会随着时间的推移发生变化,也许二战后保留效用的周期性有所减弱,但这并不符合当前的主流观点。不过,我们在第四节中提出了新的证据,说明二战后工作时间的周期敏感性已有所下降。相关例证表明,在其他条件不变的情况下,工作时间的周期性敏感度降低,与之相伴的是实际工资

---

① 保留效用(reservation utility)是指一个博弈的参与者在没有参与该博弈时能够得到的最大期望效用。保留效用是博弈的参与者参与博弈的机会成本。——译者注

的顺周期性增大。本文研究有两个新的发现：一是二战后工作时间这个经济变量的顺周期性减弱，二是二战后实际工资这个经济变量的顺周期性增强，这两个经济变量之间具有相关性。

还有一个重要的问题是，表5-7和表5-8中描述的周期性关系在长经济周期和短经济周期中是否相同。与之相关的另一个问题是，在研究中运用参考周期[①]是否有用。伯恩斯和米切尔在研究中经常根据一个标准的参考周期的各个阶段来衡量时间关系，而不是根据自然日历时间来衡量时间关系。这种研究方法必须满足一定的前提条件，即周期性的超前关系或滞后关系在周期长度所占的比例恒定，而不是以自然的日历时间度量超前关系或滞后关系时保持恒定，也就是说，无论经济周期是何种频率，相位角必须恒定。

关于这些问题，从表5-9中可以探寻到一些答案。表5-9给出了就业、每周工作时间、生产率、实际工资、产品工资和实际每周收入这6个经济变量相对于产出增长率的超前相位，从3个频率带宽进行考察，一是消除季度性因素的高频带宽（2~12个月），二是短周期（1~2年），三是长周期（2~8年）。我们之所以把经济周期按这样的年限划分为短周期和长周期，是因为我们发现周期在1~2年的频率与周期在2~8年的频率大致相同。我们还对每个经济变量在短周期和长周期之间的相位角进行了统计测试，以检验相关经济变量的相位角的恒定性，相关结果详见表5-9。

从表5-9可以得出两个结论。首先，高频带宽（2~12个月）（表中a行）没有出现明显的系统性特征，但在短周期（1~2年）和长周期

[①] "参考周期"（reference cycles，又译为"基准周期"），是一组"特定周期"的某种平均指标，而这些特定周期都来自特定的微观经济活动或部门的时间序列，这些序列中滤出了季节特征和可能存在的不规则趋势。——译者注

(2～8年)范围内(表中b行和c行),关于超前和滞后的定性模式是相同的,比如,生产率仍然比经济周期超前,就业仍然比经济周期滞后。

其次,我们的研究说明,参考周期的方法有一定的合理性。此外,1983年詹姆斯·斯托克(James H. Stock)提出的对经济周期进行时域形变的研究方法[①]也有一定的道理。参考周期方法隐含着长经济周期和短经济周期之间的相位角恒定的假设,我们在研究过程中发现,除了极个别的数据,大多数研究数据都支持这个假设。极少数不支持这个假设的行业数据主要是二战前肉类加工业、二战前和二战后所有制造业。从数据情况看,超前和滞后与周期长度成正比的假设是合理的。不过也应注意,1971年豪斯在论文中对参考周期提出了一些不同意见,他认为支持参考周期的证据站不住脚,比如,在时域中具有固定的滞后关系的两个经济变量也可能表现出与周期大致成比例的相位关系。

表5-9 6个经济变量的增长率相对于产出增长率的超前相位(以月为单位)

行业		就业	每周工作时长	生产率	实际工资	产品工资	每周实际收入
二战前数据							
钢铁	(a)	-0.4	0.0	0.2	-1.9	2.5	-0.1
	(b)	-1.6	0.6	0.8	2.2	2.4	0.8
	(c)	-5.0	2.1	2.5	-13.8***	-13.5***	-0.4
汽车	(a)	0.3	0.5	-0.2	-1.4	-1.2	0.4
	(b)	-0.3	4.1	-0.9	-2.2	-1.2	4.0
	(c)	0.1	6.6	-3.6	-15.3	-9.4	5.0*
肉类	(a)	-1.0	-0.1	0.2	-2.0	-1.2	-0.2
	(b)	-2.2	0.6	1.1	-8.2	-5.5	0.2
	(c)	-5.8	23.9***	10.4***	-16.1	0.3***	-18.9***

---

① 1983年,斯托克提出了时域形变(time deformation)模型的相关概念,认为经济变量更有可能是随着数据的经济时域而不是随着日历时间发展变化的。时域形变模型需要指定潜在变量在经济时域中所服从的方程以及经济时域和日历时间之间的关系。——译者注

第五章 劳动力市场的周期性行为：二战前和二战后的比较　　227

（续表）

行业		就业	每周工作时长	生产率	实际工资	产品工资	每周实际收入
纸和纸浆	(a)	−1.4	−0.6	0.3	−3.0	−2.4	−0.9
	(b)	−3.1	0.7	0.8	−7.1	−8.9	0.1
	(c)	−4.5	3.4	2.7	−18.1	27.8	−2.7
鞋类	(a)	−0.3	−0.1	0.1	2.8	2.6	0.1
	(b)	−1.9	−0.9	3.0	−7.4	4.4	−1.1
	(c)	−8.6	−1.1	9.8	−5.0	0.6	−2.3
毛纺织品	(a)	0.6	−0.1	0.4	−2.6	−3.4	−0.3
	(b)	−0.6	0.6	0.6	−5.3	−8.9	0.2
	(c)	−4.4	2.9	5.3	−17.5	25.6	−3.5
皮革鞣制和整理	(a)	0.0	−0.1	0.0	1.9	−3.3	0.2
	(b)	−2.4	0.8	3.5	−4.9	8.8	0.1
	(c)	−3.2	4.0	18.7	−15.9	29.5	−4.0
木材和木制品（不包括家具）	(a)	−0.4	0.6	−0.1	−2.6	−3.0	0.4
	(b)	−1.8	0.4	4.6	−7.4	−8.8	−0.5
	(c)	−1.3***	5.7	−0.9*	−5.7	28.8	0.8
所有制造业	(a)	−0.5	−0.1	0.6	3.4	−3.2	−0.1
	(b)	−1.7	0.6	2.3	−3.9	−7.2	0.0
	(c)	−3.3*	3.4	19.9***	−12.8	−20.0	−0.7
二战后数据							
钢铁	(a)	−0.4	0.0	0.1	0.7	0.9	0.1
	(b)	−0.9	0.1	0.5	0.8	0.8	0.3
	(c)	−3.3	2.9***	4.4*	4.7	17.6	3.4
汽车	(a)	−0.2	−0.1	1.7	−0.2	−0.1	−0.1
	(b)	−0.8	1.5	1.6	1.2	2.0	1.4
	(c)	−2.7	4.6	6.1	3.9	−0.7*	4.3
肉类	(a)	−1.3	0.1	0.0	−0.6	−0.4	−0.1
	(b)	−1.3	0.9	0.5	1.0	−0.2	0.9
	(c)	−4.9	1.9	2.4	−5.6*	−2.4	−1.5
纸和纸浆	(a)	0.4	−0.6	0.0	2.7	−2.0	−0.4
	(b)	−1.2	0.3	1.0	−2.8	3.1	0.1
	(c)	−5.5	3.6	5.8*	8.7	12.0	5.8*
鞋类	(a)	0.3	0.5	0.1	1.0	1.2	0.5
	(b)	−1.9	0.9	0.6	−3.5	5.3	0.5
	(c)	−6.7	0.8	8.3	−5.6	10.9	0.1

（续表）

行业		就业	每周工作时长	生产率	实际工资	产品工资	每周实际收入
毛纺织品	(a)	0.0	0.1	0.0	0.5	2.5	0.1
	(b)	−1.9	−1.9	0.5	1.0	−5.2	0.5
	(c)	−2.2	3.7	0.8	7.1	25.2**	4.6
皮革鞣制和整理	(a)	0.7	0.7	−0.1	0.7	1.8	0.7
	(b)	−0.4	1.5	−0.1	−3.3	−8.5	0.7
	(c)	−3.2	3.0	4.2	−2.6	13.3	1.7
木材和木制品（不包括家具）	(a)	−0.2	0.1	0.0	0.4	1.2	0.3
	(b)	−1.4	0.7	1.3	−2.6	−7.7	0.2
	(c)	−6.2	0.8	18.7***	−8.5	29.1	0.2
所有制造业	(a)	−0.0	0.2	0.1	0.6	0.7	0.1
	(b)	−0.7	0.0	1.0	−1.8	2.8	−0.7
	(c)	−2.9	4.7***	9.5**	5.7**	9.3	9.5**
煤炭业	(a)	−0.2	−0.2	0.1	−2.7	−1.6	−0.2
	(b)	−1.1	−0.3	0.7	−3.7	−3.2	−1.1
	(c)	−6.2	0.8	18.7***	−8.5	29.0	0.2
电力服务业	(a)	2.1	0.7	−0.1	−2.2	0.6	0.3
	(b)	−5.7	1.1	0.3	−3.3	−4.4	−0.8
	(c)	−16.5	−9.0*	3.1	8.5***	−0.1	5.2
建筑业	(a)	0.0	0.2	0.0	−3.4	−3.1	0.2
	(b)	−0.8	1.6	0.6	7.0	5.6	3.2
	(c)	−6.7	1.5	8.5	4.9***	10.3**	4.0

注：星号表示频率带宽（b）和频率带宽（c）之间相角[①]差异的 t 检验的显著性，边际显著性水平为 0.10（*）、0.05（**）和 0.01（***）。

（a）：频率带宽 2~12 个月，（b）：频率带宽 12~24 个月，（c）：频率带宽 24~96 个月。

我们在研究中观测到的结论适用于样本中的所有行业，但二战前和二战后的模式存在一些细微差异。1973 年纳迪里和罗森曾运用横切面方法进行研究，发现在耐用消费品行业，生产投入对经济周期变动的反应

[①] 相角（phase angles）是度量相位波形变化的单位，通常用度（角度）衡量。当波形以周期的方式变化，波形循环一周即为 360°。——译者注

极为快速。我们对样本行业进行了分组并也运用了横切面方法进行研究以期有所发现,但观测结果显示,横切面的变化比我们的预期要小得多,我们并没有得到有价值的发现。

为了根据各行业的周期性行为特征对样本行业进行分组,我们对二战前和二战后每个样本行业的产出增长率相对于所有制造业的产出增长率的相干性和超前相位进行了估计计算,相关结果详见表5-10。计算得出一个奇怪的结果:几乎所有的超前相位都是正数,这可能是因为总指数中包含了产出,而对产出的计量主要是基于投入情况。根据相干性估值情况,二战后,经济周期对样本行业的影响日益减弱。与非耐用消费品行业相比,二战后,耐用消费品行业与经济周期的相干性相对更高。而二战前,除了肉类加工业,与非耐用消费品行业相比,耐用消费品行业与经济周期的相干性并没有更高。总的来说,横切面的相似性较为显著,横切面的差异性不大。

表 5-10 各样本行业相对于所有制造行业的产出增长率的相干性和超前相位

行业	时间段(年)	相干性 (标准误差)	超前相位 (标准误差)
钢铁	1923–1939	94.7(2.0)	1.3(0.6)
	1954–1982	64.6(8.2)	0.2(1.4)
汽车	1923–1939	78.0(7.4)	−4.1(1.3)
	1954–1982	78.6(5.4)	0.2(1.0)
肉类	1923–1939	19.5(18.2)	1.2(8.2)
	1954–1982	26.2(13.2)	4.8(4.5)
纸和纸浆	1923–1939	86.7(4.7)	2.3(0.9)
	1954–1982	79.7(5.2)	1.2(0.9)
鞋类	1923–1939	73.9(8.6)	6.7(1.5)
	1954–1982	46.4(11.1)	4.9(2.3)
毛纺织品	1923–1939	80.1(6.8)	3.5(1.2)
	1954–1982	31.9(13.9)	1.4(3.9)
皮革鞣制和整理	1923–1939	75.0(8.3)	0.6(1.4)
	1954–1982	38.8(12.0)	3.7(2.9)
木材和木制品(不包括家具)	1923–1939	88.0(4.3)	1.0(0.9)
	1954–1982	73.9(6.4)	5.3(1.1)

（续表）

行业	时间段（年）	相干性 （标准误差）	超前相位 （标准误差）
煤炭业	1954–1982	28.4(13.0)	−5.4(4.1)
电力服务业	1954–1982	44.7(11.3)	−2.1(2.4)
建筑业	1954–1982	57.4(9.5)	6.3(1.7)

注：频率带宽为 12～96 个月。

第六节 时域分析

上一节我们主要对收集的样本数据进行频域分析，接下来，我们对数据进行时域分析。主要运用向量自回归模型，根据产出、工作时长、就业和实际工资这 4 个经济变量的 12 个月滞后变量值，对二战前和二战后每个样本行业以及所有制造业进行向量自回归。使用的数据是剔除了季节性因素的基本数据序列的对数差分。根据西姆斯 1980 年提出的向量自回归模型，我们做了以下工作：一是观察相关系数在统计上的显著性，以寻求格兰杰因果关系；二是对于 4 个预测维度，我们分别计算出预测误差中有多少来自方程右边变量三角化[①]后的新息冲击[②]；三是通过分析所隐含的脉冲响应函数来确定经济变量之间系统的时序关系。下面简要阐

[①] 特征点三角化（Triangulation）是计量经济模型中一个非常基础的问题，它是根据特征点在多个相机下的投影恢复出特征点的三维坐标。特征点在某个相机中被观测到，根据相机位姿和观测向量可以得到三维空间中的一条从相机中心出发的观测"射线"，多个相机位姿观测会产生多条观测射线，理想情况下这些观测射线相交于空间中一点，求所有观测射线的交点就是特征点在三维空间的位置，这就是三角化最朴素的思想。——译者注

[②] 在时间序列分析中，新息（innovation）是随机性的来源，是模型的基础假设，如果没有这个假设，将无法刻画模型，所以新息很重要。例如我们平时一般会假设误差项服从正态分布，但在实际应用中，人们慢慢地发现误差项并不一定服从正态分布，于是就有了不同的新息的设定。——译者注

释我们所做的这三项工作。

表5-11总结了格兰杰因果检验的结果。每个因变量都有一个矩阵。在每个矩阵中，每一行表示使用向量自回归的行业，每一列给出了被检验的自变量。在每一个矩阵中，1个星号、2个星号或3个星号分别表示自变量的12个月滞后变量在0.10、0.05或0.01的显著水平上联合"解释"因变量对于给定行业和时期的显著程度。如果矩阵中没有星号，则说明给定的回归变量的所有滞后项对因变量的联合解释程度在0.01的水平上也不显著。

表5-11 向量自回归F检验

因变量	行业	自变量			
		产出	每周工作时长	就业	实际工资
二战前数据					
行业	钢铁	**	*		***
	汽车	***		***	
	肉类		**		**
	纸和纸浆			**	
	鞋类	***	**		*
	毛纺织品	*		***	
	皮革鞣制和整理		*		
	木材和木制品（不包括家具）	***	***		***
	所有制造业	***			
每周工作时长	钢铁	***	***	***	***
	汽车		***		
	肉类		**	*	**
	纸和纸浆	***	*		**
	鞋类	***	***	***	
	毛纺织品	***	**	***	

（续表）

因变量	行业	自变量 产出	每周工作时长	就业	实际工资
就业	皮革鞣制和整理	***	***	***	
	木材和木制品（不包括家具）	**	***		
	所有制造业	***	*	***	
	钢铁	*			
	汽车	***	***	**	*
	肉类	**	**		
	纸和纸浆	**		**	
	鞋类	**	**	***	
	毛纺织品	***		***	
	皮革鞣制和整理	***		**	
	木材和木制品（不包括家具）	**		**	
实际工资	所有制造业	**	*		
	钢铁				
	汽车		**		
	肉类				
	纸和纸浆			**	**
	鞋类	**	**		
	毛纺织品				
	皮革鞣制和整理	**			
	木材和木制品（不包括家具）	***	*	*	***
	所有制造业			*	
二战后数据					
行业	钢铁	*			
	汽车	*		***	
	肉类	***	**		*
	纸和纸浆	***		**	***
	鞋类	***	***	**	
	毛纺织品	***	***		
	皮革鞣制和整理	***	**		

（续表）

因变量	行业	自变量 产出	每周工作时长	就业	实际工资
每周工作时长	木材和木制品（不包括家具）	***		***	***
	所有制造业	***	**	***	
	煤炭业	***		*	
	电力服务业	***			***
	建筑业	***			**
	钢铁	**	***	**	
	汽车		***		
	肉类	**	***		**
	纸和纸浆	***	***	*	
	鞋类	***	***	***	
	毛纺织品	*	***	***	***
	皮革鞣制和整理		***	**	*
	木材和木制品（不包括家具）		***		
	所有制造业	***	***	**	
	煤炭业	***	***	*	*
	电力服务业		***		
	建筑业		***		
就业	钢铁	***	**		
	汽车	***	**	***	
	肉类	***		**	
	纸和纸浆	***	***	***	
	鞋类	**	***	***	
	毛纺织品	***	***	***	***
	皮革鞣制和整理		***	***	
	木材和木制品（不包括家具）	***		***	**
	所有制造业	***		**	
	煤炭业	*		***	
	电力服务业		**	***	
	建筑业			***	

（续表）

因变量	行业	自变量			
		产出	每周工作时长	就业	实际工资
实际工资	钢铁				***
	汽车	***		***	***
	肉类	*			**
	纸和纸浆				***
	鞋类		**		***
	毛纺织品		*		***
	皮革鞣制和整理				***
	木材和木制品（不包括家具）			**	
	所有制造业				***
	煤炭业				***
	电力服务业	**		***	***
	建筑业				***

注：这里所报告的 F 检验是12个自变量的滞后项对因变量的联合显著程度，所有变量都是以增长率的形式表示。

* 表示 F 检验在0.10的显著水平上是显著的，** 表示 F 检验在0.05的显著水平上是显著的，*** 表示 F 检验在0.01的显著水平上是显著的。

从表5-11可以看出，对于所有样本行业：

1. 相对来说，特别是与就业率和工作时长增长率相比，产出增长在格兰杰意义上趋向于外生，因此，当预测产出没有增量时，工作时长就是一个"先行指标"，相关内容可参阅内夫特奇1979年的论文。二战后，产出增长率的滞后项成为一个可以有效预测当期增长率的经济变量，从这个意义上说，产出这个经济变量在二战后更具持久性。

2. 从格兰杰意义上来说，工作时长和就业很少是外生变量，它们相互作用，并会对产出这个经济变量做出反应。如果说产出这个变量具有持久性，那么，无论在二战前的样本中，还是在二战后的样本中，工作时长和就业这两个变量都具有持久性。有人认为调整就业这个经济变量存在成本，对认同这一观点的经济学家而言，就业具有持久性的确是一个重大发现。此外，从研究数据看，调整产业工人工作时间也存在成本。

3. 在表 5-11 所示的实际工资、产出、工作时长和就业这 4 个经济变量中，实际工资的变化几乎与产出、工作时长、就业完全无关。实际工资不能较为准确地预测另外 3 个变量，反过来，另外 3 个变量也不能预测实际工资。关于实际工资的一个重大发现是，在两次世界大战之间，实际工资的持久性显著提高。

表 5-12 给出了预测误差的分解结果。囿于篇幅，我们只给出 3 个行业的结果，即代表耐用品行业的钢铁行业、代表非耐用品行业的纸和纸浆行业、代表半耐用品行业的皮革鞣制和整理行业预测误差的分解结果。另外，也给出了所有制造业的整体结果。为了便于比较，在表 5-12 中，我们将二战前和二战后的预测误差分解结果放在了一起，并用符号"/"分隔，"/"前面的数字为二战前的预测误差分解结果，"/"后面的数字为二战后的预测误差分解结果。由于生产率的增长恰好是产出、工作时长及就业增长的线性组合，且产出、工作时长及就业这 3 个变量都包含在向量自回归中，因此也可以给出生产率这个变量的分解结果。

对向量自回归模型较为熟悉的读者都知道，预测经济周期中不同的长度，在向量自回归中，对经济变量三角化后的新息冲击所产生的预测误差所占的比例会随着经济变量排序的改变而变化。在表 5-12 中经济变量的排列顺序为：产出、工作时长、就业量、实际工资的对数差分。在之后的脉冲响应图中，相关经济变量也是这一排序。不过由于我们使用的是月度数据，且预测研究的经济周期长达 48 个月，因此经济变量排序情况对我们的实际研究结果并没有太大影响。

表 5-12　每个新息冲击产生的预测误差所占的百分比

[预测范围：k 个月（战前 / 战后）]

预测误差		三角化后的新息冲击			
	k	产出	每周工作时长	就业	实际工资
钢铁					
行业产出或产值	6	89/91	2/3	3/5	6/1
	12	79/87	5/4	4/6	13/2
	24	66/85	8/5	5/8	21/2
	48	63/85	8/5	6/8	23/2
就业	6	31/55	1/1	63/41	5/3
	12	29/52	4/6	59/39	8/4
	24	29/51	5/7	53/38	12/4
	48	29/51	6/7	51/38	15/4
每周工作时长	6	40/43	40/52	19/4	2/1
	12	41/41	34/50	19/7	7/2
	24	40/41	31/49	17/8	12/2
	48	39/41	31/49	17/8	13/2
实际工资	6	3/4	3/8	6/1	88/86
	12	6/6	5/9	7/4	82/82
	24	8/6	6/9	8/4	78/81
	48	8/6	7/9	8/4	77/81
生产率	6	57/76	29/10	3/12	11/2
	12	49/74	30/10	5/13	16/2
	24	40/73	30/11	7/14	24/3
	48	39/73	30/11	7/14	24/3
纸和纸浆					
行业产出或产值	6	83/92	3/2	10/5	4/0
	12	75/83	6/3	11/7	8/7
	24	71/80	8/3	12/7	10/9
	48	71/80	8/3	12/7	10/9
就业	6	21/31	1/5	72/62	6/2
	12	19/30	5/6	68/57	8/7
	24	19/30	5/6	65/55	11/10
	48	19/30	5/6	65/54	11/10
每周工作时长	6	30/11	61/86	3/2	6/2
	12	32/14	56/80	4/3	8/3

(续表)

预测误差	k	三角化后的新息冲击			
		产出	每周工作时长	就业	实际工资
	24	32/14	54/79	4/4	10/4
	48	32/14	54/79	4/4	10/4
实际工资	6	9/1	10/2	2/2	80/96
	12	13/2	10/3	8/3	69/93
	24	13/3	10/4	10/3	67/91
	48	13/3	10/4	10/3	66/91
生产率	6	50/64	26/18	19/17	5/1
	12	45/60	27/16	20/18	8/6
	24	43/58	26/17	19/18	12/8
	48	43/58	26/17	19/18	12/8
皮革鞣制和整理					
行业产出或产值	6	84/90	5/3	8/5	3/2
	12	80/87	8/5	7/5	4/3
	24	78/85	10/7	8/5	5/4
	48	78/85	10/7	8/5	5/4
就业	6	21/8	8/9	69/82	2/2
	12	23/8	9/10	65/78	4/4
	24	29/8	9/10	58/78	4/4
	48	29/8	10/10	56/78	5/4
每周工作时长	6	19/3	69/89	7/3	6/5
	12	21/5	65/84	8/6	6/6
	24	23/5	61/82	9/6	7/7
	48	24/5	60/81	9/6	7/7
实际工资	6	8/3	12/1	7/3	72/92
	12	14/4	14/3	8/5	64/88
	24	16/5	16/3	9/5	59/87
	48	16/5	16/3	9/5	58/87
生产率	6	24/58	36/14	37/26	3/1
	12	33/55	34/17	30/25	4/3
	24	34/54	34/17	28/25	4/4
	48	35/53	34/17	28/25	4/4
所有制造业					
行业产出或产值	6	94/93	1/2	3/4	2/1
	12	77/86	8/4	8/7	7/3

（续表）

预测误差	k	三角化后的新息冲击			
		产出	每周工作时长	就业	实际工资
	24	71/82	12/6	10/9	7/3
	48	70/80	12/6	11/10	7/4
就业	6	64/59	1/2	33/39	2/0
	12	57/57	9/3	31/39	3/2
	24	54/57	11/4	30/38	5/2
	48	53/56	11/4	31/38	5/2
每周工作时长	6	51/22	38/74	9/4	1/1
	12	47/21	38/71	12/5	2/3
	24	46/22	37/68	14/6	4/4
	48	46/22	37/68	14/6	4/4
实际工资	6	7/2	5/3	11/1	77/94
	12	7/3	9/3	14/2	70/92
	24	13/14	9/3	15/2	62/91
	48	14/4	9/3	16/2	61/91
生产率	6	22/18	41/47	36/34	2/1
	12	22/18	39/44	34/35	5/3
	24	20/19	39/42	35/36	5/3
	48	21/19	39/42	35/36	5/3

表 5-12 所揭示的关系模式与表 5-11 的向量自回归 F 检验所揭示出的关系模式非常相似。例如，在表 5-12 中，即使预测的经济周期长达 4 年，相对外生（relatively exogenous）的变量——行业产出或产值在很大程度上是"自生"的，这种趋势在二战后比二战前更加明显。除了二战后的皮革鞣制和整理业，其他行业的每周工作时长和就业这两个变量均对产出的新息冲击相当敏感，每周工作时长和就业这两个变量的持久性也非常明显，其中每周工作时长这个经济变量的持久性在二战后显著增加。尽管生产率的组成部分如就业和每周工作时长这些变量明显影响生产率这个变量，但生产率主要是由产出的新息冲击所驱动，二战后更是如此。

在我们的研究中，最惊人的发现当属实际工资和其他变量之间的关系。具体而言，实际工资这个变量非常独立，与其他变量没有任何关系。实际工资的新息冲击对产出、就业和每周工作时长这些变量均没有预测力，而其他变量也不能预测实际工资。可以预测实际工资的是实际工资自身。二战后，实际工资这个变量的独立性更加凸显。

时域分析的最后一步是运用估计的向量自回归生成脉冲响应图。这些图形显示，作为对回归变量的三角化后的新息冲击的响应，向量自回归中的每个变量随时间变动的运动情况。此外，脉冲响应图还分析了生产率对其他变量的新息冲击的响应情况。脉冲响应图中经济变量的排序与之前预测误差分解时的排序一样。我们使用的数据是对数差分数据，通过给出累积响应图，可以根据对数水平来解释数据模式。这些图形有助于我们理解这些数据所反映出的典型的短期模式，并有一定的定性认识。

如果根据行业、经济变量和样本时间段列出所有的脉冲响应图，我们需要研究几百张脉冲响应图，这毫无必要。因此我们精心选择对钢铁、造纸和皮革这3个具有代表性的行业进行详尽研究，并画出了几张样本行业的脉冲响应图，详见图5-1和图5-2。这些图形显示了钢铁行业，对于产出增长的一个标准差的新息冲击，产出、工作时长、就业量、实际工资和生产率的对数值呈现出的48个月的响应情况。图5-1是二战前的情况，图5-2是二战后的情况。每张图中标出了产出的路径，以供读者参考。

通过对所有脉冲响应图进行分析，我们得出以下结论。

首先，脉冲响应图强化了我们从频域分析中得到的关于周期的特征。例如，我们在第五节的频域分析中得出结论：生产率和产出高度一致，并且超前于经济周期几个月的时间，从本节脉冲响应图中可以清晰地看出这个结论，而且无论哪个扰动项提供初始冲击，这一结论都成立。与此类似，在频域分析中所发现的工作时长和就业这两个变量具有高度相

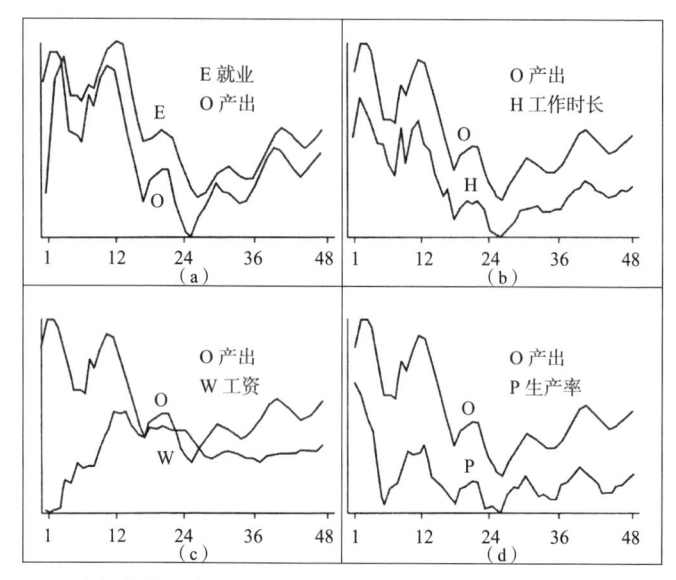

图 5-1 对产出增长的新息冲击响应的对数值情况（二战前，钢铁行业）

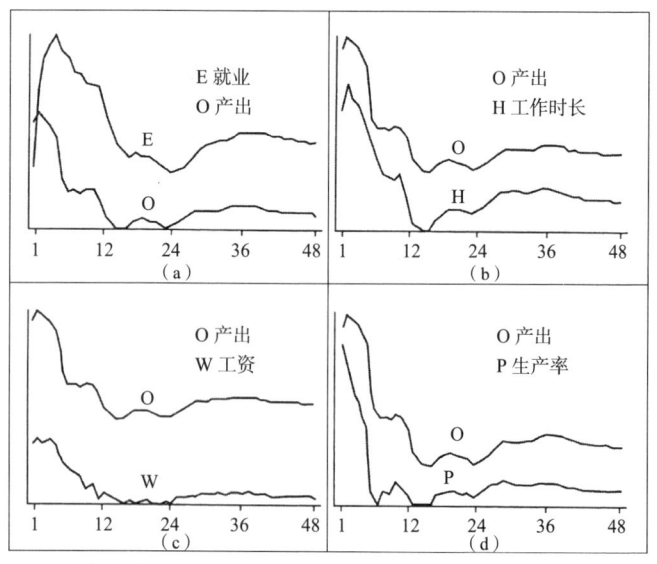

图 5-2 对产出增长的新息冲击响应的对数值情况（二战后，钢铁行业）

干性，以及工作时长和就业这两个变量超前和滞后模式，几乎完全在脉冲响应图中得以重现。图 5-1（a）、（b）、（d）和图 5-2（a）、（b）、（d）就是极好的例子。

其次，我们在频域分析中没有发现关于实际工资的周期性特征，在时域分析时也没能有所发现。脉冲响应图显示了实际工资的变动行为，说明实际工资这个变量在不同行业表现不同，对初始冲击的不同来源反应敏感，在二战前的样本中这一点表现得尤为突出。然而，正如第四节所述，二战前和二战后的工资变动特征存在显著差异，图 5-1（c）和图 5-2（c）也验证了这一点。二战后，在产出和工资之间存在明显关系的情况下，脉冲响应图显示，实际工资是与经济周期基本同步的顺周期变量。而在二战前，实际工资基本与经济周期相差半个相位，根据图 5-1（c），作为对产出冲击的典型响应，实际工资滞后经济周期半个相位，而当存在就业冲击时，实际工资超前经济周期半个相位。此外，二战前和二战后，工资冲击对其他经济变量的影响作用恰好相反：二战前，工资冲击导致产出下降、就业减少，而二战后，工资冲击产生了相反的作用。

最后，这些脉冲响应图表明，如果给定一个典型冲击，二战后周期性波动有所下降。特别是，二战后产出和实际工资波动变小，反映出这两个变量的持久性增强。这些都验证了前文所述的研究发现。

第七节 四次重大经济衰退

我们在分析使用数据时给予每个样本的观测值相同的权重，这符合"经济周期是平稳、随机地实现"的观点。还有一种观点认为，严重的经济衰退或经济大萧条是特殊事件，而上述研究样本中部分数据为常规事件，两者应该遵从不同的概率法则。根据这种观点，本节我们重点考察四次重大经济衰退时期劳动力市场变量的变化行为，其中两次经济衰退发生在二战前，另外两次发生在二战后。

我们研究的四次经济衰退分别发生于1929年第三季度至1933年第一季度、1937年第二季度至1938年第二季度、1973年第四季度至1975年第一季度，以及1981年第三季度至1982年第四季度。在这四次经济衰退中，除第一次外，其他三次持续时间几乎差不多，经济周期高峰和低谷主要依据美国国家经济研究局整理的经济周期年表来确定。关于这四次经济衰退，对于我们所研究的7个劳动力市场变量，相关数据均进行了去除趋势化因素处理并消除了季节性因素。表5-13给出了每一个变量在经济周期低谷的平均值与在前一个经济周期高峰的平均值的比率，从而粗略地度量这些经济变量在重大经济衰退时期的变动行为。我们也尝试了其他一些方式，如根据伯恩斯和米切尔的参考周期方法建立多阶段的参考周期，或者尝试对所有经济下行时期的情况进行研究，但是并没有获得有价值的发现。

需要说明的是，相关经济周期高峰和低谷是以经济总体变动情况为基础确定的，这可能与从行业角度理解的经济周期不完全一致。不过，总体经济和行业产出之间很明显具有很强的相关性。根据表5-13，在38个去除了趋势化因素的案例中，产出这个变量的谷／峰比率大于1的情况仅出现了4次。

表5-13显示，大多数经济变量的谷／峰比率符合我们前几节的研究发现，就业和工作时长这两个经济变量始终表现出很强的顺周期性。正如在第四节中所述，二战后雇主们更多地选择裁员，而不是选择缩短工作时长，以便在经济低谷期减少劳动力投入，这一观点从表5-13中再次得到验证。与二战后明显不同，二战前雇主们普遍倾向于选择非全日工作制。而实际工资这个变量没有出现系统性的峰谷变化，这表明实际工

资和产出的相干性较低。产品工资比实际工资更易变动,产品工资和实际工资都显示出一些反周期的趋势。正如我们所预测的那样,每周实际收入具有明显的顺周期性。

表 5-13 7 个经济变量在四次重大经济衰退中的谷/峰比率

行业	周期	行业产出或产值	就业	每周工作时长	生产率	实际工资	产品工资	每周实际收入
钢铁	I	0.17	0.50	0.56	0.62	0.91	0.84	0.50
	II	0.36	0.72	0.65	0.77	0.95	0.92	0.62
	III	0.87	0.96	0.95	0.95	1.00	0.81	0.95
	IV	0.57	0.68	0.96	0.87	0.99	1.05	0.94
汽车	I	0.18	0.40	0.76	0.58	0.99	0.88	0.75
	II	0.36	0.49	0.85	0.86	1.02	0.90	0.87
	III	0.60	0.74	0.93	0.88	0.95	0.92	0.88
	IV	0.96	0.87	1.01	1.10	0.97	0.97	0.97
肉类	I	0.91	0.77	0.95	1.25	0.95	1.50	0.90
	II	1.07	0.93	1.03	1.12	0.99	1.12	1.02
	III	0.97	0.98	0.99	1.00	1.01	1.17	1.00
	IV	0.90	0.96	1.00	0.94	0.94	0.94	0.94
纸和纸浆	I	0.59	0.74	0.79	1.01	0.99	0.87	0.79
	II	0.71	0.87	0.86	0.95	1.06	1.13	0.91
	III	0.74	0.88	0.95	0.89	0.96	0.82	0.91
	IV	0.98	0.95	0.99	1.05	1.02	1.02	1.01
鞋类	I	0.79	0.89	0.92	0.96	0.99	0.95	0.91
	II	0.82	0.93	0.73	1.20	1.00	1.02	0.73
	III	0.81	0.87	0.91	1.03	0.95	0.98	0.86
	IV	0.87	0.91	0.98	0.97	1.00	1.01	0.98
毛纺织品	I	0.62	0.73	0.88	0.95	0.94	1.23	0.83
	II	0.44	0.68	0.80	0.80	1.01	1.21	0.81
	III	0.47	0.57	0.71	1.16	0.91	1.23	0.65
	IV	0.77	0.77	0.82	1.22	0.99	NA	0.82
皮革鞣制和整理	I	0.76	0.80	0.91	1.04	0.98	1.43	0.89
	II	0.71	0.79	0.85	1.06	1.03	1.23	0.87
	III	1.03	0.99	0.99	1.06	0.95	1.24	0.94
	IV	0.88	0.90	1.01	0.97	1.02	1.07	1.03

(续表)

行业	周期	行业产出或产值	就业	每周工作时长	生产率	实际工资	产品工资	每周实际收入
木材和木制品（不包括家具）	I	0.32	0.42	0.74	1.04	0.92	1.13	0.68
	II	0.67	0.86	0.87	0.89	1.02	1.22	0.88
	III	0.75	0.78	0.94	1.01	0.96	1.21	0.91
	IV	1.10	0.99	1.02	1.09	1.01	1.06	1.02
所有制造业	I	0.50	0.72	0.79	0.89	0.96	1.01	0.76
	II	0.62	0.73	0.81	1.05	0.97	1.04	0.78
	III	0.81	0.88	0.96	0.96	0.97	0.88	0.93
	IV	0.90	0.90	0.99	1.01	0.99	1.02	0.98
煤炭业	III	1.05	1.20	1.01	0.87	0.96	0.68	0.97
	IV	0.83	0.84	0.91	1.09	1.02	1.02	0.93
电力服务业	III	0.96	0.98	0.97	1.00	0.96	0.80	0.94
	IV	0.93	1.00	1.01	0.93	1.02	1.00	1.02
建筑业	III	0.78	0.87	0.98	0.92	0.94	0.89	0.92
	IV	0.99	0.93	0.98	1.09	1.00	1.04	0.98

注：用于计算谷/峰比率的变量都已经消除了趋势性因素和季节性因素，计算的是季度平均水平值而不是增长率。经济周期高峰季度和低谷季度数据来自美国国家经济研究局整理的经济周期年表。"周期"这一列中，I是指1929年第三季度至1933年第一季度，II是指1937年第二季度至1938年第二季度，III是指1973年第四季度至1975年第一季度，IV是指1981年第三季度至1982年第四季度。

从脉冲响应图来看，生产率的变动令人困惑。根据生产率的顺周期性特征，其谷/峰比率应该小于1。但实际上，在产出从波峰跌至低谷的34种情况中，只有一半的谷/峰比率小于1。生产率在耐用品、重工业行业如钢铁、汽车行业最具顺周期性，但在其他行业，从波峰到低谷时，生产率不降反升。

我们在之前的研究中发现，尽管生产率本质上具有顺周期性，但它可能会比经济周期超前数月。根据这一发现，也许可以部分地解释生产率这个令人困惑的表现。当产出到达波峰时，生产率已经从其最高水平降了下来,而当产出位于波谷时,生产率已经开始回升。1980年罗伯特·戈登曾发现类似的现象。在面临严重经济衰退时,企业财务压力增大,这时无论是窖藏劳动力还是低效生产都会增加企业成本,为缓解财务压力,企业会千方百计提高生产率,从而有力地推动生产率从经济低谷中复苏。我们认为,从这个角度考虑,虽然还不能完全解释关于生产率变动情况的种种谜团,但也可以部分地说明一些问题。

通过分析表5-13可以看出,无论是严重的经济衰退,还是轻微的经济波动,它们本质上是相似的。这对经济形势预测者和经济政策制定者来说,确实是一个令人鼓舞的好消息。因为如果每一次剧烈的经济波动都具有独特性,其本质规律无法让人把握的话,那么经济形势预测者和政策制定者就很难顺利地履行自己的职责。

第八节 结论

本文进行的计量经济研究工作并没有相关理论支撑。不过,通过研究工作,我们验证了目前关于劳动力市场周期性行为的一些观点,此外还有一些新的发现。在此,我们把相关情况简略总结如下。

第一,无论二战前还是二战后,劳动生产率都具有顺周期性,或者说短期劳动报酬递增是各行业的普遍现象。本文是第一篇研究1932年以前短期劳动报酬递增情况的论文。在对劳动生产率具有顺周期性这个标准的实证结果进行验证的过程中,我们有两点发现:一是生产率是一个超前变量,而不是同步变量;二是在重大经济衰退中,短期劳动报酬递增表现得不太明显。

第二,每周工作时长和就业这两个变量具有很强的顺周期性。在经济周期中,工作时长比产出领先,而就业比产出滞后。关于就业滞后于产出变量,而不是与产出同步,我们找到了一些新的证据。

第三,我们发现,二战后为减少劳动力投入,雇主们更倾向于运用裁员手段,而不是缩短工作时间的方式。

第四,在经济周期中,实际工资与其他变量的关系很弱,二战后关系更弱。关于实际工资是否存在周期敏感性这一问题,频域分析的结果比时域分析的结果更为肯定。频域分析和时域分析这两种方法存在差异,主要是频域分析去除了一些高频干扰因素,而时域分析则不存在高频干扰项,因此,关于经济周期不太明显的频率方面的问题,可以运用频域方法去分析。而运用时域分析方法研究工资和就业的关系时,1982年吉尔里和凯南认为,不能否定工资和就业这两个序列相互独立的假设,这可能是因为在时域中出现了一些噪声[①]。

第五,就实际工资与经济周期的关系而言,实际工资的行为在二战前和二战后存在差异。二战后,实际工资具有顺周期性,且与经济周期基本同步,但在二战前通常滞后于经济周期半个相位。尽管1950年克里默发现,二战前早期名义工资的变动落后于经济周期,但并没有人注意到实际工资与经济周期的关系。

第六,产品工资与经济周期的关系比实际工资与经济周期的关系更微弱也更不稳定。在两个主要样本中,每周实际收入都具有很强的顺周期性。

第七,在劳动市场变量总体变动中,周期性变化只是其中相对较小的一部分,1983年伯南克曾有类似的发现。二战后的数据呈现出更高的稳定性,即总方差更小、经济周期的方差更小。它们也比二战前的数据

[①] 噪声(noise)在计量经济学中是一个随机变量,通常称为回归扰动项,因为它可被视为对回归函数关系的扰动。随机变量中没有被条件均值预测或解释的部分,称为噪声。——译者注

更具持久性，用萨克斯1980年的观点表述，这些经济变量更加具有刚性，这也反映出二战后的经济更为稳定。

希望我们的分析有助于读者更好地理解劳动力市场的周期性行为。我们还要强调一点，这项研究只是对相关经济现象进行结构性建模的有益补充，而不是取代已有的结构性建模。

附录

数据来源

本文中二战前行业数据来源：

1. 收入、工作时长和就业数据来源于埃达·贝尼（Ada. M. Beney）1936年的论文和罗伯特·塞尔（Robert A. Sayre）1940年的论文，相关数据来源于全国工业会议委员会1920—1947年进行的月度数据普查。

样本中的所有行业都至少对部分劳动力按计件工资支付（见《每月劳工评论》1935年9月第41期第697—700页），我们未做任何修正，直接沿用。

2. 行业生产数据来源于美联储。参见"美联邦行业生产指数"，1940年8月《联邦储备公报》第753—769页和第825—874页。

3. 批发价格指数来源于美国劳工统计局。参见美国劳工部的下列出版物：《劳动统计手册》（1931年版，第541号公告；1936年版，第616号公告；1941年版，第694号公报），《1913—1927年的批发价格》（华盛顿特区政府印刷办公室，1929年，第473号公告）。

关于汽车行业，我们合并了美国劳工统计局所做的两个汽车价格序列，但这两个价格序列都没有1935年的数据，因此我们使用1935年所有金属产品的价格序列来替代1935年的汽车价格序列。

4. 消费者价格序列来源于塞尔 1948 年的论文。

所有基础数据都没有消除季节性因素。二战前样本的时间跨度从 1923 年 1 月至 1939 年 12 月。部分行业有 1923 年之前的数据，但我们没有把时间跨度往前提，主要原因是 1923 年之前部分行业数据缺失。此外，1923 年全国工业会议委员会的调查存在 6 个月的空白。将二战前样本时段的截止日期定为 1939 年 12 月，是为了避免战时经济存在的许多特殊性。

本文中二战后行业数据来源：

1. 收入、工作时长和就业数据来源于美国劳工统计局发布的《美国就业和收入》。

2. 行业 1—10 的行业生产指数来源于美联储理事会 1976 年发布的《工业生产》，相关数据更新来源于《联邦储备公报》。此外，一些未发布的数据序列也来源于美联储。建筑业的产出指数通过新建筑的价值除以建筑成本指数获得，新建筑的价值和建筑成本指数来源于美国商务部发布的《当代商业调查》。

3. 批发价格来源于美国劳工统计局，见《批发价格和价格指数》、1963 年第 1513 号公告、《生产者价格指数》和《每月劳工评论》。

4. 用来计算实际工资的消费者价格序列依据美国劳工统计局发布的消费者价格指数，所有科目均有修订。

相关基础数据没有消除季节性因素。二战后样本的时间跨度从 1954 年至 1982 年。毛纺织品行业的数据从 1958 年 1 月开始。1975 年后毛纺织品行业和 1958 年前电力服务业产出价格数据缺失，因此产品工资数据也不完整。

制造业总体数据序列来源：

1.二战前的产出数据主要依据制造业的行业生产指数。就业、工作时长和收入的数据都来源于贝尼 1936 年的论文和塞尔 1940 年的论文，主要依据全国工业会议委员会对 25 个主要制造行业开展的调查，这一调查的覆盖面与行业生产指数的覆盖面相似，但并不完全一样。关于构造产品工资变量的制造业产出价格，主要依据美国劳工统计局发布的非农业、非燃料商品的批发价格指数，其覆盖面也与行业生产指数的覆盖面相似，但不完全一样。

产出价格用的是所有制造商的批发价格指数，相关数据来源于《商业统计》和《当代商业调查》。我们在运用数据的过程中发现，《商业统计》的数据与《当代商业调查》的数据是完全一致的。

平稳性

本文中的对数差分数据序列总体上是平稳的。我们通过研究对数差分数据的自相关性和偏相关性，并检验是否存在趋势性的变动及是否存在对数水平上的高阶趋势项，最终得出相关结论。我们在研究中没有发现强有力的证据可以全面否认数据的平稳性。虽然偶尔会出现一些否定平稳性的情况，但作用较微弱，因此我们忽略了这些否定平稳性的情况。

降低高频噪声

大部分序列的频域（或称为谱）在较高的频率中表现出相当大的能量。高频噪声主要是季节性因素，可能会干扰我们分析经济周期频率上的数据。为减少这种噪声，我们把每个对数差分序列对常数项和季节性虚拟变量进行计量回归。如果存在表示罢工因素的虚拟变量，也对这一虚拟变量进行计量回归。我们没有把跨行业样本数据回归情况进行合并，没有合并横跨两个样本时期的回归情况，也没有考虑子样本回归系数变化情况。这些回归的残差"清除"了原始数据序列中的大部分高频和低频噪声，用来作为频域分析和时域分析的基本数据。

频域计算的细节

表 5-7 ~ 表 5-10 各项数据是通过有限傅立叶变换之后再进行简单平均而得到的，每个数据序列在（0，π）均匀间隔的区间进行评估。由于二战前和二战后的样本规模不同，对应经济周期的频率也不尽相同，因此，在对每个变量进行计算时，我们都要先把周期图的纵坐标数值乘以约7%（即 1/12 – 1/96），然后再求其平均值。

表 5-6 给出了每个变量的累积周期图坐标的平方根，数据时间跨度为 12 ~ 96 个月。这些计算和其他表的计算都不受剔除对数差分数据中的季节性因素或罢工因素的影响。

我们根据 E. J. 汉南（E. J. Hannan）1970 年的论著第 7 章计算出每两个变量之间的样本相干性 $\hat{\rho}$ 和相位 $\hat{\theta}$ 的标准误差：

$$[SE(\hat{\rho})]^2 = v^{-1/2}(1-\hat{\rho}^2)$$

和

$$[SE(\hat{\theta})]^2 = v^{-1/2}\left(\frac{1-\hat{\rho}^2}{\hat{\rho}^2}\right)^{1/2}$$

其中 v 是在 12 ~ 96 个月范围内周期图纵坐标数量的两倍。由于这些表达式都是由有限傅立叶变换的渐近行为推导出来的，因此得出的置信区间也都为近似值，并且当 $\hat{\rho}$ 接近 0 或 1 时，该置信区间表现不佳。尽管如此，标准误差还是有助于我们理解估计值的精确度。

表 5-8 ~ 表 5-10 所估计出的超前相位单位是月，用估计的相位角 $\hat{\theta}$ 及其标准误差除以频率带宽中心位置所对应的频率而得到。计算出

12～96个月频率带宽的超前相位，对应时间长度为54个月的经济周期。以此类推，分别计算出2～12个月、12～24个月和24～96个月频率带宽的超前相位，分别对应时间长度为7个月、18个月和60个月的经济周期。这些经济周期长度都大于频率带宽的平均频率所对应的长度，比如，对于12～96个月的频率带宽，经济周期长度大约是 2/(1/12 + 1/96) = 21.33个月。由于假设相干性和相位角在每个频率带宽度中保持恒定不变，因此同一区间内任一频率的超前相位都可以通过比例缩放而得到。例如，如果把12～24个月的频率带宽的超前相位及其标准误差乘以20/18，就可以得到一个标准的长度为20个月的经济周期的超前相位。关于表5-9相位角相等的检验，我们没有通过上述"比例缩放"法得出相应的超前相位。根据二战前和二战后有关数据样本在相位估计值方面具有独立性的特点，相关相位角之差的 t 统计量直接根据标准误差公式得出。

本文所有计算均使用RATS统计软件包运行，RATS统计软件包具体情况详见T. A. 多恩（T. A. Doan）和R. B. 利特曼（R. B. Litterman）1981年的著作。此外，关于频域分析方法可参阅汉南1970年的论文及T. W. 安德森（T. W. Anderson）1971年的论文。

第六章

大萧条时期的就业、每周工作时长和收入：对8个制造行业的分析[①]

地震学家从一次大地震中学到的东西远远胜过从许多小地震中学到的东西。同理，20世纪30年代的大萧条为我们研究经济周期对劳动力市场影响问题提供了一个绝好机会。除了大萧条时期，其他任何时期的产出、劳动投入和劳动报酬等经济变量都没有在很短时间里发生过如此剧烈的变动。

我们发现，尽管有这样绝佳的研究机会，现代计量经济学分析研究劳动力市场时也很少使用二战前的数据。不过也有例外，在假设劳动力市场持续均衡的论文中，最为声名卓著的当数罗伯特·卢卡斯和伦纳德·拉平1969年合著的论文，这篇论文极具影响力。1976年，迈克尔·达比（Michael Darby）发表论文，基本同意罗伯特·卢卡斯和伦纳德·拉

[①] 本文经《美国经济评论》许可转载，原文刊载于1986年3月《美国经济评论》第76卷，第82—109页。
本文初稿在研讨会上得到充分讨论，感谢研讨会参与者提出的大量有价值的意见和建议。研讨会参与者来自斯坦福大学、麻省理工学院、哈佛大学、芝加哥大学、卡内基-梅隆大学、罗切斯特大学、普林斯顿大学和宾夕法尼亚大学。
感谢我众多同事提供的热情帮助。
济政策研究中心和胡佛研究所对本文研究提供了支持。

平提出的研究方法，但阿尔通吉和阿申费尔特1980年合著的论文以及阿尔通吉1982年单独撰写的论文都对罗伯特·卢卡斯和伦纳德·拉平的研究提出了尖锐的批评。在研究市场非均衡性理论相关领域，哈维·罗森（Harvey Rosen）与理查德·昆特（Richard Quandt）1978年的论文以及阿申费尔特1980年的论文值得一提。[1] 不过，在这些彪炳史册的论文中，没有一篇对20世纪30年代的劳动力市场进行较为权威的研究，从这方面来说，这些论文至少存在以下两点不足：

第一，上述论文都使用了年度数据和过度汇总的数据。这些论文当中没有一篇专门研究20世纪30年代的情况，都只把二战前数据作为长期数据的组成部分，也没有一篇论文对1929年以前的数据进行分析研究，关于二战前的结论都是基于十几个其他观察推测得出。

第二，这些论文都没有对劳动力市场时间序列一些关键的变动情况提出合理解释。例如，它们没有研究大萧条时期每周工作时长发生剧烈波动的问题。现代研究认为，每周工作时长剧烈波动是大萧条时期的一个重要现象。而我在长期研究中发现，在大萧条期间，对制造行业而言，工作时长是影响劳动力投入的重要变量。工作时长变动对劳动力投入总变动的贡献程度，与就业变动对劳动力投入总变动的贡献程度大体相当。这种情形与二战后的情况形成了鲜明对比，二战后，就业变动是更为重要的因素。二战前，每周工作时长不断缩减，且这一现象持续了较长时间。例如，钢铁行业的工人在20世纪20年代末每周工作大约55小时，而从1932年到1939年，没有一年每周工作时间达到40小时。这些情况在我和詹姆斯·鲍威尔合著的文章中有所描述，在我1985年的工作论文

---

[1] 1983年，马丁·尼尔·贝利对20世纪30年代的劳动力市场进行了研究，但没有运用结构性计量经济模型。

中也有涉及。

　　与每周工作时长的变化相比，实际工资的变动更为重要，也更令人困惑。我与鲍威尔曾共同研究并合著了论文，证明在二战前实际工资通常具有反周期性。本文研究中所使用的行业数据与我和鲍威尔合写论文所使用的行业数据相一致。如果用工资率[①]而不是平均每小时收入来衡量实际工资，这种反周期性也同样显著。此外，实际工资变量的这一特征，不仅对单个行业如此，对整个制造业均是如此，有关情况可参阅1983年艾伦·斯托克曼的论文。尽管失业率很高，但实际工资仍有上升的趋势，这在大萧条周期（1929—1937年）尤为明显。在最初的经济低迷期（1930—1931年），实际工资有所上涨。根据迈克尔·达比对1964年斯坦利·莱伯格特（Stanley Lebergott）的研究数据所做的修正，1933年失业率为20.9%，1934年为16.2%，1937年为9.2%。尽管失业率高企，但1933年、1934年和1937年实际工资仍然急剧大幅上涨。从这些数据和研究可以看出，二战前实际工资具有反周期性。而我与鲍威尔的论文从二战后类似数据中也找到了实际工资具有顺周期性的证据。

　　为什么对劳动需求很低时，实际工资反而会提高？[②]这用现行的均衡分析或非均衡分析方法都难以解释。在均衡分析方面，1970年阿尔伯特·里斯（Albert Rees）对卢卡斯和拉平的均衡分析提出质疑。1972年卢卡斯和拉平对此做出回应，承认他们的模型无法解释1933年至二战爆发这段时间工资与就业之间的关系，但认为相关均衡分析模型可以成功地

[①] 关于工资率数据，主要来源于丹尼尔·克里默1950年的论文，只有6个行业截至1931年8月的数据。
[②] 我始终坚持一个前提，即二战前经济周期的主要特征是劳动力总需求波动，而不是劳动力供给波动，我相信大多数经济学家都会同意这一点。当然，当劳动力供给波动时，实际工资的反周期现象并不难解释。

解释1929—1933年的情况。得知卢卡斯和拉平的回应后，1972年里斯继续挑战，认为即便只从1929—1933年的情况看，这一时期名义工资下降、价格下跌，给劳动力供给带来了极大的负面影响。相比之下，这一时期实际工资稳定增长所产生的正面影响微不足道。

为什么实际工资上升，通货紧缩仍会降低劳动供给？卢卡斯和拉平给出了两种解释。第一种解释是：名义工资下降和价格下跌提高了工人对通货膨胀的预期，降低了事前实际利率，从而抑制了当期的劳动力供给。关于工人对通货膨胀的预期，卢卡斯和拉平假设是工人的适应性预期，价格水平以对数形式表示。1972年，卢卡斯对这种通货紧缩效应提出第二种解释，认为这是由工人们错误地把货币工资下降当成实际工资下降造成的。第一种解释说不通，因为从实际情况看，1930—1933年的实际利率是20世纪最高的。第二种解释若要成立需要一个前提条件，即关于工资和价格的信息传播得极为缓慢。不管是哪种情况，名义工资下降和价格下跌产生的影响都不能令人信服地解释这些数据。①

如果用凯恩斯主义的非均衡理论来解释20世纪30年代特别是1930—1933年的实际工资变动情况，就是因为名义工资具有黏性特点，加之发生急剧的通货紧缩，导致实际工资意外地大幅度增长。较高的实际工资迫使企业提高劳动力需求曲线，导致失业率增加。②尽管对这一事实的经济学解释分歧较多、争议较大，但从货币工资很少出现高频变动

---

① 在解释20世纪30年代的情况时，达比提出了一个比卢卡斯-拉平模型更好的均衡模型。我们将在第三节具体讨论达比模型。

② 为什么与削减工资相比，企业更喜欢解雇工人呢？凯恩斯主义理论并没有给出令人满意的答案。凯恩斯主义者曾试图用逆向选择来解释这种现象，不过并不成功。他们用黏性工资理论也没有办法解释清楚这个问题。1933—1939年，在失业率极高、价格上涨的情况下，实际工资依旧上涨。

来看，货币工资比价格黏性更大，这一点毋庸置疑。本文通过研究提出，在解释实际工资变动中，名义工资具有黏性的特征发挥着重要作用。我认为，完全运用凯恩斯主义来解释实际工资变动情况是行不通的，因为凯恩斯主义无法确定到底应该在多大程度上接受工资刚性的特征。例如，哈维·罗森和理查德·昆特根据 1930—1973 年的样本数据，估计要花费 4 年时间才能消除实际工资与均衡水平工资之间差异的一半。[1] 如果运用这一计量模型来估计二战前的样本数据，得到的结论是实际工资调整速度极其缓慢，即便调整速度不为负数，也近似为零。而根据我们所了解的二战前大多数劳动力市场的实践，实际工资的调整速度并非如此缓慢。[2]

本文对大萧条时期的劳动力市场进行新的实证分析，并在研究过程中力图避免前述研究中存在的缺陷和不足。

首先，没有使用加总的年度数据，而是使用了 8 个制造行业的数据，且每一个行业数据序列用的都是月度数据而不是年度数据。我们将样本时段前移到 1923 年，对每个样本行业进行了 200 多次时序分析观察。这一样本数据集之前从未被使用过，我们在研究中发现其中蕴藏着丰富的信息，值得好好研究。第二节和附录会详细介绍相关样本数据集。

---

[1] 1978 年，罗森和昆特在论文中假设实际工资黏性，而不是名义工资黏性。1985 年，他们构建了一个非常复杂的非均衡估计模型，其中假设名义工资黏性，结果再次发现工资调整速度极为缓慢。

[2] 对二战前的大多数部门而言，遭受经济冲击后迅速调整工资要比今天容易得多，本文重点研究的制造行业也是如此。企业可以相对自由地调整工资主要有以下原因：从 20 世纪 20 年代初至罗斯福新政时期，工会运动停滞不前；随着大规模生产技术的引进，工人的平均技能水平相对下降；非熟练工人和低技能工人供给充足；政府对劳工关系干预程度较低；未对工人权利保护形成社会共识。有关情况详见我 1985 年的论文，同时推荐参阅欧文·伯恩斯坦 1960 年的论文，这是一篇非常优秀的论文，值得一阅。

其次，为更好地解释大萧条时期劳动力市场变量的变动，与一般对劳动力市场的研究方法不同，我们在本文研究中没有照搬凯恩斯主义模型，而是采用了一种兼容并包的分析方法，主要基于1970年卢卡斯提出的分析模型构建了新的计量模型。在这个计量模型中，企业可以通过改变每个工人工作时间的方式来改变集约边际，也可以通过改变雇用工人数量的方式来改变粗放边际。[①]同时这个计量模型也会结合其他一些因素，如考虑名义工资对价格变动缓慢地反应并进行调整等情况。这个计量模型可以合理地解释每周工作时间、实际工资、就业等一些重要经济变量的变动情况。我们认为这个计量模型是一种创新，具有一定的理论意义和实证研究意义，将在第一节进行详细的介绍。

需要说明的是，本文仅仅关注劳动力市场，而不是整体经济，因此我们的研究前提是认为行业产出的方式和路径是既定的。我们对劳动力市场变量的解释是从局部出发，而非从整体经济变动发展的视角看待问题。这可谓是一种局部均衡分析法，之所以采用这种方法，是因为这一方法的理论基础扎实，计量方法相对简洁。此外，此方法还有一个突出优点，即不需要对二战前的总需求波动进行解释。不过，我在1983年撰写的论文中已明确指出，正是1930—1933年的货币和金融崩溃使大萧条成为史上最为严重的一次经济危机。

本文结构如下：第一节介绍一个简单的劳动力市场模型，该模型依据1970年卢卡斯的思想而构建；第二节运用这个模型进行实证分析，在具体分析中考虑了其他一些因素和特征；第三节运用动态思维，从供给角度提出了动态的劳动力供给方程，以使相关实证研究更加完善。

[①] 集约边际（intensive margin）和粗放边际（extensive margin），可以简单地理解为一个经济量的深度与广度。以贸易为例，集约边际一般指在同一市场增加原有贸易，粗放边际一般指开辟新市场和出口新产品。——译者注

第一节　一个关于劳动力供给和需求以及劳动工作时长的计量模型

本文的实证研究以卢卡斯1970年发表的论文为基础，在这篇论文中，卢卡斯创新式地构建了一个新的计量模型。该计量模型的独特之处在于，企业不仅可以改变其雇用的工人数量和投入生产的机器数量，还可以改变每一时期工人工作时长和机器生产时长，即改变"每周工作时间"这个经济变量。在这个模型的均衡状态下，总劳动投入的变动可以分解为每周工作时长的变动和就业的变动两个方面，具体分解方式取决于生产函数性质和工人偏好。正如我们在前文所述，大萧条期间劳动力市场的一个重要特征是工人每周工作时间大幅波动，而卢卡斯模型主要关注工人每周工作时长的变动，因此卢卡斯模型成为我们在研究中使用的首选模型。此外，卢卡斯模型对平均实际工资的周期性行为没有施加任何约束，因此这一计量模型与我们所观测到的工资反周期性变动并不矛盾。事实上，我们在研究中发现，能够提高每周工作时长这一经济变量对周期敏感性的条件，也会增加实际工资这一经济变量的反周期性。因此，在每周工作时长和实际工资两个时间序列之间存在着某种未被察觉的隐秘联系。

下面，我们将根据卢卡斯相关论文的思路构建一个简单的静态计量模型[1]，其中会融入一些动态因素及其他一些基础要素。

---

[1] 需要说明的是，我们秉承卢卡斯的思想设计了这个模型，但模型相关细节与卢卡斯的论文出入很大。1983年，亚基尔·普勒斯纳（Yakir Plessner）和什洛莫·伊扎克（Shlomo Yitzhaki）在论文研究中采用了与我们的模型非常类似的模型。

计量模型设置

本文研究样本数据来自 8 个制造行业，重点研究劳动力供给和需求问题。在模型研究中，我们将制造行业视为初级部门，初级部门与二级部门及其他部门发生联系。人们要么在初级部门从事制造业，要么在二级部门或其他部门从事农业、贸易或服务业，要么没有就业。根据大多数制造行业的实际情况，假设人们对初级部门产出的需求比二级部门产出的需求周期敏感性更强，同时，假设初级部门内各个行业无论从地理布局上还是其他方面都相互割裂，初级部门内部各个行业的工人相互之间不会直接竞争。这个假设符合 20 世纪 30 年代工人工作的实际情况，当时产业工人在制造行业与二级部门之间频繁流动，但几乎没有工人会在初级部门内部从一个制造行业跳槽到另一个制造行业。关于 20 世纪 30 年代工人的工作情况，可以参阅怀特·巴克（E. Wight Bakke）1940 年的著作第 242 页。

需要强调的是，下文所讨论的劳动的供给或需求都是专指初级部门，我们没有对周期敏感性较弱的二级部门进行建模研究。

供给方面

在这个计量模型中，我们不仅考虑工作总时长，还会考虑每周工作时长及雇用工人数量。因此在劳动力供给方面，我们既考虑单个工人延长工作小时数的意愿，也考虑工人参加工作的参与率对初级部门所获报酬的敏感度。

首先分析单个工人 i 劳动供给的工作小时数。与 1970 年卢卡斯构建的工资模型 $w(s)$ 类似，我们首先构建一个描述单个工人工作不同时长所对应的保留收入水平的函数，从而间接地刻画单个工人的工作小时供给曲线。

令 E_{it} 为工人 i 在 t 时段内获得的名义收入，H_{it} 为工人 i 在 t 时段内工作的小时数，θ_{it} 为 t 时段内与工人 i 相关的非特定的外生指标。COL_t 是 t 时段的生活费用，假设该变量为公开信息。定义收入函数为：

$$E_{it}(H_{it}, COL_t, \theta_{it}) \tag{1}$$

此收入函数是在给定生活费用 COL_t 和外生指标 θ_{it} 的情况下，工人 i 在初级部门 t 时段内工作 H_{it} 时长所得到的最低名义收入。

之所以一开始就介绍收入函数，是因为这是一个应用广泛的计量模型，几乎适用于所有的工人偏好和环境。为推导出一个简单的特定情形下的收入函数，我们做出一些约束性的假设。

首先假设工人在特定时段内的效用可以分解，在特定时段的效用为：

$$U_i = U_i(C_{it}, \bar{H} - H_{it}) \tag{2}$$

其中 C 是消费，$\bar{H} - H$ 是总时间与工作小时数之差，即工人的闲暇时间。同时假设工人不能进行借贷，只能消费当期收入（$C_{it} = E_{it}/COL_t$）。

根据上述假设，本节先排除工人可以进行替代消费及在闲暇时出现的一些复杂情况，留待第三节具体研究。最后，假设工人有一个效用保留水平 U_{it}^*（U_{it}^* 是影响工人的劳动供给的数值，即 $\theta_{it} = U_{it}^*$），可以从二级部门或其他部门得到这个效用。

在上述假设情况下，可以按照不同时期逐一构建收入函数：

$$\begin{aligned}&U_i(E_{it}(H_{it}, COL_t, U_{it}^*)\\&/COL_t, \bar{H} - H_{it}) = U_{it}^*\end{aligned} \tag{3}$$

当 $H_{it} > 0$ 时，上式成立，否则 $E_{it} = 0$。也就是说，收入函数在 (E, H) 区间为一条无差别曲线。

假设效用函数具有正常的曲率，则效用函数（3）意味着收入函数是工作小时数的递增函数，也是凸函数，同时也是效用保留水平的递增函数（详见图 6-1）。

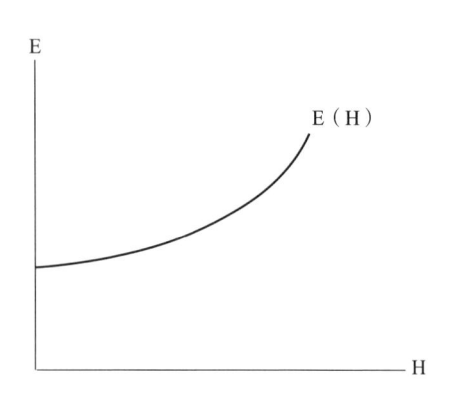

图 6-1 收入函数

方程（3）定义的收入函数具有一个重要性质，即在零点不连续，也就是工作 0 小时没有任何报酬，但是当工作小时数从右边趋近于 0 时，收入函数为正。这一性质表明，在初级部门工作，即工作小时数为正数的工人不允许在二级部门兼职。尽管工作 0 小时没有报酬这一特性有助于我们推导出实际工资具有反周期性，但应该强调指出，初级部门工人不允许在二级部门及其他部门兼职的假设对我们的研究非常重要。如果允许兼职，工人可以利用工作之外的时间，此时对于方程（3）中 H 的取值，收入函数计算出的工人收入要小于实际收入。此外，只要在不同工作地点之间奔波产生固定成本，或者只要去上班就要花费成本，收入函数就会存在不连续性。

现在考虑劳动力供给的第二个因素，即单个工人的劳动供给，也就是单个工人在初级部门的劳动参与率。在计量模型中，我把初级部门劳动力供给作为初级部门提供的效用水平的增函数。假设初级部门工人的生产率相同，具有同样的效用函数，但是他们在二级部门的工作机会不尽相同，他们对初级部门工作的好恶程度也会影响保留效用情况。令：

$$U_{it}^* = \gamma_t \Omega_i \tag{4}$$

其中 γ_t 是与时间相关的标量①，Ω_i 是单个工人的常数。Ω_i 在总人口中的分布函数为 $G(\Omega_i)$，$G(0)=0$ $G(\infty)=\bar{N}$，其中 $\bar{N}$ 是总人口中潜在劳动力的数量。假设单个工人的效用保留水平是非公开的私密信息，因此每个工人都会受到公平对待。② 如果初级部门想雇用 N 个工人，就必须至少为每个工人提供 $\gamma_t G^{-1}(N)$ 的效用水平。

因此，在 t 时段内工人的供给曲线 $N_t^s(U_t^*, \gamma_t)$ 可以定义为：

$$N_t^s(U_t^*, \gamma_t) = G(U_t^*/\gamma_t) \tag{5}$$

初级部门在 t 时段内雇用 N 个工人工作 H 小时，所花费的总成本为：

$$NE(H, COL_t, \gamma_t G^{-1}(N)) \tag{6}$$

因此，每个工人所得收入 E 与初级部门就业情况 N 以及工人的就业选择机会 γ 正相关，此外，也与工人的工作小时数 H 以及工人的生活成本 COL 相关。③

需求方面

现在以初级部门中一个具有代表性的企业 j 为例，我们来研究需求侧

---

① 标量（scalar）：只有数值大小而没有方向，比如质量、体积、温度、路程等，与矢量相对。——译者注
② 安德鲁·韦斯在其 1980 年的论文中指出，由于工人具有相同的效用函数和生产率，因此企业没有机会诱导工人进行自我选择。
③ 反映总劳动力成本的方程（6）假设，初级部门的企业向工人支付的工资恰好使在初级部门和二级部门之间的边际工人无差别。1984 年，珍妮特·耶伦（Janet Yellen）提出了效率工资假说，假设企业通过向工人支付高于最低必需收入的报酬，解雇在随机"抽查"中抓到的怠工工人，以避免对工人进行持续监控的成本。这一假设可以运用在本文的分析模型中，因为它可以很好地解释，为什么职业介绍所门口排着长队，而就业者们极不愿意离职等现象。

的变化情况。计量模型中假设,企业产出的价格已经给定且保持恒定不变[1],因此,要计算企业对劳动力的派生需求,只需明确生产函数。生产函数通常是用就业与每个工人的工作小时数相乘,即:

$$Q_{jt} = F(L_{jt}, X_{jt}) \tag{7}$$

其中,Q_{jt} 是企业 j 在 t 时段的产出,L_{jt} 是初级部门总工人数工作的总小时数,即 $L_{jt} = N_{jt}H_{jt}$,其中 N_{jt} 是初级部门就业情况,即企业雇用工人数量,H_{jt} 是每个工人每周工作小时数。X_{jt} 是非劳动投入的向量。不过,1967 年马丁·费尔德斯坦(Martin Feldstein)、1968 年舍温·罗森均指出:运用就业和工作小时数的乘积来定义生产函数未必恰当,因为就业与每周工作小时数这两个变量并不能同比例影响产出,也就是说,把工人每周工作小时数延长一定比例,与按照同一比例增加工人数量,对产出的影响不尽相同。[2] 因此,我根据费尔德斯坦的方法,对工人每周工作小时数和雇用工人数量这两个变量进行区分,将生产函数定义为:

$$Q_{jt} = F(N_{jt}, H_{jt}, X_{jt}) \tag{8}$$

假设出于技术等原因,每个工人每周工作时长相同,则方程(8)比方程(7)更具适用性。

企业 j 利润最大化问题可以表达为:

$$\max_{\{N, H, X\}} pF(N_j, H_j, X_j) - N_j E(H_j, COL, U^*) - r(X_j), \tag{9}$$

其中,p 是产出的价格,X_{jt} 是非劳动投入的向量,$r(X_j)$ 是 X_j 的成本,边

---

[1] 也就是说,假设企业在产出市场中具有竞争性。不过,对我们所研究的部分行业来说,这一假设并不合理,具体详见正文中对模型模拟的讨论。

[2] 延长每周工作时间可能会导致回报递减,因为延长工作时间会使工人更加疲劳。增加就业不会增加工人的疲劳程度,但是会降低资本−劳动比率(capital-labor ratio),详见费尔德斯坦的相关论文。

际工人的保留效用 U^* 取决于初级部门的就业变量 N，而不是企业 j 雇用工人数量 N_j，并且边际工人的保留效用 U^* 是企业 j 的参数。之后我们将详细说明如何确定 U^*。

相关一阶条件是：

$$pF_N = E \tag{10}$$

$$pF_H = N_j E_H \tag{11}$$

上式中，大写字母下标表示特定企业（F）相关变量的导数，且省略其正负符号。方程（10）表明，企业应该雇用更多的工人，直到工人每周生产的边际收益产品①恰好等于工人每周收入。方程（11）表明，企业延长每周工作时间 H_j 的边际利益应该等于边际成本，边际成本等于雇用工人的数量乘以工人延长工作时间所获取的额外报酬。

本文假设二阶条件成立，我在 1985 年的论文中对二阶条件进行了详细阐释。

在本文的研究中，我们把工人数量和工人工作时长变动看作两种不同的投入量，从而可以更好地分析企业偏好。例如，当对劳动力的需求下降时，企业用裁员而不是工作分享制的方法来减少劳动力投入。运用标准方法可证，在附加合理假设条件的情况下，企业雇用工人数量和工人每周工作时间与产出价格正相关，相关变量的弹性取决于生产函数和收入函数的形状，具体情况可参阅我 1985 年的论文第 13 页。因此可以预期，在需求下滑时，企业的反应是采取裁员和实施工作分享制，而在大萧条中企业就是这么做的。②与此类似，在附加合理假设条件的情况下，

---

① 边际收益产品是指在其他生产要素的投入量固定不变时追加一单位的某种生产要素的投入所带来的收益。——译者注

② 无论是裁员还是工作分享制，调整劳动力数量和调整工人轮班情况的成本是不同的。关于这一点，我们在后续的实证模型中将给予充分考虑。

同样可证，随着保留效用 U^* 的增加，企业对雇用工人数量及每个工人工作时间的需求将减少，具体情况可参阅我 1985 年的论文第 13~14 页。

部门均衡

关于初级部门的均衡就业水平和工人工作时间，现在已经可以轻松确定。已经证明，初级部门效用水平为 U^* 时，劳动力供给增加，需求减少。如果初级部门中有 n 个企业，保留效用的均衡水平为 U^{**}，则 U^{**} 满足：

$$N_t^s(U_t^{**}, \gamma_t) = \sum_{j=1}^{n} N_{jt}^d(U_t^{**}, p_t) \tag{12}$$

这种效用水平恰好使边际工人在二级部门和初级部门工作毫无差别，而超边际工人在均衡时会获得剩余。

在给定 U^{**}、p、N_j 时，企业根据方程（11）来确定工人工作时长，严格地说，这些变量都是同时确定的。从图 6-2 可以看出，企业确定工人工作时长时，会选择人均总收入曲线与收入函数平行时的 H^* 所在的位置，其中人均总收入曲线 pF/N_j 是 H_j 的函数。收入函数是一条无差异曲线，说明工人并不在乎企业确定的每周工作小时数。初级部门中不同企业有不同的生产函数，因此在均衡状态时这些企业会选择不同的每周工作时长。由于函数中工资是工人每小时的平均收入，已知收入函数在零点不连续，收入函数不是穿过原点的射线，因此推导出，在均衡状态时采用不同工作时长的企业支付给工人不同的工资。如果用传统模型来看这个结论是矛盾的，但在我们的计量模型中则没有问题，因为工人在选择工作时，考虑的不仅仅是工资这一个因素，还有可以获得的总效用水平，即综合考虑收入和每周工作时长两个因素。

尽管工人对企业具体选择收入函数上的哪一个点并不感兴趣，但是

图 6-2 有一点值得注意：从原点出发的射线 OA 在 H_j^* 与收入函数相交，并从下方穿过收入函数曲线。这说明在达到均衡工作时长时，平均工资（E/H）会超过边际工资（E_H）。因此，工人乐意在拿到平均工资时工作更长的时间，他们的这种选择不是因为市场失灵或不均衡，而是边际工资和平均工资之间的差异。

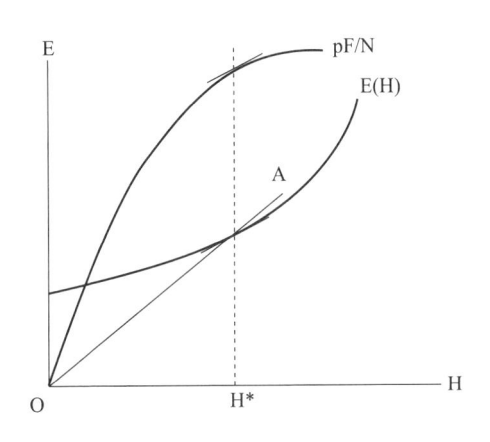

图 6-2 确定 H^* 的值

实际工资的反周期性

在这种情况下，实际平均工资具有反周期性就不难理解了。之前已经假设初级部门对周期敏感，因此，总需求下降将导致初级部门的产出价格下跌。根据一般实践，假设生活成本 COL 不变，而产出价格 p 下降。

如果 N_j 和 H_j 只是正常的投入，那么随着需求下降，企业和相关行业对 N_j 和 H_j 这两个变量的需求也会减少。我们先不考虑 N_j 下降的情况，只考虑 H_j 下降的影响。

根据图 6-1，工作时间减少表现为沿着收入函数向左移动。对工作时间需求的减少无疑会降低边际工资 E_H。然而,工作时间减少对平均工资的影响却不明确,由于生活成本 COL 不变,对平均实际工资的影响也不确定。平均工资随着工作时间的减少反而上升的必要条件是,收入相对于工作时间的弹性小于 1。例如,如果 U^* 不接近于零,并且劳动的边际负效用没有快速增加,即收入函数接近于线性,且截距为正,实证结果表明,此时弹性小于 1。

实际工资具有反周期性的原理可以简明地阐释如下:行业需求下降导致雇主缩短每周工作时间。工人们一方面很高兴工作时间缩短,但另一方面又对由此导致的每周收入下降深恶痛绝。随着工人每周工作时间缩短,企业会缩减工人每周薪酬,缩减的幅度取决于工人的偏好和工人的保留效用。特别是在工人的工作水平较低、薪酬较少的情况下,雇主不可能在满足保留效用约束的前提下,像大幅削减工人的工作时间那样大幅削减工人的每周薪酬。

1937 年,卡罗尔·多尔蒂(Carroll Daugherty)对钢铁行业进行了生动描述,为我们的上述论点提供了生动例证。卡罗尔·多尔蒂在其论著第 163—165 页这样叙述:20 世纪 30 年代,美国钢铁行业每周工作时间急剧减少,之所以出现这种情况,是因为企业发现,只让部分机器设备开工可以有效地降低产量。此外,为保留劳动力队伍,企业实施轮岗上班制度及分散工作任务制,因此很多工人一周只工作几天。对大部分工人来说,工作时间缩短后,获得的收入只能维系最基本的生活需求。卡罗尔·多尔蒂在第 155—157 页继续描述:据估计,1932—1933 年,相比一个四口之家仅能维系最低健康水平和最低体面生活的标准,普通钢铁工人平均每周收入还达不到这个标准的一半。第 167 页描述:在大部分钢铁工人聚集的社区,工人没有机会获得兼职,因此无法赚取贴补家用的其他收入。企业雇主们也意识到,随着每周工作时间缩短,他们削减工人总收入的空间是有限的，因为如果工人无法获得可以维系其生存的收入，就会被迫迁移到其他地方。因此，虽然钢铁工人每周工作时间不断缩短，但钢铁行业的实际工资下降幅度相对很小，有时甚至相对有所上涨。

以上这些情况说明，在其他条件不变时，缩短每周工作时间会提高实际工资。而对产出的需求降低会导致初级部门的就业 N 减少，因此缩短工作时间的负面效应在一定程度上被抵消。由于经济普遍低迷，就业需求减少，二级部门的就业机会也会减少，均衡保留效用水平 U^{**} 会随之降低，表现为收入函数向下移动，意味着对于给定的 H 平均工资会降低。需求下降对平均工资的具体影响程度取决于各种影响因素的综合强弱对比，不过正如 1970 年卢卡斯所指出的，一般来说，需求下降不会影响工资的周期性行为。

在本文的分析中，有一点值得注意的：如果一个经济体不是通过减少就业的方式，而是通过缩短每周工作时间的方式来减少劳动力投入，那么在这种经济体中，实际工资具有更强的反周期性。我曾和鲍威尔对此问题进行过共同研究并合著论文，其中使用了与本文相同的数据，并对二战后相对应的行业数据进行了扩展研究。实证研究表明，与二战后相比，大萧条时期美国制造行业对每周工作时间的变动更为敏感，工资表现出更强的反周期性。

熟练工人和非熟练工人

到目前为止，我们一直假设，工人的素质在生产过程中都是相同的，但从实际情况看，在经济周期中，工人的技能不断变化，这一特性具有一定的重要性。下面，我们来对这个问题进行深入研究。

假设劳动力市场的工人分为熟练工人和非熟练工人两种，他们在二级部门的就业机会存在显著差异。这两种工人的数量不同，其供给函数

也存在差异。在一个特定的时间段,根据方程(5),我们可以得出两个供给函数:

$$N_1^s(U_1^*,\gamma_1) = G_1(U_1^*/\gamma_1)$$

$$N_2^s(U_2^*,\gamma_2) = G_2(U_2^*/\gamma_2)$$

其中下标 1 表示熟练工人,下标 2 表示非熟练工人。相应的收入函数为 $E_i(H_i,U_i^*)$,其中 $U_i^* = \gamma_i G_i^{-1}(N_i)$ 且 i=1,2。通常情况下,如果这两类工人工作时长一样,即 $H_1=H_2$,我们只观测 $E_1 > E_2$ 时的 N_i,即熟练工人比非熟练工人的收入高。

从需求角度看,假设按照固定系数设定熟练工人和非熟练工人的数量,但是随着每周工作时间延长,熟练工人数量与非熟练工人数量之比不断降低,其中每周工作时长是生产规模的代理变量①,相关例证可参阅舍温·罗森的论文及其参考文献。具体而言,假设一家企业每周让工厂运行 H 小时,其中 $g_1(H)$ 工人为熟练工人,$g_2(H)$ 工人为非熟练工人,其中 $g_1+g_2=1$,$g_1(H)$ 在 H 中递减,则该企业的生产函数仍可用方程(8)来表示。此外,假设熟练工人和非熟练工人必须工作相同的时长,则企业的平均收入函数为:

$$\bar{E}(H,COL,U_1^*,U_2^*) = \sum_{i=1}^{2} g_i(H)E_i(H,COL,U_i^*) \tag{13}$$

其中 U_i^* 取决于整个部门的就业水平,且为企业的参数。

企业的最优化问题并不会因为把工人细分为熟练工人和非熟练工人而变得更加复杂。为简便起见,关于熟练工人和非熟练工人的假设已经相对简化。企业根据上文所述方法确定其最优化的工作小时数和雇用工

---

① 在计量经济学中,代理变量本身不是直接相关的变量,而是代替不可观测或无法测量的变量。——译者注

人总人数，其中用方程（13）定义的平均收入函数 $\overline{E}$ 代替了简单收入函数 E。将 $g_1(H^*)$ 和 $g_2(H^*)$ 代入企业最优化的雇用工人总人数中，就可以求出熟练工人与非熟练工人的具体分配方法。

本部分主要研究工人不同的技能水平对平均收入函数 $\overline{E}$ 的影响。对于 $H>0$，具有相同效用和生产率的工人的收入函数 E_1 和 E_2 必须是工作小时数 H 的递增凸函数。然而，在劳动力中，技能较低、收入较少的工人具有较强的顺周期性，因此平均收入函数 $\overline{E}$ 的弹性会比单独考虑 E_1 或 E_2 的弹性更小。这有两层含义，一是实证研究观察到平均收入函数可能不是工作小时数的凸函数[①]，二是正如前文所述，收入函数的弹性越低，实际工资的反周期性可能越强。因此，通过区分工人的技能水平，考察不同技能水平的顺周期情况，有助于解决工资的反周期问题之谜。

标准方法的含义

对习惯使用标准劳动力市场模型的研究者来说，本文前述模型看起来有些离经叛道。在标准劳动力市场模型中，关于工人数量和工作时长的供给和需求都是用实际工资的函数来表示。然而，我认为，本文模型比标准模型更有说服力，可以更为准确地刻画总劳动力市场。标准模型的主要问题是，该模型有一个主要的前提假设，即工人根据实际工资情况持续地改变劳动力供给，而实践中工人们往往很难这样做。与此相反，他们只能根据雇主提供的薪酬、工作时间和其他一些工作条件做出选择。按照标准模型把工人数量与工作时长这两个经济变量捆绑在一起，有时是经济的，但有时也可能不经济。对工人来说，为 8 名不同的雇主各工

[①] 需要指出的是，收入函数的凸性假设不是二阶条件成立的必要条件。下文估计的收入函数是对数线性的，即收入是工作小时数的凹函数，从实证情况来看，这种函数形式的效果最好。

作一小时，与为一名雇主工作 8 小时是不同的。同样，对雇主来说，8 名工人每人工作一小时和一名工人工作 8 小时也是不同的。只要把工人数量与工作时长这两个经济变量捆绑在一起既可能是经济的，也可能是不经济的，标准模型就不可能完全正确。

如果不恰当地运用标准模型会引起误解。关于卢卡斯-拉平的跨期替代方法，支持者和反对者争论的焦点主要集中在实际工资时间序列的特性上。关于这一点，阿尔通吉和阿申费尔特在论文中进行了详细阐释。不过，如果运用我们的计量模型，就可以避开实际工资的变动问题。

接下来对劳动力供给弹性进行估计。假设工人的效用函数完全相同，得到下式：

$$U = (E_t / COL_t) - \phi H_t \tag{14}$$

即消费的边际效用和工作小时数的边际负效用都是常数，其中消费的边际效用等于实际收入。从通常意义来说，这些工人的劳动力供给弹性是无穷大的。但是使用加总数据和标准模型的研究者会发现什么呢？根据本文的模型，并依据本文前述内容，假设保留效用在总人口的分布为 U_{it}^*，那么易证，实际工资总额 w_t 为：

$$w_t = (\gamma_t G^{-1}(N_t) / H_t) + \phi \tag{15}$$

注意其中 $\partial w / \partial N > 0$，$\partial w / \partial H < 0$。因此，工人数量与工作时间这个捆绑变量与工资之间的关系取决于 N 或 H 这两个变量哪一个更容易发生变动。假设一种极端情况，即法律法规明确规定了每周工作时长，在这种情况下，计量经济学家把工人数量与工作时间这个捆绑变量对工资这个变量进行回归，得到的弹性尽管不是无穷大，但会得到一个正的弹性。这是因为工人数量与工作时间这个捆绑变量的所有变动都可以归因于就业这个变量的变动。另一种极端情况是，假设每周工作时间这个变量变动而就业这个变量不变，则估计总劳动力供给曲线会向后弯曲。因

此，计量经济学家使用加总数据和标准模型就会发现，其估计的结果在不同时段具有不稳定性，且估计的结果与从微观层面的面板数据所反映的劳动力供给弹性之间缺少联系。其实出现这些问题的关键不在数据问题，也不在计量经济学家的识别、判断能力，而在使用了错误的计量经济模型。

第二节 实证应用

本节首先对研究使用的数据进行简要阐释，然后设定一个实证模型，利用该计量模型对 8 个制造行业进行估计并给出估计结果。模型设定主要根据上一节内容，并增加了一些重要因素。

样本数据

本研究使用 8 个制造行业的数据集，使用产值、产出的批发价格、就业人数、每个工人每周工作小时数、工人平均小时工资这 5 个变量的月度数据。样本期从 1923 年 1 月到 1939 年 12 月。为在更广泛的背景下研究大萧条，我们认为研究周期中应有一段经济较为正常的时期，因此我们的样本期包含了 20 世纪 20 年代。不过令人遗憾的是，囿于资料和数据的可得性，我们无法获取更早期的数据，因此样本期只能从 1923 年 1 月开始。具体数据来源详见本文附录。

8 个样本行业及每个行业的相对重要程度详见表 6-1。这些制造行业的差异主要体现在产品类型、市场结构、发展阶段、地理位置、劳动力技能水平、劳动力的人口统计学特征等方面，其中产品类型主要分为耐用品、非耐用品和半耐用品。这些行业不是随机任意选取的，而是具有相对完整、较为合理的数据，这些数据是我费尽周折才找到的。特别是，我们想使用每周工作小时数这个变量的数据序列，因此只能将样本数据范围限定在全国工业会议委员会自 20 世纪 20 年代早期就开始定期调查的行业。与全国工业会议委员会相比，虽然美国劳工统计局调查的行业更加广泛，但是美国劳工统计局直到 1932 年才开始收集有关工作小时数的数据。此外，我们用诸如钢铁吨数这种物理数量来衡量行业的产出，而不是用投入来衡量。考虑到数据情况，有些候选行业最终未被采用。[1]

有关数据的详细情况参见本文附录，也可参阅我和鲍威尔合著的论文以及我 1985 年撰写的论文。

表 6-1 样本数据中的行业

行业	从业工人[a] 千人	占制造业的百分比	附加值[b] 百万美元	占制造业的百分比
1. 钢铁	419.6	5.02	1622.8	5.40
2. 汽车	226.1	2.70	1315.0	4.37
3. 肉类加工	122.5	1.46	460.5	1.53
4. 造纸	128.0	1.53	482.8	1.61
5. 制鞋业	205.6	2.46	450.9	1.50
6. 纺织业	179.6	2.15	414.8	1.38
7. 皮革业	49.9	0.60	143.7	0.48
8. 木材加工[c]	509.2	6.09	1088.5	3.62
合计	1840.5	22.01	5979.0	19.89

注：a——从业工人，表示 1929 年从业工人人数，以及样本行业工人人数占制造业总人数的百分比。数据来源于所罗门·法布里坎特 1942 年的论文。

b——以百万美元计值的附加值，以及样本行业附加值占制造业总附加值的比重均为 1929 年数据，数据来源于所罗门·法布里坎特 1940 年的论文。

c——木材加工行业不包括家具。

---

[1] 对产出的度量是基于投入进行的，因此行业生产总指数数据受到严重污染，需要进行数据清洗后才能使用。鉴于此，我们只对各个行业进行了估计，没有对制造业进行加总估计。

供给方面的设定

在本文所用研究模型中，供给方面通过初级部门制造行业的收入函数来表达，如方程（6）所示。工人平均每周名义收入主要取决于以下四个因素：一是样本行业的每周工作时间 H（假设同一行业中所有企业的 H 相同），二是样本行业就业人数 N，三是影响工人保留效用的因素 γ，四是生活费用 COL。

在本文的研究模型中，样本行业的工作小时数、就业人数，以及从整个经济体角度考量的生活成本等变量，均直接运用相关数据。研究中最为棘手的是，如何明确相关月度指标从而较为准确地度量工人的保留效用水平。经研究，我们发现，主要有两个因素影响工人的保留效用水平，即政府救济能力和工人运动发展情况。因此，我们相应地构建了两个月度变量：$EMERGWORK$ 和 $UNIONPOWER$。表 6-2 详细列明了计量估计中所使用的变量及其相关定义。$EMERGWORK$ 是以对数形式表示的美国联邦政府雇用的"应急工作人员"的数量，其中包括所有以工代赈[①]项目中雇用的工人。为保护劳工权利出台相关法案是罗斯福新政的重要举措，$UNIONPOWER$ 这个变量主要用来描述罗斯福新政后美国工人运动的复苏、发展情况。从本文研究样本期开始至 1935 年，美国工人运动力量极其微弱，但 1935 年 5 月美国通过《瓦格纳法》后，美国工人运动蓬

---

① 以工代赈（work relief）：美国罗斯福总统实施"新政"时所面临的美国经济环境是生产总体过剩，有效需求不足。因此，美国政府通过建设公共工程，为失业者提供就业机会来增加国民收入，刺激消费与生产的均衡。罗斯福执政初期，美国共有 1700 多万失业大军，1934 年美国政府将单纯赈济改为"以工代赈"，明确规定对有工作能力的失业者不发放救济金，而是帮助其通过参加不同的劳动获得工资。此举为广大非熟练失业工人创造了就业机会。到二战前夕，美国政府投资的各种工程总计雇用人数达 2300 万，占美国劳动力人口总数的 1/2 以上。因此，美国"新政"中"以工代赈"的措施，为提高美国低收入群体收入、缩小美国社会分配差距、促进需求增加发挥了重要作用。——译者注

勃发展,因此,我们在研究中把样本期开始至1935年的 UNIONPOWER 的值都设为0。从1935年5月开始, UNIONPOWER 的值为整个经济体[①]中因为罢工而损失的累计参加罢工工人人数-罢工天数(man-days)。如果将工会信誉也看作一种资本,那么罢工活动实际上是对这种资本的投资,这种投资反过来会影响工人的收入水平,事实上,这一时期的罢工活动促成了大量新的劳资协议。

表6-2 估计中所使用的变量及其相关定义

变量	定义
COL	生活成本指数
EARN	(每个工人)每周名义收入
$\overline{EARN}$	每周名义收入减去截距,见方程(17)
EMERGWORK	根据罗斯福新政雇用的"应急工作人员"
EMP	样本行业从业工人数量
EMPLF	指 EMP—LABORFORCE,即样本行业从业工人数量与总劳动力之比
HCOST	每周工作小时数 HRS 的边际成本,见方程(24)
HRS	每个从业工人每周工作小时数
INTERCEPT	收入函数的截距,见方程(17)
LABORFORCE	总劳动力,根据莱伯格特的插值法得到
NRA	美国《国家工业复兴法》的虚拟变量
P	行业产出价格
PAY	每周名义收入除以产出价格
Q	没有消除季节性因素的实际产量
QSEAS	实际产量的纯季节性因素
Q–QSEAS	消除季节性因素之后的实际产量
t	时间
UNIONPOWER	因为罢工而损失的累计参加罢工工人人数-罢工天数(man-days),1935年5月=0

注:在上述变量中,除 COL、EMERGWORK、LABORFORCE、NRA、t 和 UNIONPOWER 外,其他所有变量均根据8个样本行业的不同特点分别定义。除 NRA、INTERCEPT、t 和 UNIONPOWER 外,其他变量均为对数形式。

[①] 之所以使用整体经济数据而不是行业数据,是因为部分行业数据缺失。此外,部分行业工会的势力不断壮大,对那些没有直接参与工会运动的行业有"溢出"影响效应。

我们估计的基本收入函数为：

$$\widehat{EARN}_t = \alpha_0 + \alpha_H HRS_t + \alpha_E EMPLF_t \\ + \alpha_W EMERGWORK_t \\ + \alpha_U UNIONPOWER_t \\ + \alpha_N NRA_t + COL_t + \alpha_t t \quad (16)$$

其中：

$$\widehat{EARN}_t = \log(earnings - cost\ of\ living \times INTERCEPT) \quad (17)$$

在方程（17）中，$earnings$ 为收入，$cost\ of\ living$ 为生活成本，其他变量含义详见表6-2。

方程（16）表明，每周名义收入 $EARN$ 的对数是每周工作小时数 HRS 的对数的增函数。关于每周名义收入减去截距 $\widehat{EARN}$ 这个变量，我们稍后再作讨论。方程（16）还表明，每周名义收入 $EARN$ 的对数是 $EMPLF$ 的增函数。从表6-2可知，$EMPLF$ 是指 $EMP-LABORFORCE$，即样本行业从业工人数量与总劳动力之比。在方程（16）中，$EMERGWORK$ 是根据罗斯福新政雇用的"应急工作人员"，$UNIONPOWER$ 是因为罢工而损失的累计参加罢工工人人数-罢工天数，$EMERGWORK$ 和 $UNIONPOWER$ 可以反映工人的保留效用，也就是说，每周名义收入 $EARN$ 的对数是工人保留效用这个变量的增函数。此外，假设不存在货币幻觉[①]，且关于价格水平的信息为完全信息，则每周名义收入 $EARN$ 的对数与当期生活成本 COL 的对数一一对应。方程（16）还有一个反映时间因素的变量 t 和一个虚拟变量 NRA。t 是为了体现人口的统计学特征或财富积累等因素对工人保留效用所造成的持续性影响。NRA 表示1933年9月—1935年5月这一时间段，美国出台的影响工人工资和工作时间的立法对工人收入的

---

① 货币幻觉（money illusion）：美国经济学家欧文·费雪1928年提出这个概念，主要指货币政策的通货膨胀效应。具体而言，主要是指人们只是对货币的名义价值做出反应，而忽视其实际购买力变化的一种心理错觉。——译者注

影响。其中，1933年6月美国总统罗斯福签署美国《国家工业复兴法》，1935年5月美国出台《瓦格纳法》。

方程（17）对方程（16）的因变量进行了定义，其中并不是简单地对每周名义收入这个变量取对数，而是用每周名义收入减去一个常数项，然后再取对数。之所以这样做，是因为之前已经证明，收入函数在零点不连续，也就是说，工人只要去上班，就会获得最低工资。我们无法从样本数据中估计出常数项 INTERCEPT 的具体数值，因为工作小时数的样本值从来没有无限地接近零。事实上，收入函数是一种无约束的非线性函数。因此，对于样本行业，我们将 INTERCEPT 这个变量随机设置为按照1929年6月的工资水平支付工人6个小时工资，也就是假设工人因去上班而产生的固定成本等于按照标准的工作周工人每天工作1小时所得工资。INTERCEPT 的确切数值大小并不重要，无论我们将其设置为0小时的工资，还是12小时的工资，对结果都没有实质性影响。

方程（16）的计量估计结果显示，估计系数符号全部正确，而且具有统计显著性，实证结果较好。但是，估计方程的杜宾-沃森统计量[①]较小，在模拟中表现不佳。经检查样本数据，我们发现，问题出在方程（16）的约束条件，即名义收入这个变量必须与当期生活成本这个变量成比例地变动。根据这一约束条件，收入这个变量发生高频变动时，生活成本 COL 这一变量也应该同步发生高频变动。但实际上，名义劳动收入变量变动的曲线比价格变量变动的曲线更加平滑，即工人劳动收入较少发生变化，而价格较为频繁地发生变动。价格较为频繁地变动，生活成本 COL 也必然随之较为频繁地发生变动，意味着名义收入这个变量并不

---

① 杜宾-沃森统计量（Durbin-Watson Statistics）：假设时间序列模型存在自相关性，杜宾-沃森统计量可以成为判断正、负、零（无）相关性的工具。——译者注

是与当期生活成本这个变量成比例地变动。

为了体现出这种平滑效应，根据约翰·穆特（John Muth）1981年提出的观点，假设名义收入只对生活成本变动变量中持久性因素做出反应，即与名义收入成比例的不是 COL，而是 $COL*$，其中 $COL*$ 定义为：

$$COL_t^* = \lambda_p COL_t + (1-\lambda_p) COL_{t-1}^* \tag{18}$$

关于上述假设，还有一种解释是，每一个时间段的收入都是在对生活成本做出适当预期后设定。我们可以把这种观点与卢卡斯和拉平1969年的观点进行比较。此外，根据朱利奥·罗特伯格1982年的观点，快速调整工人工资产生的成本迫使雇主想方设法弱化生活成本变化而产生的影响。

因此，我们最终确定收入函数是以方程（16）为基础，用 COL_t^* 替代 COL_t。使用方程（18）对方程（16）进行柯依克变换（Koyck transformation），得到一个计量模型，使用非线性估计方法，得到原始参数 α_H、α_E、α_W、α_U、α_N、α_t 和 λ_p 的值。关于上述原始参数的估计结果，我们将在下文中结合需求方面的估计结果进行讨论。

需求方面的设定

关于模型的需求方面，第一要素是生产函数 F。为了确定生产函数 F 的具体形式，假设就业和工作小时数这两个变量能形成一个 CES 函数[①]：

$$Q_t = B(\alpha e^{g_N t} N_t^{-\rho} + (1-\alpha) e^{g_H t} H_t^{-\rho})^{(-k/\rho)} \tag{19}$$

---

① CES 即常数替代弹性（Constant Elasticity of Substitution），是二元函数的一种性质，具有此性质的函数称为 CES 函数。——译者注

其中，B、α、ρ、k、g_N 和 g_H 都是参数。方程（19）允许规模报酬[①]不为常数，也允许导致生产要素产出增强的技术变化因素[②]不为常数。由于缺少数据，我们不考虑产出对资本存量和其他非劳动要素的依赖情况，但为了更好地运用模型进行短期分析和中期分析，我们希望通过指数趋势特征充分反映这些影响。我们分析了二次指数趋势和线性指数趋势，发现无论选择哪种指数，对结果都没有显著影响。之所以选择方程（19），是因为方程（19）中对数线性关系较为合理，事实上，其他很多实证研究中已经成功地运用对数线性关系。如果资本存量具有一定的时间趋势，那么与马丁·费尔德斯坦提出的柯布-道格拉斯（Cobb-Douglas）生产函数等一些标准模型相比，方程（19）适用范围更广。

根据上述假设条件可知，就业这个变量的一阶条件即方程（10）可以写为：

$$n_t^* = \beta_{n0}^* + \beta_{nq}^* uq_t - \beta_{ne}^* (e_t - p_t) + \beta_{nt}^* t \tag{20}$$

其中 n^* 是就业的对数，q 是产出的对数，$e-p$ 是每周收入除以产出价格再取对数，β^* 系数是直接取决于生产函数的参数。

方程（20）中的变量 n_t^* 可以看作 t 时间段理想状态的就业，即变量 n_t^* 时，就业这个变量恰好满足一阶条件。但在实证研究中，方程（20）可能不会成功，因为调整就业水平存在成本，因此这种关系不能成立，如果使用月度数据更是如此。关于这个问题，1978年托马斯·萨金特提出了处理方法，即将基本模型动态化，求解最大化问题。然而这种方法

[①] 规模报酬（returns to scale）是指在其他条件不变的情况下，企业内部各种生产要素按相同比例变化时所带来的产量变化。规模报酬分析的是企业的生产规模变化与所引起的产量变化之间的关系。——译者注

[②] 在传统的经济增长模型中，技术变化通常被设定为要素产出增强（factor-augmenting）的形式。——译者注

极其复杂，此外，正如萨金特所指出的，它还需要大量辅助性的、临时性的假设条件。我们依据其他经济学家所做的大量研究工作成果，进一步简化条件，假设就业缓慢地向理想状态调整，即如果 n_t^* 是一阶条件定义的理想就业状态，则企业根据下式调整实际就业 n_t：

$$n_t - n_{t-1} = \lambda_n(n_t^* - n_{t-1}) \tag{21}$$

其中 λ_n 是就业调整速度。给定方程（21），对方程（20）进行柯依克变换，得出关于实际就业的方程（22）：

$$n_t = \beta_{n0} + \beta_{nq}q_t - \beta_{ne}(e_t - p_t) + \beta_{nt}t + \beta_{nn}n_{t-1} \tag{22}$$

其中，$\beta_{ni} = \lambda_n \beta_{ni}^*, i = 0、q、e、t$，$\beta_{nn} = (1 - \lambda_n)$。

同理，运用方程（11）所要求的一阶条件求理想状态的工作小时数，并且假设迅速调整每周工作时间也会产生成本，[①] 从而得到：

$$h_t = \beta_{h0} + \beta_{hq}q_t - \beta_{hc}(hcost_t) + \beta_{ht}t + \beta_{hh}h_{t-1} \tag{23}$$

其中 h 是每周平均工作小时数的对数，$hcost$ 是从收入函数中得到工作小时数的边际成本的对数。此外，方程（23）中系数的定义与求就业水平时的系数定义一样，也是直接取决于生产函数的参数。工作小时数的调整速度为 λ_h。[②]

方程（22）和方程（23）可以看作具有代表性的企业对就业和工作小时数这两个变量的需求函数，其中工作小时数即每周工作时间。企业对就业的需求和对工作小时数的需求均与产量正相关，与成本负相关。方程（22）和方程（23）是很常规的短期劳动需求函数，只不过包含了成本变量并分别设定了关于就业的方程和关于工作小时数的方程。关于

[①] 这些成本包括重新制订生产计划的成本，以及引导工人重新安排工作的成本。

[②] 为简便起见，我们假设调整工作时间仅取决于实际工作时间和期望工作时间的差异，而与实际就业水平和期望就业水平的差异无关。1973 年，伊沙克·纳迪里和舍温·罗森在论文中提出取消这种约束条件。

方程（22）和方程（23）相关内容，可以参阅弗兰克·布雷克林1965年的论文、罗伯特·鲍尔和圣西尔1966年合著的论文、艾尔兰和史密斯1967年合著的论文、雷·费尔1969年论著的文献综述，以及卢卡斯和拉平1969年合著的论文。

在构建方程（22）和方程（23）这两个实证方程时，需要解决以下几个实际问题。

第一，相关数据的季节性因素非常显著，因此如何对数据的季节性因素进行处理是一个基本问题。关于这个问题，费尔明确反对消除季节性因素。他的理由是，能解释就业等变量周期性变动的要素同样也可以解释季节性变动。此外，他认为，消除季节性因素还可能引入一些虚假的、不真实的关系。依据费尔的意见，我们在计量估计之前没有消除数据的季节性因素，方程中也没有使用表示季度性因素的虚拟变量。不过，由于没有消除数据的季节性因素，因此数据存在季节性波动，一定程度上会影响拟合度。我们考虑就业需求和工作时间需求对产量这个变量的季节性因素和非季节因素分别做出不同反应，对每个样本行业，我们构建变量 $QSEAS$ 表示含有季节性因素的产量。此外，构建变量 $Q-QSEAS$ 表示消除了季节性因素的产量，然后将变量 $QSEAS$ 以及变量 $Q-QSEAS$ 分别加上不同的系数，代入工人人数和工作小时数的需求方程。

第二，在对样本数据集进行分析时，我们首先研究产出及就业、工作小时数、收入等劳动力市场变量的对数差分，考虑相关变量各种不同的超前项和滞后项，考察其中的互相关性。由于相关数据均为月度数据，并且产出和劳动力变量数据来源不同，因此可能存在数据配准[①]问题。不

[①] 数据配准（alignment）：因为数据来源不一致，所以需要将两个或两个以上坐标系中的大容量三维空间数据点集转换到统一坐标系中，这是一种数学计算过程，实际上就是要找出两个坐标系之间的变换关系。——译者注

过，经检验，总体而言，数据配准困难问题基本不存在，但就业和产出序列的数据配准仍存在一些问题：对少数行业来说，就业与上月产出的相关程度要高于就业与当期产出的相关程度。我们观测到，其他劳动力变量序列与产出序列相一致。因此，少数行业就业与产出的关系反映了一种真实的经济现象，即在开始生产之前就雇用工人，这不是数据配准问题。我们将当期产出和提前一个月的产出都代入就业需求方程，此外将季节性生产和非季节性生产也都代入就业需求方程，这样，方程总共有4个产出变量。在估计就业需求方程时，提前一个月的非季节性生产作为工具变量，而不是外生变量。因此，"提前一个月非季节性生产"这个变量的系数估计值主要度量预计的提前一个月的产出对当期就业的影响，而不是未来一个月的实际产出对当期就业的影响。与此对应，因为可以准确地预测周期性的季节性因素，因此提前一个月的季节性生产被视为外生变量。此外，工作小时数的需求方程并不包含"提前一个月"这个变量。

第三，在实证应用中，每周工作时间延长一小时所带来的边际成本 $HCOST$ 定义为：

$$HCOST = EMP + \widehat{EARN} - HRS - P \qquad (24)$$

其中 $\widehat{EARN}$ 由方程（17）定义，P 为行业产出价格。方程（24）直接由方程（11）和表示收入函数的方程（16）推导得出。其中，$HCOST$ 变量并不直接等于延长每周工作时间的边际成本，而是与其成正比，比例关系具体体现为 $HCOST$ 的估计系数。

每增加一个工人的边际成本 PAY 由 $EARN$–P 变量决定，但收入函数的截距与该成本变量无关。

第四，根据《国家工业复兴法》，相关行业法规对企业雇用工人人数以及工作时长直接提出指导性意见，如明确了实施工作分享制等。因此，我们在估计就业需求的方程和工作小时数的需求方程中，都增加了虚拟变量 NRA，以体现《国家工业复兴法》颁布实施后相关行业出现的新变化。

综合上述考虑，联合运用方程（22）和方程（23），就可以对每个样本行业的就业需求方程和工作小时数需求方程进行计量估计。这两个方程中相关变量列表详见表 6-3 和表 6-4，相关变量的具体解释详见表 6-2。我们先讨论相关计量模型的识别问题，再对计量估计的结果进行讨论。

计量模型的识别[①]

收入方程、就业需求方程和工作小时数需求方程形成一个联立系统，从而产生了计量标准估计的识别问题和辅助变量的可获得性问题。在这种情况下，显而易见的是，如果严格按照有效工具变量的标准进行筛选，那么除了常数项和时间变量，其他任何工具变量都不符合标准，这样就不存在计量模型识别问题，也无法继续开展计量估计工作。特别是，我们很难找到与行业产出需求的波动高度相关的可度量的外生变量。[②]

经过反复考虑，我们决定在计量估计时将行业产出视为外生变量。将产出作为外生变量的假设并不是特别理想，做出这一决定主要基于以下几点考虑：首先，很多经济学家在研究时都曾假设产出是外生变量，其中较为著名的是卢卡斯和拉平 1969 年合著的论文。事实上，我们遍寻关于短期劳动力需求的文献资料，发现它们都假设产出是外生变量。其

---

① 在计量经济学中，识别是指相关计量模型可以被"唯一"的参数组刻画出来。在简单的线性回归模型中，"识别"的概念可以被描述成：存在一条"唯一"的直线，可以用来描述研究者看到的数据。——译者注

② 货币供给情况可能是个例外。我们对货币供给这个变量进行了检验，结果发现，它与行业变量月度数据的相关性极低，因此无法作为一种工具变量。

表 6-3　行业对工人的需求（因变量：EMP_t）

自变量	钢铁业	汽车业	肉类加工业	造纸业	制鞋业	纺织业	皮革业	木材加工业
EMP_{t-1}	0.740	0.610	0.916	0.881	0.720	0.578	0.771	0.684
	(19.6)	(11.3)	(16.7)	(42.5)	(13.2)	(11.8)	(19.2)	(16.1)
PAY_t	−0.135	−0.134	−0.094	−0.046	−0.202	−0.229	−0.008	−0.204
	(−3.70)	(−1.04)	(−1.98)	(−1.59)	(−1.87)	(−2.82)	(0.16)	(−2.91)
$Q_{t+1} - QSEAS_{t+1}$	0.123	0.450	0.918	0.179	−0.033	0.002	0.046	0.216
	(1.69)	(5.39)	(1.87)	(1.27)	(−0.32)	(0.02)	(−0.26)	(1.39)
$QSEAS_{t+1}$	0.102	0.343	0.124	0.039	0.220	0.286	0.147	0.279
	(1.94)	(4.94)	(1.90)	(0.98)	(8.12)	(2.61)	(2.36)	(3.50)
$Q_t - QSEAS_t$	0.058	−0.125	−0.532	−0.050	0.240	−0.008	0.236	0.071
	(1.94)	(−2.06)	(−0.137)	(−0.37)	(1.86)	(−0.11)	(1.37)	(0.42)
$QSEAS_t$	0.081	−0.160	−0.016	0.082	−0.030	0.393	0.160	0.172
	(1.47)	(−2.35)	(−0.23)	(2.01)	(−1.03)	(5.10)	(2.55)	(1.73)
NRA_t	0.010	0.035	0.026	0.019	0.018	−0.002	0.015	−0.024
	(1.04)	(1.48)	(1.40)	(2.72)	(1.85)	(−0.16)	(2.38)	(−1.04)
杜宾-沃森统计量	1.46	1.79	1.81	2.11	1.90	1.91	1.65	1.55
总产出系数	0.364	0.508	0.494	0.250	0.397	0.673	0.497	0.737
	(6.71)	(6.69)	(3.68)	(4.76)	(4.74)	(8.06)	(6.69)	(7.34)

注：样本期从 1923 年 1 月到 1939 年 12 月，采用两阶段最小二乘法进行估计，变量定义详见表 6-2，工具变量详见附录。没有报告估计的常数项和趋势项。括号内为 t 统计量。

表 6-4 行业对工作小时数的需求（因变量：HRS_t）

自变量	钢铁业	汽车业	肉类加工业	造纸业	制鞋业	纺织业	皮革业	木材加工业
HRS_{t-1}	0.560	0.761	0.521	0.612	0.397	0.512	0.562	0.381
	(14.0)	(11.0)	(10.6)	(14.5)	(5.58)	(10.1)	(10.0)	(5.83)
$HCOST_t$	−0.312	−0.162	−0.116	−0.056	−0.509	−0.334	−0.217	−0.159
	(−7.76)	(−2.85)	(−6.88)	(−2.51)	(−6.42)	(−7.82)	(−5.22)	(−3.70)
$Q_t - QSEAS_t$	0.323	0.131	0.196	0.220	0.474	0.242	0.130	0.254
	(12.4)	(4.01)	(7.11)	(8.70)	(7.50)	(9.17)	(5.05)	(7.44)
$QSEAS_t$	0.231	0.062	0.111	0.162	0.160	0.348	0.263	0.357
	(3.99)	(1.96)	(5.01)	(3.49)	(3.29)	(5.31)	(3.63)	(5.70)
NRA_t	−0.041	−0.010	−0.016	−0.026	0.047	−0.042	−0.007	−0.062
	(−3.40)	(−0.53)	(−2.34)	(−4.86)	(3.06)	(−3.95)	(−0.80)	(−4.61)
杜宾-沃森统计量	1.99	1.57	1.73	1.80	1.47	1.44	1.49	1.54
总产出系数	0.553	0.193	0.307	0.382	0.634	0.590	0.394	0.611
	(8.17)	(3.42)	(7.54)	(7.06)	(6.42)	(7.65)	(4.94)	(6.89)

注：样本期从 1923 年 1 月到 1939 年 12 月，采用两阶段最小二乘法进行估计，变量定义详见表 6-2，工具变量详见附录。没有报告估计的常数项和趋势项。括号内为 t 统计量。

次，将产出视为外生变量可以让我们以相对较低的成本对计量模型进行有效识别，这是更为重要的原因。假设二战前的经济周期由劳动力总需求的波动决定，而不是由劳动力总供给的波动决定，那么行业产出与行业生产扰动[①]函数及收入扰动函数均没有太大相关性。

除了将产出视为外生变量，我们将生活成本及与政府政策相关的变量也视为外生变量。与政府政策相关的变量主要是关于美国《国家工业复兴法》的虚拟变量 NRA，反映罢工情况的变量 UNIONPOWER，以及反映罗斯福新政中紧急雇用员工情况的变量 EMERGWORK。此外，我们将就业的滞后项、每周工作时间和收入这三个变量视为前定变量，当然，这样做有可能会导致数据序列的相关性出现偏差。如果给定上述假设，那么无论从形式来看，还是对样本数据进行 sharp 估计的结果来看，这三个估计方程都很好识别。不过，一些被视为外生的变量只是近似于外生因素，并不一定是外生变量，因此应谨慎地对相关结果进行解释。

在推导方程结构时隐含着一些系数关系，我们不会通过限制交叉系数的方式来提高计量模型的识别度。之所以不这样做，是因为相关数据为加总数据，没有充分理由表明，交叉方程约束条件可以成立。因为和的对数不等于对数的和，所以，不能通过将行业总体数据代入仅适用于单个企业的需求方程的方法来推导出行业总需求。较为合理的假设是，在数据加总过程中，保持数量级和符号关系不变，这是我们对结果进行解释的前提条件。

根据上述前提假设，无论对计量模型中的交叉系数是否设置约束条件，均不会影响计量模型的识别。如果不限定计量模型的交叉系数，有

[①] 扰动理论，指使用一些特别的数学方法来对很多不具精确解的问题给出近似解。
——译者注

可能会增加计算量，影响我们进行计量分析的效率。但考虑到我们的研究中所使用数据集的大小，这对我们来说不是什么问题。

计量估计结果

现在我们进行计量估计。表6-3和表6-4列出了需求方程的估计结果，表6-5列出了收入函数的估计结果。我们使用两阶段最小二乘法（2SLS）来修正联立性偏误，对收入方程则使用非线性两阶段最小二乘法来修正。附录中给出了工具变量和被视为外生的变量。对每个行业都分别对相关计量方程进行了估计。

就业需求方程和工作小时数需求方程都是对传统公式进行适度扩展得出，应该没有争议，因此首先对这两个需求方程进行讨论，详见表6-3和表6-4。计量估计结果表明了以下几点：

首先，无论调整就业还是调整每周工作小时数，都明显存在成本，此外还存在其他一些原因也会造成黏性，也就是说，在每个计量回归中，因变量的滞后项都高度显著。我们预期就业这个变量比工作小时数这个变量的黏性更大，除汽车行业外，其他所有行业的回归结果都证实了这个预期。估计结果表明，调整速度很快。平均而言，每个行业每月可以缩减实际就业与理想状态就业水平之间1/4的差距，也可以缩减实际工作小时数与理想状态工作小时数之间一半的差距。

对于每个行业的就业需求方程和工作小时数需求方程，成本变量PAY和HCOST的系数估计值均预期为负，只有一种情况变量PAY的系数为零。不过，某些行业的就业需求方程，成本变量的系数估计值的统计显著性较低。变量PAY的系数统计显著性很低，可能因为我们使用的是月度数据。工人和其他生产要素之间互相替代的速度本来就很缓慢，而使用月度数据使这种替代关系更不明显。与此相反，在工作小时需求方

第六章 大萧条时期的就业、每周工作时长和收入：对 8 个制造行业的分析

表 6-5 收入函数

估计的参数	钢铁业	汽车业	肉类加工业	造纸业	制鞋业	纺织业	皮革业	木材加工业
\multicolumn{9}{c}{1. 样本期为 1923 年 1 月—1933 年 6 月}
a_E	0.352	0.048	0.202	0.496	1.111	0.285	0.267	0.364
	(4.13)	(0.98)	(2.71)	(2.95)	(5.76)	(4.95)	(3.07)	(3.33)
a_H	0.951	1.172	0.648	0.869	0.784	0.737	1.010	0.817
	(11.8)	(22.1)	(8.79)	(7.43)	(7.53)	(9.22)	(17.8)	(4.16)
λ_P	0.127	0.173	0.188	0.078	0.204	0.175	0.145	.320
	(3.19)	(2.99)	(3.88)	(2.57)	(3.30)	(3.97)	(3.40)	(4.52)
杜宾-沃森统计量	1.99	1.82	1.96	2.16	2.09	1.97	2.25	2.20
\multicolumn{9}{c}{2. 样本期为 1923 年 1 月—1939 年 12 月}
a_E	0.320	0.004	0.118	0.419	0.317	0.326	0.252	0.369
	(4.08)	(0.14)	(1.85)	(2.84)	(2.46)	(5.76)	(3.90)	(4.28)
a_H	1.030	1.203	0.713	0.913	0.983	0.697	0.966	0.698
	(18.9)	(27.0)	(8.52)	(11.8)	(12.2)	(9.13)	(18.1)	(4.76)
a_N	0.029	0.020	0.009	0.008	0.053	0.057	0.040	0.036
	(1.47)	(1.25)	(0.53)	(0.64)	(2.38)	(3.11)	(3.73)	(0.98)
a_U	0.229	0.183	0.210	0.137	−0.250	0.117	0.097	0.030
	(2.42)	(1.61)	(4.00)	(2.23)	(−1.60)	(1.63)	(2.32)	(0.24)
a_W	−0.069	−0.131	0.163	0.007	0.008	−0.035	0.045	0.020
	(−0.88)	(−1.94)	(2.64)	(0.17)	(0.08)	(−0.47)	(1.03)	(0.17)
λ_P	0.129	0.073	0.204	0.095	0.068	0.163	0.157	0.217
	(3.84)	(2.22)	(4.81)	(3.27)	(1.97)	(4.45)	(4.50)	(4.60)
杜宾-沃森统计量	1.83	1.84	2.03	2.20	1.95	1.97	2.10	2.32

注：运用非线性两阶段最小二乘法进行计量估计。有关参数定义详见正文，附录中给出了工具变量。没有报告常数和趋势项的估计值。为便于理解，将 a_U 和 a_W 的估计值分别乘以 10^5 和 10^4。括号内为 t 统计量。

程中，成本变量的影响比较大，并且在每一种情况下都具有极强的统计显著性。工作小时数的黏性较小，对短期成本变动较为敏感，这表明在周期性的经济低迷中，每周工作时间变量较就业变量会更早地发生变化。这与杰弗里·摩尔1955年的论文、杰哈德·布里1959年的论文以及我和鲍威尔合著的论文中的观点都是一致的。

现在我们研究产出对生产投入的影响，首先研究产出对生产投入里面就业这个变量的影响。为研究产出变量对就业变量的影响，我们将产出变量分解为当期季节性产出、当期非季节性产出、提前一个月季节性产出、提前一个月非季节性产出4个方面来研究。研究结果表明，这4个方面并没有形成一致性的结果，主要表现在，一些行业的就业情况基本上取决于当期产出，而另一些行业的就业情况则主要取决于提前一个月产出。尽管将产出变量分为4个方面来考察对就业的影响，有些方面呈现的符号是负的，但总体而言，产出对就业的影响符号为正且具有较强的统计显著性，这与我们估计的结果是一致的，详见表6-3最后一行。结合估计的调整速度，在某些情况下，估计的产出效应验证了人们所熟知的短期劳动报酬递增现象。[①]

在工作小时数需求方程中，只需考虑当期产出的影响。从表6-4中可以看出，产出的季节性因素和非季节性因素，以及这两种因素的总和，都与工作小时数这个变量显著正相关。我们发现，在所有样本行业里，关于工作小时数这个劳动要素都存在短期劳动报酬递增现象。

---

① 表6-3和表6-4最后一行"总产出效应"系数实际上重复计算了产出增加对就业或工作小时数的影响，因为它们反映了调整后的产出和倍增的季节性因素调整系数同步增加的影响。将季节性产出与非季节性产出的系数加起来求和，再用1减去内生变量的滞后项的系数求差，用得到的和除以得到的差，如果得到的商小于1，就存在短期劳动报酬递增。

最终的估计参数表明，《国家工业复兴法》的出台影响了行业对劳动力的需求情况。计量估计结果表明，在大部分情况下，《国家工业复兴法》的实施会增加就业量，减少工作小时数，这与美国立法机构通过工作分享制来增加就业的目标是一致的。此外，这也解释了为什么在1933年之后的经济复苏期，工人们不用全日制工作的情况会持续存在。

关于就业需求方程和工作小时数需求方程，这两个方程残差的序列相关性较弱。因为方程中有因变量的滞后项，因此杜宾-沃森统计量会出现偏误。我们计算了杜宾-沃森检验的h统计量，这个统计量可以修正因变量的滞后项问题。计算结果表明，对所有方程来说，没有序列相关性的假设都是错误的，不过这个统计量不能说明序列相关程度。用雷·费尔的方法重新估计需求方程，可以得到类似的定性结果。我们还对各个行业的就业需求方程和工作小时数需求方程进行了联立估计，考虑残差的同期相关性，得到的结果也与之前结果完全相同。不过，因为计算量太大，我们没有同时联立所有行业的需求方程进行估计。

在对20世纪20年代和30年代的子样本进行稳定性检验时，8个就业方程中，5个不能通过显著水平为5%的检验；8个工作小时需求方程中，4个不能通过显著水平为5%的检验。这并不奇怪，因为这两个时期的经济环境差别很大。如果对这两个子样本分别估计需求方程，它们的差别并不大。在对30年代的子样本、1923—1929年的子样本、1923—1933年的子样本进行估计时，符号都是正确的，并且与对整个样本的估计结果非常相似。

总而言之，我们估计的劳动力需求方程相当成功，可以用来进行计量模拟。此外，通过劳动力需求方程，说明可以把就业和工作小时数看作两个不同的生产要素。

关于模型的供给侧，即收入方程的估计结果见表6-5。估计的参数由方程（16）和方程（18）定义，其中最重要的是 α_E 和 α_H 这两个参数，α_E 衡量收入对就业的敏感性，α_H 衡量收入对工作小时数的敏感性。此外，λ_P 衡量收入对生活成本变动的调整速度。我们估计了1923—1933年的子样本，该样本没有受罗斯福新政影响，即 $\alpha_N = \alpha_U = \alpha_W = 0$，此外我们还对整个样本进行了估计。

首先对1923—1933年子样本进行计量估计，从总体上看，估计结果与理论预测情况较为一致。第一，给定每周工作小时数，收入和就业这两个变量之间具有很强的正相关性。这可以从供给关系进行解释，相关行业为了吸引更多工人，企业必须提高向雇工提供的"收入-工作时间"的组合效用，使工人在综合考虑收入和工作时间时获得的收益最大化。第二，收入对工作小时数的弹性具有高度统计显著性，其值为正数且一般小于1。[①] 正如前文所述，收入对工作小时数的弹性小于1与实际工资的反周期性是一致的。第三，名义收入不会因为当期生活成本变动而随之进行充分、彻底的调整，从1923—1933年子样本的情况来看，名义收入的平均调整速度大约为每月17%。考虑到名义收入具有黏性，这个调整速度已经很快，但仍然远远小于凯恩斯主义者假设的调整速度。

我们发现，在样本行业中，汽车行业的计量估计结果与其他行业的估计结果明显不同。对汽车行业来说，无论是1923—1933年样本期还是整个样本期，收入变量对就业变量的敏感性较低，但收入变量对工作小时数变量的敏感性却比其他行业都高。如果用 $EARN$ 而不是用 $\widehat{EARN}$ 作为因变量，也就是说，在没有截距的情况下重新估计汽车行业的收入函数，结果更令人吃惊。在这种情况下，无论是1923—1933年样本期还是

---

① 事实上，估计系数 α_H 衡量的是收入和截距之差对工作小时数的弹性，而不是收入本身对工作小时数的弹性。严格来说，收入对工作小时数的弹性小于 α_H，并且除了汽车行业，其他行业收入对工作小时数的弹性都小于1。

整个样本期，收入变量对就业变量的弹性都几乎为零，收入变量对工作小时数变量的弹性几乎为1。这可能是由于汽车行业有特殊的行业政策。汽车行业的工资率是固定的，不随工作时间的变化而改变，而且汽车行业的空缺职位是在求职者中实行配给制。不过，当时亨利·福特的工资政策和就业政策可谓与众不同。亨利·福特向员工提供固定的高工资且实施工作配给制，这些是他提高工人工作动力的良好策略。

表6-5的下半部分显示了整个样本期基本参数的计量估计结果，与1923—1933年子样本的计量估计结果非常相似。不过，整个样本期的数据在三种情况下收入对价格的调整速率小于0.1，而1923—1933年子样本只在一种情况下收入对价格的调整速率小于0.1。整个样本期与1923—1933年样本期的不同之处在于，1923—1939年子样本集的方程中包含了罗斯福新政对收入的影响。计量估计结果表明，《国家工业复兴法》的颁布实施对工人每周收入产生积极的正向影响，不过影响相对较小。《瓦格纳法》实施后，工会力量迅速扩张，对收入有强烈的正向影响，6个行业的每周收入提高了10%以上，不过在木材行业，工会的影响虽然符号为正，但是并不明显，几乎可以忽略。而在罗斯福新政后期，制鞋行业工人工资被大幅削减。[①]此外，政府就业计划对那些受雇于私营制造业的工

[①] 1940年，霍勒斯·戴维斯（Horace Davis）在其论文第98页写道："与1937年制鞋业工资下降相关的另一点是，当壮大工会势力的浪潮开始席卷其他一些制造行业时，制鞋业的工会化运动却面临着较大的阻力。"1937年，制鞋业工资出现不正常的下降情况，解释了为什么1922—1923年和1923—1939年子样本中 a_{11} 的估计值会如此不同。

人收入几乎没有什么影响。①

我们对整个样本期和1923—1933年子样本期这两个样本时间段一长一短的数据进行了计量检验,没有发现重大的序列相关性。基于这种情况,加之根据费尔的非线性方法计算量非常大,所以我们没有对序列相关性进行任何修正。

我们还对估计方程做了一些诊断分析,其中最重要的是利用样本数据对整个模型进行了动态模拟。囿于篇幅,我们没有罗列全部实验结果,感兴趣的读者可以参阅我1985年的论文。需要指出的是,对1930—1933年和罗斯福新政期间的相关数据进行动态模拟的结果显示,计量模型对主要变量的追踪拟合总体上较为准确。特别是,对8个样本行业而言,模型对实际工资的追踪拟合均良好,较为清晰地展示了即使在产出和就业下降时,实际工资仍在上升的趋势。

我们的计量模型之所以可以较好地模拟工资的反周期性,主要基于以下原因:一是在这个模型中,当每周工作时间这个变量对经济周期敏感时,工资变量呈现出反周期的趋势;二是假设名义工资具有黏性,这一点在1930—1933年尤为重要;三是工会力量壮大的影响,这一点在1935年后特别重要。

为了检验1930—1933年名义工资黏性对实际工资的重要性,我们做

---

① 亨宁·博恩(Henning Bohn)认为,农业收入作为衡量工人选择机会的一个良好指标,应该在行业收入函数中体现,我们在研究中尝试了这种做法。1940年,罗伯特·塞尔的研究样本按季度报告了农业部门名义工资率的月度数据情况。我们对这个月度数据序列进行了插值法处理,并用它除以生活成本,求出实际农业收入的月度序列。我们将农业收入变量代入计量模型,重新估计收入函数,得到的结果与表6-5所列情况十分类似。正如根据理论所预测的那样,农业收入的系数估计值一般都为正,但是数值大小和统计显著性都较为适中。但木材加工业是一个例外,在该行业中,农业工资对收入有重要影响。

了以下实验：假设名义收入随着生活成本的变动而进行及时、充分的调整，即 $\lambda_p = 1$，其他所有系数不变，然后对1930—1933年数据再次进行模拟。结果发现，虽然模拟程序仍然能够预测实际工资上升，但是对大部分行业来说，对实际工资的追踪拟合能力显著下降。在好几种情况下，模拟的均方根误差增加了一半以上。另外，对整个样本期模拟预测的最高实际工资远低于实际情况。因此，尽管不一定是全部原因，但名义工资黏性是造成大萧条早期的实际工资变化的根本原因。此外，我们在模拟中还有一个相当惊人的发现，即是否假设工资随着生活成本变动而及时、充分地调整，尽管可以稍微改善计量模型追踪拟合就业变量和工作小时数变量的拟合程度，但并没有实质性影响。因此，尽管相关变量具有黏性即调整滞后，可以很好地解释这一时期实际工资的变动情况，但对计量模型的参数配置没有意义。

毫无疑问，这个计量模型在模拟方面较为成功。不过，在某些场合下它也会失灵。例如，它没有预测到1932年钢铁行业和汽车行业通过宣布工作分享制来保留劳动力的行为，当时该行业通过工作分享制大幅缩短每周工作时间，就业也随之大幅上升。这个问题反映了钢铁行业和汽车行业较为特殊的寡头竞争的本质，从而使它们在短期内偏离了竞争。此外，计量模型在模拟中低估了1931年前6个月到前9个月的名义工资黏性。之所以出现这个问题，是因为我们假设在整个样本期工资对生活成本变动的敏感性保持不变。实际上，尽管20世纪20年代价格一直较为稳定，但30年代初工资对价格的敏感度要小于30年代后期工资对价格的敏感度。不过，无论什么情况，被模拟变量偏离预期的情况都较为短暂。一般一年或不到一年时间，这些变量就又可以被预测。因此，尽管计量模型存在一些失灵的地方，意味着还有改进的空间，但这并不代表计量模型存在致命缺陷。

第三节 动态劳动力供给方程

上文构建的估计模型的供给方面，本质上是静态的，因此可能存在缺陷。闲暇和消费的跨期替代问题较为复杂，为了暂时不考虑这些问题，我们假设工人既不能借款也不能贷款，因此适用跨期效用函数。此外，上文构建的估计模型还有一个隐含的前提假设条件，即工人在初级部门和二级部门之间更换工作没有成本，也就是说，工人在决定是否改变工作部门时只需要考虑当期回报，而不需要考虑长期回报。只有计量估计的收入函数，在考虑名义收入随着生活成本变动出现调整问题时，包含了一些动态因素。

虽然从理论上来说，在构建劳动力供给模型时增加一些动态因素并非难事，不过增加这些动态因素后，在实证应用上出现了一些问题。我们暂不讨论出现了哪些具体问题，但是建议将迈克尔·达比提出的关于大萧条时期劳动力供给的跨期替代模型作为上文提出的供给模型的动态版本，达比的跨期替代模型已经证明非常成功。下面，我们将用本文的数据来运行达比的跨期替代模型，并将估计结果与运用我们的模型估计的结果进行对比。使用达比的跨期替代模型进行计量估计的结果具有合理性，从而说明，可以把上文的劳动力供给模型升级为更具动态表达的计量模型。

达比的劳动力供给模型是在1969年卢卡斯-拉平模型基础上进行扩展的。卢卡斯和拉平经过论证后指出：根据家庭人口数据对劳动力供给数据进行了规范化，结果显示，工人数量和工作时间这两个变量，正向地取决于工作所提供的当期回报，负向地取决于工作提供的长期回报或者常规回报，也负向地取决于正常回报与当期价格水平之比。

上述结论的推理过程我们已经较为熟悉：工作提供的当期回报较高，

促进了工作和消费进行转换,促使工人更加努力地工作;工作提供的长期回报较高,工人用当前闲暇替代未来闲暇可以获得更多利益,因此会抑制当期的劳动力供给。假设名义利率不能对通胀变动做出充分调整,那么正常回报与当期价格之比上升,导致工人预期未来实际利率降低,从而降低了当期的劳动力供给。

在这种情况下,如何衡量工作的回报情况是一个重要问题。关于这个问题,目前我们可以找到的关于跨期替代模型的文献资料都没能提出完善的解决方案。卢卡斯和拉平及其他很多经济学家都认为,实际工资是可以较好地反映工作回报的代理变量。然而,正如前文所述,将实际工资作为反映工作回报的代理变量,难以解释20世纪30年代的劳动力供给行为。[①] 达比对计量经济学的一项卓越贡献是他用全职等价收入(full-time-equivalent earnings, FTE)[②] 代替工资来衡量工作回报。达比经过研究证明,用全职等价收入代替工资来度量工作回报情况,显著地改善了模型对20世纪30年代劳动力供给情况的拟合能力。

用全职等价收入代替工资来衡量工作回报的依据是什么呢?达比指出,《国家工业复兴法》相关法规要求缩短每周工作时间,企业可能会低报工人的实际工作小时数,从而导致每小时的工资上涨,在度量每小时工资时出现向上偏移的情况。企业也可能会依据工作配给制原则,对实际工作时间进行限定。正是出于这些原因,达比认为,用全职等价收入

[①] 根据卢卡斯-拉平模型,使用20世纪30年代的数据进行计量估计,即使用本文中的方程(25)~方程(27),其中用实际工资代替实际收入,结果一些变量符号错误。与达比运用实际收入的模型相比,卢卡斯-拉平模型的拟合度更差。

[②] 达比模型使用FTE收入变量,对大多数行业来说,与实际平均收入本质上相同,对制造业来说也是如此。也就是说,该变量反映的是每周实际工作时间,而不是每周常规工作时间。详见1945年6月《当代商业调查》第17—18页。

来衡量每个工人的平均收入比用官方公布的工资序列可以更加精准地反映 20 世纪 30 年代工人工资的变化情况。

达比的观点中也存在一些问题，比如《国家工业复兴法》实施还不到两年时间，但是从实证研究来看，用收入这个变量代替工资这个变量，对整个二战前的数据都取得了较好的实证效果，具体情况可以参阅达比的论文。当然，我们的研究也证明了运用收入变量更为合理。研究表明，当每周工作时间不为固定的常数时，能正确衡量工作回报的变量既不是工资，也不是收入，而是工人从工作中获得的收入和工作时长这两个变量所构成的组合的总效用，而这个组合的总效用可以用工人留在二级部门所能得到的效用来度量。然而，计量经济学家显然不能轻易地观察到这种效用，因此我们不禁要问，在计量经济学家可以观察到的变量中，究竟有没有可以反映工作带来的总效用的变量？如果有的话，究竟是哪一个或哪几个变量？如前所述，工资与工作产生的效用经常出现反向运动，因此，工资变量不能很好地反映工作所带来的总效应。但是，如果正如 20 世纪 30 年代的情况，就业波动主要来源于需求变动，而不是供给变动，那么保住工作的效用就与收入高度相关。这其中的原因显而易见：初级部门的需求增长，会提高工人的均衡效用水平，使均衡的收入函数向上移动并增加工作时间。因此，初级部门的需求增长会增加工人的收入。鉴于此，达比提出的方法较为合理，其主要原因是摒弃了之前常用的工资变量，取而代之的是运用收入变量作为衡量工作总效用的代理变量。

根据上述情况我们认为，依据达比的思想构建模型，对相关数据集进行计量估计，可能更有价值。我们设定如下实证模型：

$$EMP_t \times HRS_t - LABORFORCE_t$$
$$= \beta_0 + \beta_1 (EARN_t - COL_t)$$
$$+ \beta_2 (EARN_t - COL_t)^*$$
$$+ \beta_3 (COL_t^* - COL_t)$$
$$+ \alpha_N NRA_t + \alpha_U UNIONPOWER_t$$
$$+ \alpha_W EMERGWORK_t + \alpha_t t \tag{25}$$

$$(EARN_t - COL_t)^*$$
$$= \lambda_P (EARN_t - COL_t)$$
$$+ (1 - \lambda_P)(EARN_{t-1} - COL_{t-1})^* \tag{26}$$

$$COL_t^* = \lambda_P COL_t + (1-\lambda_P) COL_{t-1}^* \tag{27}$$

其中变量右上方的星号表示变量中蕴含的"永久"因素或"长期"因素，相关变量定义详见表6-2。

方程（25）是一个劳动力供给方程，其一般形式最早于1969年由卢卡斯和拉平提出。方程（25）中的因变量是向某个行业供给的总劳动力情况，工人总人数与工作总小时数这两个变量按照莱伯格特插值法进行了规范化，将年度数据运用莱伯格特线性插值法推导出月度数据序列。方程（25）充分考虑了我们之前讨论的情况，表示向某个行业供给的工人数量和工作时间这两个变量主要取决于工作提供的当期回报、长期回报以及长期生活成本与当期生活成本之比，其中工作回报用每周实际收入度量（用收入度量工作回报正是达比的创新之处）。根据跨期替代模型的逻辑，我们预期相关系数的符号是 $\beta_1 > 0, \beta_2 < 0, \beta_3 < 0$。

方程（25）为劳动力供给方程，包含了反映罗斯福政府新政举措的变量。对各系数符号情况进行预期，结果如下：α_N 符号不确定，因为根据《国家工业复兴法》相关法规，就业有所提高，但工作小时数有所减少；α_U 符号为负，因为工会势力上升，将劳动力供给限制在竞争水平以下；a_W 符号为负，因为罗斯福新政后，公共建设项目增多，减少了对其他行业的劳动力供给。此外，方程（25）中包含了一个时间趋势项。

方程（26）和方程（27）遵循卢卡斯-拉平模型，假设工作回报和生活成本这两个变量中持久性因素会适时地更新，并且这两个变量更新速度一致。方程（26）与方程（27）都剔除了常数项和趋势项，因为即使将常数项和趋势项包括进来，它们也会被估计方程的常数项和趋势项合并，而且对重要的估计参数没有任何影响，因此将其剔除。

根据卢卡斯-拉平模型，利用方程（26）和方程（27）将劳动力供给方程（25）变形，得到只含有可观测变量的方程。使用非线性估计方程可以解得方程（25）、方程（26）、方程（27）的原始参数。

对方程（25）、方程（26）、方程（27）联立方程系统进行估计，所得结果详见表6-6。运用非线性两阶段最小二乘法，修正联立性偏误，进行计量估计，其中工具变量详见本文附录。样本期从1923年1月至1939年12月。对于1923年1月到罗斯福新政（1933年6月）之前的子样本，我们设定 $a_U = a_W = a_N = 0$，并给出其估计结果。运用杜宾-沃森统计量检验已实施柯依克变换的方程。

表6-6中最重要的一项估计结果是 β_1 的估计值，这一项估计结果主要衡量劳动力供给对收入的弹性，劳动力供给情况通过工人数量和工作时间这个捆绑变量反映，β_1 的符号为正，并且在任何情况下都具有高度的统计显著性。虽然使用不同行业的不同样本数据，β_1 参数估计值的大小却惊人地一致。这说明，方程（25）是一个真实的劳动力供给曲线，其中收入作为工作带来的总效用的代理变量较为合理。[1]

---

[1] 应该注意的是，β_1 符号为正并且统计学显著，反映了每周工作时间既是因变量的组成部分，也是每周收入的重要组成部分。使用就业变量而不是工人数量与工作时间这个捆绑变量作为因变量重新进行计量估计，同样得到符号为正且统计学高度显著的 $\hat{\beta}_1$。

表 6-6 动态劳动力供给方程

估计的参数	钢铁业	汽车业	肉类加工业	造纸业	制鞋业	纺织业	皮革业	木材加工业
			1. 样本期为 1923 年 1 月—1933 年 6 月					
β_1	1.78	1.63	1.77	1.45	1.04	2.10	1.21	1.80
	(8.25)	(11.1)	(6.98)	(8.51)	(12.1)	(10.1)	(11.1)	(3.24)
β_2	0.03	2.29	2.99	0.30	0.29	0.42	2.92	0.26
	(0.08)	(3.43)	(0.97)	(0.41)	(0.83)	(0.67)	(2.31)	(0.58)
β_3	−0.95	−0.66	−2.55	−1.51	−0.74	−2.69	−1.24	−3.12
	(−0.74)	(−0.46)	(−3.32)	(−3.55)	(−1.24)	(−2.15)	(−2.47)	(−1.53)
λ_P	0.137	0.148	0.093	0.071	0.184	0.199	0.095	0.351
	(2.57)	(3.49)	(1.59)	(2.30)	(3.17)	(3.26)	(2.72)	(4.24)
杜宾-沃森统计量	2.02	1.85	1.81	2.06	2.04	2.23	1.86	2.08
			2. 样本期为 1923 年 1 月—1939 年 12 月					
β_1	1.43	1.99	1.86	1.38	1.38	2.24	1.31	1.59
	(16.3)	(10.5)	(7.54)	(12.5)	(15.2)	(14.8)	(12.9)	(8.28)
β_2	0.52	2.61	4.11	0.79	0.10	0.67	3.01	0.52
	(2.05)	(3.34)	(1.62)	(1.71)	(0.23)	(1.25)	(3.35)	(1.46)
β_3	−1.93	−0.32	−3.11	−1.64	0.07	−2.01	−1.53	−4.21
	(−2.74)	(−0.21)	(−4.39)	(−5.97)	(0.12)	(−2.35)	(−4.17)	(−3.99)
a_N	−0.021	0.085	−0.003	0.011	0.020	0.032	−0.009	−0.046
	(−0.49)	(0.98)	(−0.06)	(0.65)	(0.62)	(0.66)	(−0.42)	(−0.87)
a_U	−.035	−0.102	−0.088	−0.030	−0.051	−0.009	−0.027	0.023
	(−1.56)	(−2.57)	(−2.04)	(−1.92)	(−3.24)	(−0.43)	(−1.98)	(1.00)
a_W	0.142	0.098	−0.149	0.019	−0.145	0.157	0.065	−0.211
	(0.86)	(0.31)	(−0.87)	(0.28)	(−1.10)	(0.89)	(0.76)	(−1.03)
λ_P	0.128	0.170	0.094	0.081	0.136	0.165	0.107	0.174
	(3.90)	(3.89)	(2.49)	(3.68)	(2.76)	(4.03)	(3.99)	(4.52)
杜宾-沃森统计量	1.85	1.79	1.82	2.13	2.21	2.07	1.93	2.20

注：相关注释同表 6-5 注。不过，为了便于理解表 6-6，我们把 a_U 和 a_W 的估计值都乘以 10^4。

β_2 的估计值符号也为正，不过其数值大小和统计显著性在不同情况下不尽相同。β_2 符号为正，说明较高的长期工作回报能增加劳动力供给，这与跨期替代模型预测的结果正好相反。我们回过头来再看方程（25），可以发现，相关估计值都是基于各个行业的数据而得出，而不是基于各行业加总数据而得出。从行业层面来说，劳动力供给不仅取决于在经济体中一个部门工作的工人所做出的劳动决策，还取决于从经济体的其他部门吸引过来的工人数量。工人在不同部门更换工作存在成本，一个行业的长期回报越高，工人为进入该行业所支付的一定成本就越值得，因此从总体来看，会增加该行业的劳动力供给。据此，我们可以更好地理解方程（25）。方程（25）中包含长期收入项，是因为长期收入影响工人更换工作的决定，从而影响劳动力迁移，这里出现长期收入变量并不是因为跨期替代的原因。

对方程（25）进行这样的解释有一定道理。首先，它对 $\beta_2 > 0$ 进行了合理的解释。其次，跨期替代模型在解释 20 世纪 30 年代劳动力供给情况时，有一个前提假设，即资本市场是运行良好的资本市场。但大萧条时期的实际情况是，金融部门极度混乱，消费者借贷利率差异巨大，这与跨期替代模型的假设条件不一致。[①] 当然，在方程（25）中，工人换工作的成本也并不需要资本市场是运行良好的资本市场的假设。本文第一节的模型中假设工人既不能借款也不能贷款，这与方程（25）相一致。

关于罗斯福新政的影响，表 6-6 与表 6-5 估计的收入函数的结果相同，即罗斯福新政给劳动力市场带来的最大变化是立法支持工会运动。《国家工业复兴法》和政府出台的工作分享计划等并没有对劳动力供给市

[①] 具体情况可参阅我于 1983 年所著的论文。正因为完美资本市场的假设失败，所以运用跨期替代模型解释 20 世纪 30 年代的消费路径时会遇到困难，相关情况可参阅约瑟夫·阿尔通吉的论文。

场产生实质性的影响，与此相反，工会势力的壮大给许多行业造成了强烈影响。

总体来说，达比模型可以很好地运行样本数据。通过我们上述对达比模型所做的解释，说明劳动力供给模型可以有一个能够更为清晰地进行动态观察的版本。

第四节　结论

本文运用月度行业数据来研究大萧条时期的劳动力市场，研究分析的框架是基于1970年卢卡斯提出的模型。在此模型中，无论是企业还是工人都关注工人数量和每个工人工作时间这两个变量所构成的组合，这一组合因素在大萧条的背景下显得格外重要。另外，如果加上其他一些实证因素，这个模型可以对关键的时间序列变动行为进行很好的解释。因此，将总劳动力供给分解为工人参加工作的参与率和每个工人的工作小时数这两个变量，有助于理解其他宏观经济现象。

当然，我们的分析也存在一定的局限性，主要表现在产出变量被视为外生因素，因此我们的模型仅仅在局部均衡。而要想对20世纪30年代的情况做出真正令人满意的分析，则必须将劳动力市场、产品市场和金融市场放在均衡框架中进行全面的考虑。我们在未来的研究中将充分考虑这一点。

附录

本文研究使用的数据来源：

1. 收入、工作小时数和就业数据来自埃达·贝尼1936年的论文和罗伯特·塞尔1940年的论文。这些数据主要根据全国工业会议委员会从1920年到1947年开展月度调查所获得的结果。

所有样本行业均向部分工人支付计件工资。具体情况详见《每月劳工评论》1935年9月第41期第697—700页,我们对这一数据未做任何修正,直接沿用。只要短期内计件工作完成的速度变动不大,就不会对我们的计量估计产生影响。

2. 行业生产数据来源于美联储。参见"美联邦行业生产指数",1940年8月《联邦储备公报》第753—769和第825—874页。

3. 批发价格指数来源于美国劳工统计局。参见美国劳工部的下列出版物:《劳动统计手册》(1931年版,第541号公告;1936年版,第616号公告;1941年版,第694号公报),《1913—1927年的批发价格》(华盛顿特区政府印刷办公室,1929年,第473号公告)。

关于汽车行业,我们合并了美国劳工统计局所做的两个汽车价格序列,但两个序列都没有1935年的数据,于是我们使用1935年所有金属产品的价格系列,以替代当年的汽车价格系列。

4. 消费者价格序列来源于罗伯特·塞尔1948年的论文。

5. 从1933年9月国家复兴总署颁布实施第一个行业法规开始,到1935年5月《国家工业复兴法》被宣布违宪,这一时期内均将虚拟变量 *NRA* 设置为1。变量 *UNIONPOWER* 表示因工人罢工而损失的工人数量和工作时间组合情况,其相关月度数据来自美国劳工统计局发布的第651号公告和第694号公告。美国联邦政府雇用的应急工作人员总人数的数据序列来自全国工业会议委员会发布的1941—1942年《经济年鉴》。

样本的跨度时间从1923年1月至1939年12月。尽管可以找到1923年以前的部分数据,但若将样本扩展至1923年之前会存在两个问题:一是部分行业产出数据缺失,且无法构造出类似数据;二是1922年全国工业会议委员会的调查存在6个月的空白。将二战前样本时段的截止日期定为1939年12月，是为了避免战时经济存在的许多特殊特征。

在运用模型进行计量估计时，被视为外生变量和附加工具变量：

一是对工人的需求方程，PAY_t 和 $QADJ_{t+1}$ 被视为外生变量。$QADJ_{t+1}$ 被视为外生变量的原因是测量误差，当用变量的未来价值来替代预测值时就会产生这种测量误差。附加的工具变量有 $QADJ_{t-1}$、HRS_{t-1}、$UNIONPOWER$，以及生活成本变量 COL 的当期项和两个滞后项。

二是对工作小时数的需求方程，外生变量是成本变量 $HCOST_t$。附加的工具变量是 EMP_{t-1} 和 $UNIONPOWER_t$ 以及生活成本变量 COL 的当前项和两个滞后项。

三是收入方程。外生变量是 EMP_t 和 HRS_t。工具变量是产量 Q 的当前项和两个滞后项以及变量 COL 的当期项和两个滞后项。因为之前观测到，一些行业的当期就业水平与提前一个月产出高度相关，因此，我们把基于一个单变量自回归得到的对提前一个月的产出的预测值作为一个工具变量。

四是动态劳动力供给方程，或称达比模型。外生变量是 $EARN_t$。工具变量与上述收入方程的工具变量相同。

第七章

美国大萧条时期失业、通货膨胀和工资情况以及对欧洲的启示[①]

与马丁·帕金森合著

当代欧洲失业问题的专家们曾经多次将当代欧洲失业问题与20世纪30年代美国失业问题进行比较,近期较为有名的是1988年罗伯特·戈登就相关问题发表的论文。我们觉得这种对比不尽合理,因为现在欧洲虽然面临着严重的失业问题,但它对人类福祉的影响比大萧条对人类生活的影响要低一个数量级。然而从科学研究角度来说,20世纪30年代和20世纪80年代均出现严重失业情况,背后可能有相似的原因或因素,因此对两者进行比较具有重要意义。

在本文中,我们将重点研究美国20世纪30年代出现的失业问题,以期对解决欧洲的失业问题有所启发,力争解决当前困扰欧洲的三个关

[①] 本文经授权许可摘录自1989年5月《美国经济评论》的《论文与学报》第79卷,第210—214页。
感谢奥林基金会(the Olin Foundation)的支持。感谢我们在普林斯顿大学的同事布拉德福德·德龙(Bradford J. De Long)给予的帮助,感谢伯克利宏观历史研讨会(Berkeley Macro History Seminar)的成员提供的有益建议。

于失业问题的"谜团"。经济学界已经对这三大"谜团"进行了广泛的讨论。这三大"谜团",一是高失业率持续存在之谜,也就是经济的自我平衡机制或自我纠正机制明显失效之谜;二是高失业率对通货膨胀率不产生影响之谜,现在欧洲的高失业率是"浮动的、不加速通货膨胀的失业率";三是高失业率和实际工资持续上涨这两种现象并存之谜,或者说是"实际工资黏性"之谜。本文将重点研究制造行业相关情况,因为制造行业数据最为完整。

如果把20世纪30年代美国的失业情况与80年代欧洲的失业情况相比较,会发现两者存在一些重大差异,其中最主要的是失业动态变化情况不同。20世纪30年代美国持续发生高失业率情况,主要是一系列规模较大、破坏经济稳定的冲击事件所引发,特别是1929—1933年及1937—1938年。而现代欧洲出现的失业情况主要是由低水平的均衡陷阱所引发。实际上,美国20世纪30年代自我修复经济的能力远胜过我们的常规认识。

不过,美国的大萧条说明,单一的失业率水平因素并不会对通货膨胀率产生影响,这一点在现代社会中也得到印证,我们认为这符合宏观经济学理论。研究欧洲问题的经济学家们认为,政治因素在实际工资的决定过程中起着重要作用,从20世纪30年代的历史来看,确实是这么回事。

第一节 两次世界大战之间的就业动态变化情况

20世纪30年代美国制造行业的就业情况究竟如何?可以确定的是,1929—1933年经济大幅收缩后,美国制造行业的就业没有简单地稳定在一个低水平上,而20世纪80年代欧洲的就业率却持续维持在一个较低水平。从 1933 年到 1937 年，美国制造行业的就业每季度增长 3.4%，总劳动时间每季度增长 4.4%，总产出每季度增长 5.0%。在经历了 1937—1938 年的衰退后，美国经济开始强劲复苏，1938—1940 年，制造行业的就业、总劳动时间、总产出的季度增长率分别为 1.8%、2.8% 和 4.9%。

根据自然失业率理论，在两次世界大战之间，就业水平出现巨大波动主要是因为经济具有自我纠正和修复的能力。还有一种说法认为，就业之所以会出现这种巨大波动，主要是因为缺乏内生稳定机制的经济出现了大幅波动。我们对这个问题进行分析研究时，使用的计量研究框架是误差修正模型。

设 n_t^* 为以对数形式表示的正常就业或者充分就业时的就业水平，则以对数形式表示的实际就业情况的简单误差修正模型为：

$$\Delta n_t = \text{constant} + a(L)\Delta n_t + b(n_{t-1}^* - n_{t-1}) + Z_t c + e_t \tag{1}$$

其中 Δ 是差分算子，$a(L)$ 是反映就业短期波动的滞后算子，Z_t 是一列影响就业增长率的平稳变量，e_t 是平稳的残差项。误差修正项 $b(n_{t-1}^* - n_{t-1})$ 刻画就业偏离正常就业水平后向正常就业水平恢复的趋势，误差修正参数 b 的值和自回归参数 $a(L)$ 的值共同决定了向正常就业水平恢复的速度。如果误差修正参数 b 为正，那么 n 和 n^* 就是协整的，也就是说，与充分就业率的偏离虽然可能会持续较长时间，但最终必将消失。如果误差修正参数 b 等于 0，那么 n 和 n^* 就不是协整的，实际就业率会永远偏离充分就业率。

我们将 1924 年 2 月至 1941 年 4 月美国制造行业月度就业数据的季度平均值代入方程（1）。制造行业的劳动力 n^* 是用 1964 年斯坦利·莱伯格特估计的美国总劳动力乘以 1929 年 1 月制造行业雇用的劳动力占美国总劳动力的比例而得到的。对于 Z_t，我们运用"未预期到的通货膨胀"的当期值和一阶滞后项来度量总需求冲击。具体方法是，运用 1930 年之前的数据，使用通货膨胀的滞后项和商业票据利率作为预测变量，估计出一个通货膨胀预测方程，然后用它的残差作为"未预期到的通货膨胀"。将"未预期到的通货膨胀"代入方程（1），此时，这个方程就是经过误差修正的菲利普斯曲线（error-correction Phillips curve, ECPC）。如果 $b = 1$，$a(L) = 0$，且 $c(L) = c$，则经过误差修正的菲利普斯曲线就演化为一条常规的、静态的、附加预期因素的菲利普斯曲线。但是一般来说，与标准的菲利普斯曲线相比，经过误差修正的菲利普斯曲线可以更加充分地描述就业的动态变化情况。

通过计量估计得出两个主要结果：一是方程中未预期到的通货膨胀的系数符号为正，符号方向正确，而且具有高度的统计显著性；[1] 二是在边际显著性水平为 0.06 且 "n 和 n^* 之间不存在协整关系"的假设条件下，误差修正参数 b 的估计值是 0.15。[2] 综合考虑误差修正参数 b 的计量估计结果，其数值很小且符号为负，意味着经济以相当快的速度向充分就业水平调整。例如，如果存在干扰经济稳定的负面因素，那么根据计量估计结果，在随后的三个季度里，经济调整能达到实际就业水平和充分就业水平这两者之差的一半以上。

另外，运用以下几种方法进行计量估计会得到与上述结果类似的结论：一是把整个样本数据进行计量估计得到的通货膨胀预测方程的残差定义为"未预期到的通货膨胀"；二是用破产银行负债的实际价值来替代

---

[1] 边际显著性水平是 0.002。由于未预期到的通货膨胀是第一阶段回归的残差，因此给标准误差造成了偏误。我们对这一偏误没有进行修正，因为即使进行修正，也不会改变基本结果。

[2] t 统计量是 2.55，然而在零假设时，t 统计量可能不再服从标准分布，因为如果 n 和 n^* 不协整，并且各自不平稳，则 $n - n^*$ 一定不平稳。边际显著性水平是通过重复 100 次蒙特卡洛模拟而得到的。

未预期到的通货膨胀，这也是从另一个维度来度量宏观经济受到的冲击情况；三是在方程（1）中加入未能预期到的政府实际支出变动情况及财政赤字变动情况。此外，如果在方程（1）中使用实际通货膨胀率而不是"未预期到的通货膨胀率"，计量估计结果也没有发生变化，实际上，无论使用实际通货膨胀率还是使用"未预期到的通货膨胀率"，计量模型并没有太大差别。

很多人认为，20世纪30年代美国是"自然失业率"经济，而不是陷入"低水平陷阱"的经济。要想驳倒这个论点，我们可以从以下两个思路进行论证：一是证明1929—1933年和1937—1938年美国经济低迷是劳动力市场内生因素发展的结果，而不是外部力量作用所造成的；二是美国经济强劲恢复期，特别是1933—1937年美国经济强劲复苏，纯粹是政策因素或其他外生力量促成。① 只要证明上述任何一条，即可有力地反驳本段开篇的论点。第一个思路显然不合理，美国经济低迷不仅仅是劳动力市场内生因素发展的结果，特别是1929—1933年美国经济衰退，很容易找到证据证明存在劳动力市场之外的抑制经济发展的力量和因素。第二种思路更为合理。我们认为，罗斯福新政结束了通货紧缩，重建了金融体系，为经济自然复苏"扫清了障碍"，但罗斯福新政并不是拉动经济复苏的引擎。

有人认为大萧条时期的经济具有很强的自我纠正能力，这个观点有一定的限制条件。不可否认的是，20世纪30年代长期的高失业率是影响经济的重要因素，特别是制造行业，其他部门的失业率并没有像制造行

---

① 从计量经济学角度看，第一个假设是在方程（1）中令 $Z_t = 0$；第二个假设是令 Z_t 的一个因素作为虚拟变量，该变量在1933—1937年为1，在其他年份为0。一旦对 b 估计值的非标准分布进行修正，则无论进行何种变动，都不能在0.10的显著性水平拒绝 $b = 0$。

业那么高。不过现在欧洲的情况与20世纪30年代美国的情况不太一样，欧洲在没有受到明显外部冲击的情况下，就业率却始终在低位停滞不前。

第二节 浮动的、不加速通货膨胀的失业率

罗伯特·戈登所说的"浮动的、不加速通货膨胀的失业率"，是指尽管失业率超过自然失业率，但通货膨胀仍持续存在的现象。浮动的、不加速通货膨胀的失业率现象正是近代欧洲和罗斯福新政时期美国的情形，从罗斯福总统宣誓就职到1937年美国经济衰退，美国物价上涨了近20%，不过20世纪30年代最后几年物价保持了平稳。

"浮动的、不加速通货膨胀的失业率"真的是个不解之谜吗？事实上，支持"浮动的、不加速通货膨胀的失业率"的经济学家在计量研究中所使用的标准方程，将通货膨胀率作为因变量，将实际失业率与正常水平失业率的偏差作为自变量，但这些做法并没有明确的经济学理论依据。经济学理论认为，通货膨胀是由当前和预期的货币供给与需求决定的。通货膨胀出现意外变动会影响就业，甚至在货币超中性失效的模型中，通货膨胀本身都会影响就业。[①] 也就是说，应该使用通货膨胀而不是失业率作为自变量。运用通货膨胀而不是失业率作为自变量，理论上更为合理，实证研究效果也更好。如上所述，方程（1）中相关变量的估计值证实了在两次世界大战之间，无论是意外发生的通货膨胀，还是预期的通货膨胀都会对就业有显著的影响。

依据上述理论来考察货币情况，就不难理解罗斯福新政时期出现的

[①] 和"债务型通货紧缩"理论一样，费雪-泰勒契约模型和卢卡斯总供给曲线都隐含着未预期到的通货膨胀或通货紧缩会影响就业的意思。参见1986年布拉德福德·德龙和劳伦斯·萨默斯提出的关于大萧条时期货币超中性失效的模型。

价格变动情况了。罗斯福总统深知"通货再膨胀"的重要性，在他就任美国总统后不久就实施了一项新的扩张性货币制度，其主要内容是直接进行货币扩张，放弃金本位制和恢复重建银行体系等。这项制度实施后产生了较高的通货膨胀率，减少了债务负担，消除了通货紧缩预期，对经济复苏产生了积极影响。①罗斯福新政时期高通货膨胀和高失业率同时存在，这并不矛盾。通过分析货币供给情况也许能解释清楚为什么当今欧洲会持续地出现通货膨胀的问题。

当然，美国的这些情况仍不能解释为什么20世纪80年代欧洲失业率一直居高不下。但是各种研究和探讨说明，在分析欧洲旷日持久的高失业率问题时，我们应该把关注的重点放在探寻抑制经济复苏的真实因素上，而不能只关注价格水平的调整。

第三节 刚性的实际工资

很多人注意到，欧洲的实际工资很少受失业率的影响。同样，20世纪30年代，美国的实际工资也强劲增长，而且这种增长是一种长期现象，与1931—1932年未预期到的通货紧缩导致的实际工资短时飙升无关。

关于20世纪30年代美国的实际工资的变动行为，我们不能孤立地进行解释，必须和大萧条期间劳动力市场其他因素和发展趋势联系起来进行分析。

首先，在大萧条时期，每周平均工作时间显著减少，之所以出现这种情况，有可能是因为很多企业选择工作分享制来窖藏劳动力，也有可

---

① 1988年，彼得·特明和巴里·威格莫尔强调了预期效应的作用。关于当时对罗斯福新政时期货币体制变革的报道，可以参阅全国工业会议委员会1934年的相关材料。

能是因为企业担心裁员太多，会给企业带来失业赔偿金方面的压力。因此，企业普遍采取减少工人工作时间的方法，而较少进行裁员。20世纪30年代后期，美国立法机构强化了减少工人工作时间的要求，加之工会运动势力壮大，企业改变了用工方式，工人工作时间不断减少。

其次，20世纪30年代生产率增长强劲，其显著特征是，当时大多数行业的资本存量不断减少，但是生产率却不断增长。在我们掌握数据的行业中，如果设1929年就业与资本的比率为基数100，则1937年就业与资本的比率情况如下：钢铁行业123.5，纺织行业167.1，石油炼制行业99.5，汽车行业139.9，皮革行业182.1，木材行业122.7，橡胶行业158.6，造纸和纸浆业122.3。由此可见，20世纪30年代美国生产率的增长与近期欧洲生产率的增长原因不尽相同，美国生产率增长不是资本运作的结果。

再次，罗斯福新政时期工会运动取得了巨大成功，一些重要行业都兴建了强大的工会组织。原先已经建立工会的行业，企业纷纷向工会让步。这一时期工会势力大增，工会会员人数翻了一番。

最后，正如桑福德·雅各比（Sanford Jacoby）在其1985年出版的一本书里所描述的，大萧条时期很多企业雇用工人的传统和习惯发生了重大改变，这些变化大多有利于工人，比如削减工头权力、为工人工作稳定性提供更强有力的保证、规范工人申诉程序、向工人支付更高的工资等。

20世纪30年代美国劳动力市场的这些因素和趋势究竟是怎么结合在一起，从而促使劳动力市场发生实质性变化的呢？这其中一个非常关键的因素是政治环境。罗斯福总统以压倒性优势赢得美国总统大选，说明当时美国民众已经彻底改变了过去不支持政府干预经济的态度。罗斯福新政除了对货币和金融进行改革，也推动了对劳动力市场进行重大立法。

美国新颁布实施的法律对各个行业均有影响，不过影响程度不太一样，例如，美国《国家工业复兴法》对皮革行业、纺织行业等的实际工资产生重要影响，但对其他行业的实际工资则影响很小。与此类似，美国政府支持的工会运动对不同行业的影响也不尽相同。不过，罗斯福总统的措施已经向雇主们传达了一个清晰的信号：雇主们必须使雇用条件向更有利于工人的一方去改变，如果雇主们不愿做改变，美国政府将通过立法的方式或者通过直接支持工会的方式来实施更为激进的变革。

在劳动力市场的各种变化因素中，政治变化是一个关键因素。例如，通过对劳动时间进行专门立法以及通过工会和企业签署明确协议等方式，把企业最初实施的更短的每周工作时间实践予以规范化和制度化。正如我在 1986 年的论文中所指出的，就工人每周收入而不是每小时收入而言，每周工作时间减少，会导致平均每小时收入增加。与此同时，美国政府采取支持工会的政策，并督促雇主实施更加自由的劳动力政策，这两方面的原因都促使实际工资增长。

还有一个重要的问题是，为什么 20 世纪 30 年代资本投资很少，生产率却反而增长呢？当时人们普遍认为，这是因为，更高的工资和更好的劳动待遇提高了生产率。我们认为，这种观点是正确的。因为正是政府的政策和工会的压力，雇主们不得不采取其他可以最大限度获取利润的方式，即开始广泛地使用"效率工资"制度，向工人支付"效率工资"。罗斯福新政的实施拉开了效率工资制的帷幕，这种观点不仅可以解释这一时期实际工资增长问题，也可以解释这一时期生产率提高问题。

第四节　结论

罗斯福新政实施时间是从 1933 年到 1941 年。这段时间除了 1937—

1938年发生经济衰退，美国经济总体上一直保持着增长态势。经济增长的同时，由于政府和工会的大力推动，实际工资也一直增长。一般来说，较高的实际工资会抑制总供给，那么为什么在罗斯福新政时期，经济和实际工资可以同时增长呢？如果"向效率工资过渡"的假说成立，那么对这个疑问的回答是，较高的工资在某种程度上是通过劳动生产率的提高而实现的。然而，在不完全竞争市场上，产出既取决于总需求，又取决于实际工资。赫伯特·胡佛和亨利·福特认为，较高的实际工资是"自我支付"的，因为从更广泛的意义上来说，向工人支付较高的实际工资虽然增加了产出的成本，但拉动了总需求，总需求的增长在一定程度上弥补了成本上升所产生的影响。[1]

　　欧洲的情况又如何呢？其实欧洲的情况和20世纪30代美国的情况有些相似，特别是失业率水平不会影响通货膨胀水平，以及政治因素促使实际工资增长等，但欧洲的情况与美国的情况依然存在巨大差异，所以欧洲不能照搬当时美国的政策。例如，罗斯福总统从1933年开始实施的通货膨胀政策提高了美国的就业率，这项通货膨胀计划是美国金融复兴计划的一部分，对扭转大萧条时期造成的通货紧缩预期发挥了至关重要的作用。但对今天的欧洲来说，实施通货膨胀政策不一定能解决问题。此外，罗斯福新政时期实际工资增长提高了生产率和总需求，因此没有抑制经济复苏，但是我们不能因此就妄下结论，认为较高的实际工资一定有助于欧洲经济复苏。

---

[1] 与生命周期理论不一样，总需求分析并不需要假设总体而言工人有较高的边际消费倾向。我们只需要假设，资本市场有借款条件，工人不能以未来收入为抵押进行借款，此外，工人认为大萧条时期的收入低于他们的永久收入，这些假设就足够了。

第八章

顺周期劳动生产率和相关经济周期理论：来自两次世界大战之间美国制造行业的一些证据[1]

与马丁·帕金森合著

第一节 引言

1960年，托尔·胡尔特格伦发现，平均劳动生产率具有顺周期性，或者说短期劳动报酬递增。目前，这一发现已被认为是宏观经济的一个基本特征。对不同国家、不同时期样本数据的实证研究表明，无论是微观企业还是宏观国民经济，其生产率普遍具有顺周期性。

20世纪60年代和70年代早期有大量针对生产率顺周期性的研究，其中较为有名的是1965年布雷克林、1965年埃德温·库、1966年鲍尔和

---

[1] 本文经授权转载自1991年《政治经济学杂志》(Journal of Political Economy) 第99卷，第31期。版权属于芝加哥大学所有。
感谢评审专家提出的宝贵意见。感谢美国国家科学基金会和澳大利亚财政部提供的经费支持。本文仅是作者个人观点，不代表澳大利亚财政部观点。

圣西尔、1968年索洛、1969年费尔，以及1974年西姆斯等。近期，经济学家们在对真实经济周期进行研究的过程中又开始关注短期劳动报酬递增问题，如1986年爱德华·普雷斯科特（Edward C. Prescott）、1985年乔恩·费伊（Jon A. Fay）和詹姆斯·梅多夫、1987年及1988年罗伯特·霍尔、1988年朱利奥·罗特伯格和劳伦斯·萨默斯，以及1989年奇里科等。人们再次将注意力集中到短期劳动报酬递增问题上，因为对短期劳动报酬递增的解释，关系着当代各种主要经济周期理论模型的选择。

关于短期劳动报酬递增，目前主要有三种解释，即技术冲击、真实报酬递增和劳动力窖藏，其中每一种解释都对应着一种经济周期模型。

正如1986年普雷斯科特所阐述的，竞争性真实经济周期方法倾向于支持技术冲击的解释。在真实经济周期模型中，技术变化是周期性波动背后的主要驱动力，而劳动力供给的跨期替代则是周期性波动的关键传播机制。在真实经济周期模型中，即便假设劳动投入的边际收益递减，劳动生产率也是顺周期的，因为经济繁荣时期有利于技术创新的发展和应用。经济繁荣时期的劳动生产率较高，劳动投入也有所增多，这一时期工人获得的实际工资也较高。

霍尔认为，短期劳动报酬递增反映了在一定的技术水平条件下生产函数所表达的真实报酬递增问题。1987年瓦莱丽·雷米（Valerie Ramey）、1989年奇里科等都支持霍尔的这一观点，并在他们各自的研究中给出了支持证据。霍尔将经济周期描述成沿着固定的生产函数运动，而普雷斯科特则认为生产函数本身会随着经济周期的变化而运动。相关计量模型将经济周期刻画为具有最优生产率的一段时期，真实报酬递增是这些模型的基本组成要素。回报递增的行业通常具有非竞争性的行业市场结构，不过，当回报递增对企业来说具有外部性时，情况就未必如此了。相关情况可以参阅1989年凯文·墨菲（Kevin Murphy）、安德烈·施莱费尔

（Andrei Shleifer）和罗伯特·维什尼（Robert Vishny）合著的论文。下面我们简要讨论回报递增对企业来说是外部性的情况，重点讨论回报递增对企业来说是内部性的情况。

对短期劳动报酬递增的传统解释是劳动力窖藏，主要基于劳动力准固定成本[①]理论，相关情况可参阅加里·贝克尔（Gary Becker）1962年的论文、奥伊1962年的论文、舍温·罗森1968年的论文。依据劳动力窖藏理论对短期劳动报酬递增现象进行的解释是，如果在短期内不能无成本地调整劳动力，那么从长期来看，企业在经济低迷时"窖藏"劳动力的做法对企业是有利的，企业在整个经济周期对劳动投入的曲线将较为平滑。[②] 窖藏劳动力的做法，使得企业在经济繁荣时期可以更加集约地利用劳动力。企业对劳动力的使用随经济周期的变化而变化，导致产生劳动报酬递增的假象。[③] 凯恩斯主义者都很赞同劳动力窖藏理论的解释，因为根据凯恩斯主义者的观点，大部分周期都是需求驱动的，这与用劳动力

---

① 劳动力准固定（quasi fixity）成本是一个经济学名词。为增加劳动者，就要支付面试等工作所需的招聘成本；为了培养胜任工作的人才，也需要教育培训费；相反，为削减人员，必须支付很多退职金。除此之外，企业还承担着与劳动时间的长度没有直接关系的成本，如交通津贴、福利保健费等。这些区别于随劳动时间变化而变化的可变成本就是劳动力准固定成本。——译者注
② 劳动力窖藏除了用于调整成本，还有一个作用是维持一定数量的"运营劳动力"，对于维持生产运转是必要的。如果将运营劳动力计算在生产工人里，即使真正的边际成本是不变的常数或者递增，我们也可以在数据中观察到短期劳动报酬递增现象。本文强调分析花费高额成本进行调整的动机，但在结论部分会提到"运营劳动力"问题。
③ 需要注意的是，劳动力窖藏不一定意味着顺周期生产率。此外，劳动力使用的集约程度是可以变化的，企业发现在短期内利用增加劳动使用率来代替就业增加或延长工作小时有利可图。反之亦然，也就是说，在短期内利用减少劳动使用率来代替就业减少或缩短工作小时也是有利可图的。这些是劳动力窖藏的必要条件。

窖藏理论解释的短期劳动报酬递增现象是一致的。此外，1988年罗特伯格和萨默斯提出，劳动力窖藏观点和凯恩斯主义分析之间还存在其他联系，例如，在某些情况下，劳动力窖藏是价格刚性产生的结果。

因为各种经济学理论对短期劳动报酬递增现象的解释存在重大差异，而选择何种理论对我们构建和选择计量模型具有重要意义，因此我们对短期劳动报酬递增现象的相关研究都极为关注。在本文中，我们对1923—1939年美国制造行业短期劳动报酬递增现象进行了研究。这一时期的样本数据出现了较大的周期性波动。我们之所以将样本期锁定在两次世界大战之间，而不是二战后，主要是考虑到，这段时间的周期性波动不可能是因为某一制造行业生产函数受到技术冲击而引起的，特别是在20世纪30年代更不可能。在这种情况下，如果真实经济周期理论是正确的，那么与二战后相比，大萧条时期短期劳动报酬递增现象应该并不明显。相反，我们发现，二战前的劳动生产率比二战后更具有顺周期性。我们认为，这就彻底否定了技术冲击理论解释短期劳动报酬递增现象的合理性，也彻底否定了真实经济周期理论。

在排除了短期劳动报酬递增现象受技术冲击因素引起的可能后，关于两次世界大战之间的短期劳动报酬递增现象，还剩下真实报酬递增和劳动力窖藏两种可能的解释。我们设计了两种检验方法来验证这两个解释，主要思路是，如果存在真实报酬递增，在非劳动投入保持不变的情况下，当期行业产出和当期行业劳动投入这两个变量应该可以互为印证，也就是说，给定当期行业产出这个变量，其他变量都不能预测同期行业劳动投入水平；反之亦然。不过，我们对样本行业进行检验时发现，对部分行业用真实报酬递增理论无法解释，但可以用劳动力窖藏理论来解释，而另一些行业的情况则正相反，即用劳动力窖藏理论无法解释，但可以用真实报酬递增理论来解释。也就是说，我们无法单一地使用真实报酬递增理论或劳动力窖藏理论对两次世界大战间的样本行业推导出一个具有普遍性的结论，因此我们认为，关于两次世界大战之间的短期劳动报酬递增现象，真实报酬递增和劳动力窖藏这两种因素都在发生作用。

本文其他部分结构如下：第二节通过一个简单的一般计量模型框架，对短期劳动报酬递增现象几种可能的解释进行检验，第三节介绍两次世界大战之间的样本数据集，第四节论述两次世界大战之间的短期劳动报酬递增现象，第五节讨论技术冲击假说的含义，第六节讨论真实报酬递增和劳动力窖藏，第七节给出结论。

第二节　运用一般框架分析关于短期劳动报酬递增现象的各种解释

近期关于短期劳动报酬递增现象的各种研究，大多数采用索洛残差法，即用产出减去生产要素加权投入的方法来衡量。但是，只有在竞争性的真实经济周期理论中，索洛残差才有明确的经济含义，才可以度量通常难以衡量的技术进步因素。在其他经济理论中，没有任何基本的经济学概念可以反映索洛残差。因此我们认为，不用索洛残差，只用原始框架来分析生产函数，有助于更加清晰地分析问题。我们将在本节中运用简单的计量经济学术语，把对短期劳动报酬递增的不同解释表达为对生产函数中回归系数的不同解释。

根据柯布-道格拉斯（Cobb-Douglas）生产函数：

$$Q_t = A_t K_t^{\alpha} N_t^{\beta} \tag{1}$$

其中 Q 是产品附加值，[1]A 是表示希克斯中性[2]技术进步的参数，K 和 N 这两个变量分别计量资本投入和劳动投入。该生产函数没有规模报酬恒定不变的假设。如果生产函数可以区分为事前生产函数和事后生产函数，那么方程（1）指的是事后生产函数。

如果直接对方程（1）进行计量估计，会因为非线性和非平稳性变得非常复杂，所以我们用对数差分形式，将方程（1）变成：

$$q_t = \alpha k_t + \beta n_t + \epsilon_t \tag{2}$$

其中小写字母表示对数差分，且 $\epsilon = \Delta \ln A$。在下文的估计中，我们在方程（2）中加上一个常数项，使 ϵ 的平均值为 0。在竞争和报酬保持恒定不变的情况下，参数 β 等于劳动贡献率。然而，利用时间序列数据对方程（2）进行普通最小二乘法回归，得到的 β 估计值比劳动贡献率大很多。实际上，β 的估计值通常等于 1.0 或者更大，表明平均劳动生产率的增长率 $q-n$ 是顺周期的。这就是短期劳动报酬递增之谜。

本文第一节介绍了关于短期劳动报酬递增的几种解释，用计量经济学模型来表述，就是对方程（2）中参数 β 的普通最小二乘法回归估计值大于劳动收入这一问题的解释。

一是根据竞争性真实经济周期理论，β 应该等于劳动收入份额。但是，因为方程（2）中的自变量 n 和误差项 ϵ 之间存在正相关关系，所以参数 β 的普通最小二乘法回归估计值向上偏移。自变量 n 和误差项 ϵ 之间之所以存在正相关关系，主要是因为当生产率增长较快时，增加劳动投入是最优选择，也就是说，当误差项 ϵ 增大时，自变量 n 会更高。从

---

[1] 我们的实证应用只有总产出序列，没有附加值序列，因此，在资本和劳动可以互相替代时，我们假设资本与劳动的加总量和生产资料具有固定的比例关系。
[2] 希克斯中性（Hicks-neutral），指不改变资本和劳动的边际产量之比率的技术进步。
——译者注

计量模型角度来说，普通最小二乘法的偏差值为 $\rho_{n\epsilon}\sigma_\epsilon/\sigma_n$，其中 $\rho_{n\epsilon}$ 是自变量 n 和误差项 ϵ 的相关系数，σ_n 和 σ_ϵ 分别是它们的标准差。σ_n 是自变量 n 的标准差，σ_ϵ 是误差项 ϵ 的标准差。如果劳动力供给的跨期替代导致 $\rho_{n\epsilon}$ 为正，则偏差项为正。

二是根据回报递增理论，在没有受到明显的技术冲击时，β 的普通最小二乘法回归估计值是方程（2）中技术参数 β 的正确估计值。[1] 在这一种解释里，因为存在真实报酬递增，β 的估计值会大于 1。无论是垄断市场还是垄断竞争市场[2]，劳动收入份额为 $\beta(1-\theta) < \beta$，其中，θ $(0 < \theta < 1)$ 是劳动力需求对企业产出弹性的倒数。

三是根据劳动力窖藏理论，方程（2）并不完善，因为等式右边遗漏了劳动力努力程度或劳动使用率，这个生产要素虽然较难直接观察，但如果缺失，生产函数就不真实。因此，根据劳动力窖藏理论构建的生产函数应该是：

$$q_t = \alpha k_t + \beta n_t + \delta e_t + \epsilon_t \tag{3}$$

其中 e 是劳动力努力程度的增长率。[3] 方程（2）遗漏这一项，意味着 β 的普通最小二乘法回归估计值的期望值是 $\beta + \delta\gamma$，其中 γ 是 e 对 k 和 n 进行回归时得到的系数。假设工人越努力，产出就越多，即假设 $\delta >$

---

[1] 严格地说，生产率冲击 ϵ 的方差不能为 0，否则生产函数方程（2）的估计值必须和样本数据完全拟合。因为我们无法实现完全拟合，所以允许 $\text{var}(\epsilon) > 0$，其中 ϵ 是度量误差或者是与就业无关的、不可预测的产出变动，只有这样解释 ϵ，才能确保 β 的普通最小二乘法回归估计值无偏差。如果与产出需求的方差相比，或者与影响均衡就业的劳动供给冲击相比，$\text{var}(\epsilon)$ 很小，那么 β 的普通最小二乘法回归估计值只会出现轻微偏差。

[2] 垄断竞争市场是介于完全竞争和完全垄断的两个极端市场结构的中间状态。在垄断竞争市场，许多企业生产比较相似但质量不同的商品。——译者注

[3] 关于 e，还有一种解释，即认为它是资本利用率和劳动利用率的加权变化情况。

0。与此同时，如果企业对劳动力需求增加的反应一方面是在短期内要求劳动力提高努力程度，另一方面会投入更多的劳动力，那么劳动力努力程度的增长率和劳动投入水平为正相关，即 $\gamma > 0$。因此，偏差项为正，β 的估计值大于实际值。

当存在劳动力窖藏时，劳动收入份额的决定因素较为复杂，主要包括劳动力的劳动报酬、工人就业调整率和市场结构等。劳动收入份额一般小于 β 的估计值。

本文研究的主要目的是使用两次世界大战之间的样本数据，对经济学界关于短期劳动报酬递增现象的几种流行的解释理论进行分析和计量检验。在我们进行具体分析之前，先对样本数据进行简要说明。

第三节 数据

关于对短期劳动报酬递增现象所进行的研究，除了胡尔特格伦 1960 年的研究论文以及我和詹姆斯·鲍威尔 1986 年合著的论文，大都使用二战后的数据进行计量研究。在本文中，我们将首次运用两次世界大战之间的样本数据进行分析和研究。

我们在计量研究中使用的是由月度数据加总而得到的季度数据，[①] 大多为两位数代码的制造行业数据，样本期为 1923 年第一季度至 1939 年第四季度。之所以锁定这个样本时段，主要是因为 1923 年之前的数据大多无法获取。1939 年第二次世界大战开始之后，战时生产严重影响了工业生产结构，无法使用正常的生产函数模型。使用行业数据而非制造行

---

① 我们按时间对数据进行了加总，以减少少量误差和不同来源的数据序列的时序错配问题。不过按时间序列加总数据对我们的计量结果没有很大影响。

业整体数据，可以减少加总行业数据产生的数据偏差。此外，有些行业的生产指数是基于一定的基数按比例增大而推算得出，而不是按照实际产出统计所得，因此使用行业数据而非制造行业整体数据，可以较大限度地避开这种类型的行业数据。我们对1923—1939年及1929—1939年这两个样本期的数据进行了分析，并在分析时保留了第一年的数据，以便进行差分和使用滞后变量。

与我在1986年的研究论文中使用过的样本类似，1929—1939年的样本数据主要基于以下8个行业：钢铁及钢铁制品、木材及相关产品、汽车制造、石油精炼、纺织及纺织制品、皮革及皮革制品、橡胶及相关产品，以及纸浆、造纸及相关产品。关于1932—1939年的样本数据，我们又增加了两个行业：石材、黏土和玻璃及其制品行业，有色金属及其制品行业。

在两次世界大战之间，上述10个行业的就业总共占制造行业总就业人数的1/5。表8-1中列出了这10个行业的劳动收入份额、企业数量、年平均就业人数、大企业集中度等情况。

本研究的基础数据是样本行业的产出和劳动投入。产出主要用美联储工业生产指数来计量。每个样本行业的劳动投入用总工作时间来计量，总工作时间用就业人数乘以平均每周工作小时数。就业人数和工作时长数据主要来源于美国劳工统计局[①]，其他数据来源于《每月劳工评论》以及1936年埃达·贝尼的论文中所引用的全国工业会议委员会的相关数据。关于数据来源和对数据所做适当调整情况可参阅帕金森1990年的论文。

[①] 参见美国劳工统计局发布的第610号公告，其中收录了1935年2月发布的《1919—1933年工厂就业人数和工资薪酬修正指数》、1938年9月发布的《工厂就业人数和工资薪酬修正指数》以及1940年5月发布的《工厂就业人数和工资薪酬修正指数》。

表 8-1　1935 年样本行业劳动收入份额、行业规模、
平均就业量、大企业集中度

行业	劳动收入份额	企业数量	平均就业量[*]	大企业集中度[**]
钢铁	0.477	8105	108	0.394
木材	0.504	16127	36	0.109
汽车	0.486	946	410	0.739
石油	0.307	395	196	0.361
纺织	0.542	22847	74	0.136
皮革	0.528	3506	89	0.232
橡胶	0.433	466	246	0.619
纸浆	0.378	779	163	0.167
石材、黏土和玻璃	0.381	5846	41	0.376
有色金属	0.404	5411	40	0.385

*年平均就业量统计的是只领周薪的工人，不包括领取月薪的管理人员及企业主。本表中年平均就业量、劳动收入份额和企业数量等数据来源于 1937 年和 1939 年发布的《制造业普查情况》，此项关于制造行业的普查活动每两年进行一次。

**大企业集中度，是指按照附加值计算，一个行业中最大的 4 家企业在全行业附加值中所占的比例。相关数据来源于美国国家资源委员会 1939 年发布的《美国经济结构》(*The Structure of the American Economy*)。

第四节　两次世界大战之间的短期劳动报酬递增现象

通过本节研究，我们发现，在两次世界大战之间，美国制造行业存在短期劳动报酬递增现象。

计量估计方程（2）需要每个样本行业的产出、资本和劳动投入等数据。正如本文第三节所述，我们获取产出和劳动投入月度数据后，将其加总得到季度数据。不过我们难以取得资本存量数据。

我们构建了样本行业资本存量数据序列，主要依据丹尼尔·克里默、谢尔盖·多布罗沃尔斯基（Sergei Dobrovolsky）和伊斯雷尔·博伦斯坦（Israel Borenstein）合著的论文里的数据，以及弗雷德里克·杜赫斯特（Frederic Dewhurst）1955年的论文里的数据。我们主要依据1929—1937年基准行业资本存量估计值，综合考虑年度总投资情况，分析得出样本行业年度资本存量，并通过数据插值法得到样本行业资本存量的季度估计值。但是，当我们将这些数据序列运用到生产函数方程（2）中来估计对数差分情况时，发现资本存量系数估计值不具有统计显著性，系数符号也常常出错。这反映了资本存量数据质量较低，特别是数据频率较高时，数据质量更差。如果在整个样本期，经济产能持续过剩，那么边际产能样本行业资本存量规模可能与样本行业的生产率无关。因此，在计量回归中，我们剔除了资本存量序列，用各样本行业的特定常数项来反映资本增长趋势。[①]需要注意的是，无论是否包含资本存量序列，劳动投入的估计系数都基本相同。[②]

表8-2给出了样本行业的产出增长率对样本行业劳动投入增长率的普通最小二乘法回归估计结果，以及样本行业的产出增长率对排除了资本投入的常数项的普通最小二乘法回归估计结果，相关回归均包括季节性因素虚拟变量。表8-2中第一列表示在从1924年第一季度至1939年第四季度这个样本期，劳动投入的估计系数 β。第二列表示在大萧条时期即从1929年第一季度到1939年第四季度时的估计系数。为便于比较，

---

① 大萧条时期总投资率非常低，所以对大部分行业来说，资本存量可能趋向为负值。
② 根据本文评审专家意见，我们用资本与劳动力加总变量的增长率代替劳动力投入增长率，重新进行了计量研究，其中，资本和劳动力以1935年行业要素份额情况进行加权。研究发现，运用替代方法计量得出的劳动力系数，与正文计量方法所报告的系数完全相同。

第五列给出了二战后相同行业劳动投入的估计系数，如果二战后没有相同行业，我们根据数据情况尽量匹配相近行业的劳动投入估计系数。与两次世界大战之间制造行业的情况一样，二战后行业产出情况也是用美联储工业生产指数来计量，劳动投入数据主要来源于美国劳工统计局。表 8-2 的注释介绍了样本期具体情况。其中报告的标准误差是根据 1989 年杰弗里·伍尔德里奇（Jeffrey M.Wooldridge）提出的方法计算得出，对异方差性[①]和序列相关性[②]较为稳健。[③]虽然我们没有给出普通最小二乘法标准误差，不过普通最小二乘法标准误差通常近似于稳健标准误差，只有在极个别情况下普通最小二乘法标准误差不同于稳健标准误差，这并不影响定性结论。

从表 8-2 中可以看出，短期劳动报酬递增是两次世界大战之间的一个主要特征。[④]在 10 个样本行业中，只有石油精炼和皮革及皮革制品这两个行业的 β 估计值小于 1。对其他 8 个大于 1 的样本行业而言，β 估计值与附加值中劳动收入份额的差异具有很高的统计显著性。短期劳动报酬递增是两次世界大战之间的主要特征，无论我们的研究样本中是否包含 20 世纪 20 年代的数据，都不影响这一结论，因为我们对两次世界大战之间的样本和 1929—1939 年的子样本都进行了计量估计，所得估计值

---

① 异方差性（heteroskedasticity）是相对于同方差而言的。所谓同方差，是为了保证回归参数估计量具有良好的统计性质，经典线性回归模型的一个重要假设：总体回归函数中的随机误差项满足同方差性，即它们都有相同的方差。如果这一假设不满足，即随机误差项具有不同的方差，则称线性回归模型存在异方差性。——译者注
② 序列相关性（serial correlation），在计量经济学中指对于不同的样本值，随机干扰之间不再是完全相互独立的，而是存在某种相关性。——译者注
③ 伍德尔里奇提出的方法与哈尔伯特·怀特（Halbert White）等人 1984 年提出的方法较为类似，这种方法的主要优点是计算比较简单。
④ 1986 年，伯南克和鲍威尔通过研究得出类似结论。

非常相近。

从表8-2还可以看出,两次世界大战之间的样本数据和二战后样本数据计量估计值较为相似。尽管这两个时期的经济环境存在明显差异,相关行业所生产的重要产品以及生产工艺创新水平截然不同,行业的定义也有所改变,但对两次世界大战之间的样本数据和二战后样本数据 β 估计值的相关性为 0.90,等级相关系数为 0.82。此外,两次世界大战之间 β 未加权平均值为 1.07,二战后 β 未加权平均值为 0.96,两次世界大战之间 β 未加权平均值略高于二战后 β 未加权平均值。

表 8-2 劳动投入的系数估计值

行业	普通最小二乘法 1924—1939 (1)	普通最小二乘法 1929—1939 (2)	工具变量 1924—1939 (3)	工具变量 1929—1939 (4)	二战后普通最小二乘法 1955—1988 (5)
钢铁	1.53 (0.17)	1.51 (0.17)	1.48 (0.19)	1.45 (0.18)	1.66 (0.10)
木材	1.11 (0.04)	1.07 (0.05)	1.06 (0.04)	1.01 (0.04)	0.86 (0.05)
汽车	1.26 (0.15)	1.21 (0.15)	1.33 (0.21)	1.20 (0.21)	1.05 (0.06)
石油	0.36 (0.10)	0.42 (0.07)	0.96 (0.40)	0.80 (0.38)	−0.04 (0.03)
纺织	1.03 (0.12)	1.09 (0.17)	1.34 (0.28)	1.12 (0.36)	1.03 (0.13)
皮革	0.61 (0.10)	0.58 (0.08)	0.69 (0.08)	0.71 (0.08)	0.83 (0.03)
橡胶	1.21 (0.06)	1.21 (0.07)	1.30 (0.10)	1.27 (0.10)	0.98 (0.06)
纸浆	1.10 (0.10)	1.11 (0.10)	1.04 (0.09)	0.99 (0.09)	1.04 (0.38)

（续表）

行业	普通最小二乘法		工具变量		二战后普通最小二乘法
	1924—1939 (1)	1929—1939 (2)	1924—1939 (3)	1929—1939 (4)	1955—1988 (5)
石材、黏土和玻璃	—	1.11 (0.07)	—	0.99 (0.11)	0.94 (0.10)
有色金属	—	1.38 (0.03)	—	1.18 (0.10)	1.23 (0.07)

注：表中数据为季度数据，括号内数据为标准差。所有回归均包括一个常数项和3个季节性因素虚拟变量。关于两次世界大战之间的样本数据回归，第一列和第三列的样本期为1924年第一季度至1939年第四季度；第二列和第四列的样本期为1929年第一季度至1939年第四季度，石材、黏土和玻璃行业及有色金属行业样本期为1933年第一季度至1939年第四季度。二战后的样本数据回归即第五列的样本期为1955年第二季度至1988年第四季度，其中纸浆行业的样本期为1958年第二季度至1988年第四季度。工具变量回归中的工具变量是指，实际政府支出、现金/存款比率、破产银行的实际存款余额这三项变量的对数差分的当前值和一阶滞后项。

*关于二战后样本数据回归，如果使用月度数据，回归结果系数值为0.07，标准差为0.04；如果使用季度数据，并根据石油冲击、1969年石油行业罢工、1980年石油行业罢工和1964年后石油行业就业趋势情况分别设置虚拟变量，此外，还充分考虑每一次石油冲击所引发的季节性模式改变，回归结果系数变成 –0.06，标准差仍为0.04。

通过研究，我们认为，无论运用大萧条时期的样本数据和两次世界大战之间的样本数据，还是使用两次世界大战之间的样本数据和二战后的样本数据，均充分表明，两次世界大战之间的制造行业存在短期劳动报酬递增现象。

第五节　技术冲击假说

根据两次世界大战之间的制造行业存在短期劳动报酬递增现象，我们来详细研究本文第二节所述关于短期劳动报酬递增现象的三种解释。首先研究技术冲击假说。

关于短期劳动报酬递增，真实经济周期学派倡导技术冲击假说。我们研究证实，两次世界大战之间的制造行业存在短期劳动报酬递增现象，即 β 估计值＞1，这对真实经济周期学派倡导技术冲击假说形成了极大挑战。理由如下：真实经济周期学派的拥趸从不认为，大萧条是由行业生产函数受到的技术冲击引起的。[①] 如果产出和就业的大幅波动是由技术以外的其他冲击引起的，比如由总需求冲击或生产要素供给冲击引起，那么根据真实经济周期理论的假设，大萧条时期不应出现短期劳动报酬递增现象，而是出现短期劳动报酬递减现象。但是，我们在研究中观察到，两次世界大战之间的短期劳动报酬递增现象与二战后一样强劲，也就是说，大萧条时期存在较强的短期劳动报酬递增现象，这与依据真实经济周期理论做出的预测相矛盾。

还可以用本文第二节的内容来印证我们的观点。根据第二节中所述技术冲击假说，β 估计值的偏差与 σ_ϵ/σ_n 成比例，其中 σ_ϵ 是技术增长率

[①] 参见爱德华·普雷斯科特 1986 年的论著第 29 页。1987 年，欧文·伯恩斯坦提出，虽然两次世界大战之间的总体特点是出现了大量的、广泛的创新活动，但大萧条时期，技术变革仅限于少数行业。1990 年，马丁·帕金森依据能够找到的资料，对本文研究的相关行业的技术变革进行了深入研究，得出的结论是：虽然大萧条时期出现了技术创新，但相对而言，技术革新的领域较为狭小。这个结论与 20 世纪 30 年代总投资率低下的实际情况是一致的。大萧条期间产出和就业急剧下降，可以用当时技术创新较少来解释，也就是说，在计量模型中，可以用负向的技术冲击来解释。

的标准差，σ_n 是劳动投入的标准差。[1] 我们从样本数据中观察到，不同行业在两次世界大战之间，季度劳动投入增长 σ_n 的标准差大约比二战后高两到三倍。因此，假设两次世界大战之间的 β 估计值与二战后的 β 估计值相近，而这两个时期的劳动份额收入事实上没有出现多少变化，在这种情况下，只有两次世界大战之间的技术变化的标准差 σ_ϵ 也比二战后高两到三倍，才可以解释两次世界大战之间的短期劳动报酬递增现象。也就是说，根据技术冲击假设，大萧条是极强大的技术外生因素造成的，而从历史情况来看，这并非实情。

真实经济周期理论的拥趸可能会进行反驳：很多广义冲击引发了大萧条，如支付信用体系冲击、不稳定的欧洲政治、关税大战、农产品价格下跌、第一次世界大战引发生产部门发展不平衡、罗斯福新政影响商品价格和工人工资等等，尽管这些冲击并不是字面意义上的技术冲击，但也是生产率冲击。也就是说，在两次世界大战之间，对经济的其他冲击发挥了之前狭义的技术冲击的作用。这样，用真实经济周期理论可以解释二战后短期劳动报酬递增现象。

应该强调，我们并不否认真实冲击对大萧条影响重大，也不否认甚至有可能构建一个均衡模型，以解释大萧条对这些真实冲击的反应。但问题是，用大萧条时期发生的真实冲击来解释短期劳动报酬递增现象，能否与真实经济周期方法一致？如果想让这两者保持一致，应该确保在给定资本投入和劳动投入的情况下，这些真实冲击会改变行业产出。也

---

[1] 比例因子是 $\rho_{n\epsilon}$，即劳动力供给对技术冲击的反应的相关性。这种相关性的大小取决于工人跨期替代的意愿和生产率冲击预期的持续性，持续性较低的冲击会导致更为强烈的反应。我们难以知道当时工人跨期替代的意愿，但大萧条最终演变为一场持续时间很长的冲击。所以，实际上，比例因子 $\rho_{n\epsilon}$ 使技术冲击假说更加难以解释两次世界大战之间的短期劳动报酬递增现象。

就是说，这些真实冲击必须是"类似 ϵ"冲击，其中 ϵ 是方程（2）中的误差项。此外，如果真实冲击通过其他方式对大萧条产生影响，比如通过改变劳动供给、改变产品和劳动市场结构、改变新型资本商品预期边际生产率等，那么这些真实冲击会导致劳动生产率逆周期变化而不是顺周期变化。① 用计量经济学术语表达，即这些真实冲击会使 σ_n 增大，但并不会增大 σ_ϵ，也就是说，实证数据无法证明短期劳动报酬递增现象。

20 世纪 30 年代发生的真实冲击，能否等价于对行业生产函数的技术冲击？考虑以下一些情况，例如，贸易限制会影响中间商品的成本及可获得性，假设我们必须用总产值而不是附加值来度量产出，那么在我们的实证分析中，用劳动替代中间商品投入会表现为负向生产率冲击。尽管这只是从理论上进行分析，但从实践来看，并没有关于贸易限制产生破坏性影响的有力证据。特别是，1986 年，艾肯格林指出，1930 年《斯穆特-霍利关税法案》主要影响进口农产品和工业制成品，并不影响进口中间产品。事实上，在大萧条时期，由于全球原材料和大宗商品过剩，大多数中间产品的实际进口价格（含关税）都有所下降。

另一个并非严格意义上的技术性生产率冲击，当属 20 世纪 30 年代初货币和金融体系的崩溃。许多研究大萧条的经济学家都认为这是导致大萧条的重要因素。从理论上说，货币和信贷可以被看作是其他投入的替代品，这意味着对支付和信贷机制进行干扰会降低劳动生产率。② 然而，

---

① 现有的一些关于对大萧条的经典理论无法解释报酬递减和短期劳动报酬递增现象。例如，1969 年卢卡斯和拉平认为，工人对实际工资的认识有误，从而减少了劳动力供给。根据真实经济周期理论的假设，沿着报酬递减生产函数运动，应该导致出现逆周期的劳动生产率，但是人们却观察到了顺周期的生产率。

② 1984 年，罗伯特·金（Robert G King）和查尔斯·普洛西（Charles I. Plosser）正式提出这个观点。

1983年,伯南克引用弗里德里克·卢茨1945年的观点,认为20世纪30年代大部分美国大企业都拥有非常充足的现金和流动性,可以满足其业务运营中的资本需求。[①] 我们的样本数据显示,在产出和就业中,大企业占据了主要份额。1982年海伦·曼宁·亨特(Helen Manning Hunter)也提出了类似的观点。以此为基础,我们认为,至少从美国的情况来看,金融主要是通过降低总需求(包括降低新投资需求)来发挥作用,而不是通过在给定资本投入和劳动投入时对产出进行影响这种方式来发挥作用。

因此,我们的结论是,在两次世界大战之间,经济冲击不可能以广义技术冲击假说所要求的方式进入行业生产函数。此外,即便未来通过研究确定存在广义技术冲击,对这种"实际存在但并不是严格意义上"的广义技术冲击来说,还有一个问题,即两次世界大战之间和第二次世界大战后,不同行业的 β 估计值为什么存在高度的跨行业相关性?为了得到对这个问题的合理解释,如果进行反向推理,也就是说,对每一个样本行业来说,在两次世界大战之间,影响生产函数的真实冲击所造成的就业人数变动的百分比,必须与第二次世界大战后影响行业生产函数的真实技术冲击所造成的就业人数变动的百分比相同。换句话说,即使在两次世界大战之间影响生产函数的冲击与二战后的冲击性质明显不同,比如在两次世界大战之间较多地发生信贷冲击,而二战后较少发生信贷冲击,但如果按照真实经济周期假说,每个行业的偏差项 $\rho_{n\epsilon}\sigma_{\epsilon}/\sigma_{n}$ 无论在二战前还是二战后均应该大体相等,而这种极为巧合的事情实际发生的概率相当小。

到目前为止,我们的讨论都集中在对行业生产函数的普通最小二乘

[①] 在卢茨的研究中,大企业是指汽车、钢铁、建筑材料、化工、石油和纺织等行业里的主要企业,这与我们研究的样本行业高度重合。

法回归估计进行解释。检验技术冲击假说更为直接的方式是使用工具变量重新估计生产函数。如果工具变量与行业的就业和产出相关，但与行业的技术冲击无关，并且假设技术冲击假说正确，那么劳动投入系数 β 的工具变量估计值应该比普通最小二乘法估计值低得多，与劳动收入份额更为接近。

表 8-2 第三列和第四列报告了 1924—1939 年和 1929—1939 年两个样本期每个行业 β 的工具变量估计值。这里的工具变量是实际政府支出、现金/存款比率、破产银行的实际存款余额这三项变量的对数差分的当前值和一阶滞后项。[①] 我们在选择这些变量时与经济史学家的主流观点一致，即认同政策错误是引发美国大萧条的主要原因，包括金本位制运行管理不善、未能捍卫银行体系和货币供给，以及采取了顺周期的财政政策等。这些工具变量不是强外生性的因素，它们与行业生产函数的冲击因素的同期相关性非常微弱。根据伍尔德里奇 1989 年提出的方法，我们计算出了稳健标准差。从总体上看，稳健标准差与传统的标准差数值非常接近。

从表 8-2 可以看出，β 的工具变量估计值与普通最小二乘法估计值相差不大。[②] 当使用更广的工具变量集或更窄的工具变量集时，结果也是如此。实际上，豪斯曼设定检验（Hausman specification tests）在比较普通最小二乘法估计值和工具变量估计值时，肯定了"普通最小二乘法回

---

① 工具变量的数据来源如下：政府支出数据来源于约翰·费尔斯通（John M. Firestone）1960 年的论文，现金/存款比率是根据弗里德曼和施瓦茨 1963 年的论文计算得出，破产银行的存款数据来源于《联邦储备公报》，并且根据罗伯特·塞尔 1884 年的论文中提出的消费者价格指数作为缩减因子。

② 事实上，在一些行业中，工具变量的估计值大于普通最小二乘法的估计值。这与技术冲击假说矛盾，因为根据技术冲击假说，普通最小二乘法的偏差应该为正。这表明在计量研究中存在一些较难克服的不利因素，如经典测量误差等。这一点是杰里·豪斯曼（Jerry Hausman）向我们指出的，我们在此表示感谢。

归没有误设"的假设。对于表 8-2 中报告的工具变量估计值,只有石油精炼行业在 10% 的置信水平上否定了"普通最小二乘法回归没有误设"的假设。不过从本文第四节可知,在我们所研究的 10 个样本行业中,石油精炼和皮革及皮革制品这两个行业并不存在短期劳动报酬递增现象。我们没能在两次世界大战之间的数据中找到支持技术冲击假说的证据。①

第六节 真实报酬递增假说和劳动力窖藏假说

关于短期劳动报酬递增现象,我们在上一节中讨论了技术冲击假说,现在再来分析真实报酬递增假说和劳动力窖藏假说。如果真实报酬递增假说正确,那么生产函数关系方程(2)对相关变量的设定应该是正确的;但是如果劳动力窖藏假说正确,将方程(2)和(3)进行比较,可以发现方程(2)存在遗漏变量问题,即遗漏了劳动利用率。这意味着,可以寻找那些从本质上来说是外生的但可能与劳动利用率相关的变量,检验其能否从估计的生产函数中剔除,用这种方法推导出真实报酬递增假说与劳动力窖藏假说相互矛盾。

对于每一个样本行业,我们都用产出增长率对劳动投入增长率、常

---

① 我们在研究中担心,比较普通最小二乘法估计值和工具变量估计值时,可能存在第一阶段过度拟合的问题。不过,经过研究,我们发现过度拟合并不是问题。对于工具变量估计值,第一阶段的估计值都在中间范围,通常在 0.4 到 0.6 之间,当我们使用更小范围的工具变量集时,也没有出现误设问题。我们通过运用劳动投入增长率对工具变量进行计量回归来实施豪斯曼检验,然后再把回归的拟合值和剩余值分别与产出增长率进行回归,主要想通过豪斯曼检验来检验第二阶段产出增长回归中拟合值和剩余劳动力投入增长率的估计系数是否相同。计量回归结果表明,劳动投入增长率的拟合值和残差值的估计系数都高度显著,并且大小相似。因此,我们认为,过度拟合不是问题,因为如果存在过度拟合问题,上述情况就不可能发生。

数项、季节性因素虚拟变量及经济周期总指标进行回归。如上所述，如果真实报酬递增假说正确，则行业劳动投入应该是行业产出的"充分统计量"，周期性指标不应该出现在生产函数中。[①]另一方面，如果存在劳动力窖藏现象，且周期性指标和被遗漏的劳动使用率变量密切相关，那么周期性指标应该在估计生产函数中非常显著。此外，周期性指标可以较好地作为劳动使用率的代理变量，因此，当生产函数中包含周期性指标时，劳动投入的估计系数应该与实际的生产函数系数更加接近，也就是说，劳动投入的估计系数的数值可能更小。

如果劳动力窖藏发挥重要作用，那么周期性指标就会与未观测到的劳动利用率的波动情况密切相关。例如，假设由于周期性条件发生变化而导致行业需求变化，特殊行业冲击也导致行业需求变化，但这两种需求变化的持续性不同，在这种情况下，为积极应对周期性需求冲击和特殊行业需求冲击，窖藏劳动力的企业会调整就业和劳动利用率的不同组合，因此，周期性总指标中也包括了有关行业劳动利用率的信息。还有一种可能是，一个行业调整劳动力的成本取决于劳动力市场总体状况，这将使周期性指标和行业劳动利用率之间建立关联关系。[②]

表 8-3 给出了相关检验结果。我们使用了两组周期性指标，第一组周期性指标详见表 8-3 的第一列，包括实际政府支出增长率、现金/存款比率增长率及破产银行的存款增长率这三个变量的当前值和一阶滞后项，这些变量和表 8-2 中所使用的工具变量相同。第二组周期性指标详见表 8-3 的第二列，除了包括第一组中的所有变量，还包括消费者价格指数和美国联邦储备工业总产值指数这两个变量的当前值和一阶滞后项。表 8-3

---

① 即使假设报酬递增对行业来说是内生性的，正文中的观点也会因为总生产率冲击而变得错综复杂。因此，我们将两次世界大战之间的生产率冲击忽略不计。

② 第二种可能性由评审专家提出，我们在此向评审专家表示感谢。

给出的这两列数字是包含了周期性指标的劳动投入的系数估计值,其中括号内数据是根据伍尔德里奇方法计算的标准差。加星号部分是指,在这些回归中,在一般显著性水平上,拒绝"所有的周期性指标都可以从生产函数中排除"的假设。

分析结果取决于采用哪一组周期性指标。使用指标较少的第一组周期性指标时,尽管每种情况都是在 1% 的显著性水平,10 个样本行业中只有 3 个行业拒绝了"所有周期性指标都可以从生产函数中排除"的假设。此外,将表 8-3 第一组的结果和表 8-2 第一列数据进行比较,可以发现,当包括第一组的指标时,劳动投入系数的估计值并没有显著降低,而根据劳动力窖藏理论,使用代表劳动利用率的周期性代理变量时,劳动投入系数的估计值应该显著降低。与此对照,使用范围更广的第二组周期性指标时,10 个行业中 6 个行业都不能把周期性指标从生产函数中排除出去,其中在 1% 的显著性水平时,4 个行业不能把周期性指标从生产函数中排除出去。正如劳动力窖藏理论所预测的,对任何一个行业来说,劳动投入的系数的估计值都减小了。①

我们的研究结果似乎部分地支持劳动力窖藏假说,至少在使用范围更广的第二组周期性指标时是这样。但是,不用劳动力窖藏理论,我们也可以对表 8-3 进行合理的解释,即行业生产函数中出现周期性指标说明,对行业来说存在外部性的报酬递增。事实上,1989 年里卡多·卡巴莱罗(Ricardo J. Caballero)和理查德·里昂(Richard K. Lyons)对二战后的数据进行研究,得出了类似的结论。由于很难获得足够多的外部经济数据来检验和支持我们的研究结果,因此我们更倾向于用劳动力窖藏假说来解释我们在计量研究时得到的估计值。

---

① 只有当生产函数方程中包括行业总产值的同期增长率这个变量时,4 个行业的劳动投入系统估计值才会较为显著。

表8-3 包含经济周期指标的劳动投入系数估计值

行业	周期性指标 第一组 (1)	第二组 (2)
钢铁	1.56**	0.54**
	(0.13)	(0.30)
木材	1.16	1.04
	(0.06)	(0.13)
汽车	1.24	1.21
	(0.20)	(0.26)
石油	0.26	0.06**
	(0.13)	(0.07)
纺织	0.95	0.61**
	(0.12)	(0.16)
皮革	0.58	0.44
	(0.12)	(0.15)
橡胶	1.16**	1.12**
	(0.06)	(0.15)
纸浆	1.14	0.78*
	(0.13)	(0.21)
石材、黏土和玻璃	1.21	0.96
	(0.06)	(0.33)
有色金属	1.53**	0.52*
	(0.05)	(0.47)

注：表中数据为季度数据，括号内数据为标准差，所有的回归均包含常数项和三个季节性因素虚拟变量。除石材、黏土和玻璃业以及有色金属业的样本期为1933年第一季度至1939年第四季度外，其他所有回归的样本期均为1924年第一季度至1939年第四季度。第一组周期性指标是指实际政府支出、现金／存款比率、破产银行的实际存款余额这三个变量的对数差分的当前值和一阶滞后值。第二组指标包括第一组指标，还包括消费者价格指数、制造业总产出这两个变量的对数差分的当期值和一阶滞后值。

*表示在5%的显著性水平上拒绝零假设"所有周期性指标都可以从生产函数中剔除"。

**表示在1%的显著性水平上拒绝零假设"所有周期性指标都可以从生产函数中剔除"。

为研究真实报酬假说和劳动力窖藏假说,作为第二种检验方法,我们用当期劳动投入增长率对产出增长的当期值和滞后值、一个常数项及季节性因素虚拟变量进行回归,以考察行业劳动投入对行业生产变化的动态反应。如果根据劳动力窖藏假说,调整劳动投入需要花费成本,那么面对产出需求变动,企业的应对之策可能是在短期内要求工人工作更加努力,并且逐渐地、较缓慢地调整劳动投入。[①] 与此相反,如果一个行业调整劳动投入无须花费成本,当需求变动时,劳动投入就应该随之迅速进行调整,因此这时劳动投入应该只取决于当期产出而不是滞后的产出。这种检验方法和上一个检验方法思路类似,都是通过寻找一个外生因素但又与劳动利用率相关的变量,检验其能否从估计的生产函数中剔除,来检验劳动力窖藏理论,不过这一次外生变量是产出增长率的滞后项。

表 8-4 报告了两次世界大战之间,每个样本行业在整个样本期的产出增长率的当期值和滞后项的系数估计量,括号内的数据是根据伍尔德里奇方法计算出的标准差。普通最小二乘法估计值和工具变量估计值均已列出,其中上述第二个回归中所使用的工具变量与表 8-2 中使用的工具变量相同。我们认为在这个回归中,产出增长率滞后项显著的系数估计值是劳动投入调整滞后的证据,也就是支持劳动力窖藏假说的证据。关于普通最小二乘法估计值,在 8 个存在短期劳动报酬递增现象的行业中,5 个行业的产出滞后项的系数无论从经济学意义还是从统计学意义上都很显著。在工具变量估计值中,这 5 个行业中有 1 个行业的估计值系数不具有统计显著性。由于使用的是季度数据,所以这些估计值意味着大部分存在短期劳动报酬递增现象的行业,调整就业情况明显滞后,因此也

---

① 如果需求变化是否长期存在具有一定的不确定性,或者调整成本为凸函数,那么就可以预期会出现逐步调整劳动投入的情况。

验证了劳动力窖藏假说。需要说明的是,在我们的研究中,只有 3 个存在短期劳动报酬递增现象的行业通过了两种检验,支持劳动力窖藏假说,这 3 个行业,是钢铁行业、橡胶行业以及石材、黏土和玻璃行业。

表 8-4 总劳动投入增长率对产出增长率的当期值和滞后项的弹性

行业	普通最小二乘法回归估计值 q_t	q_t-1	工具变量估计值 q_t	q_t-1
钢铁	0.46	0.20	0.48	0.31
	(0.02)	(0.01)	(0.04)	(0.04)
木材	0.74	0.11	0.85	0.13
	(0.07)	(0.03)	(0.06)	(0.07)
汽车	0.52	−0.04	0.69	0.01
	(0.06)	(0.03)	(0.10)	(0.09)
石油	0.35	0.13	0.79	0.21
	(0.09)	(0.13)	(0.45)	(0.24)
纺织	0.48	0.03	0.60	0.10
	(0.06)	(0.08)	(0.11)	(0.09)
皮革	0.78	0.14	1.21	0.37
	(0.15)	(0.10)	(0.15)	(0.19)
橡胶	0.61	0.20	0.62	0.31
	(0.04)	(0.06)	(.04)	(0.04)
纸浆	0.66	0.16	0.81	0.18
	(0.06)	(0.05)	(0.08)	(0.08)
石材、黏土和玻璃	0.73	0.18	0.80	0.20
	(0.03)	(0.04)	(0.05)	(0.08)
有色金属	0.63	−0.01	0.66	0.02
	(0.04)	(0.04)	(0.03)	(0.10)

注:数据为季度数据,括号中数据为标准差,所有回归均包括常数项和 3 个季度性因素虚拟变量。除石材、黏土和玻璃行业与有色金属行业的样本期为 1933 年第一季度至 1939 年第四季度外,其他所有回归的样本期均为 1924 年第一季度至 1939 年第四季度。工具变量回归中使用的工具变量是实际政府支出、现金/存款比率、破产银行的实际存款余额这 3 项变量的对数差分的当前值和一阶滞后项。

第七节 结论

本文通过研究证明,在两次世界大战之间,美国制造行业在一定程度上表现出短期劳动报酬递增及顺周期性的劳动生产率,与二战后情况类似。无论是在两次世界大战之间还是在二战后,每个行业的短期劳动报酬递增现象都较为相似。我们发现,用技术冲击假说无法解释顺周期的生产率问题,也就否定了真实经济周期理论。如果一定要用技术冲击假说来解释两次世界大战之间的短期劳动报酬递增现象,那就必须认同工业技术的变动引发了大萧条,或者20世纪30年代那些非技术的真实冲击恰好产生了与二战后真实冲击相同的效果,形成了与二战后极为相似的短期劳动报酬递增的跨行业相关性。但这些前提条件显然极难满足,因此用技术冲击假说来解释两次世界大战之间的短期劳动报酬递增现象,确实难以令人信服。也就是说,普通最小二乘法回归估计值否定了技术冲击假说。此外,行业生产函数的工具变量计量估计值也否定了技术冲击假说。

关于对两次世界大战之间短期劳动报酬递增现象的三种解释,排除了技术冲击假说之后,只剩下劳动力窖藏假说和真实报酬递增假说。我们发现,有些行业劳动力窖藏是关键因素,有些行业真实报酬递增占主导地位,劳动力窖藏假说和真实报酬递增假说这两个因素都在发挥作用,且两者孰轻孰重,区别并不明显。因此,我们设计了一组简单的统计检验测试,将真实报酬递增作为零假设,将劳动力窖藏作为备择假设[①]。但检验测试结果并不理想,有时能够拒绝和否定真实报酬递增的零假设,

---

① 备择假设(alternative hypothesis),统计学术语,其包含关于总体分布的一切使原假设不成立的命题。备择假设与零假设对立,如组间差异不等于0、两个变量的相关系数不为0、回归系数不为0等。——译者注

有时又无法拒绝和否定真实报酬递增的零假设。因此我们认为，劳动力窖藏假说和真实报酬递增假说都有一定的合理性，只不过在不同的行业中所体现出的重要性略有差异。

当然，也有可能是因为我们没法穷尽所有可能的解释，所以才无法得到明确的结论。例如，关于短期劳动报酬递增现象的解释，还有一个运营劳动力假说。我们没有考虑它，主要是因为这种假说并不适用我们所使用的柯布-道格拉斯生产函数模型。这个假说从另一个侧面证明了劳动力窖藏假说的合理性。根据运营劳动力假说，假设有一个固定的工人群体，企业生产任何产出都需要他们。在一定的生产力水平中，由于存在运营劳动力，因此产生了报酬递增的假象，其中的生产力水平主要取决于运营劳动力的数量和可变劳动投入的回报率。对运营劳动力假说进行深入研究是今后研究的一个重要方向。①

---

① 根据1957年美国劳工统计局发布的数据，大萧条时期非生产工人与生产工人之比有所上升，如果运营劳动力主要是不从事生产的工人，那么运营劳动力假说与美国劳工统计局发布的数据反映的情况相一致。不过，生产工人的范畴是否包括大量的运营劳动力是一个极为关键的问题。因为我们在度量劳动投入时只统计生产工人的劳动投入，如果生产工人不包括运营劳动力，运营劳动力假说就无法解释本文的研究结果。

第九章

大萧条时期的名义工资黏性与总供给[①]

与凯文·凯里合著

第一节 引言

为什么世界经济会在 20 世纪 30 年代崩溃？60 多年来，这个难题一直困扰着经济学家们。近年来，人们对造成大萧条的根源形成了新的共识，令人振奋。这些新兴观点是基于众多经济学家的研究成果，特别是 1992 年艾肯格林发表权威学术观点，其独到和创新之处在于，明确提出 20 世纪 30 年代世界大萧条的直接原因是国际金本位制度存在结构性缺陷，且该制度在运行过程中管理不善、协调不力。

大萧条时期金本位制主要运行情况如下：出于种种原因，美联储试

[①] 本文经《经济学季刊》许可转载。原载于 1996 年 8 月《经济学季刊》第三卷，第三期，第 853—883 页。版权属于哈佛大学和麻省理工学院。
感谢伊利安·米霍夫对本研究提供的帮助。感谢奥利维尔·布兰查德（Olivier Blanchard）、博·霍纳（Bo Honore）、詹姆斯·鲍威尔、彼得·特明、马克·沃森（Mark Watson）及两位匿名评审专家提供的意见和建议。美国国家科学基金会为本研究提供了支持。

图遏制美国股市过热情况,到20世纪20年代末期,一些主要国家纷纷采取紧缩货币政策,通货紧缩压力通过金本位制被迅速传播到世界各国,有关情况可参阅汉密尔顿1987年和1988年的论文,以及特明1989年的论文。[①]1931年银行危机和货币危机引发了一场国际性的"黄金争夺大战",最初缓慢温和的通货紧缩过程开始迅速加剧。黄金盈余国家对流入的黄金实施冲销政策并用黄金替代外汇储备、部分商业银行发生挤兑等,都使货币的含金量大幅提高,从而引起国内货币供给意外地出现剧烈的下降,有关情况可参阅伯南克1985年的论文。货币紧缩发生后,受其影响,很快出现价格下跌、产出减少、就业下滑的情况。从理论上来说,在实行金本位制的情况下,如果世界各国可以开展有效的沟通与合作,各国货币供给应该可以实现同步扩张。不过遗憾的是,由于世界各国在战争赔款和战争债务等问题上纷争不断,加上当时的美联储故步自封、狭隘保守、措施不当,最终未能实现有效国际合作这一愿望。结果是,只有单个国家单方面放弃金本位制,自行恢复国内货币供给稳定,才能摆脱通货紧缩的旋涡。1936年,法国和其他金本位制集团国家最终放弃金本位制,标志着体制机制极不健全、运作极度缺乏协调的金本位制最终退出了历史舞台,有关情况可参阅艾肯格林和萨克斯1985年的论文。

金本位制理论的主要贡献在于,它在很大程度上解决了大萧条时期出现的"总需求之谜"问题,也就是说,在20世纪30年代初,为什么那么多国家的名义总需求几乎同时出现急剧下降?根据金本位制理论,"总需求之谜"问题的主要原因是,世界各国杂乱无章的货币收缩抑制了

---

① 从货币政策角度而言,金本位制理论不过是1963年弗里德曼和施瓦茨观点的补充。不过,金本位制理论非常关注国际金融和国际政治经济,而这些领域在弗里德曼和施瓦茨的研究中尚未得到充分重视。

总需求，而货币紧缩又被金本位制传播到世界各国。不过，金本位制理论没有解决"总供给难题"，即为什么世界范围的名义总需求下降与实际产出及就业水平持续大幅下降密切相关？用现代宏观经济学的语言来表述，就是我们如何解释世界各国普遍存在的、持续时间很长的货币非中性现象。

金本位制理论的支持者认为，货币紧缩的影响之所以会长期存在是因为黏性名义工资。不过，近期对大萧条的研究大多关注总需求方面，特别是总需求的决定因素，较少研究总供给方面，比如鲜见对黏性工资假设进行研究。1992年，艾肯格林在他论著的导言中这样写道："无论通货紧缩冲击一开始具有多强的破坏性，人们总是会想：市场的自我调节和平衡机制将会发挥作用。随着价格下跌，工资和其他成本应该下降，这样才能遏制失业率上升、阻止销售量下滑。可是实际上，工资和其他成本下降的幅度并不大。"艾肯格林敏锐地提出了"为什么工资和其他成本没能及时得到调整"的问题，不过，他并没有详细分析，只是模糊地解释道：这大概是各种要素和机制协调失灵导致的。虽然这本书洋洋洒洒450页，但只有极少数几个地方非常粗略地提及工资调整问题。

在对大萧条的研究中，不加批判地全盘接受黏性工资假设的做法令人惊讶，因为凯恩斯主义经济学家认为，在20世纪30年代，有利于减缓工资调整的因素在大多数国家都作用微弱。凯恩斯主义者认为，可以减缓工资调整的因素有：工会运动处于低潮；政府对劳动力市场的作用较为有限；价格下跌幅度太大，且通货紧缩已经广为人知，难以保持社会公众的货币幻觉；庞大的失业队伍显著降低了就业工人对薪酬的议价能力。事实上，20世纪30年代大多数国家的情况并非如此。考虑到这些情况，认为工资会以较快速度进行调整的看法似乎合情合理。但与此同时，必须承认，某些原因使得世界各国的经济难以对20世纪30年代的通货紧缩冲击迅速、及时地做出调整。关于工资调整缓慢的原因，除了有瑕疵的凯恩斯主义的解释，尚无其他可替代的合理理论解释，[①]因此迄今为止，大萧条时期的总供给之谜在很大程度上依然是未解之谜。

本文的研究目的是，基于艾肯格林和萨克斯1985年和1986年的重要著作，从国际比较的视角来重新审视工资黏性在大萧条中所发挥的作用。[②]第二节首先概述艾肯格林和萨克斯支持大萧条时期工资黏性发挥作用的一个关键证据：使用1935年10个工业化国家的工业产值对实际工资进行横切面回归。假设1935年各国经济形势的横切面差异主要因为金本位制货币政策的差异，在这种情况下，工业产值对实际工资进行横切面回归有一个重要作用，即可以明确总供给关系的组成要素，我们将在下文中对有关情况进行详细讨论。当然，艾肯格林和萨克斯提出的计量

[①] 1991年伯南克和詹姆斯系统研究了总供给难题，并讨论了通货紧缩通过金融危机导致实际产出下降的运作机制。虽然伯南克和詹姆斯在这篇论文中发现了金融危机是一种传导机制，但相关影响仅限于部分国家，且集中在1931—1932年。因此，如果要全面地解释货币紧缩和通货紧缩的影响，还需要寻找其他一些有力证据。基于伯南克和詹姆斯1991年的相关研究，我们在本文的相关计量估计中，通过研究银行危机、债务型通货紧缩、价格水平等多种方式来寻求答案。

[②] 尽管我们关注的重点是艾肯格林和萨克斯提出的实证证据，这也是这一领域最为著名的实证证据，但这一时期也有其他一些经济学家进行了比较研究，如1988年纽厄尔和西蒙斯对欧洲大陆、英国、斯堪的纳维亚国家和美国的劳动力需求方程分别进行了计量估计。运用劳动力需求方程，他们用1923—1938年的就业数据对实际工资和实际利率进行了计量回归。我们在本文的研究中提出了诸多计量经济学问题，这些问题也同样适用于纽厄尔和西蒙斯的计量回归结果。1991年，伯南克和詹姆斯使用与我们的研究中相似的数据集，以研究实际工资和产出之间的关系，但他们在研究中关注的重点是金融危机在传递通缩冲击方面的作用，而不是工资在金融危机中所发挥的作用。此外，我们注意到，很多论文对单一国家的工资黏性问题进行了详尽研究，而且通常选择的研究对象是美国。然而，仅对单一国家进行研究，缺乏比较各国金本位政策的差异，具有较大的局限性。

回归方法受到了诸多批评,这些批评意见有些来自广义经济学,有些来自计量经济学。

第三节对产出和工资的关系进行了新的计量估计,试图解决艾肯格林和萨克斯进行计量估计所得的回归结果中存在的问题,并阐明工资黏性在大萧条时期发挥的作用。与艾肯格林和萨克斯所进行的计量估计相比,我们使用的数据集范围更广,覆盖了1931—1936年22个国家。在计量估计方法上,我们设置了总需求移动因子作为工具变量,以解决残差的联立性偏误问题。此外,我们还做了其他一些计量经济学修正,比如,通过引入自变量滞后项使计量模型充分考虑动态影响因素,并考虑了可能影响总供给的其他因素,如银行恐慌、工人罢工等。我们通过工资调整方程,刻画了名义工资对价格水平变动和失业率变动的反应速度,强化了对工资、价格和产出之间关系的分析。我们运用有约束条件的交叉方程对总供给方程和工资调整方程进行了联合估计。

虽然我们对计量模型进行了很多修正,但我们的研究结论与艾肯格林和萨克斯的结论大体一致。关于大萧条时期缓慢调整的名义工资有利于货币冲击传播的假设,我们发现的计量经济学证据给予了有力支持。这一实证结论提出了一个深层次的问题,即为什么在两次世界大战之间,工资没有快速调整呢?第四节总结了研究结果,对大萧条时期工资调整缓慢的原因进行了推测,并对未来相关研究提出了建议。

第二节　大萧条时期的总供给:
　　　　艾肯格林和萨克斯提出的实证证据

1985年和1986年,艾肯格林和萨克斯发表了两篇极为重要的论文,许多关于大萧条时期金本位制理论的关键要素都是在这两篇论文中首次提出的。① 其中，1985 年的论文主要观点是，两次世界大战之间，金本位制使通货紧缩迅速蔓延，在这种情况下，实施货币贬值或放弃金本位制不是世界各国相互敌对的行为，也就是说，这并不是"以邻为壑"的政策，也不会阻碍经济复苏，而是走向国家经济复苏乃至世界经济复苏的极具里程碑意义的关键一步。

艾肯格林和萨克斯 1985 年的研究主要采用历史分析模型，而他们 1986 年的研究则采用了理论分析方法，应该说是在 1985 年的分析研究的基础上进行了延伸、拓展和补充。在艾肯格林和萨克斯 1986 年的研究中，他们构建了一个简单的两个国家模型，该模型主要依据传统的蒙代尔-弗莱明模型，以此为基础进行创新，拓展研究了金本位制度下黄金储备和货币供给之间的关系。根据我们的研究目的，该模型的关键部分是以下两个方程的总供给部分：

$$q_t = \alpha(w_t - p_t) \quad (1)$$
$$w_t = \overline{w} \quad (2)$$

其中 q 是实际产出，w 是名义工资率，p 是价格水平，下标 t 表示时期。所有变量都是对数形式，方程（1）中省略了常数项。该方程的计量经济学意义是：工业产出与实际工资负相关，企业通常把实际工资看作一个重要的参数。我们把方程（1）称为产出供给方程，以便与总供给方程有所区别。在产出供给方程中，方程右边唯一与产出同期的内生变量是价格水平变量。方程（2）是工资调整方程，它刻画了名义工资变化情况。方程（2）相对来说并不重要，为了更好地进行解释，艾肯格林和萨克斯在研究中做了一个极端的假设，假设名义工资是外生因素且固定不变。

---

① 这两篇论文主要参考了以下论文提出的思想：沃伦和皮尔逊 1933 年合著的论文、哈勃勒 1976 年的论文以及乔杜里和科钦 1980 年合著的论文。

在第三节中我们将取消这一假设并继续进行计量研究。

把方程（2）代入方程（1）就得到了艾肯格林-萨克斯模型的总供给方程：

$$q_t = a(\overline{w} - p_t) \tag{3}$$

和传统的总供给函数一样，在给定名义工资的情况下，供给方程（3）隐含着产出和价格水平之间存在正相关关系。在设置方程（3）的假设条件时，艾肯格林-萨克斯模型采用了传统凯恩斯主义的观点，即通过企业降低实际工资的方式，价格上涨会增加总供给。[1]

艾肯格林和萨克斯在1985年论文的实证部分，重点研究了相对较早放弃金本位制的国家与一直将金本位制持续到最后时刻的国家之间的差异。相对较早放弃金本位制的国家主要是英国及其贸易伙伴国家，这些国家也被称为英镑集团国家，1931年危机后纷纷放弃了金本位制。继续实行金本位制的国家主要是以法国为首的金本位制集团国家，这些国家的金本位制一直持续到1935—1936年。[2] 艾肯格林和萨克斯认为，金本位制的实施造成了货币紧缩，这是引发大萧条的主要原因，他们通过实证研究找到了明确的实证证据：与那些一直固守金本位制的国家相比，

---

[1] 这种传统凯恩斯主义观点现在已受到经济学界的批判和摒弃，因为根据这种理论，实际工资具有很强的反周期性。但从实践来看，二战后美国的实际工资有时不具有周期性，有时具有顺周期性，并不一定具有很强的反周期性。事实上，只有当总需求冲击占据主导地位时，方程（3）才意味着实际工资具有反周期性。而在两次世界大战之间，实际工资确实是反周期的，这与金本位制理论的解释相一致。如果我们认识到自1945年以来，总需求冲击和总供给冲击都影响了美国经济，那么方程（3）可以解释二战后美国的实践。

[2] 虽然从某种程度来说，一个国家是否脱离金本位制由其经济条件决定，然而，从各国实践来看，政治因素和哲学考虑也相当重要。有关内容请参见伯南克1995年的论著第11—12页，其中详细讨论了汇率制度的内生性无法削弱艾肯格林和萨克斯主要观点的原因。

较早废除金本位制的国家经济复苏更快,每个国家经济复苏速度与其早期货币存量再膨胀水平及价格水平密切相关。关于这些观点,可参阅伯南克和詹姆斯 1991 年合著的论文,也可参阅伯南克 1995 年的论文。

艾肯格林和萨克斯为了检验工资在总供给决定中所发挥的作用的相关假设,使用 10 个工业化国家 1935 年的数据进行了横切面回归,即把工业产值对常数项和实际工资变量进行回归,其中工业产值和实际工资均以指数计量,令 1929 年 =100。假设 1935 年各国之间的差异主要源于货币政策的差异,引起总需求曲线移动,根据这一假设,艾肯格林和萨克斯进行的计量回归应能确定总供给曲线,即方程(3)。他们给出的估计方程为:

$$\text{Ind. Prod.}_{1935} = \underset{(t=7.39)}{175.2} - \underset{(t=3.14)}{0.598(\text{Real wage}_{1935})} \quad \overline{R}^2 = 0.50$$

也就是说,艾肯格林和萨克斯通过研究发现,各国的产出和实际工资之间存在着很强的负相关关系,这与方程(3)的预期相一致。此外,他们在论著的第 938 页给出了一张图,这张图是根据他们所使用的实证研究样本数据绘制的,该图进一步证实了他们的观点,即金本位制与高实际工资和产出抑制密切相关。从这张图可以看出,那些实际工资高、产出低的国家都是 1931 年之后还继续实行金本位制的国家,比如法国、比利时、荷兰和意大利,而那些实际工资低、产出高的国家都是较早脱离金本位制的英镑集团成员国,比如芬兰、丹麦、瑞典、英国和挪威。

在图 9-1 中,我们对艾肯格林和萨克斯使用的样本集进行了扩展,列举了 22 个工业相对发达的国家 1931—1936 年每年的工业产值和实际工资数据,工业产值和实际工资均以 1929 年为基数,令 1929 年 =100。样本期为 1931—1936 年,这一时期每年都有很多国家实行金本位制,也有很多国家不实行金本位制。表 9-1 给出了样本国家名称及其缩写字母。

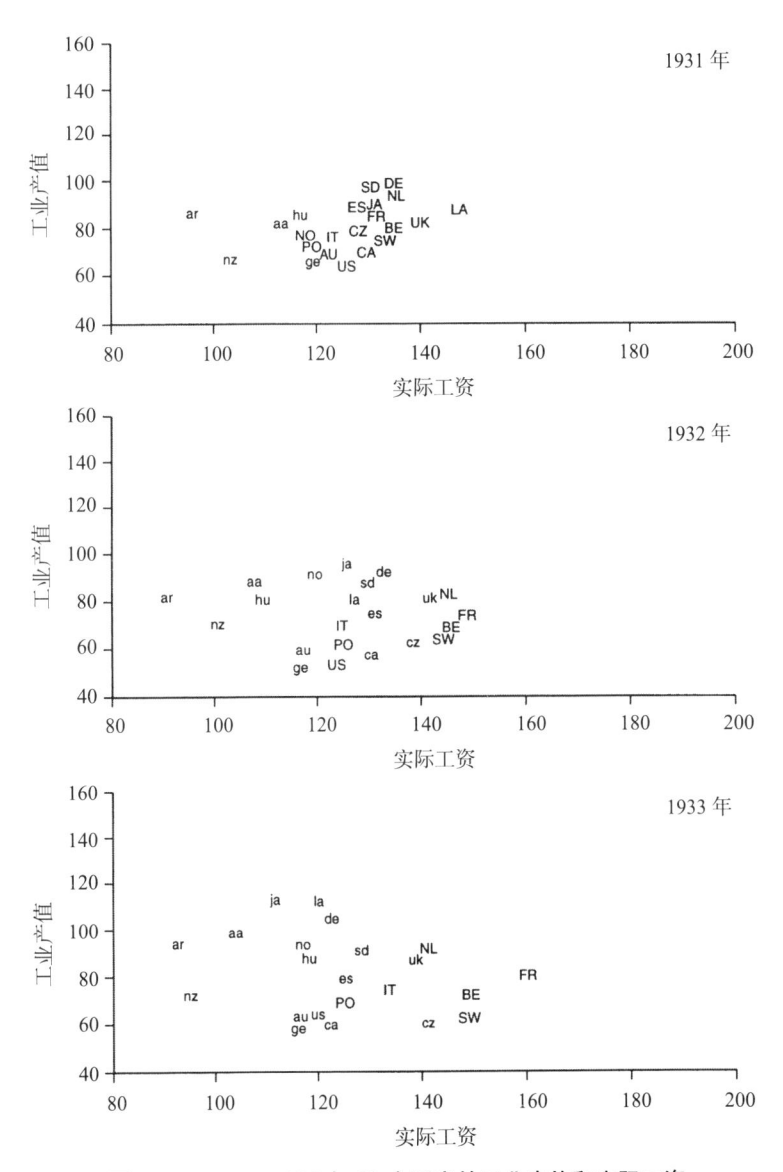

图 9-1 1931—1936 年 22 个国家的工业产值和实际工资

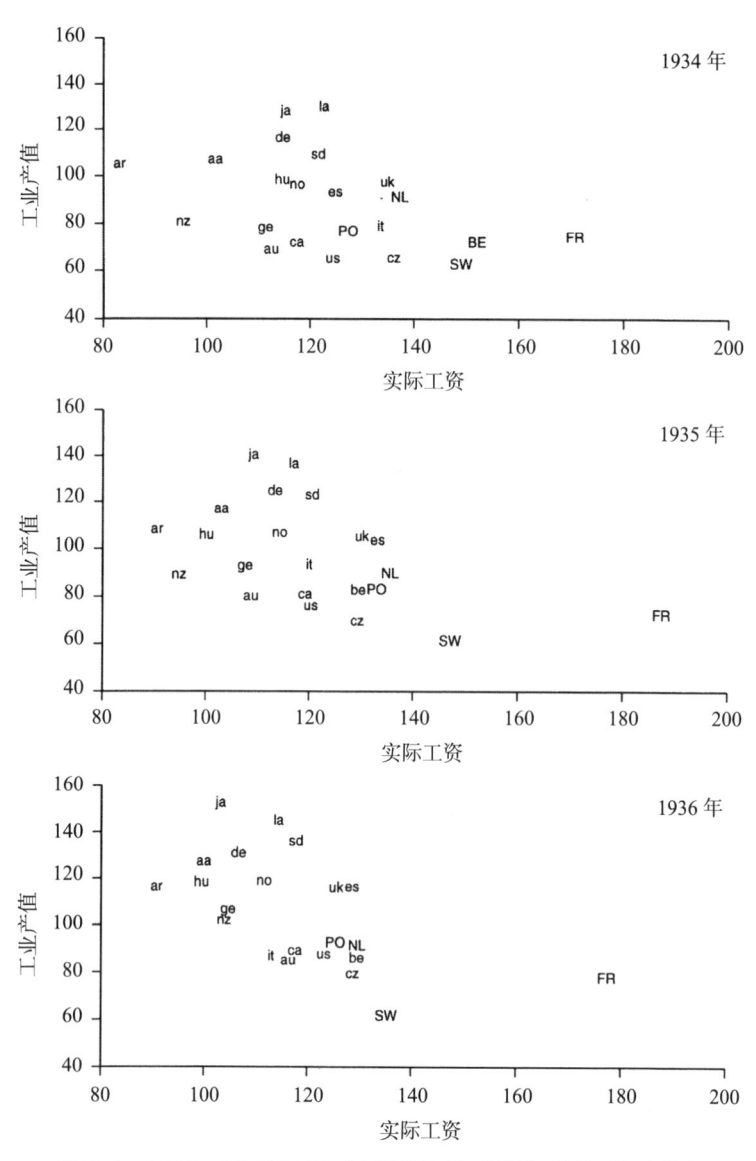

图 9-1　1931—1936 年 22 个国家的工业产值和实际工资（续）

凡是国际劳工组织公布了1929—1936年年度名义总工资的国家[1]，我们均列入样本国家并找到了相应的产出数据和价格水平数据。工业产值和批发价格指数主要依据从国际联盟每年发布的统计年鉴，其中唯一例外的是阿根廷的工业产值数据，主要依据索普1984年的论文。与艾肯格林和萨克斯一样，我们也选择批发价格指数作为名义工资的缩减因子，这主要是考虑到数据的可获得性。图9-1国家的缩写字母有大小写之分，其含义是，在图右上方所示的年份里，如果某个国家实行金本位制的时间超过半年，则该国的缩写字母在图9-1中以大写方式表示，如果不满足这个条件，则该国的缩写字母以小写方式表示。[2]

从图9-1可以看出以下几个特征：一是大多数国家的实际工资具有反周期性。在大萧条最为严重的1931—1934年，大多数国家的实际工资比1929年的实际工资高出20%～40%，这是因为这一时期价格水平急剧下降，而名义工资却没有随之下降。而到了1936年，随着价格上涨和名义工资下降，大多数国家的实际工资已经显著降低，只比1929年的实际工资高出10%左右。在实际工资下降的同时，世界产出和就业率逐步爬出了大萧条时期的低点，开始大幅增长。产出、工资和价格随时间变化

---

[1] 相关数据来源于国际劳工组织发布的年鉴，不过，美国的工资数据来源于埃达·贝尼1936年的论文。工资数据都是工业部门的工资，部分国家工资数据还包括了与工业有关部门的工资数据，如也包含了采矿和运输业的工资情况。关于工资数据，我们尽可能对所有工人均使用每小时工资，不过对于日本和挪威这两个国家，我们只能找到每日工资。考虑到大萧条时期，工作周的工作时长常常发生变化，为更准确地反映实际情况，我们没有使用每周收入或每月收入情况。

[2] 根据伯南克和詹姆斯1991年的论文所提出的方法，我们对"脱离金本位制"这一概念进行了较为宽泛的定义，即将偏离金本位制的重大操作均视为脱离金本位制，如施加外汇管制或进行货币贬值等。如想进一步了解世界各国关于金本位制政策变动的具体日期，可以参阅伯南克和詹姆斯1991年的论文第37页表2。

表 9-1 本研究中包含的国家

国家	缩写	国家	缩写
1. 阿根廷	AR	12. 意大利	IT
2. 澳大利亚	AA	13. 日本	JA
3. 奥地利	AU	14. 拉脱维亚	LA
4. 比利时	BE	15. 荷兰	NL
5. 加拿大	CA	16. 新西兰	NZ
6. 捷克斯洛伐克	CZ	17. 挪威	NO
7. 丹麦	DE	18. 波兰	PO
8. 爱沙尼亚	ES	19. 瑞典	SD
9. 法国	FR	20. 瑞士	SW
10. 德国	GE	21. 英国	UK
11. 匈牙利	HU	22. 美国	US

的方式与艾肯格林-萨克斯模型总供给关系的解释较为一致。

二是产出和实际工资之间的横切面关系不断演变。样本期之初，特别是1931年，产出和实际工资这两个变量的横切面变化很小。根据艾肯格林-萨克斯模型的假设，之所以出现这种情况，可能是1931年或1932年，大多数国家要么仍采用金本位制，要么刚刚退出金本位制，因而这些国家受到的总需求冲击较为相似。然而，随着时间的推移，各国实行金本位制的政策差异显著增大，进而影响到各国的货币政策也出现明显差异，这样，各国总需求的横切面差异增大，产出和实际工资之间的负相关关系日益明显。随后几年，特别是1935年和1936年，从图9-1可以看出产出和实际工资之间存在向下倾斜关系，与艾肯格林-萨克斯模型的研究结论类似。此外，我们往艾肯格林和萨克斯研究的样本中增加的样本国家几乎所有情况都符合艾肯格林-萨克斯模型进行的计量观察，即金本位制集团国家的实际工资高、产出低，例如瑞士和波兰；较早放弃金本位制的国家20世纪30年代中期实际工资较低、产出较高，例如日本、澳大利亚、新西兰和阿根廷。因此，总体来说，图9-1中显示的变量之间的横切面情况也支持艾肯格林和萨克斯的观点。

综上所述，艾肯格林-萨克斯模型发现的实证证据虽然简单，但有两个重要的优点：一是它证明了大萧条时期各国实施的货币政策及是否采用金本位制对一个国家经济影响巨大，这种横切面差异为确定总供给曲线提供了良好思路；二是运用艾肯格林-萨克斯模型进行计量回归的结果及图9-1显示的对艾肯格林-萨克斯模型扩大样本的研究结果，与艾肯格林-萨克斯模型中假设的大萧条时期黏性工资的作用较为一致。

然而，经济学界对艾肯格林和萨克斯提出的模型和研究方法提出了诸多尖锐批评，因此，我们也会公允地指出艾肯格林-萨克斯模型中存在的四个不足之处，并在第三节中对两次世界大战之间的总供给决定因素进行新的计量估计时给予修正和完善。

经济学界对艾肯格林-萨克斯模型的批评意见主要有以下四点：

一是研究样本范围狭小。艾肯格林和萨克斯在进行计量回归时只使用了10个国家一年（1935年）的数据。根据这一问题，我们在计量回归时将使用范围更广的数据集。

二是存在联立性偏误。根据艾肯格林-萨克斯模型的假设，大萧条时期各国经济形势不同，主要是因为各国总需求存在差异，因此可以用不同变量的横切面数据来识别总供给关系。然而，严格地说，艾肯格林和萨克斯进行普通最小二乘法回归时，还应假设观察到的横切面变动百分之百地由于总需求因素而与总供给变动毫无关系。但这一假设在实践中绝无可能出现，与1931年和1932年的历史事实也不一致，历史数据表明，这两年的产出和实际工资这两个变量之间并不存在向下倾斜的关系。根据这一问题，在计量回归中，为明确总供给关系并消除计量回归中残差的联立性偏误，我们将引入总需求移动因子作为工具变量。

三是计量设定问题。艾肯格林-萨克斯模型使用了简单设定，引发了许多关注。首先，艾肯格林-萨克斯模型框架中使用的产出供给方程，即本文中的方程（1），没有考虑在给定实际工资的情况下，其他因素影响供给的可能性。因此，我们在计量回归中将引入供给移动因子变量，以充分考虑影响供给的可能因素。其次，艾肯格林-萨克斯模型中使用的产出供给方程没有包含动态因素，尤其是没有考虑调整产出可能会耗费成本。最后，艾肯格林-萨克斯模型中假设名义工资为外生因素且一直固定不变，这种假设明显过于简单，与实际情况也不一致。因此，我们在进行计量估计时，在工资调整方程中允许名义工资对价格水平和失业率变化做出反应。

四是工资效应和价格效应。艾肯格林-萨克斯模型的实证证据和图9-1清楚地表明，在大萧条时期，特别是1933—1936年，产出和实际工资之间存在反向横切面关系。然而，一个重要的问题是：对于观察到的变量之间这种反向横切面关系，除了用名义工资黏性来解释，是否还有其他的解释？

我们认为，在解释产出和实际工资之间的关系时，没有考虑名义冲击以及非中性的解释，基本上都可以被排除掉，这里非中性是指与名义因素相对应的实际因素。对经济萧条的国家而言，不利的技术冲击将会使实际工资降低而不是升高。由于实际因素变动导致的消费缩减，加之不完全竞争和反周期的价格上涨，从理论上来说，可以观察到艾肯格林-萨克斯模型的实证结果。但让人疑惑的是，为什么消费减少会几乎同时影响世界上这么多国家？为什么坚守金本位制的国家消费下降的情况更为持久？与此类似，从理论上来说，负面的劳动供给冲击会导致实际工资上涨、产出下降，但奇怪的是，为什么劳动供给冲击只影响1931年后仍坚守金本位制的金本位集团国家,而没有影响那些放弃金本位制的国家?这似乎没有任何道理。此外,计量回归中观察到的产出和实际工资变化幅度很大,无法用劳动力供给理论合理地解释。[①]

虽然有充分证据证明在大萧条期间存在非垂直的总供给曲线,但需要注意的是,运用艾肯格林-萨克斯模型,用产出变量对实际工资变量进行计量回归本身,无法区分两次世界大战之间的总供给曲线的不垂直性,究竟是因为名义工资调整不及时,还是因为价格和总供给的其他某种联系(比如债务型通货紧缩)。[②] 为了更好地阐释这一点,我们来假想一个实验:假设名义工资序列数据完全由测量误差组成,与任何其他因素都无关;此外,假设价格下跌导致产出下降,但原因并非正确测量的实际工资的增长。根据这些假设,艾肯格林-萨克斯计量回归中的实际工资变量就简单地等于价格变量加上噪声,实际工资的估计系数估计的是价格下跌对产出影响。在这个想象的实验中,尽管没有假设实际工资效应,但人们仍会错误地认为通货紧缩和产出是通过实际工资联系在一起的。

解决这个问题的理想方法是,设定其他渠道来联系价格和产出这两个变量,并在计量回归中包含适当的代理变量及实际工资变量。然而,如果存在缺失数据、测量误差或者其他渠道的不确定性等问题,那么即使不存在实际工资效应,也可能在探寻实际工资效应的过程中产生偏误。为了区分工资对产出的影响和通过价格对产出的影响,我们在运用产出供给方程进行计量估计时,会将名义工资变量和价格变量分别代入方程,

---

① 我们并不否认,劳动力供给条件可能会影响名义工资调整的速度和就业水平。工会势力壮大、失业保险覆盖范围更大等因素会影响劳动力供给。

② 伯南克和詹姆斯1991年的论文详细讨论了几种价格下跌通过可能存在的非价格渠道影响产出的情形。

并检验相关系数估计值大小是否相等，符号是否相反，如果确实如此，就说明只有工资效应。

第三节 大萧条时期的总供给关系：新的计量估计

通过客观地分析艾肯格林-萨克斯模型的缺陷和不足，接下来我们在对两次世界大战之间的总供给关系进行计量经济学分析时，将会考虑得更加细致周全，有针对性地进行修正和改进。我们提出了新的产出供给方程，把企业产出和实际工资联系起来；对工资调整方程进行计量估计，工资调整方程主要用来刻画名义工资对价格和其他因素的调整情况；对总供给方程和工资调整方程进行联合估计，其中总供给方程将产出和价格水平联系起来。我们在进行每一项计量估计时，主要目标都是通过实证研究来明确名义工资调整缓慢是不是导致发生大萧条的重要因素。

我们在所有的计量估计中全部使用上一节介绍的数据集，即22个国家1931—1936年的相关数据，滞后项还包含1929年和1930年的数据。每个估计方程都包含国别效应变量和年度虚拟变量，这两个变量反映了样本数据的本质。我们曾尝试使用较为传统的处理时间变动的变量，如在方程中加入了趋势项，但计量结果因不符合统计逻辑而被拒绝，因此使用了年度虚拟变量，这是处理时间效应最为灵活的方法。使用年度虚拟变量意味着，虽然样本中包括各个年度，但只有从横切面变动才能发现真正的规律。

产出供给方程

为了进行计量估计，我们用方程（4）来代替之前艾肯格林-萨克斯模型里的产出供给方程，即方程（1）：

$$q_t = -\alpha_W w_t + \alpha_p P_t + \delta q_{t-1} + X_t\beta + \varepsilon_t^q \qquad (4)$$

方程（4）基于艾肯格林-萨克斯模型中的产出供给方程进行了适当延伸和扩展。

第一，将名义工资变量和价格变量分别代入方程。然后检验艾肯格林-萨克斯模型所蕴含的约束条件，即系数 α_W 和系数 α_p 相等。根据上一节的讨论，通过检验这两个系数是否相等，可以将名义工资对总供给的影响和价格对总供给的影响区分开来。不过，这一方法在检验黏性工资渠道时较为困难，因为只有存在对名义工资的实时冲击，并且工资数据基本不为噪声时，才能单独地识别出工资效应。这种分析方法较为保守，但因为我们已经认识到工资效应的重要性，所以总体而言，这种分析方法是恰当的。

第二，方程（4）在产出供给方程里面引入了产出的滞后项。之所以要加入产出滞后项，主要是因为根据假设存在调整成本，例如雇用员工或恢复生产设备均需花费成本，因而妨碍了一个国家的国民产出迅速调整。如果没有产出滞后项，那么产出供给方程意味着，无论一个国家的经济最初多么低迷和萧条，实际工资降到正常水平后，产出将在一年内彻底恢复，而这种情况几乎令人难以置信。因此省略产出滞后项是不合理的。然而，众所周知，如果误差项里存在序列相关性，那么引入因变量的滞后项可能会导致估计值不一致。为了解决这个问题，我们使用非线性最小二乘法，以确保序列相关系数和滞后项系数的估计值一致，其中假设所有样本国家都有序列相关系数。[1]

第三，方程（4）中新加入 $X_t\beta$ 项，用以反映除了实际工资、时间效

---

[1] 该技术是把估计的方程写成准差分形式，得到一个设定，其误差项是白噪声，其回归系数是序列相关系数和原始方程参数的非线性函数。非线性最小二乘法对其施加非线性约束，得到所有参数一致、有效的计量估计。

应及国别固定效应,其他因素使产出供给方程曲线发生移动的可能性。

基于艾肯格林-萨克斯模型,我们开展了新的计量估计,其中方程(4)包括两个新的自变量:

一是表示银行业恐慌的虚拟变量 PANIC。1991 年,伯南克和詹姆斯研究发现,他们根据定性的历史证据,构造了一个表示银行业恐慌的虚拟变量,这个虚拟变量是解释产出的重要变量。如果银行恐慌阻断了信贷资金流向企业,那么就会使供给方程发生移动。为了捕捉并刻画出这种影响,我们在计量回归中引入了反映银行业恐慌的虚拟变量 PANIC。伯南克和詹姆斯以银行业危机的年度大事表为基础,构建出虚拟变量 PANIC。具体而言,某个国家在某一年的 PANIC 变量,是这一年该国的银行系统"处于危机中"的月份数。银行危机的起止时限,从银行业出现严重问题开始,到出现明确的标志着银行危机中止的事件为止,例如1933 年 3 月美国宣布银行休假。如果没有明确的标志事件,则默认为一年后银行危机结束。

二是表示罢工因素的变量 STRIKE。一些国家的生产受大规模工人罢工影响,因此我们在产出供给方程中增加了罢工变量 STRIKE,其含义是每 1000 名雇员因劳资纠纷而损失的工作天数。相关数据来源于国际劳工组织发布的各年度《劳动统计年鉴》。

增加这两个回归变量,在一定程度上可以解决艾肯格林和萨克斯在研究中遗漏变量的问题。不过,可能还有其他一些因素也会影响供给关系,比如技术变化、产出或劳动力构成要素变化、政府政策影响劳动供给或劳动规则、错误测量自变量等。因为对产出供给的冲击会影响当前的工资和价格,同时可能存在联立性偏误,因此需要用工具变量使供给关系相关变量的估计值保持一致估计。

正如前文所述,艾肯格林和萨克斯回归解释成立的前提条件是,产出供给关系根据总需求横切面差异确定，而总需求横切面差异主要是由各国实施不同的汇率政策和货币政策造成。基于这一逻辑，我们在计量回归中构造了工具变量。首先，我们将样本国家分成两组，一组是1931年放弃金本位制的国家，另一组是1931年后仍坚守金本位制的国家。[1] 在全部样本时段内或大部分样本时段内，放弃金本位制的国家都有效地管理和控制本国的货币政策，对于这些国家，我们把 Ml 的对数视作一个外生的总需求移动因子，其中 Ml 包括流通中的货币加商业银行存款，这两类数据都来自国际联盟发布的各年度年鉴。

相反，那些一直坚守金本位制的国家无法控制本国的货币供给。[2] 正如 1986 年艾肯格林和萨克斯基于蒙代尔-弗莱明模型所进行的扩展设定，在实行金本位制的小国，其国内总需求取决于进口商品的本国货币价格和国内利率，其中进口商品的本国货币价格由国外价格水平和本币的含金量决定，国内利率由世界利率通过利率平价决定。因此，我们使用进口价格指数和中央银行贴现率作为金本位制国家的工具变量（这里的金本位制国家特指样本期内采用金本位制的国家，各国中央银行贴现率数

---

[1] 在我们的研究中，1931年之后仍坚持使用金本位制的国家有比利时、法国、意大利、荷兰、波兰和瑞士。美国在1931年后也仍使用金本位制，但我们将其视为非金本位制国家，这主要是因为美国经济规模巨大，有大量的黄金储备可以自由支配，因此对自己的货币供给具有一定的控制能力。

[2] 对于这一论断，从某种程度来说，美国是一个例外。美国经济规模巨大，通常的"小国"模型并不适用于美国。此外，美国有大量的黄金储备可以自由支配，因此对自己的货币供给具有一定的控制能力。不过，关于美国拥有多大控制力这一问题尚存争议。出于这些原因，虽然美国直到1933年才放弃金本位制，但我们在计量研究中还是认为它是一个非金本位制国家，在计量估计中具有外生的货币供给。我们在计量估计中还尝试着把坚定的金本位制集团国家——法国看作一个具有外生货币供给的"大国"，但这一假设并不会影响计量结果。

据来源于国际联盟发布的各年度年鉴）。[1] 每个金本位制国家的进口价格指数主要是指该国从每个贸易伙伴国进口商品的本币价格的加权平均数，并使用 1929 年的进口份额作为权重。[2] 对于金本位集团国家，从其脱离金本位制后至样本期结束，我们不再使用进口价格和贴现率作为该国的工具变量，而是使用 Ml 作为工具变量。[3]

对于所有国家，我们把名义工资的滞后项和产出的滞后项都视为预先设定，把 *PANIC* 和 *STRIKE* 均视为外生变量，也就是认为它们和产出供给方程里的扰动项不相关。[4] 我们使用总需求移动因子的当期值和一期滞后值作为工具变量，说明我们在非线性最小二乘法的设定中使用了价格水平的当前值和滞后值。

---

[1] 有的读者可能会担心，不完善的资本市场或其他因素会截断国内外利率之间的联系。我们发现，贴现率是个相对较差的工具变量，计量估计中是否使用贴现率，对结果几乎没有任何影响。

[2] 进口份额数据来自 1938 年国际联盟发布的数据。我们忽略了 22 个样本国家之外发生的进口，因为它们在总量中所占比重非常小。在我们的样本国家中，爱沙尼亚、拉脱维亚和新西兰的出口数据无法获得。在构造瑞士的进口份额时，我们使用了 1932 年的数据，而不是 1929 年的数据，因为 1929 年的数据包含了银行交易金条的情况。一个国家进口商品的本币价格的计算方法是：出口国的批发物价指数乘以该国的货币价值，该国的货币价值是指该国货币含金量占 1929 年黄金平价的百分比。奥地利的货币价值数据缺失，我们用德国的货币价值数据代替。对于 1934—1936 年德国的数据，我们使用信用有限的德国马克的价值来计量。

[3] 如果某个国家在某一年的某个时刻放弃金本位制，我们分别以该国在该年度实行金本位制的时间和放弃金本位制的时间为权重，把两组工具变量分别进行加权。

[4] 很明显，银行业恐慌和劳工骚乱与总供给无关的观点并不正确。不过，这两个变量每年变化剧烈且基本上都不可预测，这表明存在显著的随机因素。也有可能是这两个变量反映出制度机制和历史条件与产出供给方程的扰动项关系微弱。例如，1991 年伯南克和詹姆斯指出，通过产出下降难以预测银行恐慌的发生率，银行恐慌很大程度上反映了 20 世纪 20 年代银行结构和各国的银行政策等。

在给出计量回归结果之前，我们必须讨论一个技术问题，即如何将样本的面板数据和固定效应相联系。在推导计量估计的渐近性和标准差时，一般假设横切面很大，也就是说，渐近理论适用于横切面维度。然而，分析者既可以把时间单位的数量看作很大，大到趋向于无穷，也可以把时间看作是固定的因素。根据前一种假设，我们综合运用时间虚拟变量和国别虚拟变量，使用非线性工具变量方法对相关变量进行估计，得到的计量估计值是一致的。然而，根据后一种假设，由于因变量的滞后项和误差项之间有相关性，并且这种相关性在 T 变量固定时不会消失，因此我们得到的计量估计值不一致。对于后一种情况，建议对模型做差分，将差分后因变量滞后项数据的二阶或更高阶滞后项作为工具变量，在我们的研究中，$T=6$。为了使用滞后项，排除了两个观测值，认为假设 T 固定更为恰当。关于这一段的相关讨论和计量应用，可参阅曼纽尔·阿雷拉诺（Manuel Arellano）和斯蒂芬·邦德（Stephen Bond）1991 年合著的论文。此外，如果数据为噪声数据，使用二阶滞后和差分数据作为工具变量，得到的结果可能会很不准确，并且要浪费两年甚至更长时间的数据，样本期可能会缩减为 1933—1936 年。因此我们做了折中处理，给了两种计量估计结果：一是使用了明确的固定效应的估计值，即根据"大 T"假设所做的计量估计；二是以适当的滞后项作为工具变量进行差分设定，使用所得出的估计值，即根据"固定 T"假设所做的计量估计。

现在我们来看表 9-2。表 9-2 给出了产出供给方程各种形式的估计结果，分别对应 PANIC、STRIKE 和产出滞后项这三个附加自变量的不同组合。表 9-2 中 A 部分给出了用水平值和国别虚拟变量估计的结果，B 部分给出了差分设定的估计结果。我们给出了每个自变量系数的点估计值和 t 统计量，也给出了各序列相关系数的点估计值和 t 统计量。表 9-2 最后一列是假设名义工资和价格水平这两个变量大小相等、符号相反，即

表 9-2 产出供给方程的非线性最小二乘法估计

因变量：工业产值 (q)

A. 计量估计设定：水平值、国别虚拟变量
样本期：1931—1936 年

	\multicolumn{5}{c}{自变量}			
	(1) w	(2) p	(3) q_{-1}	(4) PANIC	(5) STRIKE	$\hat{\rho}$	$\alpha_w = \alpha_p$?
1.	−1.423 (2.21)	1.581 (3.78)				0.428 (2.88)	0.714
2.	−1.163 (2.42)	1.102 (2.74)	0.363 (1.99)			0.181 (0.64)	0.812
3.	−0.601 (3.31)	0.679 (4.34)	0.574 (6.91)	−0.011 (4.56)		−0.089 (0.63)	0.608
4.	−0.531 (2.42)	0.714 (3.85)	0.464 (3.84)	−0.010 (4.29)	−0.75−05 (3.58)	0.163 (0.81)	0.361

B. 计量估计设定：差分、固定 T 值偏误校正值
样本期：1933—1936 年

	\multicolumn{5}{c}{自变量}			
	(1) w	(2) p	(3) q_{-1}	(4) PANIC	(5) STRIKE	$\hat{\rho}$	$\alpha_w = \alpha_p$?
5.	−1.049 (1.74)	0.890 (2.70)				0.059 (0.32)	0.732
6.	−1.272 (2.38)	0.835 (2.68)	0.425 (2.43)			−0.161 (0.87)	0.308
7.	−0.810 (2.28)	0.509 (2.11)	0.583 (3.84)	−0.011 (3.53)		−0.151 (0.98)	0.366
8.	−0.800 (2.58)	0.580 (2.69)	0.544 (4.13)	−0.010 (3.54)	0.41−05 (0.84)	−0.255 (2.08)	0.433

注：这些计量回归合并了横切面数据，并且包括时间虚拟变量。通过使用非线性拟差分的设定，确保序列相关系数与因变量的滞后项的系数的估计值一致。括号内是 t 统计量的绝对值。数据和工具变量有关定义请见正文。

$\alpha_W = \alpha_p$ 时，p 值大小。如果 p 值过小，则拒绝这一假设。

从产出供给方程的非线性最小二乘法估计结果可以看出以下几点：

首先，它强烈支持把产出的滞后项纳入方程，意味着对生产进行调整确实要花费成本，即生产中存在调整成本。在存在产出滞后项的情况下，序列相关系数的估计值与零相差不大，并且通常为负。

其次，不管从经济学意义还是从统计学意义来说，表示 PANIC 和 STRIKE 对方程贡献非常大。例如，在包含所有变量的等式中（即表 9-2 第 4 行或第 8 行），银行恐慌对产出的计量估计影响值约为每月 1.0 个百分点，t 统计值约为 4，也就是说，相当于持续了 12 个月的中等规模的银行危机，大约损失 12 个百分点的产出增长。这与伯南克和詹姆斯 1991 年的研究结果大体相似。变量 STRIKE 的系数具有统计显著性，$t=3.58$，并且在包括所有变量的水平值设定下（见表 9-2 第 4 行），其大小也较为合理。[1] 然而，变量 STRIKE 的系数并不具有统计显著性，并且在差分设定中符号错误（见表 9-2 第 8 行），这可能是由该设定使用的样本期太短所致。

最重要的计量结果与工资与价格变动对产出的影响有关。从表 9-2 可以看出，在所有设定中，名义工资和价格水平这两个变量在产出供给方程里都是显著的[2]，并且符号也合乎预期。考虑到因变量的滞后项，产出对实际工资的长期弹性的估计值一般大于 1。表 9-2 最后一列表明，假设工资和价格这两个变量在方程中大小相等、符号相反，这一假设未被否

---

[1] 为了评估这个系数的大小，我们定义变量 STRIKE 是以每 1000 个雇员损失的工作天数来衡量的。为便于讨论，假设每年的正常工作日是 250 天，如果罢工对产出的影响和损失的时间成正比例，那么变量 STRIKE 的系数应该是 1/250000，或者为 0.4E-5。实际上，该系数的估计值是 0.75E-5。

[2] 名义工资仅在第 5 行具有较为显著的边际效应（$t=1.74$），但这一设定并不合理。

定和拒绝,这与价格仅通过实际工资渠道影响产出的观点相一致,因为通货紧缩通过银行业恐慌影响产出这一渠道已得到控制。

因而,我们对艾肯格林-萨克斯模型进行了延伸和扩展,主要体现在使用了更广的面板数据集、分别考虑工资变量和价格变量的影响、增加了产出供给移动因子和动态效应、使用工具变量来校正联立性偏误、对之前的研究进行了计量经济学修正等等。我们的计量研究结果支持艾肯格林-萨克斯初始模型研究对数据的解释,即产出和实际工资存在负相关关系,反映了发生总需求冲击时,名义工资调整不及时。

工资调整方程

艾肯格林和萨克斯在研究中简单地假设名义工资完全刚性。为了使分析更加贴近现实,我们对艾肯格林-萨克斯模型中简单的工资调整方程进行了修正,即用方程(5)代替方程(2):

$$w_t = \lambda_p p_t + \lambda_W w_{t-1} - \gamma u_t - \theta(\Delta u_t) + \epsilon_t^w \tag{5}$$

在方程(5)中,λ_p度量名义工资对同期价格变动的反应程度,λ_W为名义工资的滞后项的系数,度量名义惯性。[①] 计量估计通常假设存在部分调整机制,如果工资也遵循这一机制,则$\lambda_p + \lambda_W = 1$。我们没有强加这个条件,而是检验它是否成立。根据部分调整机制,通常假设工资正在向期望的或者均衡的水平调整。在方程(5)中,在对两次世界大战之间和二战后的菲利普斯曲线进行大量研究后,我们允许期望的工资水平既受失业率u影响,也受失业率变化Δu的影响,同时利用时间虚拟变量和

---

① 请注意,我们假设各国的工资调整速度相同。我们曾经运用有工会数据的8个国家的数据进行尝试,让工资调整率取决于国家工会势力,但结果发现,工资调整速度和工会变量之间并没有显著关联。在假设各国的工资调整速度相同时,名义工资的横切面差异来源于工资调整方程冲击序列存在着横切面差异。

国别固定效应考虑了期望的工资水平随时间和空间的变化情况。

运用方程（5）进行计量估计需要失业率数据。22个样本国家只能找到14个国家的年度行业失业率数据。[①] 我们运用插值法构造出其他8个国家的失业率数据，即对于同时掌握失业率序列和行业就业率序列的国家，用其失业率变动对行业就业率变动进行回归，把得到的系数估计值插值运用到没有失业率数据的国家的就业数据中，从而构造出这些国家的失业率。[②]

和产出供给方程的计量估计情况一样，在存在因变量的滞后项并且可能存在序列相关的情况下，我们使用非线性方法得到一致的计量估计，使用工具变量来校正联立性偏误。工具变量主要有总需求移动因子、工资滞后项或者工资差分的滞后项，视具体情况选择合适的工具变量。在含有失业率或者失业率差分的方程里，使用了失业率的滞后项或者失业率差分的滞后项作为工具变量。

工资调整方程的计量估计结果详见表9-3。与表9-2一样，A部分给出了使用变量的水平值、具有明确固定效应的计量估计结果，B部分给出了差分设定的计量估计结果，以因变量滞后项差分的二期滞后项和三期滞后项作为工具变量。B部分没有设定失业率差分，因为设定失业率差分

[①] 艾肯格林和哈顿在他们1988年的报告中给出了11个国家的失业数据，该报告援引1957年沃尔特·加勒森（Walter Galenson）和阿诺德·泽尔纳（Arnold Zellner）及1964年斯坦利·莱伯格特的相关数据。此外，捷克斯洛伐克、日本和瑞士的失业数据可以从国际劳工组织发布的年鉴中找到。用迈克尔·达比1976年修正过的美国失业数据来代替勒伯格特插值法得到的数据对总体结果没有影响。

[②] 就业数据来自劳工组织发布的年鉴。因为我们只使用失业率的变动来拟合，所以不能用拟合的数据来确定8个国家的平均失业率水平，因此简单地、标准化地将平均水平设为零。因为被估计的方程都包括国别固定效应，所以这种标准化情况对我们的研究目的来说是无关紧要的。

表 9-3　工资调整方程的非线性最小二乘法估计

因变量：名义工资 (w)

A. 计量估计设定：水平值、国别虚拟变量
样本期：1931—1936 年

	自变量 (1) p	(2) w_{-1}	(3) u	(4) Δu	$\hat{\rho}$	$\lambda_p + \lambda_w = 1$?
1.	0.278	0.438			0.252	0.074
	(2.54)	(2.04)			(0.92)	
2.	0.247	0.334	−0.192		0.450	0.040
	(2.13)	(1.57)	(1.00)		(1.67)	
3.	0.159	0.566	−0.162	−0.188	0.217	0.086
	(1.37)	(2.91)	(1.27)	(0.75)	(3.16)	
4.	0.394	0.185		0.288	0.484	0.006
	(2.10)	(0.76)		(0.94)	(2.13)	

B. 计量估计设定：差分、固定 T 值偏误校正值
样本期：1933—1936 年

	自变量 (1) p	(2) w_{-1}	(3) u	$\hat{\rho}$	$\lambda_p + \lambda_w = 1$?
5.	0.329	0.284		−0.042	0.047
	(3.14)	(1.58)		(0.13)	
6.	0.278	0.272	−0.161	−0.171	0.005
	(2.70)	(1.99)	(1.09)	(0.52)	

注：这些计量回归合并了横切面数据，并且包括时间虚拟变量。通过使用非线性拟差分的设定，确保序列相关系数与因变量的滞后项的系数的估计值一致。括号内是 t 统计量的绝对值。数据和工具变量有关定义请见正文。

要求在计量估计中对失业率进行二次差分，而失业率二次差分的数据意义不大。表 9-3 最后一列是根据部分调整机制，在价格水平系数与名义工资滞后项的系数相加等于 1 时，p 值的大小。

根据表 9-3 可以得出两个结论：首先，工资调整方程的计量估计为名义工资黏性提供了更多证据。名义工资取决于当前价格和名义工资的滞后项，名义工资系数在 0 和 1 之间。当前价格水平系数估计值一般为 0.2~0.4，通常比 1 低 6~7 个标准差。从理论上来说，如果在一年内，工资完全根据总需求冲击进行彻底调整，则名义工资系数为 1。名义工资滞后项的系数估计值显著或者较为显著。总而言之，计量结果说明，工资调整存在显著的黏性。特别是，工资能够随着总需求冲击引起的价格变化迅速做出调整的假设，即 $\lambda_p = 1$、$\lambda_W = 0$ 时，总是在 $p = 0.000$ 的水平上遭到拒绝，不过表 9-3 中未列出 $p = 0.000$。此外，工资的部分调整模型限定 $\lambda_p + \lambda_W = 1$，一般也被拒绝，如表 9-3 的最后一列所示。

其次，在其他条件相同时，较高的失业率意味着较低的名义工资，如表 9-3 第 2 行和第 6 行所示。不过这些计量估计的统计显著性水平较低，可能是因为工具变量不够完善。[①] 此外，在这个样本中，与失业率差分这一变量相比，失业率水平值变量与工资决定变量之间的关系更为紧密。表 9-3 第 3 行显示，当把失业率和失业率差分项都代入回归方程时，失业率系数比失业率差分系数更具统计显著性；第 4 行显示，如果剔除失业率水平值，失业率差分变量的符号错误。

关于工资调整方程和总供给方程的联合估计

前文讨论了产出供给方程和工资调整方程，在本文结尾部分，我们整体地研究总供给，给出了总供给计量估计结果，其中运用了有约束条件的交叉方程，并允许同期方程残差间存在相关性。运用联合计量估计

[①] 特别是，当存在序列相关性导致失业的滞后项和名义工资的当期扰动相关时，失业的滞后项就是一个较差的工具变量。这时，失业率系数估计值的偏误可能为正，这有助于解释为什么在这些计量估计中，失业率对工资的影响相对较弱。

的方法使直接对总供给方程进行计量估计成为可能,而且这种联合计量估计也更加有效。

把工资调整方程(5)代入产出供给方程(4),就得到总供给方程:

$$q_t = \alpha(1-\lambda_p)p_t - \alpha\lambda_w uw_{t-1} + \alpha\gamma u_t + \delta q_{t-1} + X_t\beta + (\epsilon_t^q - \alpha\epsilon_t^w) \tag{6}$$

总供给方程把当期产出和当期价格水平、产出供给移动因子、产出水平值的滞后项联系起来,其中产出供给移动因子是指 *PANIC* 和 *STRIKES*,产出水平值的滞后项反映调整成本。此外,名义工资的滞后项和当期失业率还通过影响当期名义工资来影响产出,其中当期名义工资变量中不含失业率差分变量。在方程(6)中,我们添加约束条件 $\alpha_W = \alpha_p = \alpha$,因为从表9-2可以看出,计量估计一般接受这一约束条件。我们没有添加约束条件 $\lambda_p + \lambda_W = 1$,因为从表9-3可以看出,计量估计一般拒绝这一约束条件。

总供给方程(6)和工资调整方程(5)参数联合计量估计结果详见表9-4。该表给出了水平值以及差分设定情况,每种设定均考虑工资调整方程中包含失业率及不含失业率的情况。在联合计量估计中所使用的工具变量,综合使用了估计产出供给方程的工具变量及工资调整方程的工具变量。对两个方程的同期残差之间的相关性没有设定限制性条件。基于表9-2和表9-3的结果,为简单起见,我们只对工资调整方程水平值设定使用了序列相关修正。对这一设定的序列相关系数估计值和其他方程检验结果详见表9-4下半部。

表9-4是对之前计量估计结果的补充。从表中可以看出,在水平值设定中,各估计值符号正确,数值大小合理,并且几乎全部具有统计显著性。根据这一计量估计结果,可以以很高的置信度(p =0.000)拒绝总供给曲线垂直的假设,指工资在规定时限内完成对价格水平变动的调整,

表 9-4　总供给方程和工资调整方程联合计量估计

参数	参数估计和 t 统计值			
	水平值设定		差分设定	
	(A)	(B)	(C)	(D)
1. α	−0.835	−0.611	−0.521	−0.480
	(5.57)	(4.47)	(1.37)	(1.57)
2. δ	0.492	0.553	0.449	0.409
	(8.03)	(9.12)	(2.49)	(3.01)
3. β_{CRISIS}	−0.009	−0.011	−0.010	−0.010
	(4.88)	(5.49)	(3.40)	(3.65)
4. β_{STRIKE}	−0.65–05	−0.69–05	−0.59–06	−0.45–07
	(3.59)	(3.69)	(0.11)	(0.01)
5. λ_p	0.207	0.012	0.335	0.238
	(2.26)	(0.09)	(3.30)	(2.21)
6. λ_w	0.439	0.201	−0.001	0.066
	(2.01)	(2.13)	(0.01)	(0.43)
7. γ	—	−0.693	—	−0.319
		(3.68)		(1.81)
总供给方程				
$\overline{R}^2$	0.956	0.947	0.050	0.026
D.W.	1.94	1.95	2.28	2.19
工资调整方程				
$\overline{R}^2$	0.911	0.903	0.402	0.448
D.W.	2.06	2.09	1.87	1.95
$\hat{\rho}^w$	0.314	0.723	—	—

注：表中数据为总供给方程和工资调整方程联合计量估计结果，考虑了同期方程残差之间的相关性。相关参数定义与方程（4）、方程（5）和方程（6）中相关参数定义一致。表中下半部分给出了单个方程的检验结果。

即 $\lambda_p = 1$，$\lambda_W = 0$。值得注意的是，在联合计量估计设定中，当名义工资被压低时，失业这个变量的作用大于其在单一工资调整方程中的作用，统计学意义也更为显著。

差分设定是计量估计 1933—1936 年这一样本时段，得到的计量估计结果在性质上和水平值设定相似。正如我们的预期，其统计显著性较低。不过，还需注意两点：一是表示罢工因素的变量 STRIKE 在差分设定里不显著；二是名义工资效应较小且统计上较不显著，这从参数 α 和 λ_W 可以看出，可能是因为所使用的工具变量并不能很好地预测工资的对数差分。不过，因为在这些计量估计中可以很好地识别系数 λ_p，因此在 $p = 0.000$ 时，可以拒绝关于工资随价格变动彻底调整的假设。

与表 9-2 和表 9-3 一样，表 9-4 给出的计量结果也忽略了计量估计的年度效应。我们发现，不管是从其数值大小还是从统计显著性观察，时间虚拟变量在工资调整方程里几乎都不起作用。表 9-3 中关于工资方程计量估计也有类似结论。在总供给方程及表 9-2 所说明的产出供给方程中，计量估计的年度效应更加显著。在这些方程里，时间虚拟变量捕捉到 1931—1933 年平均潜在产出增长相当快，1933—1936 年则增长缓慢。不过，计量估计的年度效应没有捕捉到产出的短期变化，也没有捕捉到国家间的横向变动情况，因此，总体来说，年度效应无助于我们对计量设定进行解释。

关于加总偏误设定问题

本文的计量研究表明，1931—1936 年，在其他条件相同的情况下，名义工资较高，实际产出较低。然而，我们使用的工资数据是加总的指数数据，对于相关指数的构建，我们其实知之甚少。我们认为，在大多数情况下，工资指数是通过将总工资除以总工作时间而得到的。在这种情况下，有可能会影响关于产出和工资之间存在负相关关系的计量研究结论。首先，如果工作小时数和产出这两个变量的度量存在误差，且这两个变量的误差正相关，那么，根据这两个变量计算出的产出和工资就会存在虚假的负相关关系。其次，因为劳动力构成要素会随着经济周期的变化而变化，这也可能导致产出和工资存在虚假的负相关关系。例如，当产出下降时，雇主更可能解雇那些技能不熟练、工资较低的工人，那么总工资就会随着产出下降而上升。如果在产出下降的情况下，与高收入行业相比，低收入行业失业人数更多的话，也会出现总工资随着产出下降而上升的情况。不过从实践来看，这种情况似乎不太可能出现。

对于数据加总出现的偏误，我们可以通过使用国际劳工组织发布的职业工资数据加以解决。职业工资数据详见国际劳工组织发布的各年度年鉴，其中报告了9个国家7个行业部分职业的工资率，而不是平均小时工资。从国际劳工组织发布的各年度年鉴可以看出，这一数据有时持续数年保持不变，说明这是工资率，而不是平均时薪。国际劳工组织发布的职业工资数据还有一个优点，即报告工资率的行业范围较广，涉及众多主要经济部门，不仅涵盖制造业，还包括建筑业、公用事业、运输业和政府部门。

对于每个行业，我们选择一个具有代表性并且所有数据都可获得的职业，以1929年数据为基数，令1929年＝100，把所有工资数据都转换为指数形式，然后为每个样本国家构造一个名义工资指数，即职业工资的简单平均值。因为这些工资指数是基于工资率而不是平均小时工资，并且使用固定权重构造，所以从原则上来说应该能避免数据加总产生的问题。①

---

① 不过，使用固定权重工资指数意味着，当工人降级而不是减薪时，也就是工人素质发生变化时，工资指数没有得到修正。此外，固定权重工资指数也没有修正官方工资率和实际支付工资之间的差异。

根据偏误假设，在产出最低时期，本研究中使用的国际劳工组织工资总指数应高于相应的固定权重指数。在 9 个样本国家中，只有澳大利亚和爱沙尼亚满足这一点。在大萧条低谷时期，加拿大、荷兰和瑞典的加总工资指数低于固定权重指数，丹麦、英国、意大利和法国的加总工资指数与固定权重指数较为接近。用加总工资指数和固定权重指数之差，对产出和国别虚拟变量进行计量回归，得到产出的系数是 0.041，对应的 t 统计量为 1.22。因此，这两个指数之差具有轻微的顺周期性，不是逆周期的。而为了解释观察到的产出和实际工资之间的负相关关系，一般要求逆周期性。因此，构造工资数据时产生的加总偏误对得出我们的结果似乎没有影响。

第四节　结论

最后，我们总结一下研究发现的关于大萧条时期名义工资黏性相关作用的证据。

首先，与艾肯格林和萨克斯 1985 年的研究结论一样，我们证实了在大萧条的大部分时间，产出和实际工资之间存在很强的负向关系，无论从跨国横切面情况来看还是随着时间推移情况来看，均是如此。此外，坚持金本位的国家一般产出低、实际工资高，而脱离金本位制的国家一般产出高、实际工资低。对这一现象，似乎还没有理论能够给出合理的解释。那些强调某种货币非中性的理论，基本上可以分为两种：一种认为，由于存在名义工资黏性，价格水平影响产出供给；另一种则认为，价格水平出于某些原因影响产出供给。我们发现，一旦我们控制了产出的滞后项和银行业恐慌这两个变量，名义工资冲击对产出的影响和价格冲击对产出的影响大致相等且方向相反。如果通过非工资渠道发挥作用的价格效应很重要，我们就会发现，在给定工资时，价格变动对产出的影响要大于在给定价格时名义工资变动对产出的影响。我们研究发现这两者的影响大体相当，因此相关证据可以支持"黏性工资是非中性的主要来源"这一观点。

其次，我们已经估算了工资调整方程，该方程度量了当前名义工资对名义工资滞后项和当前价格的敏感度，主要用总需求移动因子做工具变量。如果工资是弹性的，那么当面临名义总需求冲击时，工资将和价格同比例变动，且与工资滞后项无关。我们能够以很高的统计置信水平拒绝以下假设：工资对当期总需求冲击反应充分，并且不是部分地取决于工资滞后项。

对工资黏性的研究通常面临着一个难题，即如何判断所观察到的工资缓慢调整的趋势是否具有配置作用。例如，根据一个有效劳动合同，工资采取分期付款方式发放，在这种方式中如何分析判断工资黏性的作用确实考验智慧。需要强调的是，大萧条时期的金本位制理论明确，各国差异的主要来源是货币存量差异，以及由此导致的总需求水平的差异。这是一个很强的识别约束条件，对大萧条时期以外的大多数时候及单一国家的研究中，都不存在这一识别约束条件。根据这一识别约束条件，可以帮助我们规避工资黏性研究中面临的难题。在这一约束条件下，各国高名义工资和低产出的横向相关性可以被解释为黏性工资的分配效应。因此，无论是历史学家还是宏观经济学家，都对大萧条时期的经济现象抱有浓厚兴趣。

我们的计量研究结果提出了值得未来关注并深入研究的课题。

第一，我们在研究中较多关注产出和实际工资之间的横切面关系，这主要是因为研究使用的数据中为面板数据，国家数据多于时间段数据。在未来的研究中，需要更加仔细地关注黏性工资假说在时间序列维度上的表现，例如，在可以找到相关数据的前提下，使用一些国家频率更高的数据来进行分析研究，比如与年度数据相比，使用季度数据或月度数据。此外，还可以对整个行业层面的工资和产出数据进行研究，很多国家都有关于行业层面的相关数据，从这一角度进行研究也会很有意义。

第二，有的情况似乎原本不应导致工资黏性，但结果却出现了工资调整缓慢，这背后的深层次原因值得我们深入探究。我们曾在第一节中提出过一些原本不应导致工资黏性的具体情形。拉塞尔·库珀1990年的论文以及艾肯格林1992年的论文提出了协调失败的理论和观点，这是一个有意义的方向，未来可继续循着这一方向深入研究。根据这一理论和观点，各种利益集团为了捍卫自己的收入份额，从而使得工资设定和价格设定政治化，这可能是工资黏性的另一个来源。伯南克1995年的论文对这一点进行了更为深入细致的讨论。此外，如果对本研究中所使用的样本国家在两次世界大战之间的工资制度及管理情况进行比较研究，也会很有意义。

第三，关于工资黏性和总供给之谜其他解释的关系，未来也可进行深入研究。比如1991年伯南克与詹姆斯提出了金融危机假说，这一假说的核心理论是，"高"名义工资主要通过加大企业财务压力，比如对企业现金流造成压力，从而抑制产出，而不是通过传统的劳动力成本渠道来抑制产出。如果通过加大企业财务压力渠道抑制产出，那么工人的平均工资是决定产出和就业的关键变量。如果通过劳动力成本渠道抑制产出，那么决定产出和就业的关键变量是边际工人的工资。[①] 通过分析比较工资变动对现金流充足企业及现金流短缺企业就业情况的影响，就可以对这两种抑制产出的传播渠道进行区分。

---

① 马克·格特勒和布鲁斯·格林沃尔德分别向我们提出这一观点。

参考文献

第一章 大萧条时期的宏观经济学：比较分析方法

Barro, Robert J. "Long-term Contracting, Sticky Prices, and Monetary Policy." *Journal of Monetary Economics* 3 (1977), 305–16.

Bernanke, Ben. "Nonmonetary Effects of the Financial Crisis in the Propagation of the Great Depression." *American Economic Review* 73 (June 1983), 257–76.

Bernanke, Ben, and Kevin Carey. "Nominal Wage Stickiness and Aggregate Supply in the Great Depression." Unpublished, Princeton University, January 1994.

Bernanke, Ben, and Mark Gertler. "Financial Fragility and Economic Performance." *Quarterly Journal of Economics* 105 (February 1990), 87–114.

Bernanke, Ben, and Harold James. "The Gold Standard, Deflation, and Financial Crisis in the Great Depression: An International Comparison." In R. G. Hubbard, ed., *Financial Markets and Financial Crises*, Chicago: University of Chicago Press, 1991.

Board of Governors of the Federal Reserve System. *Banking and Monetary Statistics*. Washington: National Capital Press, 1943.

Calomiris, Charles W. "Financial Factors in the Depression." *Journal of Economic Perspectives* 7 (Spring 1993), 61–86.

Campa, Jose Manuel. "Exchange Rates and Economic Recovery in the 1930s: An Extension to Latin America." *Journal of Economic History* 50 (September 1990), 677–82.

Cecchetti, Stephen G. "Prices during the Great Depression: Was the Deflation of 1930–1932 Really Unanticipated?" *American Economic Review* 82 (March 1992), 141–56.

Chevalier, Judith A., and David S. Scharfstein. "Capital Market Imperfections and Countercyclical

Markups: Theory and Evidence." National Bureau of Economic Research working paper no. 4614. January 1994.

Choudhri, Ehsan U., and Levis A. Kochin. "The Exchange Rate and the International Transmission of Business Cycle Disturbances: Some Evidence from the Great Depression." *Journal of Money, Credit, and Banking* 12 (1980), 565–74.

Cooper, Russell. "Predetermined Wages and Prices and the Impact of Expansionary Government Policy." *Review of Economic Studies* 57 (1990), 205–14.

Crucini, Mario. "Sources of Variation in Real Tariff Rates: The United States, 1900–1940." *American Economic Review* 84 (June 1994), 732–43.

Diamond, Douglas W., and Philip H. Dybvig. "Bank Runs, Deposit Insurance, and Liquidity." *Journal of Political Economy* 91 (June 1983), 401–19.

Eichengreen, Barry. "Central Bank Cooperation under the Interwar Gold Standard." *Explorations in Economic History* 21 (1984), 64–87.

———. *Golden Fetters: The Gold Standard and the Great Depression, 1919–1939.* New York: Oxford University Press, 1992.

———. "Central Bank Cooperation and Exchange Rate Commitments: The Classical and Interwar Gold Standards Compared." *Financial History Review* (forthcoming).

Eichengreen, Barry, and Richard Grossman. "Debt Deflation and Financial Instability: Two Historical Explorations." Unpublished, University of California at Berkeley, June 1994.

Eichengreen, Barry, and Timothy J. Hatton. "Interwar Unemployment in International Perspective: An Overview." In Eichengreen, B. and Hatton, T., eds., *Interwar Unemployment in International Perspective.* London: Kluwer Academic Publishers, 1988.

Eichengreen, Barry, and Jeffrey Sachs. "Exchange Rates and Economic Recovery in the 1930s." *Journal of Economic History* 45 (1985), 925–46.

———. "Competitive Devaluation and the Great Depression: A Theoretical Reassessment." *Economics Letters* 22 (1986), 67–71.

Eichengreen, Barry, and Marc Uzan. "The 1933 World Economic Conference as an Instance of Failed International Cooperations." In Peter B. Evans et al., eds., *Double-Edged Diplomacy*, Berkeley, Calif.: University of California Press, 1993.

Evans, Martin, and Paul Wachtel. "Were Price Changes during the Great Depression Anticipated? Evidence from Nominal Interest Rates." *Journal of Monetary Economics* 32 (August 1993), 3–34.

Fisher, Irving. "The Debt-Deflation Theory of Great Depressions." *Econometrica* 1 (October 1933), 337–57.

Friedman, Milton, and Anna J. Schwartz. *A Monetary History of the United States, 1867–1960*. Princeton: Princeton University Press, 1963.

Gordon, Robert J., and James Wilcox. "Monetarist Interpretations of the Great Depression: Evaluation and Critique." In Karl Brunner, ed., *The Great Depression Revisited*. Boston: Martinus Nijhoff, 1981, 49–107.

Green, Susan J., and Charles H. Whiteman. "A New Look at Old Evidence On 'Nonmonetary Effects of the Financial Crisis in the Propagation of the Great Depression'." University of Iowa, April 1992.

Grossman, Richard S. "The Shoe That Didn't Drop: Explaining Banking Stability during the Great Depression." Wesleyan University, March 1993.

Hamilton, James D. "Monetary Factors in the Great Depression." *Journal of Monetary Economics* 19 (1987), 145–69.

———. "The Role of the International Gold Standard in Propagating the Great Depression." *Contemporary Policy Issues* 6 (1988), 67–89.

———. "Was the Deflation during the Great Depression Anticipated? Evidence from the Commodity Futures Market." *American Economic Review* 82 (March 1992), 157–78.

Kemp, Tom. *The French Economy, 1913–39: The History of a Decline*. London: Longman Group, 1972.

Kiyotaki, Nobu, and John H. Moore. "Credit Cycles." Unpublished, University of Minnesota and LSE, March 1993.

League of Nations. *Industrialization and Foreign Trade*. Geneva, 1945.

Mishkin, Frederic S. "The Household Balance Sheet and the Great Depression." *Journal of Economic History* 38 (December 1978), 918–37.

Nurkse, Ragnar (with W. A. Brown, Jr.). *International Currency Experience: Lessons of the Inter-War Period*. Princeton, N.J.: Princeton University Press for the League of Nations, 1944.

Romer, Christina. "The Nation in Depression." *Journal of Economic Perspectives* 7 (Spring 1993), 19–40.

Sumner, Scott. "The Equilibrium Approach to Discretionary Monetary Policy under an International Gold Standard: 1926–1932." *The Manchester School of Economic Studies* (December 1991),

378–94.

Temin, Peter. *Did Monetary Forces Cause the Great Depression?* New York: W. W. Norton, 1976.

———. *Lessons from the Great Depression.* Cambridge, Mass.: MIT Press, 1989.

———. "Transmission of the Great Depression." *Journal of Economic Perspectives* 7 (Spring 1993), 87–102.

Thorp, Rosemary, ed. *Latin America in the 1930s: The Role of the Periphery in the World Crisis.* New York: St. Martin's Press, 1984.

第二章　大萧条传播过程中金融危机的非货币效应

Abel, Andrew and Mishkin, Frederic, "An Integrated View of Tests of Rationality, Market Efficiency, and the Short-Run Neutrality of Monetary Policy," Working Paper 726, National Bureau of Economic Research, 1981.

Barro, Robert, "Unanticipated Money, Output, and the Price Level in the United States," *Journal of Political Economy*, August 1978, *86*, 549–80.

Behrens, Carl, *Commercial Bank Activities in Urban Mortgage Financing*, New York: National Bureau of Economic Research, 1952.

Bernanke, Ben, "Bankruptcy, Liquidity, and Recession," *American Economic Review Proceedings*, May 1981, *71*, 155–59.

Brown, E. Carey, "Fiscal Policy in the 'Thirties: A Reappraisal," *American Economic Review*, December 1956, *46*, 857–79.

Brunner, Karl, *The Great Depression Revisited*, Boston: Martinus Nijhoff, 1981.

Cagan, Philip, *Determinants and Effects of Changes in the Stock of Money, 1875–1960*, New York: National Bureau of Economic Research, 1965.

Chandler, Lester, *America's Greatest Depression*, New York: Harper & Row, 1970.

———, *American Monetary Policy, 1928–1941*, New York: Harper & Row, 1971.

Clark, Evans, *The Internal Debts of the United States*, New York: Macmillan Co., 1933.

Cone, Kenneth, "Regulation of Depository Financial Intermediaries," unpublished doctoral dissertation, Stanford University, 1982.

Diamond, Douglas and Dybvig, Philip, "Bank Runs, Deposit Insurance, and Liquidity," mimeo., University of Chicago, 1981.

Evans, Paul, "An Econometric Analysis of the Causes of the Great Depression in the U.S.," mimeo.,

Stanford University, 1981.

Fabricant, Solomon, *Profits, Losses, and Business Assets, 1929–1934*, Bulletin 55, National Bureau of Economic Research, 1935.

Fama, Eugene, "Banking in the Theory of Finance," *Journal of Monetary Economics*, January 1980, *6*, 39–57.

Fisher, Irving, "The Debt-Deflation Theory of Great Depressions," *Econometrica*, October 1933, *1*, 337–57.

Flood, Robert and Garber, Peter, "A Systematic Banking Collapse in a Perfect Foresight World," Working Paper No. 691, National Bureau of Economic Research, 1981.

Frederiksen, D. M., "Two Financial Roads Leading Out of Depression," *Harvard Business Review*, October 1931, *10*, 131–48.

Friedman, Benjamin, "Debt and Economic Activity in the United States," Working Paper No. 704, National Bureau of Economic Research, 1981.

Friedman, Milton, and Schwartz, Anna J., *A Monetary History of the United States, 1867–1960*, Princeton: Princeton University Press, 1963.

Goldsmith, Raymond, *Financial Institutions in the American Economy Since 1900*, Princeton: Princeton University Press, 1958.

Gurley, John G. and Shaw, E. S., "Financial Aspects of Economic Development," *American Economic Review*, September 1955, *45*, 515–38.

Hart, A. G., *Debts and Recovery, 1929–1937*, New York: Twentieth Century Fund, 1938.

Jaffee, Dwight, and Russell, Thomas, "Imperfect Information and Credit Rationing," *Quarterly Journal of Economics*, November 1976, *90*, 651–66.

Kennedy, Susan E., *The Banking Crisis of 1933*, Lexington: University Press of Kentucky, 1973.

Kimmel, Lewis H., *The Availability of Bank Credit, 1933–1938*, New York: National Industrial Conference Board, 1939.

Kindleberger, Charles P., *Manias, Panics, and Crashes*, New York: Basic Books, 1978.

Klebaner, Benjamin, *Commercial Banking in the United States: A History*, Hinsdale: Dryden Press, 1974.

Lucas, Robert E., Jr., "Expectations and the Neutrality of Money," *Journal of Economic Theory*, April 1972, *4*, 103–24.

———, *Studies in Business Cycle Theory*, Cambridge: Massachusetts Institute of Technology Press,

1981.

Lutz, Friedrich, *Corporate Cash Balances, 1914–43*, New York: National Bureau of Economic Research, 1945.

McKinnon, Ronald J., *Money and Capital in Economic Development*, Washington: The Brookings Institution, 1973.

Merwin, Charles L., *Financing Small Corporations*, New York: National Bureau of Economic Research, 1942.

Minsky, Hyman P., "A Theory of Systematic Fragility," in E. I. Altman and A. W. Sametz, eds., *Financial Crises*, New York: Wiley-Interscience, 1977.

Mishkin, Frederic, "The Household Balance Sheet and the Great Depression," *Journal of Economic History*, December 1978, *38*, 918–37.

———, "Does Anticipated Money Matter? An Econometric Investigation," *Journal of Political Economy*, February 1982, *90*, 22–51.

Nugent, Rolf, *Consumer Credit and Economic Stability*, New York: Russell Sage Foundation, 1939.

O'Hara, Maureen and Easley, David, "The Postal Savings System in Depression," *Journal of Economic History*, September 1979, *39*, 741–53.

Persons, Charles E., "Credit Expansion, 1920 to 1929 and Its Lessons," *Quarterly Journal of Economics*, November 1930, *45*, 94–130.

Safarian, A. E., *The Canadian Economy in the Great Depression*, Toronto: University of Toronto Press, 1959.

Sargent, Thomas J., "A Classical Macroeconometric Model for the United States," *Journal of Political Economy*, April 1976, *84*, 207–38.

Stiglitz, Joseph E. and Weiss, Andrew, "Credit Rationing in Markets with Imperfect Information," *American Economic Review*, June 1981, *71*, 393–410.

Stoddard, W. L., "Small Business Wants Capital," *Harvard Business Review*, Spring 1940, *18*, 265–74.

Temin, Peter, *Did Monetary Forces Cause the Great Depression?*, New York: W. W. Norton, 1976.

Upham, Cyril B. and Lamke, Edwin, *Closed and Distressed Banks: A Study in Public Administration*, Washington: The Brookings Institution, 1934.

Board of Governors of the Federal Reserve System, *Banking and Monetary Statistics*, 1943.

Federal Reserve Bulletin, various issues.

National Industrial Conference Board, *The Availability of Bank Credit*, New York, 1932.

Survey of Current Business, various issues.

U.S. Department of Commerce, *Historical Statistics of the United States*, Washington: USGPO, 1975.

———, *National Income*, Washington: USGPO, 1954.

———, *The United States in the World Economy*, Washington: USGPO, 1947.

第三章 关于大萧条时期金本位制、通货紧缩与金融危机的国际比较

Bernanke, Ben. 1983. Non-monetary effects of the financial crisis in the propagation of the Great Depression. *American Economic Review* 73: 257–76.

———. 1986. Employment, hours, and earnings in the Depression: An analysis of eight manufacturing industries. *American Economic Review* 76: 82–109.

Bernanke, Ben, and Mark Gertler. 1990. Financial fragility and economic performance. *Quarterly Journal of Economics* 105: 87–114.

Board of Governors of the Federal Reserve System. 1943. *Banking and monetary statistics, 1919–41*. Washington, DC: Government Printing Office.

Borchardt, Knut. 1979. Zwangslagen und Handlungsspielraume in der grossen Wirtschaftskrise der fruhen dreissiger Jahren: Zur Revision des uberlieferten Geschichtesbildes. *Jahrbuch der Bayerische Akademie der Wissenschaften*, 87–132. Munich.

Bordo, Michael, and Finn Kydland. 1990. The gold standard as a rule. Typescript, Rutgers University and Carnegie-Mellon University.

Bouvier, Jean. 1984. The French banks, inflation and the economic crisis, 1919–1939. *Journal of European Economic History* 13: 29–80.

Campa, Jose Manuel. Forthcoming. Exchange rates and economic recovery in the 1930s: An extension to Latin America. *Journal of Economic History*.

Choudhri, Ehsan U., and Levis A. Kochin. 1980. The exchange rate and the international transmission of business cycle disturbances: Some evidence from the Great Depression. *Journal of Money, Credit, and Banking* 12: 565–74.

Ciocca, Pierluigi, and Gianni Toniolo. 1984. Industry and finance in Italy, 1918–40. *Journal of European Economic History* 13: 113–36.

Eichengreen, Barry. 1986. The Bank of France and the sterilization of gold, 1926–1932. *Explorations in Economic History* 23: 56–84.

———. 1987. The gold-exchange standard and the Great Depression. Working Paper no. 2198 (March). Cambridge, Mass.: National Bureau of Economic Research.

Eichengreen, Barry, and T. J. Hatton. 1987. Interwar unemployment in international perspective: An overview. In *Interwar unemployment in international perspective*, ed. B. Eichengreen and T. J. Hatton, 1–59. Boston: Kluwer Academic Publishers.

Eichengreen, Barry, and Richard Portes. 1986. Debt and default in the 1930s: Causes and consequences. *European Economic Review* 30: 599–640.

Eichengreen, Barry, and Jeffrey Sachs. 1985. Exchange rates and economic recovery in the 1930s. *Journal of Economic History* 45: 925–46.

———. 1986. Competitive devaluation in the Great Depression: A theoretical reassessment. *Economic Letters* 21: 67–71.

Einzig, Paul. 1937. *The theory of forward exchange*. London: Macmillan.

Fisher, Irving. 1933. The debt-deflation theory of great depressions. *Econometrica* 1: 337–57.

Flood, Robert P., Jr., and Peter M. Garber. 1981. A systematic banking collapse in a perfect foresight world. NBER Working Paper no. 691 (June). Cambridge, Mass.: National Bureau of Economic Research.

Friedman, Milton, and Anna J. Schwartz. 1963. *A monetary history of the United States, 1867–1960*. Princeton: Princeton University Press.

Haberler, Gottfried. 1976. The world economy, money, and the Great Depression. Washington, DC: American Enterprise Institute.

Hamilton, James. 1987. Monetary factors in the Great Depression. *Journal of Monetary Economics* 19: 145–69.

———. 1988. The role of the international gold standard in propagating the Great Depression. *Contemporary Policy Issues* 6: 67–89.

Kindleberger, Charles P. 1984. Banking and industry between the two wars: An international comparison. *Journal of European Economic History* 13: 7–28.

League of Nations. 1926. *Memorandum on Currency and Central Banks*, 1913–1925. Geneva.

———. 1935. *Commercial banks, 1929–1934*. Geneva.

———. 1944. *International currency experience: Lessons of the inter-war period*. Geneva.

Lindert, Peter. 1969. Key currencies and gold, 1900–1913. *Princeton Studies in International*

Finance, no. 24

Newell, Andrew, and J. S. V. Symons. 1988. The macroeconomics of the interwar years: International comparisons. In *Interwar unemployment in international perspective*, ed. B. Eichengreen and T. J. Hatton, 61–96. Boston: Kluwer Academic Publishers.

O'Brien, Anthony. 1989. A behavioral explanation for nominal wage rigidity during the Great Depression. *Quarterly Journal of Economics* 104: 719–35.

Temin, Peter. 1976. *Did monetary forces cause the Great Depression?* New York: W. W. Norton.

———. 1989. *Lessons from the Great Depression*. Cambridge, Mass.: MIT Press.

Wigmore, Barrie. 1987. Was the Bank Holiday of 1933 a run on the dollar rather than the banks? *Journal of Economic History* 47: 739–56.

第四章　大萧条时期的通货紧缩与货币供给紧缩：简单比率分析

Bernanke, Ben, and Harold James. 1991. "The Gold Standard, Deflation, and Financial Crisis in the Great Depression: An International Comparison." in R. G. Hubbard, ed., *Financial Markets and Financial Crises*. Chicago: University of Chicago Press.

Board of Governors of the Federal Reserve System, 1943. *Banking and Monetary Statistics*, Washington, D.C.: National Capital Press.

Choudhri, Ehsan, and Levis Kochin. 1980. "The Exchange Rate and the International Transmission of Business Cycles: Some Evidence from the Great Depression." *Journal of Money, Credit, and Banking* 12: 565–74.

Chow, Gregory, and An-loh Lin. 1971. "Best Linear Unbiased Interpolation, Distribution, and Extrapolation of Time Series by Related Series." *Review of Economics and Statistics* 53: 372–75.

Eichengreen, Barry. 1990. *Elusive Stability: Essays in the History of International Finance, 1919–1939*. Cambridge: Cambridge University Press.

———. 1992. *Golden Fetters: The Gold Standard and the Great Depression, 1919–1939*. New York: Oxford University Press.

Eichengreen, Barry, and Jeffrey Sachs. 1985. "Exchange Rates and Economic Recovery in the 1930s." *Journal of Economic History* 45: 925–46.

———. 1986. "Competitive Devaluation in the Great Depression: A Theoretical Reassessment." *Economics Letters* 22: 67–71.

Field, Alexander J. 1984. "Asset Exchanges and the Transactions Demand for Money, 1919–29."

American Economic Review 74: 43–59.

Friedman, M., and A.J. Schwartz. 1963. *A Monetary History of the United States, 1863–1960.* Princeton, N.J.: Princeton University Press.

Hamilton, James D. 1987. "Monetary Factors in the Great Depression." *Journal of Monetary Economics* 19: 145–69.

Hawtrey, R. G. 1939. *The Gold Standard in Theory and Practice.* 4th ed. London: Longmans, Green.

Jonung, Lars. 1979. "Knut Wicksell's Norm of Price Stabilization and Swedish Monetary Policy in the 1930's." *Journal of Monetary Economics* 5: 459–96.

Kindleberger, Charles P. 1973. *The World in Depression, 1929–1939.* Berkeley: University of California Press.

Maddison, Angus. 1982. *Phases of Capitalist Development.* New York: Oxford University Press.

Metcalf, C., A. Redish, and R. Shearer. 1998. "New Estimates of the Canadian Money Stock, 1871–1967." *Canadian Journal of Economics* 31: 104–24.

Patat, J. P., and M. Lutfalla. [1986] 1990. *A Monetary History of France in the Twentieth Century.* Translated by P. Martindale and D. Cobham. London: Macmillan.

Romer, Christina. 1992. "What Ended the Great Depression?" *Journal of Economic History* 52: 757–84.

Sumner, Scott. 1991. "The Equilibrium Approach to Discretionary Monetary Policy under an International Gold Standard: 1926–1932." *The Manchester School of Economic and Social Studies* 59: 378–94.

Temin, Peter. 1976. *Did Monetary Forces Cause the Great Depression?* New York: Norton.

———. 1989. *Lessons from the Great Depression.* Cambridge: MIT Press.

第五章 劳动力市场的周期性行为：二战前和二战后的比较

Altonji, Joseph, and Orley Ashenfelter. 1980. Wage movements and the labour market equilibrium hypothesis. *Economica* 47 (August):217–45.

Anderson, T. W. 1971. *The statistical analysis of time series.* New York: John Wiley.

Ashenfelter, Orley, and David Card. 1982. Time series representations of economic variables and alternative models of the labour market. *Review of Economic Studies* 49 (special issue):261–82.

Baily, Martin Neil. 1977. On the theory of layoffs and unemployment. *Econometrica* 45 (July):1043–63.

Ball, R. J., and E. B. A. St. Cyr. 1966. Short-term employment functions in British manufacturing industry. *Review of Economic Studies* 33 (July):179–207.

Barro, Robert J., and Herschel I. Grossman. 1971. A general disequilibrium model of income and employment. *American Economic Review* 61 (March):82–93.

Beney, M. Ada. 1936. *Wages, hours, and employment in the United States, 1914–1936*. New York: National Industrial Conference Board.

Bernanke, Ben S. 1983. On the sources of labor productivity variation in U.S. manufacturing, 1947–1980. *Review of Economics and Statistics* 65 (May):214–24.

Bernstein, Irving. 1960. *The lean years: A history of the American worker, 1920–1933*. Boston: Houghton-Mifflin.

Bodkin, Ronald G. 1969. Real wages and cyclical variations in employment: A reexamination of the evidence. *Canadian Journal of Economics* 2 (August):353–74.

Brechling, F. P. R. 1965. The relationship between output and employment in British manufacturing industries. *Review of Economic Studies* 32 (July):187–216.

Brechling, F. P. R., and P. O. O'Brien. 1967. Short-run employment functions in manufacturing industries: An international comparison. *Review of Economic Studies* 99 (August):277–87.

Bry, Gerhard. 1959. The average workweek as an economic indicator. Occasional Paper 69, National Bureau of Economic Research.

Burns, Arthur F., and Wesley C. Mitchell. 1946. *Measuring business cycles*. New York: National Bureau of Economic Research.

Chirinko, Robert. 1980. The real wage over the business cycle. *Review of Economics and Statistics* 62 (August):459–61.

Clark, Kim B., and Richard B. Freeman. 1980. How elastic is the demand for labor? *Review of Economics and Statistics* 62 (November):509–20.

Coen, Robert M., and Bert G. Hickman. 1970. Constrained joint estimation of factor demand and production functions. *Review of Economics and Statistics* 52 (August): 287–300.

Creamer, Daniel. 1950. Behavior of wage rates during business cycles. Occasional Paper 34, National Bureau of Economic Research.

Doan, T. A., and R. B. Litterman. 1981. *RATS user's manual, version 4.1*. Minneapolis: VAR Econometrics.

Dunlop, John T. 1938. The movement of real and money wage rates. *Economic Journal* 48 (September):413–34.

Eckstein, Otto, and Thomas A. Wilson. 1964. Short-run productivity behavior in U.S. manufacturing. *Review of Economics and Statistics* 46 (February):41–54.

Fair, Ray C. 1969. *The short-run demand for workers and hours*. Amsterdam: North-Holland. Geary, Patrick T., and John Kennan. 1982. The employment–real wage relationship: An international study. *Journal of Political Economy* 90 (August):854–71.

Gordon, Robert J. 1980. The "end-of-expansion" phenomenon in short-run productivity behavior. Working Paper 427, National Bureau of Economic Research.

Granger, C. W. J., and M. Hatanaka. 1964. *Spectral analysis of economic time series*. Princeton: Princeton University Press.

Hall, Robert E. 1980. Employment fluctuations and wage rigidity. *Brookings Papers on Economic Activity* 1:91–124.

Hannan, E. J. 1970. *Multiple time series*. New York: John Wiley.

Hause, John C. 1971. Spectral analysis and the detection of lead-lag relations. *American Economic Review* 61 (March):213–17.

Hultgren, Thor. 1960. Changes in labor cost during cycles inproduction and business. Occasional Paper 74, National Bureau of Economic Research.

———. 1965. *Costs, prices, and profits: Their cyclical relations*. New York: National Bureau of Economic Research.

Ireland, J. J., and D. J. Smyth. 1967. Short-term employment functions in Australian manufacturing. *Review of Economics and Statistics* 49 (November):537–44.

Jerome, Harry. 1934. *Mechanization in industry*. New York: National Bureau of Economic Research.

Keynes, John Maynard. 1936. *The general theory of employment, interest, and money*. London: Macmillan.

———. 1939. Relative movements of real wages and output. *Economic Journal* 49 (March):34–51.

Kuh, Edwin. 1960. Profits, profit markups, and productivity. Joint Economic Committee Paper 15. Washington, D.C.: Government Printing Office.

———. 1965. Cyclical and secular labor productivity in United States manufacturing. *Review of Economics and Statistics* 97 (February):1–12.

Lucas, Robert E., Jr. 1970. Capacity, overtime, and empirical production functions. *American Economic Review* 60 (May):23–27.

Masters, Stanley H. 1967. The behavior of output per man during recessions: An empirical study of underemployment. *Southern Economic Journal* 33 (January):388–94.

Medoff, James L. 1979. Layoffs and alternatives under trade unions in U.S. manufacturing. *American Economic Review* 69 (June):380–95.

Mitchell, Wesley C. 1951. *What happens during business cycles*. Cambridge, Mass.: Riverside Press.

Moore, Geoffrey H. 1955. Business cycles and the labor market. *Monthly Labor Review* 78 (March):288–92.

Morrison, Catherine J., and Ernst R. Berndt. 1981. Short-run labor productivity in a dynamic model. *Journal of Econometrics* 16 (August):339–65.

Nadiri, M. Ishaq, and Sherwin Rosen. 1973. *A disequilibrium model of demand for factors of production*. New York: Columbia University Press.

Neftci, Salih N. 1978. A time-series analysis of the real wages–employment relationship. *Journal of Political Economy* 86 (April):281–91.

———. 1979. Lead-lag relations, exogeneity, and prediction of economic time series. *Econometrica* 47 (January):101–13.

Oi, Walter Y. 1962. Labor as a quasi-fixed factor. *Journal of Political Economy* 70 (December):538–55.

Okun, Arthur M. 1962. Potential GNP: Its measurement and significance. In *Proceedings of the Business and Economics Section*, 98–104. Washington, D.C.: American Statistical Association.

Otani, Ichiro. 1978. Real wages and business cycles revisited. *Review of Economics and Statistics* 60 (May):301–4.

Pindyck, Robert S., and Julio J. Rotemberg. 1982. Dynamic factor demands and the effects of energy price shocks. Research Paper, Massachusetts Institute of Technology.

Ruggles, Richard. 1940. The relative movements of real and money wage rates. *Quarterly Journal of Economics* 55 (November):130–49.

Sachs, Jeffrey. 1979. Wages, profits, and macroeconomic adjustment: A comparative study. *Brookings Papers on Economic Activity* 2 (1979):269–319.

———. 1980. The changing cyclical behavior of wages and prices: 1890–1976. *American Economic Review* 70 (March):78–90.

Sargent, Thomas J. 1978. Estimation of dynamic labor demand schedules under rational expectations. *Journal of Political Economy* 86 (December):1009–44.

———. 1979. *Macroeconomic theory*. New York: Academic Press.

Sayre, R. A. 1940. Wages, hours, and employment in the United States, 1934–1939. *Conference Board Economic Record 2* 10 (March):115–37.

———. 1948. *Consumers' prices, 1914–1948*. New York: National Industrial Conference Board.

Shiskin, Julius. 1961. Signals of recession and recovery. Occasional Paper 77, National Bureau of Economic Research.

Sims, Christopher A. 1974. Output and labor input in manufacturing. *Brookings Papers on Economic Activity* 3 (1974):695–728.

———. 1980. Macroeconomics and reality. *Econometrica* 48 (January):1–48.

Slichter, Sumner H., James J. Healy, and E. Robert Livernash. 1960. *The impact of collective bargaining on management*. Washington, D.C.: Brookings Institution.

Solow, Robert M. 1968. Distribution in the long and short run. *Proceedings of a conference held by the International Economics Association at Palermo*, ed. Jean Marchal and Bernard Ducrois. New York: St. Martin's Press.

———. 1973. Some evidence on the short-run productivity puzzle. *Development and planning: Essays in honour of Paul Rosenstein-Rodan*, ed. Jagdish Bhagwati and Richard Eckaus. London: Allen and Unwin.

Solow, Robert M., and Joseph E. Stiglitz. 1968. Output, employment, and wages in the short run. *Quarterly Journal of Economics* 82 (November):537–60.

Stock, James H. 1983. Economic models subject to time deformation. Ph.D. diss., University of California at Berkeley.

Stockman, Alan C. 1983. Aggregation bias and the cyclical behavior of real wages. Research Paper, University of Rochester.

Tarshis, Lorie. 1939. Changes in real and money wages. *Economic Journal* 49 (March):150–54.

Tatom, John A. 1980. The "problem" of procyclical real wages and productivity. *Journal of Political Economy* 88 (April):385–94.

Woytinsky, W. S. 1942. *Three aspects of labor dynamics*. Washington, D.C.: Committee on Social Security–Social Science Research Council.

Zarnowitz, Victor, and Charlotte Boschan. 1975. Cyclical indicators: An evaluation and new leading indexes. *Business Conditions Digest* 15 (May):v–xix.

Zeisel, Joseph S. 1958. The workweek in American industry, 1850–1956. *Monthly Labor Review* 81 (January):23–29.

第六章 大萧条时期的就业、每周工作时长和收入：对 8 个制造行业的分析

Altonji, Joseph, "The Intertemporal Substitution Model of Labour Market Fluctuations: An Empirical Analysis," *Review of Economic Studies*, Special Issue 1982, *49*, 783–824.

―――and Ashenfelter, Orley, "Wage Movements and the Labour Market Equilibrium Hypothesis," *Economica*, August 1980, *47*, 217–45.

Ashenfelter, Orley, "Unemployment as Disequilibrium in a Model of Aggregate Labor Supply," *Econometrica*, April 1980, *48*, 547–64.

Baily, Martin N., "The Labor Market in the 1930's," in James Tobin, ed., *Macroeconomics, Prices, and Quantities*. Washington: The Brookings Institution, 1983.

Bakke, E. Wight, *The Unemployed Worker: A Study of the Task of Making a Living Without a Job*, New Haven: Yale University Press, 1940.

Ball, Robert J. and St. Cyr, E. B. A., "Short-Term Employment Functions in British Manufacturing Industry," *Review of Economic Studies*, July 1966, *33*, 179–207.

Beney, M. Ada, *Wages, Hours, and Employment in the United States, 1914–1936*, New York: National Industrial Conference Board, 1936.

Bernanke, Ben, "Nonmonetary Effects of the Financial Crisis in the Propagation of the Great Depression," *American Economic Review*, June 1983, *73*, 257–76.

―――, "Employment, Hours, and Earnings in the Depression: An Analysis of Eight Manufacturing Industries," Working Paper No. 1642, NBER, June 1985.

――― and Powell, James, "The Cyclical Behavior of Industrial Labor Markets: A Comparison of the Pre-War and Post-War Eras," in R. J. Gordon, ed., NBER Conference Volume on Business Cycles, forthcoming.

Bernstein, Irving, *The Lean Years: A History of the American Worker, 1920–1933*, Boston: Houghton-Mifflin, 1960.

Brechling, Frank P. R., "The Relationship Between Output and Employment in British Manufacturing Industries," *Review of Economic Studies*, July 1965, *32*, 187–216.

Bry, Gerhard, "The Average Workweek as an Economic Indicator," Occasional Paper No. 69, NBER, 1959.

Creamer, Daniel, "Behavior of Wage Rates During Business Cycles," Occasional Paper No. 34, NBER, 1950.

Darby, Michael R., "Three-and-a-Half Million U.S. Employees Have Been Mislaid: Or, an

Explanation of Unemployment, 1934–41," *Journal of Political Economy*, February 1976, *84*, 1–16.

Daugherty, Carroll R. et al., *The Economics of the Iron and Steel Industry*, New York: McGraw-Hill, 1937.

Davis, Horace B., *Shoes: The Workers and the Industry*, New York: International Publishers, 1940.

Fabricant, Solomon, *The Output of Manufacturing Industries, 1899–1939*, NBER, New York: Arno Press, 1940.

——, *Employment in Manufacturing, 1899–1939*, NBER, New York: Arno Press, 1942.

Fair, Ray C., *The Short-Run Demand for Workers and Hours*, Amsterdam: North-Holland, 1969.

Feldstein, Martin, "Specification of the Labour Input in the Aggregate Production Function," *Review of Economic Studies*, October 1967, *34*, 375–86.

Ireland, N. J. and Smyth, D. J., "Short-Term Employment Functions in Australian Manufacturing," *Review of Economics and Statistics*, November 1967, *49*, 537–44.

Lebergott, Stanley, *Manpower in Economic Growth: The American Record Since 1800*, New York: McGraw-Hill, 1964.

Lucas, Robert E., Jr., "Capacity, Overtime, and Empirical Production Functions," *American Economic Review Proceedings*, May 1970, *60*, 23–27.

——, "Expectations and the Neutrality of Money," *Journal of Economic Theory*, April 1972, *4*, 103–24.

—— and Rapping, Leonard A., "Real Wages, Employment, and Inflation," *Journal of Political Economy*, September/October 1969, *77*, 721–54.

——and —— "Unemployment in the Great Depression: Is There a Full Explanation?," *Journal of Political Economy*, January/February 1972, *80*, 186–91.

Moore, Geoffrey H., "Business Cycles and the Labor Market," *Monthly Labor Review*, March 1955, *78*, 288–92.

Muth, John F., "Optimal Properties of Exponentially Weighted Forecasts," in Robert E. Lucas, Jr. and Thomas Sargent, *Rational Expectations and Econometric Practice*, Minneapolis: University of Minneapolis Press, 1981.

Nadiri, M. Ishaq and Rosen, Sherwin, *A Disequilibrium Model of Demand for Factors of Production*, NBER, New York: Columbia University Press, 1973.

Plessner, Yakir and Yitzhaki, Shlomo, "Unemployment and Wage Rigidity: The Demand Side,"

Oxford Economic Papers, July 1983, *35*, 202–12.

Quandt, Richard E. and Rosen, Harvey S., "Unemployment, Disequilibrium and the Short-Run Phillips Curve: An Econometric Approach," Working Paper No. 1648, NBER, June 1985.

Rees, Albert, "On Equilibrium in Labor Markets," *Journal of Political Economy*, March/April 1970, *78*, 306–10.

———, "Real Wages and Inflation: Rejoinder," *Journal of Political Economy*, January/ February 1972, *80*, 192.

Rosen, Harvey S., and Quandt, Richard E., "Estimation of a Disequilibrium Aggregate Labor Market," *Review of Economics and Statistics*, August 1978, *60*, 371–79.

Rosen, Sherwin, "Short-Run Employment Variation on Class-I Railroads in the U.S., 1947–1963," *Econometrica*, July/October 1968, *36*, 511–29.

Rotemberg, Julio, "Sticky Prices in the United States," *Journal of Political Economy*, December 1982, *90*, 1187–211.

Sargent, Thomas, "Estimation of Dynamic Labor Demand Schedules Under Rational Expectations," *Journal of Political Economy*, December 1978, *86*, 1009–44.

Sayre, R. A., "Wages, Hours, and Employment in the United States, 1934–1939," *Conference Board Economic Record*, March 28, 1940, *2*, 115–37.

———, *Consumers' Prices, 1914–1948*, New York: National Industrial Conference Board, 1948.

Stockman, Alan C., "Aggregation Bias and the Cyclical Behavior of Real Wages," research paper, University of Rochester, 1983.

Weiss, Andrew, "Job Queues and Layoffs in Labor Markets with Flexible Wages," *Journal of Political Economy*, June 1980, *88*, 526–38.

Yellen, Janet C., "Efficiency Wage Models of Unemployment," *American Economic Review Proceedings*, May 1984, *74*, 200–05.

第七章 美国大萧条时期失业、通货膨胀和工资情况以及对欧洲的启示

Bernanke, Ben S., "Employment, Hours, and Earnings in the Depression: An Analysis of Eight Manufacturing Industries," *American Economic Review*, March 1986, *76*, 82–109.

De Long, J. Bradford and Summers, Lawrence H., "Is Increased Price Flexibility Stabilizing?," *American Economic Review*, December 1986, *76*, 1031–44.

Gordon, Robert J., "Back to the Future: European Unemployment Today Viewed from America in

1939," *Brookings Papers on Economic Activity*, 1:1988, 271–304.

Jacoby, Sanford M., *Employing Bureaucracy: Managers, Unions, and the Transformation of Work in American Industry, 1900–1945*, New York: Columbia University Press, 1985.

Lebergott, Stanley, *Manpower in Economic Growth: The American Record Since 1800*, New York: McGraw-Hill, 1964.

National Industrial Conference Board, *The New Monetary System of the United States*, New York, 1934.

Temin, Peter and Wigmore, Barrie A., "The End of One Big Deflation," Working Paper No. 503, MIT, October 1988.

第八章　顺周期劳动生产率和相关经济周期理论：来自两次世界大战之间美国制造行业的一些证据

Ball, Robert J., and St. Cyr, E. B. A. "Short Term Employment Functions in British Manufacturing Industry." *Rev. Econ. Studies* 33 (July 1966): 179–207.

Becker, Gary S. "Investment in Human Capital: A Theoretical Analysis." *J.P.E.* 70, no. 5, pt. 2 (October 1962): 9–49.

Beney, M. Ada. *Wages, Hours, and Employment in the United States, 1914–1936*. New York: Nat. Indus. Conf. Board, 1936.

Bernanke, Ben S. "Nonmonetary Effects of the Financial Crisis in Propagation of the Great Depression." *A.E.R.* 73 (June 1983): 257–76.

———. "Employment, Hours, and Earnings in the Depression: An Analysis of Eight Manufacturing Industries." *A.E.R.* 76 (March 1986): 82–109.

Bernanke, Ben S., and Powell, James L. "The Cyclical Behavior of Industrial Labor Markets: A Comparison of the Prewar and Postwar Eras." In *The American Business Cycle: Continuity and Change*, edited by Robert J. Gordon. Chicago: Univ. Chicago Press (for NBER), 1986.

Bernstein, Michael A. *The Great Depression: Delayed Recovery and Economic Change in America, 1929–1939*. New York: Cambridge Univ. Press, 1987.

Brechling, Frank P. R. "The Relationship between Output and Employment in British Manufacturing Industries." *Rev. Econ. Studies* 32 (July 1965): 187–216.

Caballero, Ricardo J., and Lyons, Richard K. "The Role of External Economies in U.S. Manufacturing." Manuscript. New York: Columbia Univ., 1989.

Chirinko, Robert S. "Non-Convexities, Labor Hoarding, Technology Shocks, and Procyclical Productivity: A Structural Econometric Approach." Manuscript. Chicago: Univ. Chicago, 1989.

Creamer, Daniel; Dobrovolsky, Sergei P.; and Borenstein, Israel. *Capital in Manufacturing and Mining: Its Formation and Financing*. Princeton, N.J.: Princeton Univ. Press (for NBER), 1960.

Dewhurst, J. Frederic, et al. *America's Needs and Resources: A New Survey*. New York: Twentieth Century Fund, 1947; 2d ed., 1955.

Eichengreen, Barry J. "The Political Economy of the Smoot-Hawley Tariff." Working Paper no. 2001. Cambridge, Mass.: NBER, August 1986.

Fair, Ray C. *The Short-Run Demand for Workers and Hours*. Amsterdam: North-Holland, 1969.

Fay, Jon A., and Medoff, James L. "Labor and Output over the Business Cycle: Some Direct Evidence." *A.E.R.* 75 (September 1985): 638–55.

Firestone, John M. *Federal Receipts and Expenditures during Business Cycles, 1879–1958*. Princeton, N.J.: Princeton Univ. Press (for NBER), 1960.

Friedman, Milton, and Schwartz, Anna J. *A Monetary History of the United States, 1867–1960*. Princeton, N.J.: Princeton Univ. Press (for NBER), 1963.

Hall, Robert E. "Productivity and the Business Cycle." *Carnegie-Rochester Conf. Ser. Public Policy* 27 (Autumn 1987): 421–44.

———. "Increasing Returns: Theory and Measurement with Industry Data." Manuscript. Stanford, Calif.: Stanford Univ., 1988 (*a*).

———. "The Relations between Price and Marginal Cost in U.S. Industry." *J.P.E.* 96 (October 1988): 921–47. (*b*).

Hultgren, Thor. *Changes in Labor Cost during Cycles in Production and Business*. Occasional Paper no. 74. New York: NBER, 1960.

Hunter, Helen Manning. "The Role of Business Liquidity during the Great Depression and Afterwards: Differences between Large and Small Firms." *J. Econ. Hist.* 42 (December 1982): 883–902.

King, Robert G., and Plosser, Charles I. "Money, Credit, and Prices in a Real Business Cycle." *A.E.R.* 74 (June 1984): 363–80.

Kuh, Edwin. "Cyclical and Secular Labor Productivity in United States Manufacturing." *Rev. Econ. Statis.* 47 (February 1965): 1–12.

Lucas, Robert E., Jr., and Rapping, Leonard A. "Real Wages, Employment, and Inflation." *J.P.E.* 77

(September/October 1969): 721–54.

Lutz, Friedrich A. *Corporate Cash Balances, 1914–43: Manufacturing and Trade.* New York: NBER, 1945.

Murphy, Kevin M.; Shleifer, Andrei; and Vishny, Robert W. "Building Blocks of Market Clearing Business Cycle Models." Working Paper no. 3004. Cambridge, Mass.: NBER, June 1989.

Oi, Walter Y. "Labor as a Quasi-fixed Factor." *J.P.E.* 70 (December 1962): 538–55.

Parkinson, Martin L. "Cyclical Aspects of Labor Market Behavior in the Macroeconomy." Ph.D. dissertation, Princeton Univ., 1990.

Prescott, Edward C. "Response to a Skeptic." *Fed. Reserve Bank Minneapolis Q. Rev.* 10 (Fall 1986): 28–33. (*a*).

———. "Theory ahead of Business Cycle Measurement." *Fed. Reserve Bank Minneapolis Q. Rev.* 10 (Fall 1986): 9–22. (*b*).

Ramey, Valerie. "Non-convex Costs and the Behavior of Inventories." Manuscript. La Jolla: Univ. California, San Diego, 1987.

Rosen, Sherwin. "Short-Run Employment Variation on Class-I Railroads in the U.S., 1947–1963." *Econometrica* 36 (July/October 1968): 511–29.

Rotemberg, Julio J., and Summers, Lawrence H. "Labor Hoarding, Inflexible Prices, and Procyclical Productivity." Working Paper no. 2591. Cambridge, Mass.: NBER, May 1988.

Sayre, Robert A. *Consumers' Prices, 1914–1948.* New York: Nat. Indus. Conf. Board, 1948.

Sims, Christopher A. "Output and Labor Input in Manufacturing." *Brookings Papers Econ. Activity*, no. 3 (1974), pp. 695–728.

Solow, Robert M. "Distribution in the Long and Short Run." In *The Distribution of National Income: Proceedings of a Conference Held by the International Economic Association*, edited by Jean Marchal and Bernard Ducros. New York: St. Martin's, 1968.

U.S. Bureau of Labor Statistics. "Nonproduction Workers in Factories, 1919–56." *Monthly Labor Rev.* 80 (April 1957): 435–40.

White, Halbert. *Asymptotic Theory for Econometricians.* Orlando, Fla.: Academic Press, 1984.

Wooldridge, Jeffrey M. "A Computationally Simple Heteroskedasticity and Serial Correlation Robust Standard Error for the Linear Regression Model." Manuscript. Cambridge: Massachusetts Inst. Tech., 1989.

第九章 大萧条时期的名义工资黏性与总供给

Arellano, Manuel, and Stephen Bond, "Some Tests of Specification for Panel Data: Monte Carlo Evidence and an Application to Employment Equations," *Review of Economic Studies*, LVIII (1991), 277–97.

Beney, M. Ada, *Wages, Hours, and Employment in the United States, 1914–1936* (New York: National Industrial Conference Board, 1936).

Bernanke, Ben, "The Macroeconomics of the Great Depression: A Comparative Approach," *Journal of Money, Credit and Banking*, XXVII (1995), 1–28.

Bernanke, Ben, and Harold James. "The Gold Standard, Deflation, and Financial Crisis in the Great Depression: An International Comparison," in R. G. Hubard, ed., *Financial Markets and Financial Crises* (Chicago and London: University of Chicago Press, 1991).

Choudhri, Ehsan, and Levis Kochin, "The Exchange Rate and the International Transmission of Business Cycle Disturbances: Some Evidence from the Great Depression," *Journal of Money, Credit and Banking*, XII (1980), 565–74.

Cooper, Russell, "Predetermined Wages and Prices and the Impact of Expansionary Government Policy," *Review of Economic Studies*, LVII (1990), 205–14.

Darby, Michael, "Three and a Half Million Workers Have Been Mislaid: Or an Explanation of Unemployment, 1934–41," *Journal of Political Economy*, LXXXIV (1976), 1–16.

Eichengreen, Barry, *Golden Fetters: The Gold Standard and the Great Depression, 1919–1939* (New York: Oxford University Press, 1992).

Eichengreen, Barry, and T. J. Hatton, "Interwar Unemployment in International Perspective: An Overview," in B. Eichengreen and T. J. Hatton, eds., *Interwar Unemployment in International Perspective* (Dordrecht, Germany, and Boston, MA: Martinus-Nijhoff, 1988).

Eichengreen, Barry, and Jeffrey Sachs, "Exchange Rates and Economic Recovery in the 1930s," *Journal of Economic History*, XLV (1985), 925–46.

Eichengreen, Barry, and Jeffrey Sachs, "Competitive Devaluation and the Great Depression: A Theoretical Reassessment," *Economics Letters*, XXII (1986), 67–71.

Friedman, Milton, and Anna Schwartz, *A Monetary History of the United States, 1867–1960* (Princeton NJ: Princeton University Press, for NBER, 1963).

Galenson, W., and A. Zellner, "International Comparison of Unemployment Rates," in *The Measurement and Behavior of Unemployment*, Universities-NBER Conference Series, No. 8

(Princeton, NJ: Princeton University Press for NBER, 1957).

Haberler, Gottfried, "The World Economy, Money, and the Great Depression," Washington, DC: American Enterprise Institute, 1976.

Hall, Robert E., "Employment Fluctuations and Wage Rigidity," *Brookings Papers on Economic Activity* (1980:1), 91–123.

Hamilton, James, "Monetary Factors in the Great Depression," *Journal of Monetary Economics*, XIX (1987), 145–69.

———, "The Role of the International Gold Standard in Propagating the Great Depression," *Contemporary Policy Issues*, VI (1988), 67–89.

League of Nations, *International Trade Statistics 1937* (Geneva, Switzerland: 1938).

League of Nations, *Statistical Yearbook*, various issues.

Lebergott, Stanley, *Manpower in Economic Growth* (New York: McGraw-Hill, 1964).

Newell, Andrew, and J. S. V. Symons, "The Macroeconomics of the Interwar Years: International Comparisons," in B. Eichengreen and T. J. Hatton, eds., *Interwar Unemployment in International Perspective* (Dordrecht, Germany, and Boston, MA: Martinus-Nijhoff, 1988).

Solon, Gary, Warren Whatley, and Ann Huff Stevens, "Real Wage Cyclicality between the World Wars: Evidence from the Ford and Byers Companies," University of Michigan, October 1993.

Temin, Peter, *Lessons from the Great Depression* (Cambridge MA: MIT Press, 1989).

Thorp, Rosemary, ed., *Latin America in the 1930s: The Role of the Periphery in World Crisis* (New York: St. Martin's Press, 1984).

Warren, George, and F. A. Person, *Gold and Prices* (New York: 1935).